ASSIM CAMINHOU A HUMANIDADE

CB063967

Copyright © Walter Alves Neves, Miguel José Rangel Junior e Rui Sérgio S. Murrieta (organizadores)

Grafia segundo o Acordo Ortográfico da Língua Portuguesa de 1990, que entrou em vigor no Brasil em 2009.

Revisão:
Gabriela Lara
Projeto Gráfico e Editoração:
Matheus Nerosky
Produção Editorial:
Rose Riemma
Coordenação Editorial:
Lia Diskin

(Fotografia da capa cedida por Catavento Cultural)

Dados Internacionais de Catalogação na Publicação (CIP)
(Câmara Brasileira do Livro, SP, Brasil)

Assim caminhou a humanidade / Walter Alves Neves, Miguel José Rangel Junior, Rui Sérgio S. Murrieta , (organizadores). -- São Paulo : Palas Athena, 2015.

ISBN 978-85-60804-25-2
Vários autores. Bibliografia.

1. Desenvolvimento humano 2. Evolução humana 3. Homem - Origem
4. Homem - Evolução 5. Primatas
I. Neves, Walter Alves. II. Rangel Junior, Miguel José. III. Murrieta, Rui Sérgio S.

15-02495   CDD-599.938

Índices para catálogo sistemático:
1. Evolução humana : Antropologia física
599.938

3ª edição, março de 2022

PALAS ATHENA EDITORA
Alameda Lorena 355 – Jardim Paulista
01424-000 – São Paulo – SP – Brasil
Fone: (0xx11) 3266.6188
http://www.palasathena.org.br
e-mail: editora@palasathena.org.br

Todos os direitos reservados e protegidos pela Lei 9.610 de 19 de fevereiro de 1998.
É proibida a reprodução total ou parcial, por quaisquer meios, sem a autorização prévia, por escrito, da editora.

ASSIM CAMINHOU A HUMANIDADE

Walter Alves Neves · Miguel José Rangel Junior · Rui Sérgio S. Murrieta
[ORGANIZADORES]

Palas Athena

Este livro é dedicado a Hector Pucciarelli, por sua imensa contribuição ao estudo da evolução humana na América Latina.

AGRADECIMENTOS

Os organizadores deste livro gostariam de agradecer a Natalia Morais, por sua diligente ajuda durante a elaboração do texto, ao Departamento de Genética e Biologia Evolutiva do IB-USP, por ter franqueado o acesso às réplicas da coleção Thomas Van der Laan, ao Grupo de Ilustrações Científicas do IB-USP, pela elaboração das figuras, e a todos aqueles que contribuíram direta ou indiretamente para a realização do projeto que deu origem a esta obra. Agradecem também ao Catavento Cultural, por ter autorizado o uso da imagem da capa.

APRESENTAÇÃO

REDESCOBRINDO A AVENTURA HUMANA

REINALDO JOSÉ LOPES
Repórter e colunista da editoria de Ciência e Saúde da Folha de S.Paulo e autor dos livros "Além de Darwin" (editora Globo) e "Os 11 Maiores Mistérios do Universo" (editora Abril).

O psicólogo Steven Pinker, da Universidade de Harvard, escreveu certa vez que todas as tentativas de entender a natureza humana empreendidas antes de 24 de novembro de 1859 (data em que o naturalista Charles Darwin publicou seu clássico "A Origem das Espécies") estavam fadadas ao fracasso desde o começo. Há algum exagero nessa afirmação, sem dúvida, mas também não há como negar que a teoria da evolução, cuja pedra fundamental foi lançada pela obra de Darwin, deu-nos os "óculos" conceituais mais apropriados para enxergar nossa própria humanidade.

Somos, antes de mais nada, primatas – o "terceiro chimpanzé", como diz o biogeógrafo norte-americano Jared Diamond, em referência aos outros dois chimpanzés do planeta, o bonobo (*Pan paniscus*) e o chimpanzé-comum (*Pan troglodytes*). O livro que você tem em mãos é provavelmente o relato mais completo em língua portuguesa sobre o que sabemos a respeito de nossos parentes primatas, sobre a história deles e sobre a nossa própria história como espécie, que se confunde com a de lêmures, micos-leões, babuínos e gorilas ao longo de dezenas de milhões de anos – afinal, foi só nos últimos 7 milhões de anos que um ramo inicialmente insignificante desse grupo adotou a postura bípede, deflagrando a saga que, há meros 200 mil anos, produziria o *Homo sapiens*. (Não que a jornada do livro termine aí: a obra avança também rumo à chamada Revolução Neolítica, quando deixamos a vida de caçadores-coletores, abraçamos a produção de alimentos e viramos, para o bem e para o mal, artífices de civilizações.)

Não foi nada fácil chegar a uma compreensão clara dos rudimentos dessa epopeia. Como os capítulos deste livro mostram, é preciso reunir peças de inúmeros quebra-cabeças diferentes, ainda que relacionados – do movimento das placas tectônicas que compõem os continentes às letras do alfabeto bioquímico do DNA, de detalhes minúsculos da anatomia dos fósseis ao tique-taque do decaimento radioativo dos átomos –, para ter uma ideia decente de quando e como certos macacos africanos teriam invadido a América do Sul (então uma gigantesca ilha no Atlântico), ou para demonstrar que, embora extintos, os seres humanos arcaicos conhecidos como neandertais ainda vivem, em parte, no genoma de pessoas de hoje oriundas de quase todos os continentes (com exceção da África), por obra e graça de relações sexuais entre nossos ancestrais e eles.

"Assim Caminhou a Humanidade" explica de modo sucinto e claro não apenas o que achamos que sabemos sobre a gênese dos primatas e do homem moderno, mas principalmente como sabemos, dando a devida atenção aos métodos e à formulação cuidadosa de hipóteses que caracterizam toda forma de boa ciência. A linguagem dos capítulos, embora em nenhum momento abandone a precisão acadêmica, é compreensível para qualquer pessoa decentemente alfabetizada. Em vez de apenas despejar dados, no entanto, o texto também toma o cuidado de apontar com honestidade o muito que ainda não sabemos, já que reconstruir o passado remoto não tem nada de trivial. Ainda não fazemos ideia, por exemplo, das pressões evolutivas que levaram nossos ancestrais a abandonar a vida de quatro patas, e os motivos por trás do sumiço dos neandertais ainda nos escapam. São as perguntas, no fundo, que movem a ciência.

Se o gentil leitor me permite alguma insolência bem-humorada, gostaria de terminar esta apresentação com um puxão de orelha bem dado em Walter Neves, Rui Murrieta e Miguel Rangel Junior. Afinal, eles deviam ter escrito este livro uns 15 anos atrás. A existência do danado teria me poupado intermináveis horas de trabalho quando comecei a cobrir estudos sobre evolução humana para a "Folha de S.Paulo" e mal sabia diferenciar um australopiteco de um *Homo heidelbergensis*. Seja como for, os repórteres de ciência do futuro agradecem aos autores – e o mesmo, tenho certeza, farão todos os leitores sedentos de entender suas próprias origens. Boa leitura!

SUMÁRIO

10 Introdução

14 Nós, primatas

48 A história evolutiva dos primatas

86 Primeiros bípedes

146 Origem e dispersão do gênero *Homo*

190 Os neandertais

242 Origem e dispersão dos humanos modernos

282 Neolítico: domesticação e origem da complexidade social

INTRODUÇÃO

Apesar de grande parte da evolução humana ter ocorrido na África, são os europeus e os norte-americanos que estão na vanguarda do estudo da origem do ser humano. Como em grande parte da ciência, o grosso da literatura sobre evolução humana está em língua inglesa, e dificilmente encontra-se algo sobre o tema em português. Isso não se resume apenas a artigos científicos, mas também à literatura para a graduação em Biologia, Antropologia e Arqueologia e à divulgação científica para o grande público. Enquanto em inglês existem diversos livros e textos de divulgação discorrendo sobre evolução humana, nada disso existe em português, a não ser algumas poucas traduções desatualizadas, o que limita muito o acesso da sociedade brasileira a esse tipo de informação. O Laboratório de Estudos Evolutivos Humanos (LEEH-USP), do Instituto de Biociências da Universidade de São Paulo, é o único no Brasil atualmente capaz de sanar essa deficiência no mercado brasileiro. Este livro foi escrito a partir de um curso de pós-graduação (em que os próprios alunos foram autores dos capítulos) e de imagens e fotografias derivadas da maior coleção de réplicas de hominínios fósseis da América Latina (a coleção Thomas Van der Lann).

O livro nada mais é que uma forma de disponibilizar em português e em linguagem acessível o que há de mais importante e atual acerca do estudo da evolução humana, área que progride muito rápido, tornando obsoletas algumas informações em poucos meses. Tentando minimizar esse "atraso" que pode ocorrer, cada capítulo apresenta um quadro denominado "O que há de novo no front?", em que são apresentadas novidades que podem apontar mudanças significativas no estudo da evolução humana em um futuro próximo. Essas novidades nada mais são do que resumos de artigos científicos publicados em periódicos importantes da área nos anos de 2013 e 2014. Embora não seja perfeita, é uma boa forma de tentar manter o leitor atualizado com as discussões sobre o tema central da obra.

São sete capítulos escritos, os dois primeiros deles contextualizando a posição taxonômica e evolutiva dos humanos entre os primatas. O capítulo I, "Nós, primatas", é uma tentativa de mostrar ao leitor toda a diversidade e o que define a ordem da qual nós humanos fazemos parte: os primatas. Também oferece informações sobre comportamento, ecologia e conservação das espécies de primatas, mostrando que cada um deles é uma espécie única.

No capítulo II, "A história evolutiva dos primatas", o leitor pode ter contato com a forma como o grupo evoluiu, desde o surgimento dos controversos Plesiadapiformes, considerados por muitos como os primatas mais antigos, passando pela separação entre os macacos do Novo Mundo (tão conhecidos do público brasileiro) e os macacos do Velho Mundo, até o surgimento dos grandes monos do Mioceno, dos quais derivam os grandes monos modernos, como chimpanzés e gorilas, e os primeiros bípedes.

Esses primeiros bípedes são considerados os ancestrais diretos mais antigos dos humanos, exatamente por andarem sobre as duas pernas. São aqueles que existiram entre o último ancestral comum entre humanos e chimpanzés e os primeiros *Homo*. Talvez os mais conhecidos do público em geral entre os primeiros hominínios sejam os australopitecíneos, que também são os mais estudados pelos cientistas. Eles são tema do capítulo III, "Primeiros bípedes", que, além de mostrar a enorme diversidade desses que seriam os ancestrais diretos do gênero *Homo*, engloba todas as discussões sobre por que passaram a se locomover dessa forma que é única, não só entre os primatas, mas entre todos os mamíferos. Esse capítulo também foca em outras características que os aproximam dos humanos, como os caninos pequenos, que são muito maiores e afiados na maior parte dos primatas. Mas talvez o ponto mais importante deste capítulo, ao discutir as relações evolutivas entre as espécies de australopitecíneos, é o de que a evolução humana não foi linear e progressiva em direção aos humanos modernos. Afinal de contas, evolução não tem projeto.

Os humanos modernos, aliás, fazem parte de um gênero próprio, *Homo*. O capítulo IV, "Origem e dispersão do gênero *Homo*", trata da origem deste gênero e das características que o definem, como o andar bípede estritamente terrestre (diferente dos australopitecíneos, que também possuíam hábitos arborícolas, algo que só ficou claro na última década), o aumento do volume cerebral e o uso de ferramentas de pedras. O capítulo não trata somente da origem de nosso gênero, mas também de sua dispersão, pois foi a partir daí que os humanos mostraram sua tendência a "dominar o mundo". Por fim, disserta-se sobre quais seriam os prováveis ancestrais de nossa espécie, citando o mais provável deles, o *Homo heidelbergensis*.

Mas, antes de discorrer sobre nossa origem propriamente dita, o capítulo V trata de nossos parentes extintos mais ilustres, muitas vezes tratados injustamente sob o estereótipo do "homem das cavernas": os neandertais. Um capítulo inteiro é dedicado a eles, não por serem ancestrais diretos dos humanos modernos (pois não foram!), mas por serem os mais estudados dos hominínios fósseis e terem convivido com os primeiros *Homo sapiens*. Como será mostrado, os neandertais deram, provavelmente, uma pequena contribuição no surgimento de nossa espécie na Europa, Oriente Médio e Ásia, dado a ocorrência de hibridização entre neandertais e humanos modernos nessas regiões. Mas existe outra questão envolvendo os neandertais: eles foram a última espécie do gênero *Homo* a ser extinta antes da hegemonia do *Homo sapiens*. Por que foram extintos? E, sendo tão próximos evolutivamente de nós, será que pensavam como nós?

E é no capítulo VI, "Origem e dispersão dos humanos modernos", que podemos contemplar o que define os humanos atuais. Não só anatomicamente, mas também comportamentalmente. Certamente, o que mais chama a atenção com relação à nossa espécie é sua grande capacidade de elaboração simbólica. É neste capítulo que será tratada essa capacidade, que não aparece junto com as características anatômicas que definem o humano atual. Entretanto, existem outras questões sobre o *Homo sapiens* que são tema de fervoroso debate: de onde surgiram e como se tornaram uma das espécies dominantes do planeta? Quais foram os caminhos percorridos para que, em cerca de 150 mil anos, praticamente todo o Velho Mundo fosse habitado por seres humanos?

Por fim, no capítulo VII, "Neolítico: domesticação e origem da complexidade social", será contada uma parte da evolução humana, que, embora seja absolutamente pequena em relação ao tempo (os últimos 10 mil anos), não é menos importante: o surgimento da agricultura e das sociedades complexas. Teria essa atividade humana um impacto tão grande na biologia humana a ponto de mudar radicalmente as pressões seletivas que existiam em outras épocas?

Espera-se com este livro que o leitor tenha uma visão geral das fascinantes descobertas sobre a evolução de nossa espécie. Porém, para ter um proveito melhor disso é importante perceber que a ciência não é estática e que muitas vezes não é a certeza, mas exatamente a dúvida que faz com que ela avance.

Os organizadores

CAPÍTULO I

NÓS, PRIMATAS

MÔNICA YAMAGUCHI NORDHAUSEN
Laboratório de Estudos Evolutivos Humanos – Departamento de Genética e Biologia Evolutiva – Instituto de Biociências – Universidade de São Paulo.

PAULO C. DE OLIVEIRA FILHO
Departamento de Psicologia da Aprendizagem, do Desenvolvimento e da Personalidade – Instituto de Psicologia – Universidade de São Paulo.

Quem somos? De onde viemos? Para onde vamos? Há milênios essas questões têm inquietado a humanidade. Na tentativa de explicar a origem humana, o que nos tornou únicos na natureza e o que nos reserva o futuro, ao longo dos séculos foram criadas as mais diversas e ricas mitologias. No entanto, à medida que as sociedades que criavam essas mitologias desapareceram, também seus mitos de criação caíram no esquecimento, enquanto as dúvidas sobre a origem, a existência e o destino da humanidade continuaram.

O que nos espera no futuro próximo ou distante é e sempre será uma pergunta sem resposta. No entanto, em relação ao nosso passado e presente, a biologia evolutiva pode nos fornecer algumas respostas. O estudo da evolução humana pode nos ajudar a compreender quem somos e, em certo sentido, de onde viemos. Nós, humanos, somos primatas e evoluímos ao longo de milhões de anos, desde nossos ancestrais mais primitivos que viveram no topo das árvores até os bípedes de comportamento social complexo e extraordinárias capacidades de raciocínio e linguagem que somos hoje.

Para entender nossas origens, um bom começo parece ser tentar entender o grupo ao qual pertencemos, observando as semelhanças e diferenças entre nós e os outros primatas modernos, especialmente aqueles mais próximos na escala evolutiva da nossa espécie, os chimpanzés e os bonobos. A partir daí, podemos começar a tecer hipóteses sobre as semelhanças e diferenças entre nossos ancestrais e os outros primatas, e também sobre quais fatores impulsionaram o surgimento das espécies ancestrais dos humanos modernos.

1. AS CARACTERÍSTICAS FÍSICAS GERAIS DOS PRIMATAS

Todos os que se interessam por evolução humana (e alguns dos que não se interessam também) já devem ter ouvido falar que os chimpanzés são nossos parentes vivos mais próximos. Eles, de fato, são, e o estudo desses animais e dos demais primatas não-humanos pode fornecer aos biólogos e bioantropólogos recursos importantes para entender melhor nosso passado evolutivo e nosso comportamento, e também procurar preservar as várias espécies de primatas que se encontram em risco de extinção.

Mas o que é exatamente um primata? Primatas são mamíferos placentários, e, como tal, possuem glândulas mamárias, corpo coberto de pelos, capacidade de manter a temperatura corporal (endotermia) e tempo de gestação relativamente longo. Os animais pertencentes à ordem Primates apresentam grande variedade de tamanho entre as mais de 200 espécies atuais conhecidas, podendo variar de um lêmure-rato-pigmeu (*Microcebus myoxinus*), que mede cerca de 10 cm e pesa aproximadamente 30 g, até um gorila (*Gorilla gorilla*) macho, com seus quase 2 metros de altura e mais de 200 kg.

Se comparados à maioria dos mamíferos, os primatas permaneceram um tanto quanto generalizados em sua estrutura corporal, retendo vários caracteres ancestrais que foram perdidos por outras ordens. Para entender o que isso significa basta comparar qualquer primata a uma girafa ou um golfinho. O pescoço da girafa e as barbatanas do golfinho são especializações, fixadas ao longo da evolução, a fim de torná-los capacitados a sobreviver em seus ambientes, respectivamente a savana e o oceano. A ordem dos primatas não apresenta especializações como essas, o que não é desvantajoso, como pode parecer à primeira vista. A estrutura generalizada dos primatas dá a eles versatilidade, capacitando-os a adotarem diferentes modos de locomoção, como braquiação[1], corrida, saltos, escalada ou caminhada.

Os primatas não-humanos apresentam, em maior ou menor grau, tendência à postura ereta, seja no topo das árvores ou no solo, e ocasionalmente podem locomover-se com andar bípede. Combinados com a postura ereta, possuem mãos e pés preênseis, com cinco dígitos e polegar (ou hálux[2], no caso dos pés) oponível, com unhas ao invés de garras e terminações nervosas que lhes dão sensibilidade ao toque. Essas características dão aos primatas uma grande habilidade para agarrar ou manipular objetos e locomover-se através das copas das árvores.

Os primatas possuem acentuada dependência do sentido da visão, em especial os de hábito diurno, e essa dependência se reflete em adaptações em seu

---

1   Forma de locomoção utilizada por alguns primatas, na qual o animal permanece suspenso pelos membros superiores nos galhos das árvores, balançando-se de um galho para o outro com movimentos alternados dos braços.

2   Nome dado ao maior dedo do pé, também chamado de primeiro pododáctilo.

crânio, olhos e cérebro. Os olhos dos primatas são voltados para frente em suas faces, o que reduz o seu campo de visão, mas, em compensação, lhes dá visão estereoscópica, ou seja, permite-lhes ter percepção de profundidade. E grande parte dos primatas possui visão em cores, ainda que nem sempre percebam o espectro completo. Essas informações visuais são processadas em ambos os hemisférios cerebrais e organizadas por estruturas especializadas que sobrepõem os campos visuais de cada olho, os quais são ligeiramente diferentes entre si, gerando uma imagem tridimensional (Figura 1.1). Em contraponto com a visão acurada, os primatas dependem menos do olfato se comparados aos demais mamíferos. Proporcionalmente, as estruturas e os bulbos olfatórios cerebrais dos primatas são reduzidos. Algumas espécies, como os babuínos, podem apresentar um focinho bastante alongado, mas isso se relaciona mais com a acomodação dos dentes caninos muito grandes do que com o olfato.

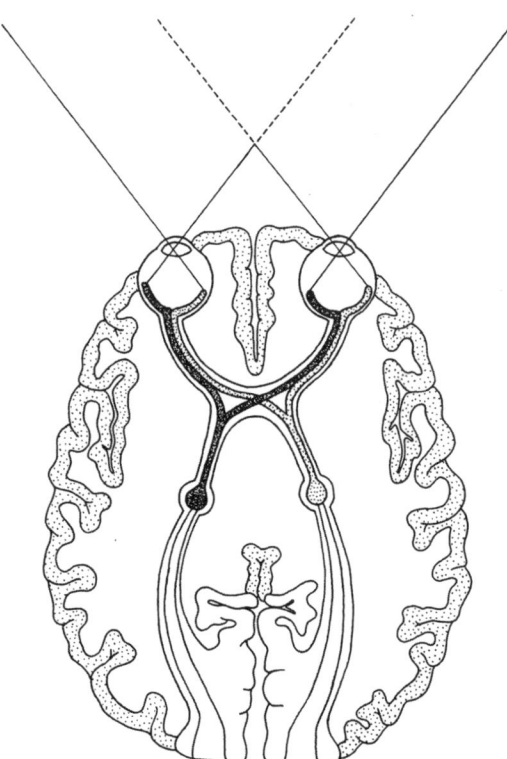

Figura 1.1 - Esquema simplificado das estruturas relacionadas à visão estereoscópica dos primatas. Os olhos, posicionados frontalmente em relação à face, possuem um campo visual ligeiramente diferente um do outro, e estruturas especializadas no cérebro sobrepõem essas imagens, combinando-as em uma imagem tridimensional. **Ilustração**: Michelle Guzman Fernandes

A maior parte dos primatas adota uma dieta à base de uma combinação de folhas, frutos e outros produtos vegetais, e ocasionalmente algum tipo de proteína animal na forma de insetos, pequenos mamíferos ou outros vertebrados. Essa tendência à onivoria reflete-se em sua dentição não especializada, ou seja, com diferentes tipos de dentes (incisivos, caninos, pré-molares e molares), que podem processar diversos tipos de alimentos. Considerando-se sua arcada dentária, os primatas apresentam em sua maioria a seguinte fórmula dentária[3]:

$$\frac{2:1:2:3}{2:1:2:3}$$

As exceções a esta fórmula são os macacos do Novo Mundo, que possuem um terceiro pré-molar, e os prossímios, que apresentam fórmulas dentárias variadas (a divisão dos grupos de primatas será vista mais adiante).

Além da dentição, outros aspectos anatômicos se destacam no crânio dos primatas (figuras 1.2 e 1.3). Sua dependência da visão reflete-se em órbitas oculares geralmente bem grandes, voltadas frontalmente numa face relativamente curta. Essas órbitas são fechadas nas laterais por um anel ósseo chamado "barra pós-orbital" (a maior parte dos primatas apresenta ainda uma placa óssea na parte de trás das órbitas chamada de "placa pós-orbital"), de forma a proteger os olhos mais efetivamente que as órbitas abertas das outras ordens de mamíferos.

Outra característica fundamental do crânio dos primatas é a presença da "bula petrosa", uma estrutura óssea que recobre e protege elementos do ouvido interno, e é considerada por taxonomistas e paleontólogos de primatas como o traço mais característico da ordem, presente em todos os seus membros, atuais e extintos.

Nota-se também que a tendência observada em todos os mamíferos para um maior desenvolvimento cerebral em comparação com outros vertebrados é exacerbada nos primatas, como mostra o grande volume relativo de sua caixa craniana. De fato, os primatas possuem um alto grau de encefalização, ou

---

3 A fórmula dentária é uma representação numérica que indica quais tipos de dentes estão presentes nas arcadas dentárias superior e inferior de um animal, e em que número estes ocorrem em cada lado. Na fórmula dentária indicada no texto, por exemplo, teremos nas arcadas superior (acima da barra) e inferior (abaixo desta), começando do meio para as laterais: dois incisivos, um canino, dois pré-molares e três molares.

seja, o aumento da região do neocórtex cerebral que está envolvido com processos cognitivos complexos. Isso está relacionado ao fato de que os primatas dependem não só de comportamentos instintivos, mas também daqueles adquiridos através do aprendizado.

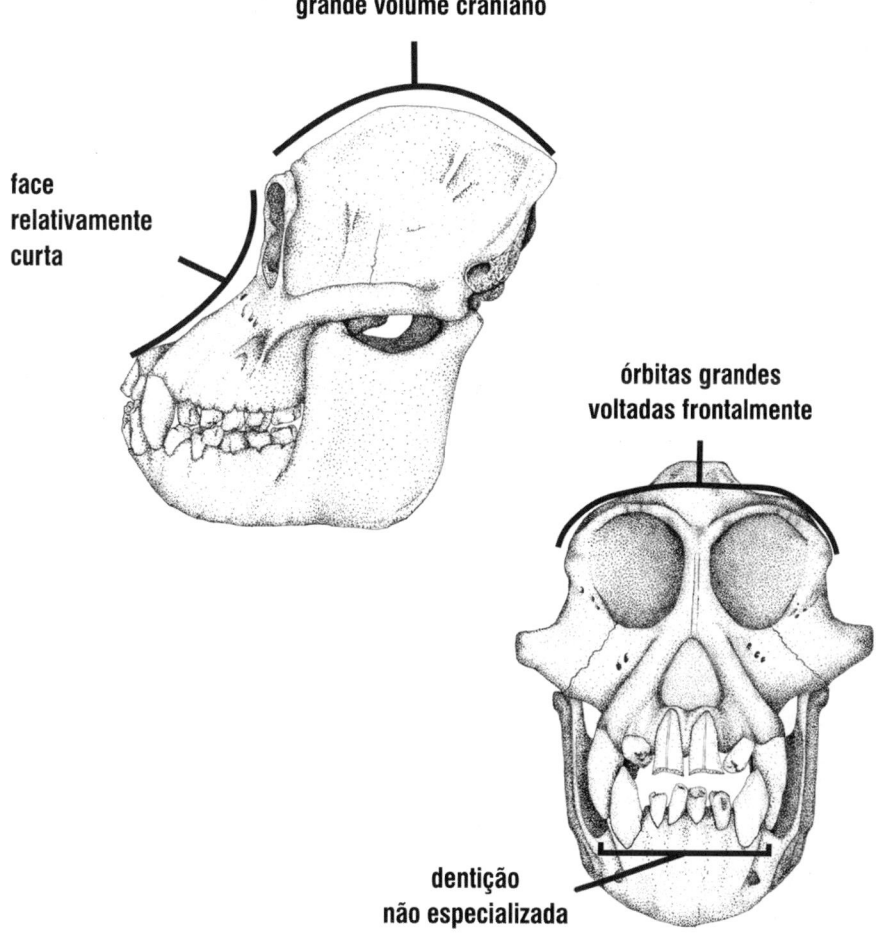

Figura 1.2 - Crânio de um orangotango (*Pongo sp.*), mostrando algumas das principais características cranianas dos primatas: grande volume relativo da caixa craniana; face relativamente curta; dentição não especializada; órbitas grandes e voltadas frontalmente. **Ilustração:** Giulia Baldaconi Bispo

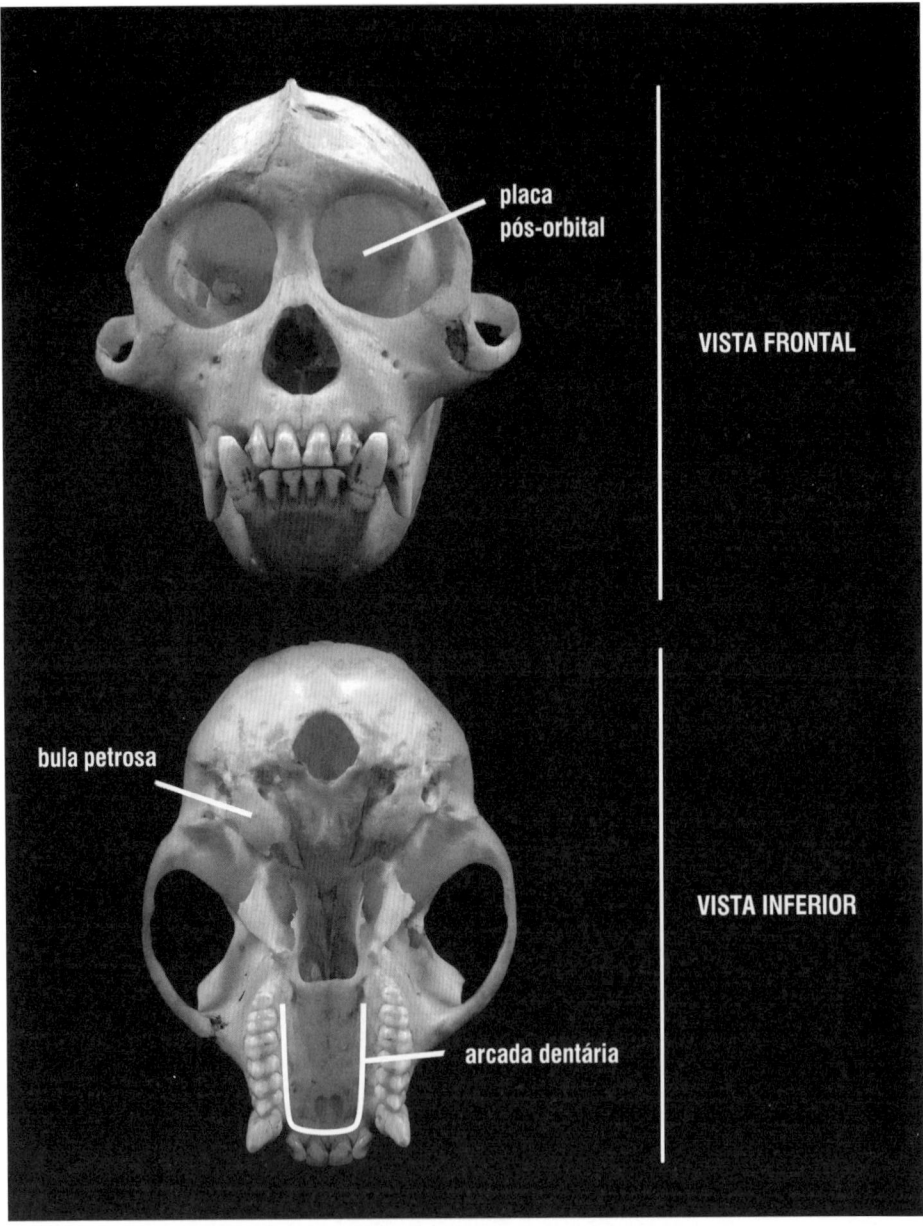

Figura 1.3 - Fotografias de um crânio de primata (*Sapajus sp.*). Note-se a placa pós-orbital, a bula petrosa e a arcada dentária com diferentes tipos de dentes. **Ilustração:** Miguel José Rangel Junior

Normalmente, os primatas dão à luz apenas um filhote, mais raramente gêmeos, com um período gestacional grande e maturação lenta, o que acarreta um grande investimento de tempo e energia em cada filhote para que este sobreviva até se tornar adulto. Ao longo desse ciclo de vida (também chamado de ontogenia), um primata precisa aprender uma enorme quantidade de informações, tais como formas de obter comida e água e como se comportar dentro de um grupo social. Um filhote de primata criado isolado, sem cuidados parentais, desenvolve-se em um adulto disfuncional, incapaz de se relacionar normalmente com outros dentro de um grupo, o que é um tanto grave se considerarmos que os primatas, com raras exceções entre os de hábito noturno, tendem a viver em associação com outros indivíduos.

2. A CLASSIFICAÇÃO E A DIVERSIDADE DOS PRIMATAS

As características citadas até agora definem uma visão geral da ordem Primates. No entanto, existe uma grande diversidade entre os primatas, o que se reflete em sua classificação taxonômica (Figura 1.4).

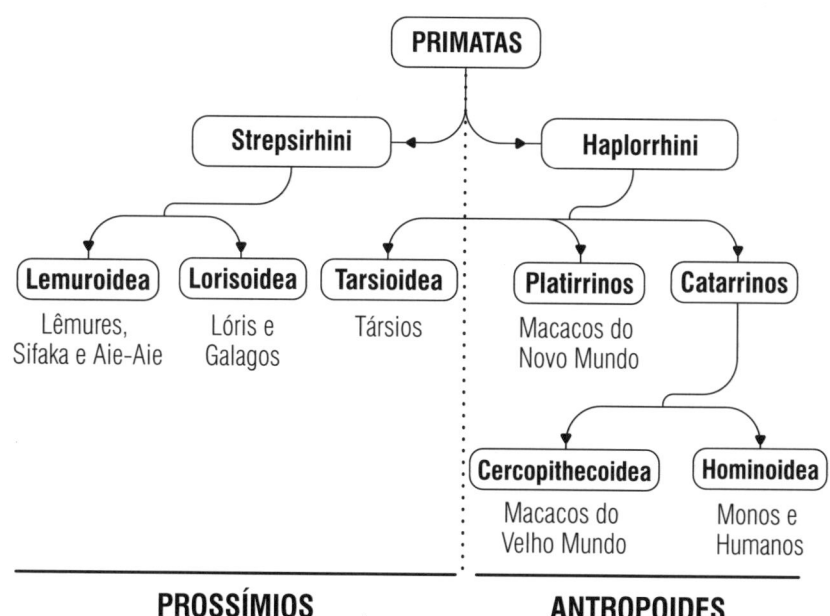

Figura 1.4 - Classificação atual dos primatas viventes. **Ilustração**: Miguel José Rangel Junior

Tradicionalmente, a ordem dos primatas é subdividida, com base em características físicas, em prossímios (lêmures, lóris, galagos e társios) e antropoides (macacos do Velho e do Novo Mundo, monos[4] e o homem). Assim, os prossímios seriam os primatas "inferiores" e os antropoides, os "superiores". Essa nomenclatura se refere à aparência semelhante aos antepassados primatas nos prossímios, enquanto os antropoides teriam aspecto mais semelhante ao homem. Alternativamente, alguns primatólogos preferem abandonar essa divisão clássica e adotar a classificação dos primatas em duas subordens: Strepsirhini, grupo que corresponde aos prossímios, porém sem os társios, que foram incluídos na outra subordem, Haplorrhini, juntamente com macacos, monos e homem. A classificação dos társios entre os Haplorrhini foi baseada na presença de alguns traços físicos e em pesquisas genéticas que apontaram sua maior proximidade com os antropoides do que com os prossímios (Quadro 1.1). Neste capítulo, optamos por manter a separação dos primatas em prossímios e antropoides, devido ao enfoque na descrição das características físicas do grupo.

> **QUADRO 1.1** – CLASSIFICAÇÃO ANATÔMICA E MOLECULAR (GENÉTICA)
>
> Faz parte da natureza humana classificar os elementos do mundo ao seu redor. A taxonomia, classificação dos organismos em um sistema que reflete seu grau de semelhança anatômica ou parentesco, foi criada para auxiliar no estudo do mundo natural, e sua tradição remonta ao filósofo grego Aristóteles.
>
> O sistema de nomenclatura binária utilizado até hoje foi criado por Carolus Linnaeus, com um esquema simples e elegante, no qual cada espécie recebe um nome composto por duas palavras: a primeira refere-se ao gênero e a segunda, à espécie propriamente dita (ex.: *Homo sapiens*). Espécie e gênero, assim como tribo, família, ordem, filo e reino, são chamados de *taxa* (plural de táxon), ou seja, cada táxon é uma unidade em um sistema de classificação organizado em níveis, como mostrado na Figura 1.5, que mostra a classificação taxonômica completa do homem.

---

4 Neste livro adotamos o termo "mono" para se referir aos grandes símios. Assim, a expressão "pequenos monos" se refere a gibões e siamangos, e "grandes monos", a orangotangos, gorilas, chimpanzés e bonobos.

A classificação taxonômica atualmente pode se basear em informações genéticas e moleculares, além das características anatômicas. Através de diversos testes, os cientistas procuram traçar relações de parentesco que não são evidentes apenas pelos traços físicos das espécies envolvidas. Dessa forma, as evidências apontam para uma classificação dos társios na subordem Haplorrhini, junto aos primatas antropoides, pois, além de possuírem dentição semelhante à destes, as estruturas de seu nariz e do lábio superior diferem da dos prossímios. Testes envolvendo sequenciamento de proteínas e hibridização de DNA (técnica usada para determinar a distância genética entre duas espécies) também apontam uma maior proximidade dos társios com os antropoides.

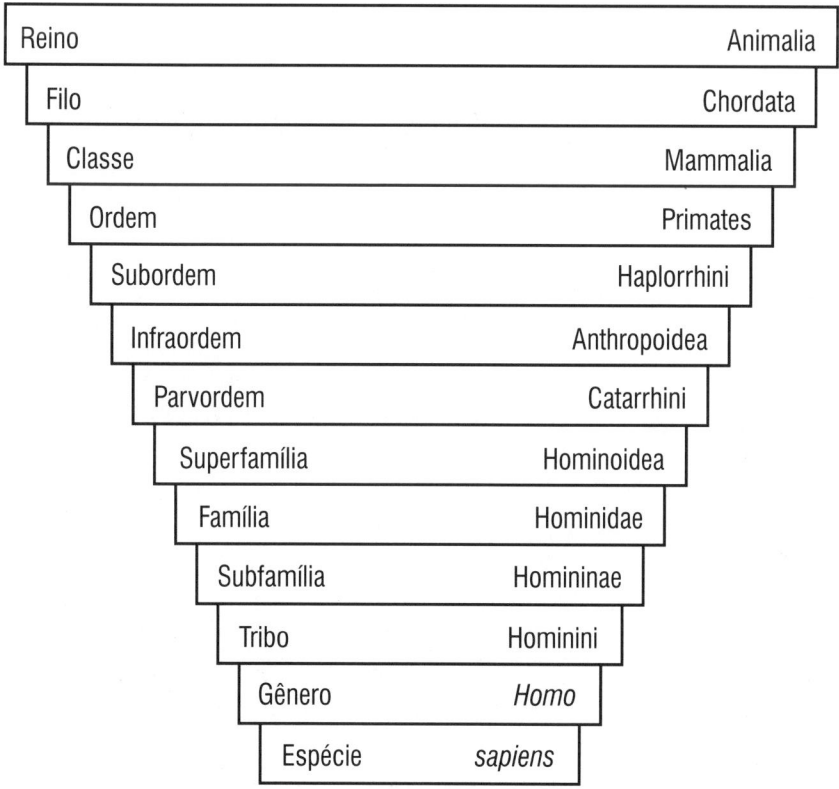

Figura 1.5 - Classificação taxonômica completa do homem *(Homo sapiens)*.

Os prossímios (Figura 1.6) são caracterizados pela presença de um rinário[5] e de um focinho alongado, denotando maior dependência do olfato, enquanto os antropoides carecem da presença do rinário. Como foi visto anteriormente, os primatas dependem mais da visão do que do olfato, e a presença de estruturas olfatórias mais desenvolvidas é um traço primitivo dentro da ordem. A retenção desse traço pode estar relacionada ao hábito noturno apresentado por muitas das espécies de prossímios. Também relacionado ao hábito noturno está o fato de apresentarem, em geral, olhos e órbitas oculares bastante grandes (Figura 1.7).

Além disso, a dentição dos prossímios difere da dos demais primatas: eles apresentam um "pente dentário", formado pelos incisivos inferiores modificados em forma de um pente, que é utilizado tanto para a alimentação quanto para o "grooming"[6].

Figura 1.6 - Lêmure-de-cauda-anelada (*Lemur catta*), um prossímio endêmico da ilha de Madagascar. **Ilustração**: Miguel José Rangel Junior

Muitos deles também apresentam uma garra no segundo dedo do pé, chamada de "garra para grooming". As características do crânio que diferem prossímios e antropoides estão resumidas na Figura 1.7.

Os lêmures são encontrados apenas em Madagascar e nas ilhas adjacentes, onde são os únicos primatas não-humanos. Como não sofrem a competição de macacos

---

5   O rinário é uma estrutura carnosa, úmida e sem pelos, localizada em volta das narinas de vários mamíferos.

6   O "grooming", ou catação, é um comportamento comum entre os primatas, que consiste no ato de catar parasitas ou outros materiais e cuidar dos pelos uns dos outros. Normalmente, este termo é traduzido por "catação", mas esta é uma tradução imprecisa: o "grooming" não tem apenas a função de limpeza dos pelos, mas também é usado para o estabelecimento e o fortalecimento das relações sociais.

e monos nesse ambiente, puderam diversificar-se em numerosos e variados nichos ecológicos, apresentando vários tipos de associação, desde grupos de lêmures diurnos, como os lêmures-de-cauda-anelada, até os noturnos e o solitário aie-aie. Infelizmente, a presença humana em Madagascar tem ameaçado a diversidade e a sobrevivência desses animais, pela caça e pela destruição de seu habitat.

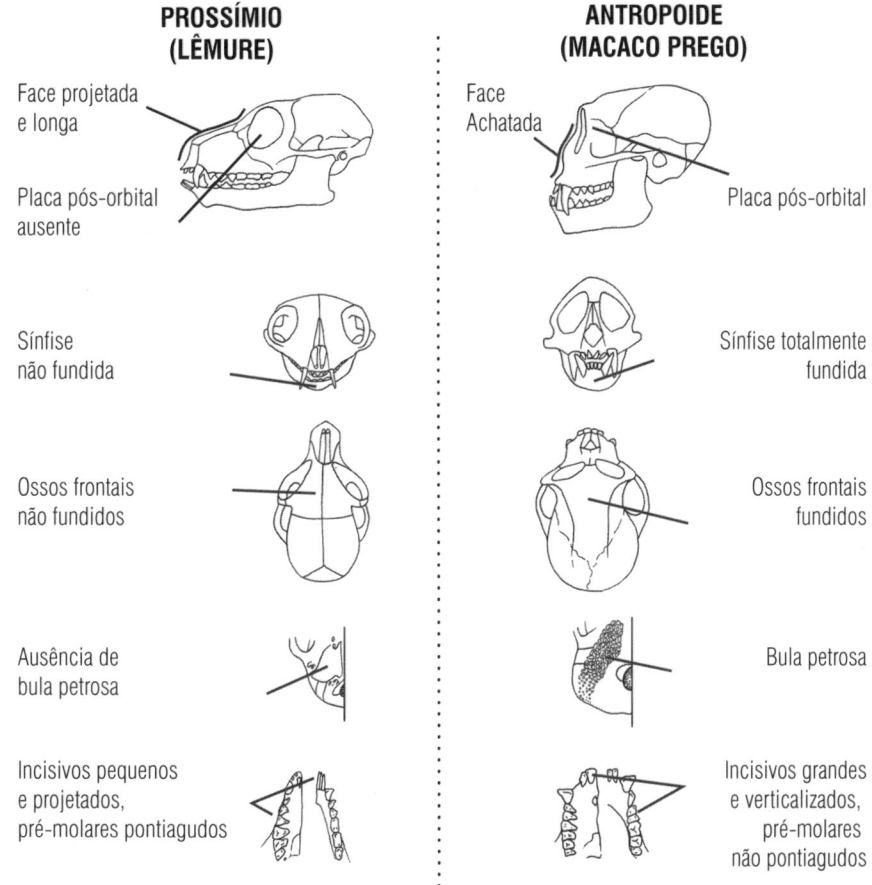

Figura 1.7 - Características cranianas que diferenciam antropoides e prossímios. **Ilustração:** Juliana Barbosa de Almeida Costa

Os lóris e galagos ocupam ambientes tropicais na Ásia e na África, onde apresentam hábitos noturnos, comunicando-se tanto vocalmente quanto olfativamente e alimentando-se de frutos, insetos e outros animais. Acredita-se que eles se assemelhem aos ancestrais primitivos dos antropoides modernos.

Os társios, apesar de classificados junto aos prossímios, não possuem o pente dentário – sua dentição se assemelha à dos antropoides, com incisivos inferiores relativamente pequenos e superiores centrais maiores, e caninos proeminentes. Seu traço característico mais marcante são os enormes olhos, evidenciando seus hábitos de predador noturno, que se alimenta de insetos e pequenos vertebrados. Além disso, vivem em pares monogâmicos.

Os antropoides, como dito anteriormente, incluem os macacos (do Novo e do Velho Mundo), os monos e os homininios (dos quais a nossa espécie, *Homo sapiens*, é a única representante viva). Ver a Figura 1.7 para entender algumas características que definem os antropoides.

Os macacos do Novo Mundo (Figura 1.8) pertencem à parvordem Platyrrhini, assim denominada devido ao formato achatado do nariz, que é largo e com as narinas voltadas para os lados. Os macacos do Novo Mundo possuem tamanhos variados (os menores representantes, saguis e micos-leão, pesam cerca de 0,5 kg, enquanto o maior macaco das Américas, o muriqui, ou mono-carvoeiro, tem cerca de 12 kg). Sua dentição caracteriza-se pela presença de um terceiro pré-molar, ausente nos demais antropoides.

Todos os macacos do Novo Mundo apresentam comportamento primariamente arborícola, e algumas espécies nunca descem ao solo. Como adaptação ao seu modo de vida, algumas espécies apresentam caudas preênseis, capazes de funcionar como um quinto membro, facilitando o ato de se locomoverem e de se pendurarem nos galhos das árvores.

Os demais antropoides (os macacos do Velho Mundo, os monos e os homininios) são classificados na parvordem Catarrhini, assim denominada em função da posição das narinas, voltadas para baixo.

Os macacos do Velho Mundo (Figura 1.9) pertencem à superfamília Cercopithecoidea, que é composta por uma única família, Cercopithecidae, e ocupam uma imensa variedade de ambientes, na África e na Ásia. Porém, em sua maioria habitam regiões tropicais e subtropicais. Como característica da família apresentam calosidades isquiais, que tornam o ato de sentar em superfícies duras ou ásperas mais confortável, e são bastante variáveis em relação ao tamanho corporal, mais que os macacos do Novo Mundo, podendo chegar a mais de 30 kg, como no caso dos babuínos. Possuem molares adaptados a uma dieta rica em materiais fibrosos, sendo chamados de bilofodontes, por possuírem duas cristas na coroa dentária. Algumas espécies possuem um acentuado dimorfismo sexual[7].

Figura 1.8 - Exemplos de macacos do Novo Mundo: os ameaçados A) mico-leão-de-cara-dourada (*Leontopithecus chrysomelas*) e B) macaco-aranha-de-testa-branca (*Ateles marginatus*). Ambos primatas endêmicos do Brasil. **Ilustração:** Miguel José Rangel Junior

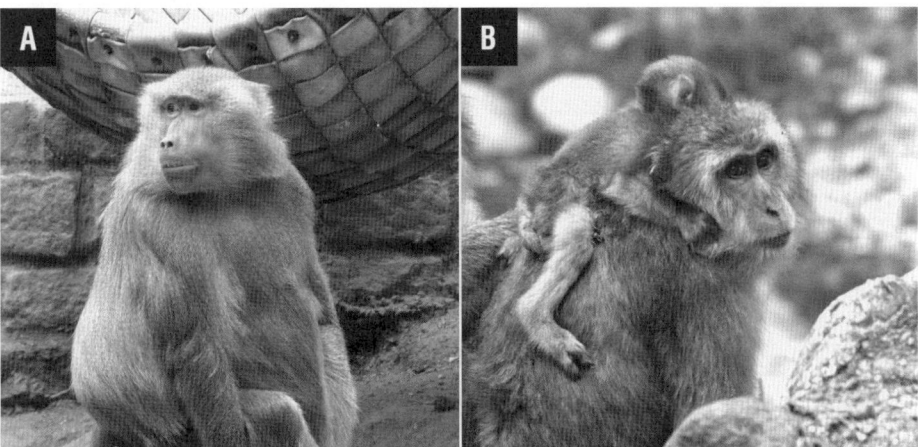

Figura 1.9 - Exemplos de macacos do Velho Mundo: A) fêmea de babuíno (*Papio hamadryas*) e B) macaco-japonês (*Macaca fuscata*). **Ilustração:** Miguel José Rangel Junior (a) e Tiago Falótico (b)

---

7   A expressão "dimorfismo sexual" designa as diferenças visíveis nas características físicas entre machos e fêmeas de uma mesma espécie.

A família Cercopithecidae é subdividida em duas subfamílias, Colobinae e Cercopithecinae. Os membros da subfamília Colobinae são macacos de médio porte, com caudas longas e predominantemente arborícolas, alimentando-se de folhas e habitando diversos ambientes, mas não em áreas áridas. Os membros da outra subfamília, Cercopithecinae, distinguem-se por possuírem bolsas em suas bochechas, e habitam uma vasta gama de ambientes, desde savanas africanas até as montanhas cobertas de neve no Japão e no Iêmen. Nesta subfamília encontram-se algumas das espécies mais conhecidas e estudadas de primatas, como os macacos-rhesus e os babuínos.

Os monos pertencem, juntamente com os humanos, à superfamília Hominoidea. Eles possuem como traços comuns a ausência de cauda, a capacidade craniana aumentada, se comparada aos demais primatas, a ontogenia estendida e o grande tamanho corporal, além de inteligência, capacidade de aprendizado e interações sociais complexas.

Os pequenos monos, gibões e siamangos (Figura 1.10), habitam as florestas do sudeste asiático, e seus membros são adaptados à suspensão e à braquiação entre as copas das árvores. Possuem braços muito longos, polegares reduzidos e demais dedos extremamente alongados. A maior parte dos gibões são frugívoros. Vivem em pares monogâmicos que duram por muitos anos, ainda que estudos recentes tenham demonstrado que encontros reprodutivos com outros parceiros não são incomuns. Estes animais vocalizam bastante, seja para demarcar território ou para reforçar os laços entre o casal.

Figura 1.10 - Siamango (*Symphalangus syndactylus*), exemplo de um pequeno mono. **Ilustração:** Miguel José Rangel Junior

A família Hominidae está dividida nas subfamílias Ponginae e Homininae. A subfamília Ponginae possui apenas um gênero vivo, *Pongo*, que inclui os orangotangos que habitam as florestas da Indonésia, nas ilhas de Sumatra (*P. abelii*) e Bornéu (*P. pygmaeus*) – (Figura 1.11). Os orangotangos são parentes próximos dos humanos, de pelos avermelhados, cérebro grande e porte avantajado (os machos podem chegar a quase 80 kg e as fêmeas, devido ao acentuado dimorfismo sexual, costumam ter em torno de metade desse peso). São altamente arborícolas, alimentando-se principalmente de frutos, e bem solitários, diferentemente dos demais membros da família Hominidae.

Figura 1.11 - O Orangotango (*Pongo sp.*), único dos grandes monos da subfamília Ponginae, vive na Ásia. **Ilustração:** Miguel José Rangel Junior

Os orangotangos são territoriais, sendo que as fêmeas e seus filhotes dependentes ocupam territórios que defendem de outras fêmeas, enquanto os machos tentam manter o controle sobre um certo número de territórios de fêmeas, tentando monopolizá-las para fins reprodutivos. Os machos adultos possuem tipicamente bolsas nas bochechas sinalizando sua condição dominante, embora machos sem essas bolsas tenham sido observados, inclusive, copulando com fêmeas, numa condição chamada de bimaturismo, na qual os adultos podem assumir duas formas diferentes, uma das quais se assemelha a um imaturo. Apesar de seu parentesco próximo conosco, apresentam ainda aspectos pouco conhecidos, se comparados aos demais grandes monos, e se encontram em grande risco de extinção, devido à caça e à destruição das florestas nativas das ilhas que habitam.

A outra subfamília, Homininae, inclui gorilas, chimpanzés e humanos. Os gorilas (Figura 1.12) são os maiores primatas viventes, sendo que os machos desse gênero podem pesar mais de 200 kg quando adultos. São encontrados nas florestas da África e estão gravemente ameaçados pela caça e pela fragmentação de seu habitat. São extremamente dimórficos sexualmente, e os machos chegam a ter mais que o dobro do tamanho das fêmeas.

Figura 1.12 - O maior primata existente: gorila (*Gorilla gorilla*).
Ilustração: Miguel José Rangel Junior

Os gorilas vivem em grupos muito unidos, formados por um ou poucos machos dominantes (ou de dorso prateado, devido à coloração tipicamente acinzentada que os pelos das costas adquirem, sinalizando a maturidade sexual), machos adolescentes, sem a coloração prateada nas costas, que podem posteriormente vir a abandonar esse grupo para formar seu próprio bando, e fêmeas em idade reprodutiva e seus filhotes. Geralmente as fêmeas jovens abandonam o grupo ao atingir a maturidade sexual, ou pouco antes disso.

Os chimpanzés e bonobos (figuras 1.13 e 1.14) são os parentes mais próximos dos humanos – a similaridade genética entre um chimpanzé e um homem é maior do que entre chimpanzés e gorilas. Os chimpanzés (*Pan troglodytes*) são animais diurnos, que se locomovem pelo solo, mas também através das copas das árvores, onde costumam forragear. Quando no solo, assim como os gorilas, caminham apoiados nos nós dos dedos das mãos. Os chimpanzés são onívoros, alimentando-se principalmente de frutos e folhas, mas ocasionalmente consomem proteína de origem animal, como insetos, e carne de macacos, porcos selvagens e outros pequenos animais. Vivem em grupos com número de indivíduos variável, de cerca de 20 até mais de 100, compostos de vários machos e fêmeas e nos quais a única unidade estável é entre a mãe e seus filhotes. O comportamento social dos chimpanzés é bastante diferente entre os sexos. Os machos são extremamente sociais entre si e costumam formar coalizões para dominar as fêmeas, caçar ou patrulhar seu território, reagindo ferozmente a intrusos, sejam machos ou fêmeas, a não ser que estas últimas estejam sexualmente receptivas. As fêmeas são mais independentes entre si e, enquanto os machos costumam permanecer a vida toda ligados a seu bando de origem, abandonam seu grupo tão logo atingem a maturidade sexual, por volta dos 12 anos.

Os bonobos (*Pan paniscus*), apesar da aparência semelhante à dos chimpanzés, são menores e mais gráceis. E seu grau de dimorfismo sexual é bastante pequeno: os machos são pouco maiores e mais pesados que as fêmeas, além de possuírem crânios e dentes caninos maiores. Os bonobos são encontrados apenas em uma área limitada na República Democrática do Congo e são bem menos estudados que os chimpanzés. Alimentam-se primariamente de folhas e frutos e vivem em grandes grupos sociais, chamados de comunidades, nos quais os machos permanecem em sua comunidade de origem e as fêmeas migram para outros grupos quando atingem a maturidade sexual. No entanto, ao contrário dos chimpanzés, entre os bonobos as fêmeas constroem fortes laços, formando coalizões que impedem o domínio dos machos sobre elas. Na verdade, os bonobos são bastante conhecidos por sua hipersexualidade. Seus contatos sexuais são utilizados para reduzir conflitos sociais e fortalecer laços entre indivíduos, não estando vinculados apenas à reprodução.

Figura 1.13 - O popular chimpanzé (*Pan troglodytes*), um grande mono africano. **Ilustração:** Miguel José Rangel Junior

Figura 1.14- Bonobo ou chimpanzé-pigmeu (*Pan paniscus*), um mono endêmico da República Democrática do Congo. **Ilustração:** Miguel José Rangel Junior

3. O ESTUDO DOS PRIMATAS

Para além dos motivos usuais para se estudar qualquer fenômeno natural, há razões para que o estudo dos primatas seja um campo especial. De acordo com a evidência fóssil mais recente, o ancestral comum entre nossa espécie e os outros grandes primatas (chimpanzés, gorilas, bonobos e orangotangos) viveu em algum momento entre 5 e 7 milhões de anos. Assim, estudar esses animais revela algo sobre nós mesmos, devido à grande proximidade entre essas espécies e a nossa. Mas há também outro aspecto muito importante, um aspecto que interessa particularmente aos cientistas interessados na evolução da espécie humana: estudar o comportamento das espécies existentes de primatas, principalmente dos primatas superiores, ajuda a tecer hipóteses sobre os primeiros hominínios, hipóteses sobre elementos difíceis de deduzir apenas a partir da evidência fóssil: seus hábitos, seu comportamento, sua organização social, sua "cultura". Isto é, observar os chimpanzés e os gorilas é como abrir uma janela para o passado distante da nossa própria espécie.

O comportamento, especialmente o comportamento dos pássaros e dos mamíferos, é um fenômeno extremamente complexo, moldado por milhões de anos de interação entre o genoma e o meio, e fortemente influenciado pela capacidade de aprendizagem de cada espécie. Estudos recentes sugerem que o comportamento pode funcionar como o principal elo de ligação entre as exigências do ambiente e o funcionamento genético, mediado no nível molecular por estruturas epigenéticas[8].

Entre os animais mais simples, por assim dizer, a maior parte dos comportamentos parece ser geneticamente codificada. Nessas espécies, respostas específicas a condições externas, como a presença de predadores ou de alimento, aparentam estar em grande parte inscritas no material genético. Essa equação se inverte entre os primatas. Muito do comportamento dos primatas parece ser adquirido através da aprendizagem, levando ao limiar a transmissão cultural que culmina na espécie humana, na qual a maior parte do comportamento é aprendido.

---

8   Os mecanismos epigenéticos são processos intracelulares que modificam o funcionamento dos genes sem modificar sua estrutura. Estes processos ocorrem tanto no núcleo das células, atuando diretamente sobre o DNA nuclear para "ligar" ou "desligar" genes, quanto no citoplasma, interferindo no processo de produção de proteínas. Sabe-se que estes processos estão intimamente ligados a mudanças no meio externo e que muitas destas modificações podem ser transmitidas para as gerações posteriores. Dentre os processos epigenéticos mais estudados estão a metilação do DNA, a acetilação do DNA, o processamento do RNA e a ação dos pequenos RNAs.

Para compreender a evolução do comportamento dos primatas, para descobrir os princípios desse processo, é necessário identificar as variáveis ambientais e fisiológicas cuja interação presidiu essa evolução. E para identificar tais variáveis é preciso observar o comportamento dos primatas não-humanos onde ele ocorre, em seu habitat natural.

Por muitas décadas, desde seus primórdios, o estudo científico de primatas se deu através de experiências em laboratório e da observação de animais em cativeiro (como em zoológicos) ou semicativeiro (em parques e reservas longe do habitat natural daquelas espécies). Os pouquíssimos casos de observação em ambiente natural eram sempre muito curtos, e seus resultados, quase anedóticos. Esses estudos trouxeram uma grande quantidade de informações importantes, permitindo identificar, por exemplo, a grande capacidade de adaptação e de resolução de problemas dos chimpanzés. Por outro lado, quando finalmente os estudos de campo começaram, ficou claro que o comportamento dos animais em condições controladas e em contato direto com seres humanos era completamente idiossincrático. Inúmeros aspectos do comportamento dos primatas foram mal-interpretados ou simplesmente nunca observados antes do início dos anos 1960.

Os mais importantes estudos de laboratório com primatas se concentraram nas áreas de resolução de problemas e linguagem, uma tradição inaugurada pelo psicólogo alemão Wolfang Köhler.

Köhler, que mais tarde seria um dos criadores da Gestalt[9], conduziu uma série de experimentos clássicos com chimpanzés em cativeiro. Ele demonstrou que chimpanzés conseguiam resolver problemas espaciais, como, por exemplo, empilhar caixotes para conseguir alcançar alimentos pendurados no teto da jaula. Ou utilizar um bastão para puxar uma fruta ou brinquedo fora do alcance. A partir de então, foram realizados inúmeros estudos de laboratório sobre a cognição dos primatas, sua capacidade de aprendizado e suas habilidades motoras. Esses estudos foram conduzidos especialmente

---

9   A Gestalt foi uma das mais influentes escolas de pensamento da Psicologia durante a primeira metade do século XX. Fundada a partir de estudos da percepção, essa teoria mostrou como o aparato perceptivo influencia e é influenciado pela cognição. Uma das frases mais famosas de Köhler é "O todo é diferente da soma das partes", a quem também é atribuída a criação do conceito de "insight". Após a Segunda Guerra, a Gestalt começou a perder proeminência, mas a maioria de seus resultados e conceitos acabou incorporada às teorias cognitivas subsequentes.

com chimpanzés e bonobos e apresentaram evidências claras sobre a fabricação e o uso de ferramentas por esses primatas e sua capacidade de resolução de problemas.

Muitas pesquisas importantes também foram feitas sobre a capacidade dos monos para aprender e utilizar a linguagem humana. A partir de sua captura em 1966, Washoe, uma chimpanzé, foi ensinada pelos pesquisadores Beatrix e Allen Gardner a utilizar a Linguagem Americana de Sinais (ASL – "American Sign Language") com algum sucesso. As críticas a este experimento apontaram que Washoe utilizava os sinais de forma simbólica, sem a presença das regras gramaticais que caracterizam o uso humano da linguagem. Nim Chimpsky, um chimpanzé treinado por Herbert Terrace, aprendeu 125 sinais diferentes. Entretanto, seu uso da linguagem também era simbólico e não gramatical.

As chimpanzés Sarah, Elizabeth e Peoni mostraram capacidade de elaborar construções gramaticais complexas (negação, denominação, condicional) no estudo de David Premack. Posteriormente, o orangotango Aazk foi ensinado por Gary Shapiro utilizando as mesmas técnicas desenvolvidas por Premack. Aazk atingiu o mesmo nível de competência linguística de Sarah, a chimpanzé do grupo de Premack que conseguiu os melhores resultados.

Finalmente, o bonobo Kanzi, ensinado por Sue Savage-Rumbaugh, desenvolveu um grande domínio da linguagem, sendo capaz de identificar dezenas de objetos pelo nome e responder questões complexas. Kanzi é considerado o animal não-humano com a maior compreensão da linguagem humana.

A partir do final dos anos 1950, e durante a década seguinte, o interesse do paleontólogo e arqueólogo Louis Leakey na evolução da espécie humana e nos primeiros hominínios o levou a se interessar pelo estudo dos monos. Ele selecionou e garantiu o financiamento para três pesquisadoras cujas descobertas revolucionaram o conhecimento sobre três das quatro espécies de grandes primatas: Jane Goodall, que viveu entre os chimpanzés na Tanzânia por 45 anos; Dian Fossey, que conduziu por 18 anos um estudo de grupos de gorilas em Ruanda; e Biruté Galdikas, que estudou os orangotangos de Bornéu por mais de 30 anos.

Juntos, esses estudos não só criaram uma nova metodologia de pesquisa que se tornaria a norma da primatologia, mas também abriram as portas para um imenso fluxo de informações sobre o comportamento, a sociedade e a "cultura" desses primatas.

Já os primeiros resultados de Goodall desafiaram inúmeras crenças estabelecidas sobre os chimpanzés. Seus relatos e filmes demonstraram que os chimpanzés não são herbívoros, como se acreditava. Eles buscam carne ativamente, formando grupos de caça, encurralando, matando e comendo outros animais, inclusive outros primatas. O grupo observado por Goodall caçava frequentemente o colubus, um pequeno macaco que coabita a mesma área. Outra observação dramática foi a evidência de uso de ferramentas pelos chimpanzés, algo que posteriormente foi identificado em várias outras espécies de primatas e não apenas entre os monos.

4. COMPORTAMENTO SOCIAL

As sociedades formadas pelos primatas são complexas, variadas e estáveis. Muitos elementos do comportamento desses animais estão voltados para a expressão, a comunicação e a interação sociais. Assim, comportamentos como o toque, a vocalização, o cumprimento, o abraço e muitos outros são elementos usados para iniciar, manter e caracterizar relações sociais dentro dos grupos de primatas. Os primatas formam alianças rápidas para obter comida ou sexo, mas também entram em relacionamentos e alianças duradouras, cooperam entre si, criam laços. E as sociedades dos primatas são complexas, podendo conter alianças entre indivíduos de idades, famílias, sexo e posição hierárquica muito diferentes.

Como qualquer outro aspecto da Biologia, a pergunta fundamental que precisa ser respondida sobre o comportamento social dos primatas é como este comportamento aumenta as chances de sobrevivência e de acasalamento dos indivíduos.

Fêmeas, em geral, têm um potencial reprodutivo menor, isto é, sua capacidade de gerar filhotes é mais limitada que a dos machos. Por outro lado, as fêmeas também gastam muito mais energia com cada filhote gerado, tanto durante a gestação quanto, no caso dos primatas, na criação dos filhotes. O efeito disso é que a prioridade das fêmeas é conseguir e manter um suprimento adequado de comida para si e seus filhotes. No caso dos machos, o fator limitante da reprodução é apenas a existência de fêmeas. Assim, a forma do grupo social é determinada pela forma como as fêmeas se distribuem no espaço ocupado pelo grupo e pelas formas encontradas pelos machos para garantir acesso reprodutivo às fêmeas.

Uma das variáveis mais importantes entre as usadas para evidenciar a seleção sexual e o resultado da pressão do meio sobre a necessidade de acasalamento dos indivíduos é o dimorfismo sexual. A hipótese é que essas diferenças são resultantes dos diferentes papéis assumidos por machos e fêmeas no processo de reprodução.

Tomando duas características físicas proeminentes no caso dos primatas, o tamanho do indivíduo e o tamanho relativo dos dentes caninos, é possível observar como o dimorfismo está intimamente relacionado à estrutura social do grupo.

Entre primatas que vivem em casais ou desenvolvem relações monogâmicas mais ou menos estáveis, o dimorfismo sexual é bem menor – os machos e fêmeas tendem a ter tamanhos similares e a diferença de tamanho dos caninos entre os sexos também é pequena. Esse tipo de organização é encontrado entre gibões, siamangos e em várias espécies de prossímios.

Já em espécies nas quais vários machos competem pelo acesso às fêmeas dentro do mesmo grupo, as diferenças se acentuam: os machos tendem a ser maiores e a possuir caninos mais ameaçadores. Isso ocorre em várias espécies de macacos do Velho Mundo, em algumas espécies das Américas e entre os chimpanzés e gorilas.

Esse processo culmina nas espécies nas quais um macho controla várias fêmeas. Nelas, o dimorfismo sexual pode ser muito grande e notável, devido à pressão pela defesa do acesso às fêmeas em um território maior. Ocorre em algumas espécies do gênero *Semnopithecus*, em alguns macacos do Velho Mundo e entre babuínos.

E nas espécies solitárias, nas quais um macho acasala com as fêmeas que residem ou atravessam regularmente seu território, a pressão seletiva leva ao ápice do dimorfismo. Este tipo de arranjo é visto apenas entre os orangotangos e alguns prossímios.

Entretanto, para além desses tipos de agrupamentos ligados à forma dominante de acasalamento, os primatas formam, permanente ou temporariamente, vários tipos de agrupamentos com diversas divisões entre sexos. Grupos temporários, formados apenas por machos ou apenas por fêmeas ou por muitos machos e muitas fêmeas, são comuns, dependendo da atividade a ser realizada. Como já foi dito, os machos de chimpanzés formam regularmente grupos de caça. Os babuínos, que, como mencionado anteriormente, formam grupos com um macho e várias fêmeas, se juntam à noite em bandos que podem conter mais de 100 indivíduos dos dois sexos para voltarem até seus locais de descanso.

Outro dado importante é que em algumas espécies de primatas, notavelmente entre os bonobos e os chimpanzés, o arranjo social é ainda mais intrincado – essas espécies formam grupos temporários que se unem e se separam repetidas vezes, formando comunidades temporárias e relações sociais extremamente complexas.

5. COMPETIÇÃO E COOPERAÇÃO

A necessidade dos machos de obter acesso às fêmeas e a necessidade das fêmeas de garantir acesso à comida para si e para seus filhotes levam à formação de uma hierarquia de dominância entre os indivíduos de um mesmo grupo.

Entre os machos de grupos multisexuais, essa hierarquia de dominância acaba sendo estabelecida desde cedo, em geral através de demonstrações, às vezes violentas, mas geralmente apenas gestuais. Uma vez estabelecida a hierarquia, ela se modifica de forma natural, através de desafios e práticas mais ou menos ritualizadas e reconhecidas pelo grupo.

Machos nas posições superiores da hierarquia têm maior garantia de acesso às fêmeas, e a luta por essas posições é árdua e longa. Entre os chimpanzés, por exemplo, um adolescente crescendo em um dado grupo precisa, primeiro, se impor sobre toda a hierarquia das fêmeas para, só então, começar a escalar a hierarquia dos machos, até atingir a melhor posição possível. Indivíduos migrando para um grupo novo também acabam nas posições inferiores e precisam escalar lentamente a hierarquia.

Novamente, essas relações não são nem lineares nem tão claras como poderia parecer. Muitas vezes, alianças temporárias entre indivíduos em posição inferior contra outro ou outros membros do grupo melhor posicionados invertem a hierarquia ou confundem seus termos.

Para as fêmeas, as questões de hierarquia são mais complexas e sutis. Sendo elas mesmas os objetos da competição, não precisam se preocupar em competir pelo acesso aos machos. As fêmeas dos primatas escolhem os machos com base em um grande número de fatores, como seu tamanho, a cor dos pelos, a agressividade, a gentileza, a familiaridade. Há uma hierarquia entre as fêmeas, especialmente em grupos multisexuais, mas esta hierarquia é menos rígida e as fêmeas tendem a criar laços mais fluidos entre si.

Tendo a competição pela reprodução como pano de fundo, quais razões poderiam levar os primatas à vida em grupo e à formação de sociedades tão complexas? Se a vida solitária diminui a competição por recursos escassos e pelas fêmeas, a vida em grupo apresenta outras vantagens que neutralizam e suplantam os efeitos deletérios dessa competição.

Os primatas que vivem em grupos estão mais protegidos contra predadores, tanto através da cooperação entre indivíduos na defesa do grupo como pela possibilidade de uma maior vigilância e de alarmes mais precisos. Os grupos também permitem aos primatas competir com outros grupos da mesma espécie por recursos escassos.

Por fim, os grupos também levam a uma maior proteção contra uma estratégia reprodutiva comum entre várias espécies de primatas, o infanticídio. A mãe com um filhote, em geral, só se torna sexualmente disponível depois do filhote ter adquirido independência, o que entre os primatas pode demorar um tempo bastante longo. Matando o filhote, um macho força a fêmea a voltar ao estado receptivo, permitindo o acasalamento.

6. ELEMENTOS DA "CULTURA" PRIMATA

Os primatas, especialmente os monos, são animais com grande flexibilidade fenotípica. Grande parte de seu comportamento é socialmente aprendido e muito desse aprendizado é passado de geração em geração dentro do mesmo grupo. O resultado desse processo é a formação de "culturas" diferenciadas entre grupos diferentes da mesma espécie, similar ao que acontece entre os seres humanos.

A vocalização é usada entre os primatas em várias ocasiões: como aviso da presença de predadores, como cumprimento, como forma de exibição, etc. As formas de vocalização são variadas e, entre os monos, muito sofisticadas. Por exemplo, em um experimento fundamental, o som de chamado de um filhote de chimpanzé foi tocado próximo a um grupo de fêmeas cujos filhotes estavam ausentes. Apenas a mãe do filhote cujo som foi tocado olhou na direção do som. As outras fêmeas, entretanto, olharam na direção da mãe daquele filhote. Isso indica um grau de compreensão do significado do chamado muito além do que se supunha.

Há evidências de que os tipos de vocalização variam de grupo para grupo e cada grupo desenvolve seus chamados próprios, que têm que ser aprendidos pelos filhotes.

Um outro aspecto marcadamente "cultural" identificado em várias espécies de primatas é o uso de ferramentas. Já foi demonstrado o uso de ferramentas em espécies tão diferentes quanto os chimpanzés e os macacos-prego da América do Sul (Figura 1.15).

Chimpanzés utilizam pedras escolhidas para abrir frutos duros, preparam gravetos para capturar e comer formigas agressivas e cupins. Eles também foram observados mastigando folhas até formar uma massa, utilizada então como uma esponja, para obter água da chuva armazenada dentro de troncos. Em pelo menos um local, chimpanzés foram vistos utilizando pedaços de madeira previamente afiados para matar e capturar pequenos animais abrigados em buracos em troncos de árvores, isto é, utilizando uma "arma" para capturar a presa. Tais habilidades aparecem em determinados grupos e são aprendidas pelas gerações seguintes.

Figura 1.15 - Macaco-prego (*Sapajus libidinosus*) utilizando pedra para quebrar cocos de jerivá. Exemplo de uso de ferramenta.
Ilustração: Tiago Falótico

A primeira observação de uma mudança "cultural" em um grupo de macacos foi realizada na ilha japonesa de Koshima, no final dos anos 1940. Cientistas colocavam batatas-doces na areia da praia, como forma de atrair os macacos para um local de fácil observação. Em um determinado momento, após alguns anos do estudo, uma jovem macaca chamada Imo começou a levar as batatas até a água e lavá-las para retirar a areia. Em uma década, a tradição havia se espalhado por todo o grupo e a maioria dos macacos lavava suas batatas antes de comê-las. Esse processo caracteriza não só a mudança de hábitos pela introdução de um elemento novo no ambiente como também a disseminação do conhecimento adquirido, embora essa transmissão não envolva relações formais de ensino-aprendizagem.

Há um último aspecto do comportamento dos chimpanzés a ser levado em consideração, pois ele nos leva de volta às relações entre os monos e os primeiros hominínios. Após Jane Goodall ter revelado que os chimpanzés eram onívoros e consumiam carne regularmente, estudos posteriores mostraram que a proteína da carne é parte significativa da dieta desses animais – em períodos em que a carne é escassa, os chimpanzés apresentam uma perda de peso significativa.

Chimpanzés formam grupos de caça de até 35 membros. Quando mais que 10 chimpanzés se agrupam em uma caçada, seu índice de sucesso se aproxima de 100% (contra 33% de sucesso em caçadas solitárias). O resultado da caçada é dividido com as fêmeas (que não caçam) e é uma importante moeda de troca para acesso a fêmeas em período fértil. Esse último dado é corroborado por dados quantitativos: o número de machos de um grupo participando de caçadas em um dado momento é proporcional ao número de fêmeas férteis naquele grupo.

Chimpanzés caçam pequenos macacos, babuínos, porcos-do-mato e também uma espécie de antílope. Além disso, chimpanzés organizam expedições de "guerra", invadindo o território de outros grupos, matando e ferindo vítimas adultas.

Não há evidência direta do comportamento de caça entre os primeiros hominínios ou de sua dieta, mas especula-se que, por viverem no chão ou na margem de florestas, em condições similares àquelas nas quais os chimpanzés vivem, seu comportamento, sua alimentação e seus hábitos, inclusive as presas caçadas, podem ter sido muito semelhantes às desses primatas modernos.

7. RISCOS DE EXTINÇÃO

A extinção de espécies sempre foi uma consequência da evolução. Espécies menos adaptadas sempre foram substituídas naturalmente por outras espécies, melhor adaptadas às condições atuais de um meio que se modifica.

O registro fóssil dá notícia de extinções catastróficas, como a dos dinossauros há 65 milhões de anos.

Entretanto, a expansão do domínio humano sobre todo o planeta, a expansão demográfica e a Revolução Industrial, aumentando as pressões econômicas sobre todos os habitats naturais, aceleraram e modificaram esse processo. Hoje, a maior ameaça para a sobrevivência de inúmeras espécies é a ação humana.

No caso dos primatas, inúmeras espécies ao redor do mundo estão ameaçadas de extinção devido principalmente à perda de suas florestas nativas, para dar lugar à agropecuária e à mineração, à caça e à captura de filhotes.

Desde o ano 2000, um esforço conjunto da Comissão para a Sobrevivência das Espécies da União Internacional para a Conservação da Natureza e dos Recursos Naturais (IUCN/SSG), da Sociedade Internacional de Primatologia (IPS) e da Conservação Internacional (CI) produz, mais ou menos a cada dois anos, a lista dos 25 primatas mais ameaçados de extinção.

A lista de 2012-2014 apresenta espécies da Ásia, África e América do Sul. A ilha de Madagascar, único habitat de todas as espécies de lêmures, é tratada à parte.

Pelo menos seis espécies de lêmures constam da lista. O *Lepilemur septentrionalis* é uma das espécies de primatas mais ameaçadas do mundo. Em 2012, restavam apenas 19 indivíduos vivendo em um único local. De outra espécie de lêmur, o *Propithecus candidus*, eram menos de 250 indivíduos.

O *Gorilla beringei graueri* ou gorila-das-planícies-orientais é uma das duas subespécies do *Gorilla beringei* e é encontrado apenas nas florestas a leste do Congo. Esta é atualmente a espécie de mono com maior risco de desaparecimento.

No Brasil, integram a lista o *Alouatta guariba guariba*, uma subespécie de bugio ruivo que vive ao norte do rio Jequitinhonha, entre Minas Gerais e Bahia, e o *Cebus kaapori*, conhecido como macaco caiarara, encontrado atualmente no sudeste do Pará e no norte do Maranhão.

Em todos os casos relatados na lista, as causas são praticamente as mesmas: destruição dos habitats para dar lugar a pastos ou plantações e a caça indiscriminada tanto para alimentação quanto para a obtenção de souvenirs, amuletos ou ingredientes para "remédios" tradicionais. Muitos primatas também são capturados para pesquisas.

Há também problemas de doenças e pelo menos um caso relatado de morte de milhares de gorilas devido ao vírus ebola, no Congo, em 2006.

8. PRESERVAÇÃO

A partir da segunda metade do século XX, surgiram inúmeros esforços para a preservação dos primatas. Foram criadas reservas e santuários ao redor do mundo. O uso de primatas em pesquisas científicas tem diminuído sob o peso das críticas e esforços no sentido de educar a população e sensibilizar os governos para a importância da preservação desses animais.

Espécies como o gorila-das-montanhas (*Gorilla beringei beringei*), da África, o mico-leão-dourado (*Leontopithecus rosalia*) e o mico-leão-preto (*Leontopithecus chrysopygus*), ambos do Brasil, e os orangotangos, de Sumatra (*Pongo abelii*) e de Bornéu (*Pongo pygmaeus pygmaeus*), foram retiradas da lista devido aos esforços renovados de preseravação, criação de reservas e santuários e reconstituição e proteção de seus habitats.

Há também um movimento crescente para o reconhecimento dos monos como animais diferentes dos demais, mais próximos dos humanos e possíveis objetos de proteções legais e direitos exclusivos.

Em 1996, foi publicado o livro "The Great Ape Project", organizado por Paola Cavalieri e Peter Singer, com uma coleção de ensaios de especialistas em monos de todo o mundo, em defesa do tratamento diferenciado dessas espécies e do fim de seu uso em pesquisas científicas, circos, shows de animais e de sua manutenção em zoológicos. A Declaração de Defesa dos Grandes Primatas pede que sejam atribuídos a todas as espécies de monos o direito à vida, o direito à proteção de sua liberdade individual e a proibição da tortura em todas as suas formas.

A seção brasileira do "The Great Ape Project" mantém uma série de santuários para monos, especialmente chimpanzés, o mais importante deles em Sorocaba, no Estado de São Paulo. Ali vivem cerca de 40 chimpanzés, na sua maioria animais resgatados de circos ou retirados de zoológicos.

9. CONSIDERAÇÕES FINAIS

Os estudos a respeito de nossos parentes próximos podem nos dar pistas sobre nosso passado, mas não devemos nos esquecer que, ao longo dos milhões de anos que se seguiram à separação de nossas linhagens, não só os humanos, mas todos os primatas atuais evoluíram, adaptando-se aos diversos ambientes onde são hoje encontrados, os mesmos ambientes que se encontram tão ameaçados e de cuja preservação depende a sobrevivência desses animais. Somente com grandes esforços para garantir essa preservação os primatas poderão seguir o curso natural de sua evolução. Mais sobre a história evolutiva desses mamíferos únicos será mostrado no próximo capítulo, que apresenta o caminho percorrido pelos primatas, de seus antepassados primitivos até a origem e diversificação dos grupos que sobrevivem até hoje.

> **QUADRO 1.2 – O QUE HÁ DE NOVO NO FRONT?**
>
> I. **Corvos são tão inteligentes quanto os primatas**
> Um estudo recente de William C. McGrew compara a capacidade de chimpanzés e corvos no uso de ferramentas. O chimpanzé (*Pan troglodytes*) sempre foi considerado o animal não-humano com maior capacidade de produção e uso de ferramentas. Na última década, estudos mostraram que outros primatas, tais como o orangotango de Sumatra (*Pongo abelii*), o macaco-prego do Brasil (*Cebus/Sapajus libidinosus*) e o macaco-de-cauda-longa de Burma (*Macaca fascicularis aurea*), também utilizam ferramentas de forma bastante sofisticada. Mas a grande surpresa da década foram as evidências publicadas sobre o uso de ferramentas não por outro primata ou mesmo outro mamífero, mas pelo corvo da Nova Caledônia (*Corvus moneduloides*). Pesquisadores deste pássaro asiático alegaram que seu comportamento e sua capacidade de aprendizagem igualam ou superam aquelas do chimpanzé. Sabe-se há muito tempo que uso de ferramentas é comum entre animais e de forma alguma restrita aos monos ou mesmo aos primatas. McGrew comparou o comportamento do corvo e do chimpanzé em seus habitats naturais em quatro dimensões: combinação de ferramentas, formas de produção de ferramentas, formas de uso de ferramentas e funções das ferramentas utilizadas. Sua conclusão é que o chimpanzé apresenta comportamentos mais variados que o corvo em todas estas dimensões. Entretanto, observa o autor, o corvo não foi ainda tão bem observado quanto o chimpanzé, e mais estudos de campo sobre este pássaro são necessários antes que se possa chegar a uma conclusão mais adequada. Entretanto, o corvo da Nova Caledônia é, sem dúvida, um animal com capacidades cognitivas e de resolução de problemas muito superiores às que o senso comum esperaria de uma ave.

2. Comunidades de chimpanzés são extremamente estáveis

Há quatro subespécies de chimpanzés vivendo hoje na África, cada uma delas dividida em inúmeras comunidades separadas, com características comportamentais distintas. Até agora, pouco se sabe sobre a permanência destes traços comportamentais transmitidos socialmente. Os grupos de chimpanzés são macho-filopátricos, isto é, os machos permanecem no grupo e as fêmeas adolescentes emigram para outros grupos. O mapeamento de marcadores genéticos para o cromossomo Y (que passa apenas pela linhagem paterna para os filhotes machos) permite a determinação do tempo decorrido desde que quaisquer dois indivíduos tiveram um ancestral comum. Em um artigo recente, Kevin Langergraber e colaboradores examinaram, através do estudo desses marcadores, oito comunidades de chimpanzés de Uganda (da subespécie *Pan troglodytes schweinfruthii*). Como grupos de chimpanzés tendem a se formar a partir de uns poucos indivíduos que se separam de outros grupos maiores, a estimativa do tempo decorrido desde o primeiro ancestral comum se aproxima bastante do momento em que os grupos foram fundados. O estudo sugere que as comunidades de chimpanzés são bastante estáveis: a comunidade mais antiga da amostra pode ter sido fundada há cerca de 2.500 anos, antes da fundação de Roma ou do início da dinastia Han na China. Outra estimativa mostra que dois grupos vizinhos de chimpanzés no Parque Nacional de Kibale, em Uganda, podem ter se separado um do outro há cerca de 500 anos. Estas estimativas, juntamente com o nível de complexidade "cultural" de cada grupo estudado, mostram como os comportamentos socialmente aprendidos são adquiridos e mantidos, e em que velocidade. Elas permitem também testar hipóteses sobre o aparecimento de novos comportamentos e sobre a dinâmica de aquisição de comportamentos entre os chimpanzés.

3. O mais raro grande primata do mundo

Daniel Cressey, em nota publicada na revista "Nature", fala do esforço para a conservação do gibão *Nomascus hainanus*, a mais rara espécie de primata do mundo. Acredita-se que restem apenas de 20 a 25 indivíduos, vivendo em uma área de 20 quilômetros quadrados na ilha chinesa de Hainan. No final dos anos 1950, havia cerca de 2.000 indivíduos desta espécie, mas a destruição de seu habitat pela atividade madeireira e a caça devastaram a espécie nas décadas seguintes. Em março de 2014, um grupo multinacional de pesquisadores de primatas se reuniu na ilha de Hainan para elaborar um plano de emergência visando salvar este gibão. O plano prevê a análise de viabilidade da espécie e a administração cuidadosa de seu habitat. Modelos preliminares, baseados na taxa de reprodução, nas ameaças naturais e nas mudanças no habitat, sugerem que a espécie está a salvo da extinção por algumas décadas. Entretanto, sua distribuição geográfica restrita significa que um único evento catastrófico (um tufão ou uma epidemia, por exemplo) poderia exterminar toda a população remanescente. Os pesquisadores, entretanto, estão otimistas com a perspectiva e com a atitude mais presente do governo chinês nos esforços de conservação, tendo em vista que a China vem sofrendo grandes perdas de biodiversidade devido à sua rápida industrialização nas décadas mais recentes.

SUGESTÕES PARA LEITURA:

Ankel-Simons, F. 2007. Primate Anatomy: An Introduction. Academic Press, San Diego (EUA).

Cavalieri, P., Singer, P. (Eds.), 1994. The Great Ape Project: Equality Beyond Humanity. St. Martin's Griffin, Nova York (EUA).

Fleagle, J.G., 2013. Primate adaption and Evolution. Academic Press, San Diego (EUA).

Goodall, J, 2010. 50 Years at Gombe. Stewart, Tabori & Chang, Nova York (EUA).

Rapchan, E.S.; Neves, W.A., 2005. Chimpanzés não amam! Em defesa do significado. Rev Antropol USP. 48, 649-698.

CAPÍTULO II

A HISTÓRIA EVOLUTIVA DOS PRIMATAS

IATAN RODRIGUES BOUTROS LADEIA
Laboratório de Etologia Cognitiva – Departamento de Psicologia Experimental – Instituto de Psicologia – Universidade de São Paulo.

PLINIO MINGHIN FREITAS FERREIRA
Cartesius Unidade Analítica – Departamento de Farmacologia – Instituto de Ciências Biomédicas – Universidade de São Paulo.

O estudo da evolução compreende aspectos biológicos e geológicos. Evolução significa mudança, mudança implica em tempo, e a extensa história da vida está gravada em rochas sedimentares, podendo ser medida na escala de tempo geológico. Sabe-se que o estudo da genética, da ecologia, do comportamento, da biogeografia e da morfologia dos animais vivos são todos necessários para a compreensão do processo evolutivo, mas isso não é suficiente. Questões fundamentais que persistem sobre a origem e a natureza das espécies só podem ser respondidas pelo estudo mais detalhado do registro histórico: os fósseis.

Portanto, conhecer os fósseis dos primatas antigos é crucial para o entendimento da evolução humana. E isso não corresponde somente a traçar relações específicas entre ancestral e descendente, pois, ironicamente, quanto mais fósseis descobertos, maior é o número de alternativas plausíveis. Além disso, o registro histórico frequentemente possibilita um maior número de potenciais ancestrais do que as espécies descendentes requerem. Tal fato pode ser observado quando o foco é a ancestralidade compartilhada entre os grandes monos vivos e os humanos.

Porém, o principal obstáculo é que as filogenias devem ser reconstruídas a partir das relações de ancestralidade e descendência entre os organismos, e os pesquisadores sabem que essas podem ser ambíguas e até traiçoeiras. É importante ressaltar que as principais similaridades são aquelas que indicam um ancestral comum entre duas espécies, mas muitas vezes é difícil constatar se uma característica é compartilhada por conta de ser derivada de um ancestral comum ou se surgiram independentemente nas duas espécies (Quadro 2.1).

1. O CENÁRIO PARA A ORIGEM DOS PRIMATAS

A origem exata dos primeiros primatas não é bem compreendida. Sabe-se que, após a extinção dos dinossauros no final do Mesozoico, a dominância dos grandes répteis chegou ao fim e a era dos mamíferos se iniciou. Os primatas eram apenas um dos muitos grupos de pequenos mamíferos que passaram a explorar os vários nichos que ficaram desocupados com a extinção dos dinossauros.

A evidência paleontológica indica que os primeiros primatas incontestáveis emergiram pouco antes do Eoceno (56 milhões de anos atrás). Por se tratar da primeira evidência fóssil da ordem, muitos pesquisadores da área acreditam que o aparecimento dos primatas arcaicos ocorreu antes disso, talvez no início do Paleoceno (entre 65 e 55,8 milhões de anos atrás).

> **QUADRO 2.1** – NOÇÕES DE CLADÍSTICA
>
> A classificação dos seres vivos mudou radicalmente desde os tempos de Carl Linnaeus, e foi revolucionada pela teoria proposta por Charles Darwin. Um dos trunfos dessa teoria foi considerar que algumas espécies são mais relacionadas entre si do que com outras por conta de compartilharem um ancestral comum. Essa hipótese pressupõe o surgimento de grupos taxonômicos principalmente pela cladogênese, ou seja, a separação de vários ramos a partir de um ponto em comum. Baseando-se nisso, surgiu a cladística ou sistemática filogenética, que classifica os seres vivos com base unicamente em suas relações evolutivas. Sendo assim, os seres vivos não devem ser agrupados por conta de serem semelhantes, mas por compartilharem um ancestral comum exclusivo, sendo o último ancestral comum entre duas espécies ou linhagens. Partindo disso, surge o conceito de grupo monofilético, que é o grupo formado a partir desse último ancestral comum, incluindo todos os seus descendentes. Esse grupo é denominado clado, e o resultado das várias hierarquias entre os clados, formando uma "árvore filogenética", é o cladograma. Este representa uma hipótese das relações evolutivas entre os taxa, que nada mais são do que os "terminais" de um cladograma, e podem ser indivíduos, espécies e outras categorias taxonômicas como famílias e ordens. Quando dois taxa ou clados compartilham um mesmo ancestral imediato, são chamados de clados ou grupos-irmão.
>
> Qualquer grupo que não esteja baseado nisso não deve ser considerado na taxonomia. E caso falte um descendente a ser incluído para considerar o grupo como monofilético, diz-se que ele é um grupo parafilético. Caso faltem mais, ele é denominado polifilético.

Importante para a formação dos clados é considerar quais sãos as características usadas para defini-los. O que acaba definindo um grupo como monofilético é o compartilhamento de caracteres exclusivos dele, derivados de um estado ancestral (primitivo ou basal). A característica derivada é chamada de apomorfia (possuindo um estado apomórfico). Uma dada característica que é compartilhada por vários taxa formando um grupo monofilético é denominada sinapomorfia. Já as características primitivas ou basais são denominadas plesiomorfias (possuindo um estado plesiomórfico). Quando uma característica primitiva é compartilhada com vários grupos, é denominada simplesiomorfia. Deve-se salientar que apenas sinapomorfias agrupam os taxa formando um grupo monofilético, ao passo que simplesiomorfias podem formar grupos parafiléticos.

Entretanto, nem todas as características derivadas compartilhadas por dois ou mais taxa são resultado de possuírem um ancestral comum exclusivo. O nome de apomorfias que são adquiridas independentemente entre taxa é homoplasia. Isso pode ocorrer por conta de convergência evolutiva, paralelismo ou reversão. A convergência evolutiva ocorre quando, a partir de dois estados plesiomórficos distintos, surgem duas apomorfias semelhantes. No caso do paralelismo, dois estados derivados semelhantes surgem a partir de um mesmo estado plesiomórfico, sendo comum entre taxa próximos evolutivamente. Na reversão, um determinado estado apomórfico sofre uma alteração e se torna semelhante ao estado anterior, plesiomórfico. Esse último processo produz homoplasias no sentido de que um táxon dentro de um grupo monofilético pode conter características primitivas e compartilhadas com grupos mais primitivos (denominados de grupos-basais). A reunião de taxa baseando-se em homoplasias forma grupos polifiléticos.

Como saber se um caráter é primitivo ou derivado? Para isso, é necessária a utilização de um grupo-externo ao clado considerado. O grupo-externo é um clado próximo ao estudado, mas distinto deste. Além disso, os fósseis são fundamentais para se definir a polaridade de um caráter.

Para se montar cladogramas, utilizam-se desde caracteres oriundos da morfologia e anatomia até características bioquímicas, moleculares e comportamentais. Entretanto, para que uma filogenia seja considerada estável e bem resolvida, deve-se utilizar o maior número possível de caracteres. A utilização de poucos caracteres pode agrupar taxa por meio de homoplasias, além de produzir politomias (quando vários taxa estão reunidos por um ancestral comum, mas não é possível inferir quais as relações evolutivas entre eles). Algumas vezes, mesmo utilizando vários caracteres, se obtêm vários cladogramas. A escolha neste caso se baseia no princípio da parcimônia, ou seja, o cladograma mais simples deve ser o mais provável de representar as relações evolutivas. Porém, ainda é possível que os "passos mais curtos" não representem a verdadeira história evolutiva hipotetizada.

Visto que a cladística modificou a forma de se classificar os seres vivos, alguns grupos classicamente considerados em classificações anteriores não devem ser considerados na sistemática atual. Por exemplo, a família Pongidae, que incluía gorilas, orangotangos e chimpanzés, é parafilética, visto que essas espécies compartilham um ancestral comum, mas ele também é compartilhado com o homem. Sendo assim, para Pongidae ser considerada um clado é necessária a inclusão do homem. As atuais classificações optaram por abandonar o termo Pongidae e incluir todos como Hominidae, também se baseando no princípio da parcimônia (em vez de se considerar cada táxon como uma família separada, é mais parcimonioso considerar todos em uma família só) e da prioridade (o nome mais antigo tem prioridade quando se deve escolher um ou mais nomes para um clado).

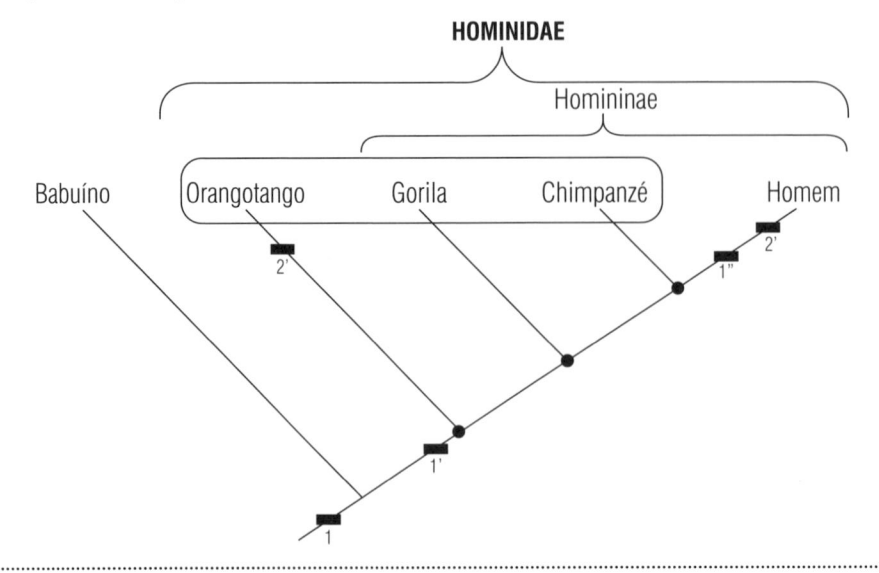

> Observe na figura que Hominidae e Homininae são grupos monofiléticos, pois são formados a partir de um único nó e incluem todos os outros nós (círculos escuros) e terminais (taxa) subsequentes, ou seja, todos os descendentes dos ancestrais dos grupos citados. Cada nó representa o último ancestral comum antes de uma cladogênese. Observe que chimpanzé e homem compartilham um mesmo ancestral imediato e, por isso, são considerados grupos-irmão. A família Pongidae (retângulo) é parafilética, dado que o ancestral comum entre essas três espécies também é compartilhado com o homem, que não foi incluído. O caráter 1', nodopedalia, é forma primitiva (plesiomórfica) dentro de Hominidae, enquanto que 1'', bipedia, é derivada (apomorfia), caracterizando a linhagem humana. Observe que quando se usa o grupo-externo (babuíno), a nodopedalia passa a ser um caráter derivado em Catarrhini, enquanto quadrupedalismo (caráter 1) é primitivo. O caráter 2', esmalte dentário espesso, evoluiu independentemente em duas linhagens (homem e orangotango) e é uma homoplasia. Um grupo que una orangotango e homem é considerado polifilético, pois exclui mais de um táxon.

Foi durante o Cretáceo, último período da era Mesozoica, que a linhagem de mamíferos que daria origem aos primatas e seus parentes próximos começou a divergir. Observa-se na Figura 2.1 um cladograma expondo as relações filogenéticas em Euarchontaglires, clado que compreende Euarchonta e Glires. Euarchonta é o clado do qual os primatas fazem parte. Esse clado compreende quatro ordens: Scandentia (tupaias ou musaranhos-arborícolas), Euprimatas (primatas verdadeiros), Plesiadapiformes e Dermoptera (lêmures voadores). Glires contém duas ordens: Rodentia (roedores) e Lagomorpha (coelhos e lebres).

O Cenozoico foi o período no qual houve o desdobramento da evolução dos primatas (Tabela 2.1). Essa era está dividida em sete períodos, sendo o mais antigo deles chamado de Paleoceno (com início há 65 milhões de anos).

Para cada um destes amplos períodos, pode-se atribuir grosseiramente uma fase particular da evolução e desenvolvimento dos primatas. Entretanto, a evolução não conhece limites temporais, então a linha cronológica dessas fases será sempre definida sem perfeição (Tabela 2.2).

TABELA 2.1 – RESUMO DA EVOLUÇÃO DOS PRIMATAS

PERÍODOS	INÍCIO / FIM (EM MILHÕES DE ANOS ATRÁS)	FASE DE EVOLUÇÃO
Paleoceno	65 – 55,8	primeiros primatas arcaicos, plesiadapiformes
Eoceno	55, 8 – 33	primeiros euprimatas, estrepsirrinos e haplorrinos primitivos
Oligoceno	33 – 23	catarrinos primitivos, precursores de macacos e monos
Mioceno	23 – 5,3	origem dos hominínios
Plioceno	5,3 – 1,8	diversificação inicial dos hominínios
Pleistoceno	1,8 – 0,01	início, diferenciação e expansão do genêro *Homo*
Holoceno	0,01 – presente	início da agricultura

2. A DERIVA CONTINENTAL E AS MUDANÇAS CLIMÁTICAS

O clima e a organização geográfica da Terra mudaram bastante ao longo desses períodos, e esses são fatores fundamentais para melhor compreensão do histórico da linhagem humana.

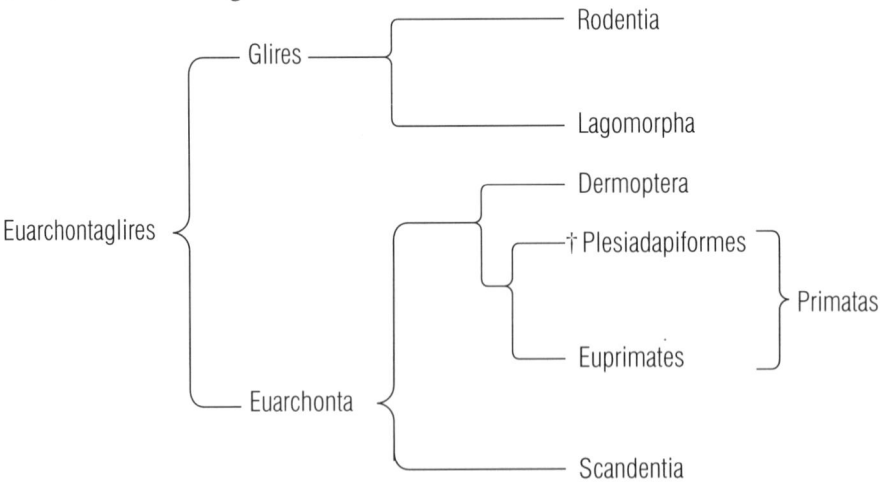

Figura 2.1 - Cladograma com as relações filogenéticas em Euarchontaglires.† - Representados apenas por fósseis.
Ilustração: Miguel José Rangel Junior

TABELA 2.2 – ESCALA DO TEMPO GEOLÓGICO

ERA	PERÍODO	ÉPOCA	INÍCIO / FIM (EM MILHÕES DE ANOS ATRÁS)
Arqueano			4.560 – 2.500
Proterozoico			2.500 – 541
Paleozoico	Cambriano		541 – 485
	Ordoviciano		485 – 444
	Siluriano		444 – 419
	Devoniano		419 – 359
	Carbonífero		359 – 298
	Permiano		298 – 252
Mesozoico	Triássico		252 – 201
	Jurássico		201 – 145
	Cretáceo		145 – 65
Cenozoico	Terciário	Paleoceno	65 – 55,8
		Eoceno	55,8 – 33
		Oligoceno	33 – 23
		Mioceno	23 – 5,3
		Plioceno	5,3 – 1,8
	Quaternário	Pleistoceno	1,8 – 0,01
		Holoceno	0,01 – presente

A crosta terrestre é formada por placas tectônicas, que estão à deriva sobre a camada de rocha fundida no manto, movimentando-se lentamente – premissa da hipótese da deriva continental, proposta pelo geógrafo e meteorologista alemão Alfred Wegener em 1912. Há 225 milhões de anos, os continentes estavam ligados em uma massa de terra única chamada Pangeia. Há cerca de 135 milhões de anos, a Pangeia começou a se fragmentar. A parte nordeste era a Laurásia, formada pela América do Norte e a Eurásia, menos a Índia; e a sul, Gondwana, que era a América do Sul, África, Índia, Antártida e Oceania. Quando os dinossauros se extinguiram, há 65 milhões de anos, Gondwana estava dividida em porções menores. A África e a Índia se separaram e a Índia se deslocou para a Eurásia. Depois, Gondwana se separou em América do Sul, Antártida e Austrália, que permaneceram isolados por muito tempo. A América do Sul se ligou à América do Norte há 3 milhões de anos.

A Figura 2.2 ilustra tais mudanças, evidenciando quatro momentos na organização geográfica da Terra: 225 milhões de anos atrás – Pangeia; 135 milhões de anos atrás – início da fragmentação da Pangeia e formação da Laurásia e Gondwana; 65 milhões de anos atrás – extinção dos dinossauros; e a organização atual.

A deriva continental é importante para a história evolutiva humana, pois os oceanos servem de barreira geográfica e isolam certas espécies das outras e a posição dos continentes acaba tendo um papel importante na evolução das espécies. Além disso, ela é responsável por mudanças climáticas.

3. POR QUE OS PRIMATAS SURGIRAM?

No início do século XX, os anatomistas britânicos Sir Grafton Elliot Smith e Frederic Wood Jones propuseram a hipótese arborícola para explicar as origens dos primatas. Ela diz que os primatas são adaptados à vida nas árvores: mãos e pés capazes de agarrar, cruciais para sustentação nos galhos das árvores; visão binocular, que possibilita percepção de profundidade para avaliar a distância entre galhos; a redução do olfato que não é mais necessário para encontrar comida; e uma maior inteligência, importante para a compreensão do espaço tridimensional nas árvores. Os dois fizeram a suposição de que a mudança da vida no solo para a vida nas árvores colocou em movimento uma série de pressões seletivas que culminaram no primata ancestral.

Essa hipótese foi amplamente aceita até a década de 1970, quando o antropólogo norte-americano Matthew Cartmill, da Universidade de Duke (Carolina do Norte, nos Estados Unidos), publicou um trabalho na revista "Science", em abril de 1974, para questioná-la.

Cartmill alegou que esquilos não possuem visão estereoscópica nem mãos preênseis com unhas e polegar oponível. Entretanto, são extremamente capacitados a viver no topo das árvores. Assim, propôs que essas características são, na verdade, adaptações para predação visual, pois muitos predadores possuem olhos voltados para frente, o que os ajudaria na perseguição a suas presas. Os primatas mais antigos, conforme mostra o registro fóssil, eram bastante semelhantes anatomicamente aos modernos primatas insetívoros, que vivem em meio a folhagens, espreitando e caçando insetos e pequenos vertebrados. Dessa forma, Cartmill propôs que a mudança para a vida nas árvores não foi o evento mais importante para explicar a origem dos primatas. Ele defende que a caça de pequenas presas, por necessitar de um aparato visual especializado e boa coordenação motora, foi o fator que impulsionou a evolução do grupo.

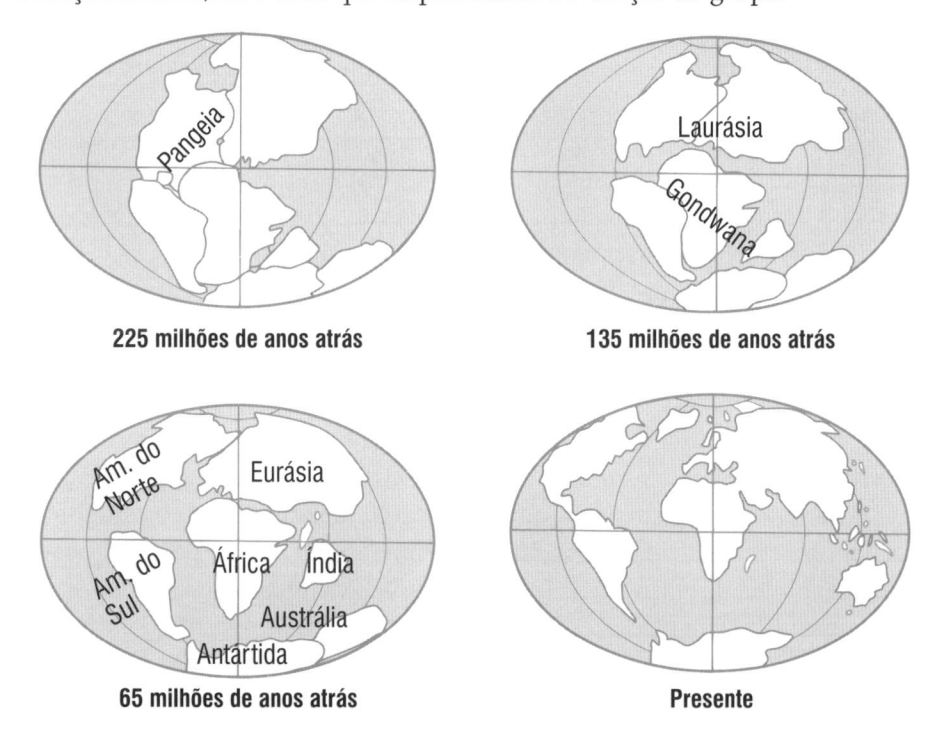

Figura 2.2 - A mudança na distribuição dos continentes nos últimos 225 milhões de anos. **Ilustração**: Ana Carolina Burattounior

Apesar da hipótese da predação visual explicar satisfatoriamente as adaptações visuais, o aumento de inteligência e a habilidade de agarrar com pés e mãos, que são características definitivas dos primatas, uma questão importante fica pendente: qual o papel dessas características na busca e consumo de frutos, importantes componentes da dieta dos primatas? O antropólogo norte-americano Robert Sussman correlaciona essas habilidades à aparição das angiospermas, uma família moderna de plantas frutíferas.

Durante os dois primeiros terços do Mesozoico, as florestas do mundo eram dominadas por gimnospermas – árvores que não produzem frutos. Com a dispersão da Pangeia durante o Cretáceo, ocorreu uma revolução no reino vegetal. Plantas floridas chamadas angiospermas apareceram e dispersaram-se. A evolução das angiospermas abriu um novo terreno para nichos animais. Muitas angiospermas dependem de polinização, oferecendo um néctar açucarado para atrair polinizadores, além de oferecer frutos aos animais que dispersam suas sementes. Dessa forma, os animais arbóreos que podem encontrar, manipular, mastigar e digerir esses frutos estavam aptos a explorar esse novo nicho. Sendo assim, os primatas seriam um dos grupos taxonômicos que evoluíram visando tirar vantagem dessas oportunidades. Pássaros tropicais, morcegos, insetos e alguns roedores provavelmente também competiram com os primatas primitivos pela oferta dos recursos nutricionais das angiospermas.

Em outras palavras, as adaptações dos primatas estariam relacionadas à busca por frutos e não pela predação de insetos. Sussman sugere que, pelo fato de haver pouca luz na floresta, os primatas primitivos requereram adaptações visuais para observar pequenos objetos. Além disso, a capacidade de agarrar com os pés ajudou estes animais a se sustentar em galhos de árvores enquanto eles apanhavam e comiam os frutos, ao invés de voltar a uma parte da árvore mais segura, assim como fazem os esquilos quando comem castanhas. Dessa forma, toda a teoria desenvolvida por Sussman se fundamenta na aquisição de novas fontes de comida disponíveis no início do período Cenozoico: os frutos.

Elementos das três hipóteses somadas podem prover as oportunidades evolutivas que resultaram na origem dos primatas. De fato, a principal característica do grupo é a sua versatilidade adaptativa, especialmente no ambiente arbóreo. Os primatas desenvolveram estratégias e características anatômicas que aumentam a sua habilidade de se adaptarem a novos ambientes e a novas circunstâncias.

4. OS PRIMATAS ARCAICOS

Com o desaparecimento dos dinossauros, novas oportunidades ecológicas surgiram para as aves e os mamíferos. Ambos floresceram no período seguinte, o Paleoceno, entre 65 e 55,8 milhões de anos atrás, entretanto não há consenso sobre uma data precisa entre os pesquisadores que estudam evolução dos primatas.

O candidato do Paleoceno como primeiro primata é um grupo de mamíferos primitivos muito diversificado e que teve muito sucesso, chamado de Plesiadapiformes – eles viveram na América do Norte, na região oeste da Europa, na Ásia e, possivelmente, na África. Esses animais fazem parte de uma radiação adaptativa[1] que ocorreu durante um período de 10 milhões de anos, iniciando no começo do Paleoceno. Apesar da sua grande diversidade e sucesso geográfico, os Plesiadapiformes se extinguiram há 56 milhões de anos.

Os Plesiadapiformes eram todos relativamente pequenos, comparados ao padrão dos primatas modernos, variando entre o tamanho de um musaranho (100 gramas ou menos) e de um gato doméstico (no máximo 5 kg). Todos eles aparentam ser onívoros em certo grau, mas diferenças no tamanho do corpo e na fórmula dental sugerem que alguns se concentravam mais em insetos e outros, em frutos e sementes.

A maioria dos especialistas reconhece pelo menos 16 gêneros de Plesiadapiformes, divididos entre seis a 12 famílias. Os sítios fósseis mais prolíficos dessas espécies estão no oeste norte-americano e no oeste europeu, os quais eram conectados no Paleoceno por um amplo cinturão florestal, se arrastando pelo que hoje é o oceano subpolar e as ilhas que estão no meio. O clima era subtropical e a fauna que conviveu com essas criaturas era similar em ambas às extremidades. Registros fósseis dos Plesiadapiformes também foram encontrados na China.

Em contraste aos euprimatas, os Plesiadapiformes não apresentavam uma barra pós-orbital e órbitas oculares convergentes, os dedos não eram bem adaptados para agarrar galhos, pois não tinham um polegar oponível, as falanges terminais eram pontiagudas, indicando que apresentavam garras ao invés de unhas, os dentes eram altamente especializados (alguns têm três cúspides nos incisivos superiores ao invés de uma única cúspide como na maioria dos primatas de hoje em dia) e os seus cérebros eram pequenos (Quadro 2.2). Além disso, alguns Plesiadapiformes não tinham bula timpânica, uma parte do osso temporal que contém os ossos da orelha média e estão presentes em todos os euprimatas.

Alguns dos achados mais recentes desses mamíferos do Paleoceno, particularmente no sítio Clarks Fork Basin, no Wyoming, nos Estados Unidos,

---

1 Denominação dada ao fenômeno evolutivo pelo qual se formam, em curto período de tempo, várias espécies a partir de uma mesma espécie ancestral, ocupando simultaneamente vários nichos ecológicos livres.

evidenciam uma variedade de esqueletos quase completos. Alguns membros desse grupo apresentam traços que podem ser de continuidade em relação a alguns dos estrepsirrinos mais primitivos do Eoceno.

O *Carpolestes*, um gênero bem conhecido dentro dos Plesiadapiformes, apresenta um polegar com unhas e que parecia ser oponível aos outros dedos, útil para agarrar – atividade determinante dos primatas. O *Carpolestes* tinha um crânio típico dos Plesiadapiformes, sem as especializações visuais dos primatas. Dessa forma, se seu polegar oponível indica uma maior aproximação aos primatas, sua função inicial foi de agarrar galhos de árvores para facilitar a alimentação de frutos e sementes, e só posteriormente para predação visual.

> **QUADRO 2.2** – NOÇÕES DE ANATOMIA
>
> Para facilitar as descrições anatômicas, o esqueleto é convencionalmente dividido em dois segmentos principais: o crânio (cabeça) e o pós-crânio (tronco e membros).
>
> O crânio é dividido em três principais segmentos: a caixa craniana; a face (incluindo o maxilar), que se conecta à caixa craniana através de ossos; e a mandíbula, que está conectada à face e à caixa craniana somente por tecidos moles.
>
> Os dentes são elementos proeminentes nos estudos de fósseis, pois são as partes do esqueleto mais duráveis e tendem a dominar as amostras fossilíferas. A forma dos dentes pode revelar o tipo de dieta da espécie e, com isso, é possível extrair muitas informações sobre a evolução das espécies e divergência. Sendo assim, os dentes têm papel fundamental ao reconstruir tendências e relações evolutivas.
>
> Em sítios arqueológicos, os ossos pós-cranianos são menos comuns que os dentes, pois tendem a ser mais frágeis. São igualmente informativos, revelando aspectos comportamentais e hábitos locomotores. Uma vez que houve especialização e divergência no processo evolutivo da espécie, os ossos pós-cranianos suplementam e complementam dentes e crânios para a reconstrução do padrão evolutivo e melhor compreensão dos seus ancestrais.

> Assim como os dentes, os ossos pós-cranianos podem ser descritos individualmente, com relação à sua orientação em um esqueleto completo. Os termos mais comuns são: proximal, para a porção do osso mais perto da cabeça; distal, para a porção mais longe da cabeça; medial, para a porção mais perto da linha central do corpo; lateral, para a porção mais distante da linha central do corpo; e posterior ou dorsal, para a porção mais perto das costas.

De uma forma geral, os Plesiadapiformes são vinculados aos primatas pelos aspectos derivados do pé do *Carpolestes* e, aparentemente, outros gêneros possuem características dos primatas na orelha média. Também são conhecidos o maxilar e os dentes do mais antigo representante dos Plesiadapiformes já encontrado, o *Purgatorius*, chamado assim devido à localização onde foi encontrado: Purgatory Hills, em Montana, nos Estados Unidos. Seus fósseis datam de 66 a 63 milhões de anos. Comparados com outros mamíferos do início do Cenozoico, os dentes molares dos *Purgatorius* são menos especializados: as extremidades são menos pontiagudas, sugerindo uma dieta composta tanto de frutos quanto de insetos (a extremidade pontiaguda ajuda a quebrar a carapaça dos insetos). A fórmula dental do *Purgatorius* é 3:1:4:3, sugerindo que este gênero tem formato generalizado a ponto de ter dado origem aos primeiros primatas definitivos que apareceram no registro fóssil do Eoceno. Seus ossos do tornozelo também revelam similaridade com os euprimatas e são adequados para a vida nas árvores. Esse animal pode ser o elo entre os primatas arcaicos do Paleoceno e os euprimatas do Eoceno.

Ainda assim, em sua forma geral, os Plesiadapiformes se parecem mais com esquilos tropicais (Figura 2.3) e sua dieta era mais especializada quando comparada aos seus possíveis sucessores primatas imediatos. Muitos Plesiadapiformes possuíam incisivos inferiores grandes e similares aos dos roedores, separados dos pré-molares por um grande diastema, ou uma lacuna entre seus dentes anteriores.

O fato é que a classificação dos Plesiadapiformes ainda gera muito debate até mesmo dentro da sua própria ordem. Há os que defendem que algumas famílias devem ser retiradas e colocadas em uma ordem que dividiu um ancestral com os primatas no Cretáceo. Alternativamente, propõe-se uma realocação para a ordem Scandentia, com os musaranhos, ou para a ordem Dermoptera, com os cólugos. No cladograma disponível na Figura 2.1, eles estão mantidos entre os Primatas, mas colocados em uma subordem alternativa, visando distinção dos euprimatas ou primatas de aspecto moderno, conhecidos pelos fósseis datados de 55 milhões de anos.

Devido a uma relação bem próxima aos verdadeiros primatas, o paleontólogo norte-americano Philip Gingerich denominou-os Proprimatas, uma ordem separada dos Primatas.

Figura 2.3 - Reconstrução artística de um Plesiadapiforme reflete similaridades e diferenças com os primatas modernos. **Ilustração:** Juliana Barbosa de Almeida Costa

5. EUPRIMATAS DO EOCENO

A maioria dos Plesiadapiformes se extinguiu antes da transição Paleoceno/Eoceno. E aqueles que sobreviveram, desapareceram logo depois, talvez em parte devido a uma competição sem sucesso com os primatas de aspecto moderno – os quais serão chamados de euprimatas daqui em diante. O fóssil mais antigo dos euprimatas foi datado de 55 milhões de anos.

Os especialistas divergem sobre a taxonomia precisa dos euprimatas, mas os fósseis abundantes, encontrados na Europa e na América do Norte, constituem mais de 60 famílias comumente divididas entre dois grupos: Adapoidea (adapiformes), os quais compartilham muitas características com os lêmures modernos, espécies endêmicas na ilha de Madagascar; e Omomyidae (omomiformes), menores e mais parecidos com os társios. Estima-se que as espécies mais primitivas dos omomiformes pesavam menos de 1 kg, sendo que algumas pesavam menos que 100 gramas. Uma menor quantidade de fósseis demonstra que um ou ambos os grupos também ocorreram no leste da Ásia e no norte da África. São igualmente encontrados na península Índica, o que é surpreendente, pois no Eoceno essa região era uma ilha de grandes proporções, separada do continente asiático e africano por trechos substanciais de oceano.

No início do Eoceno, a América do Norte e a Europa eram conectadas – só começaram a se separar na metade do Eoceno. Enquanto isso, durante o período do meio para o fim do Eoceno, a América do Norte foi esporadicamente conectada à Ásia através do Estreito de Bering. Essas conexões entre os três continentes resultaram em um compartilhamento de várias espécies, inclusive de euprimatas. Em contraste, a África, a Antártida, a Austrália e a América do Sul permaneceram isoladas por grandes massas de água. Essas conexões e isolamentos levaram à evolução de uma variedade de animais com características muito distintas. Os euprimatas fizeram parte desta onda de diversificação aparecendo quase que simultaneamente, por volta de 55 milhões de anos atrás, na América do Norte, Europa e Ásia.

Paralelamente, outros mamíferos modernos também surgiram, incluindo espécies dos gêneros Rodentia (camundongos, esquilos e castores, entre outros), Artiodactyla (ungulados de cascos pares, tais como veados, camelos, antílopes, hipopótamos e porcos) e Perissodactyla (ungulados de cascos ímpares, tais como cavalos, rinocerontes e antas).

O Eoceno foi um período de grande radiação adaptativa para os euprimatas. Uma importante adaptação ao habitat arbóreo foi a exploração da tridimensionalidade espacial. Muitas adaptações, incluindo aquelas relacionadas à locomoção e atividade arborícola, incluindo alimentação, são evidentes nos fósseis do Eoceno em um período de 56 a 36 milhões de anos atrás.

Os euprimatas, diferentemente dos Plesiadapiformes, têm características definitivamente comparáveis aos traços dos primatas modernos, tais como olhos voltados para frente do crânio, córtex visual desenvolvido, cérebros maiores, barra pós-orbital, unhas ao invés de garras na maioria dos (senão todos) dedos, polegar oponível e bulbos olfatórios reduzidos.

Análises morfológicas dos dentes e da mandíbula revelam que ambos os grupos exploraram uma variedade de nichos alimentares. A maioria das espécies menores (*Anchomomys*, *Tetonius* e *Donrussellia*) ainda baseava sua alimentação em insetos; já taxa maiores (*Notharctus*, *Smilodectes* e *Macrotarsius*) parecem ter ingerido predominantemente folhas; enquanto outros eram onívoros mais ecléticos. Em geral, os primatas do Eoceno são caracterizados por um aumento no consumo de frutos e/ou sementes, comparado aos seus antepassados do Paleoceno.

Em ambos os grupos, os ossos pós-cranianos sugerem que algumas espécies tinham maior sustentação nos membros posteriores (pernas). Algumas eram ágeis quadrúpedes arbóreos – assim como a maioria dos lêmures –, outras eram quadrúpudes arbóreos relativamente lentos – assim como os lóris vivos – e outras possuíam ossos tarsais alongados, indicando uma habilidade para saltar semelhante aos társios e galagos vivos.

Os adapiformes compartilham uma estrutura única na orelha com os lóris e lêmures vivos, enquanto os omomiformes apresentam uma característica semelhante à encontrada nos társios. Alguns adapiformes também se assemelham a lêmures e lóris nos cotovelos e tornozelos. De uma forma geral, adapiformes e omomiformes não exibem especializações únicas que podem garantir a ancestralidade de lêmures, de lóris e társios, respectivamente. Suas diferenças mais notáveis com relação às formas vivas são observadas nas características mais primitivas. Nos adapiformes, a presença de quatro pré-molares em cada lado da mandíbula (versus três nos lêmures e lóris vivos) e incisivos e caninos generalizados (versus as formas alongadas e salientes que formam um pente dental em lêmures e lóris). Nos omomiformes, em comparação aos társios, as características primitivas incluem um rinário, indicado por um grande espaçamento entre os incisivos superiores e a ausência de uma barra ou uma placa óssea separando a órbita do crânio.

Baseada nessas semelhanças, e na tentativa de explicar a presença dessas criaturas em locais cercados por oceanos (Madagascar, por exemplo), uma teoria bem aceita é a de que algum adapiforme foi acidentalmente transportado, viajando em uma balsa de vegetação, entre 55 e 60 milhões de anos atrás.

A África geralmente é o continente assumido como ponto de partida, mas a Índia (ou mais precisamente, a placa continental índica) é também uma possibilidade, uma vez que, na organização físico-geográfica daquele tempo, este subcontinente era mais próximo de Madagascar do que é agora. Da mesma forma, algum adapiforme ou alguma espécie relacionada foi o ancestral dos lóris modernos encontrados na África e na Ásia.

Ao analisar características meramente anatômicas, é difícil dizer qual grupo é mais provável que tenha sido o ancestral dos antropoides. Os dentes e o crânio dos omomiformes são similares aos dos antropoides em alguns aspectos, mas os adapiformes compartilham características com os antropoides primitivos que não eram vistas nos omomiformes. Dentre as quais, se destacam: um focinho alongado com fileiras de dentes quase paralelas (versus um focinho menor e fileiras de dentes mais divergentes nos omomiformes); fusão em duas metades da sínfise mandibular em vários adapiformes e todos os antropoides, mas não observado em omomiformes; caninos grandes e sexualmente dimórficos em alguns adapiformes e antropoides (versus um canino pequeno, canino não-dimórfico, semelhante a um pré-molar); e a ausência do meato auditivo externo em adapiformes e antropoides primitivos, o qual está presente nos omomiformes (ver Figura 2.4).

PLESIADAPIFORME
Plesiadapis

ADAPIFORME
Notharctus

OMOMIFORME
Tetonius

Barra pós-orbital ausente

Barra pós-orbital

Oclusão total dos pré-molares

Incisivos menores e mais verticais

Número reduzido de pré-molares

Grandes e projetados incisivos

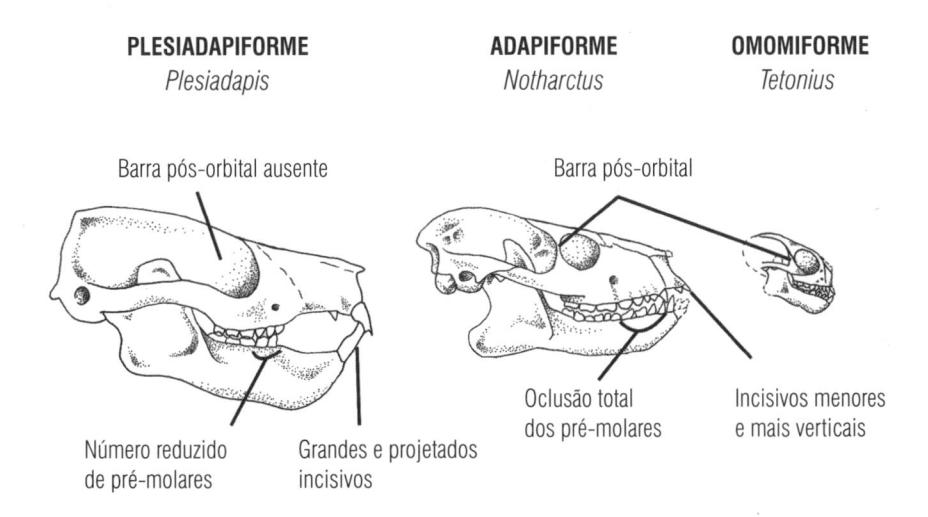

Figura 2.4 - Características cranianas dos primeiros Primatas. **Ilustração**: Juliana Barbosa de Almeida Costa

Essas contradições revelam os grandes problemas enfrentados na hora de reconstruir as relações entre ancestrais e descendentes. Há uma grande dificuldade em distinguir entre as similaridades derivadas que resultaram em descendência das similaridades que evoluíram em paralelo (convergência evolutiva), uma vez que linhagens distantes frequentemente adaptam-se a circunstâncias similares. Em fósseis, uma distinção convincente é impossível de ser feita entre os adapiformes, omomiformes e antropoides. Mas se os társios são derivados dos omomiformes, e uma vez que é aceito e bem conhecido através de estudos moleculares que os társios e os antropoides são mais estritamente relacionados entre si do que lêmures e lóris, então é provável que as similaridades entre adapiformes e antropoides primitivos sejam paralelismos, enquanto os omomiformes estão provavelmente mais próximos de serem ancestrais dos antropoides. Na Figura 2.5, há uma representação de uma possível árvore genealógica dos euprimatas e as relações com os estrepsirrinos e haplorrinos modernos.

6. O SURGIMENTO DOS PRIMEIROS ANTROPOIDES

A origem dos primatas antropoides (que incluem as espécies popularmente chamadas de "macacos", os monos e os hominínios) é fonte de grande debate. Evidências moleculares apontam que sua emergência pode ter ocorrido a partir tanto dos adapoides quanto dos omomioides, entre 58 e 40 milhões de anos atrás, mas o registro fóssil é escasso. Os fósseis mais antigos conhecidos de primatas que podem ser considerados antropoides primitivos possuem idades correspondentes ao Eoceno, época entre 55 e 36 milhões de anos atrás.

Os paleoprimatólogos divergem tanto a respeito da ancestralidade quanto do local de origem dos primeiros antropoides. A espécie conhecida como *Algeripithecus minutus*, a partir de fragmentos datados de aproximadamente 50 milhões de anos que foram encontrados no norte africano, possui um crânio com algumas semelhanças aos dos antropoides modernos. De forma semelhante, o pequeno primata chamado de *Eosimias*, cujos fósseis foram encontrados no sudeste da China, também viveu durante a metade do Eoceno e possuía características de dentição e esqueleto (principalmente os ossos do tornozelo) parecidas com a de primatas superiores. A posição filogenética à qual pertence a família Eosimidae é discutida, mas alguns pesquisadores acreditam que esteja na base dos antropoides, antes de sua divisão em Catarrhini e Platyrrhini.

A HISTÓRIA EVOLUTIVA DOS PRIMATAS | 67

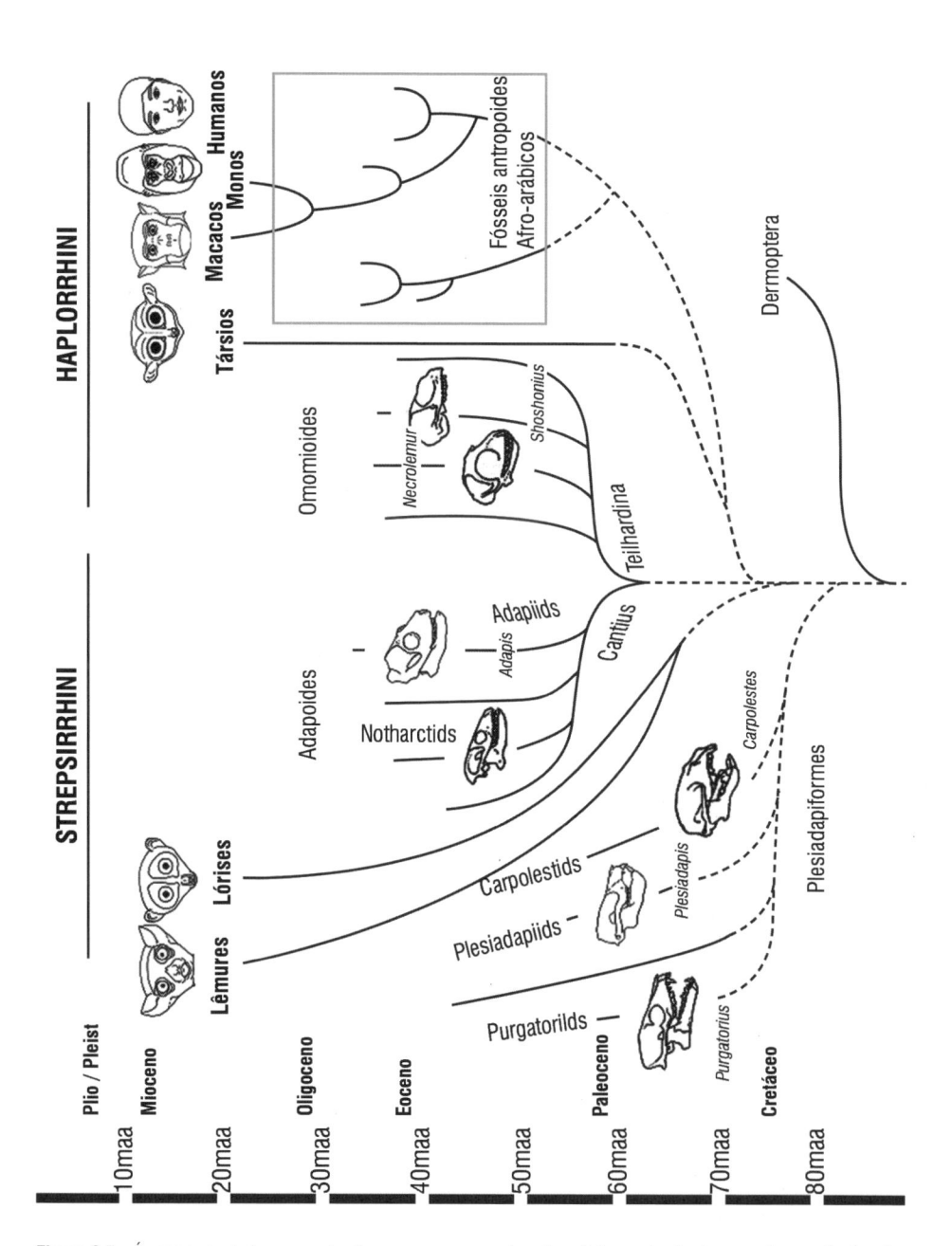

Figura 2.5 - Árvore ancestral e suas relações com os grupos de estrepsirrinos e haplorrinos modernos. **Ilustração**: Giulia Baldaconi Bispo

A província do Fayum, no Egito, apresenta depósitos de fósseis que abrangem o limite entre o Eoceno e o Oligoceno (de 36 a 23 milhões de anos atrás, aproximadamente) e é o local onde foram encontrados os fósseis mais antigos de espécies seguramente chamadas de antropoides basais. Durante a transição entre essas duas épocas, que inaugurou um período de mudança climática que provocou a extinção de diversas espécies e a radiação e estabelecimento de outras, o Fayum era um ambiente muito distinto da região seca e árida que representa atualmente e tinha uma área úmida e sazonal de floresta densa circundando um sistema de rios, que o permitia abrigar uma grande diversidade de plantas e animais. Como o registro fóssil desses depósitos é capaz de mostrar, essa região era o local de vida de diversos gêneros de primatas e alguns deles apresentavam uma interessante combinação de características primitivas e derivadas.

Algumas das descobertas mais recentes dos pesquisadores que trabalham na região do Fayum são os fósseis de uma nova espécie pertencente ao gênero *Biretia*, com idade de 37 milhões de anos. Essa espécie tem uma arquitetura dentária compatível com o que se espera de um primata superior, mostrando, por exemplo, pré-molares inferiores bicúspides semelhantes aos dos antropoides. Entretanto, acredita-se que esse primata, devido ao tamanho de suas órbitas oculares, tinha um padrão de atividade noturno, completamente diferente da tendência geral a hábitos diurnos observada nos antropoides modernos. A superfamília Parapithecoidea, à qual esses fósseis pertencem, se destaca como o grupo antropoide mais primitivo que se tem conhecimento.

7. A DIVERSIDADE DO FAYUM

O registro fóssil encontrado no Fayum apresenta três famílias de antropoides: Oligopithecidae, Parapithecidae e Propliopithecidae. Os parapitecídeos se dividem atualmente em quatro gêneros e oito espécies. As características primitivas da anatomia do crânio e da arcada dentária sugerem que esses podem ter sido os ancestrais de algumas linhagens de macacos do Velho Mundo e dos macacos do Novo Mundo.

Os propliopitecídeos são representados por cinco espécies distribuídas em quatro gêneros, apresentando uma dentição semelhante à de macacos do Velho Mundo modernos, mas sem outras características compartilhadas com esse grupo. São os maiores primatas do registro fóssil do Fayum, tendo pesado entre 6 e 7 quilos. Acredita-se que eles tenham dado origem aos macacos do Velho Mundo e aos monos, sendo que o menor número de pré-molares (apenas dois) comparado aos parapitecídeos é um possível indício de sua ligação com os catarrinos. Os gêneros considerados mais representativos dessa família são *Propliopithecus* e *Aegyptopithecus* (ambos viveram entre 32 e 29 milhões de anos atrás).

Os oligopitecídeos, por sua vez, são o grupo considerado mais primitivo entre os três, tendo muitas características de prossímios, como molares semelhantes aos dos estrepsirrinos. Entretanto, eles também possuem características derivadas, como o tamanho reduzido das órbitas oculares. Foram animais quadrúpedes e arborícolas, tendo como principais componentes de sua dieta folhas e frutos.

8. ORIGEM E DIVERSIFICAÇÃO DOS MACACOS DO NOVO E DO VELHO MUNDO

As evidências moleculares disponíveis indicam que os macacos do Novo Mundo e do Velho Mundo divergiram há cerca de 40 milhões de anos. Entretanto, os fósseis mais antigos de um macaco do Novo Mundo são datados do Oligoceno, possuindo aproximadamente 30 milhões de anos. Como os membros modernos do mesmo grupo, apresentavam três pré-molares e a forma desses dentes sugere uma dieta frugívora. Eles foram encontrados na Bolívia e incluídos no gênero *Branisella*. A maneira como esses animais chegaram até lá e o local de onde vieram permanecem incertos, já que no início da era Cenozoica a América do Sul não tinha conexão com nenhum outro continente.

Uma das hipóteses para a origem dos macacos do Novo Mundo é a de que eles surgiram a partir de adapoides ou omomioides da América do Norte durante o Eoceno. Dessa forma, os macacos do Velho Mundo e do Novo Mundo teriam evoluído de forma paralela, tendo compartilhado um ancestral comum no mínimo há 50 milhões de anos. Porém, as evidências moleculares indicam que essa divisão ocorreu 10 milhões de anos mais tarde. Além disso, não há nenhum fóssil antropoide conhecido na América do Norte para auxiliar a corroboração dessa hipótese. Isso sem contar o fato de que uma travessia ao longo do oceano seria necessária para que um primata chegasse da América do Norte até a América do Sul nessa época, uma vez que a ligação entre os dois continentes ocorreu apenas há cerca de 3 milhões de anos.

Alternativamente, a hipótese que parece mais aceita atualmente sobre a origem dos macacos do Novo Mundo é a de que seu ancestral viveu na África, dadas as semelhanças moleculares e anatômicas com o parapitecídeo *Apidium*, encontrado no registro fóssil de Fayum e reconhecido em 1908. Essas ligações incluem a presença de três pré-molares, ao invés dos dois observados em macacos do Velho Mundo. Alguns pesquisadores acreditam que, após sua origem na África, o ancestral dos Platyrrhini migrou através do oceano para a América do Sul, à deriva em cima de fragmentos de vegetação utilizados como balsa. Vale ressaltar aqui que, na metade do Oligoceno, o Atlântico era dotado de um conjunto de ilhas, por possuir um nível de água mais baixo do que possui atualmente. Uma segunda hipótese alternativa relacionada a essa é a de que a migração da espécie ancestral não ocorreu pelo Oceano Atlântico, mas, sim, em direção ao norte da África, passando em seguida pela Antártida e depois pela Patagônia.

Não é possível descartar completamente uma quarta hipótese: a de que platirrinos e catarrinos evoluíram independentemente de diferentes linhagens de prossímios nos dois continentes. Essa possibilidade, no entanto, é considerada bastante improvável, uma vez que as evidências moleculares indicam forte relação entre os dois grupos.

Uma importante informação adicional sobre a evolução dos primatas do Novo Mundo ainda pode ser extraída do registro fóssil: foi durante a metade do Mioceno (época entre 23 e 5 milhões de anos atrás) que houve a maior diversificação desse grupo, resultando nas cinco famílias existentes atualmente (Cebidae, Aotidae, Pitheciidae, Atelidae e Callitrichidae). Cabe aqui destacar a descoberta relativamente recente do gênero fóssil *Homunculus*, ao qual pertence um crânio encontrado na Argentina e datado de 16 milhões de anos, que, junto com *Branisella*, é um dos representantes do período anterior ao surgimento dos platirrinos modernos.

Comparações de DNA permitem inferir que o ancestral comum entre os monos e os macacos do Velho Mundo viveu há cerca de 25 milhões de anos. O início do Mioceno foi um período importante de radiações adaptativas para os catarrinos – assim como foi para os platirrinos, como dito anteriormente. Os macacos do Velho Mundo são divididos em duas famílias, sendo que uma delas tem representantes vivos atualmente (Cercophitecidae) e a outra foi completamente extinta (Victoriaphitecidae). Essa última é representada por fósseis encontrados em Uganda com idade aproximada de 19 milhões de anos, período anterior à divisão das subfamílias atuais Colobinae e Cercophitecinae, que ocorreu há mais ou menos 15 milhões de anos. Dessa forma, é considerada por muitos cientistas como a mais provável candidata a ocupar a posição de ancestral comum de todos os macacos modernos do Velho Mundo, embora não esteja descartada a possibilidade de representarem apenas um grupo-irmão já extinto.

Dentre os pertencentes à família Victoriapithecidae, o mais conhecido e destacado é o *Victhoriapithecus*, um pequeno primata (tinha entre 3 e 5 quilos) que apresentava um crânio com algumas características dos colobíneos e outras dos cercopitecíneos. A comparação da porção posterior do crânio fossilizado com o de espécies modernas ainda permite inferir uma tendência desse grupo de utilizar o estrato terrestre com frequência, o que representaria um dos mais antigos casos de mudança do estilo de vida arborícola. Esses primatas possuíam ainda dentes molares com duas cristas, semelhantes aos dos macacos do Velho Mundo atuais e compatíveis com uma dieta de alimentos duros, como frutos e sementes. Eles apresentavam também um focinho de tamanho moderado e uma crista sagital[2] inexistente nas espécies que o sucederam.

O registro fóssil do período entre o início do Plioceno e o final do Pleistoceno (entre 2 milhões e 10 mil anos atrás) na África indica que os macacos do Velho Mundo sofreram radiação adaptativa nesse período. A partir dessa época, eles são classificados dentro das duas subfamílias que acolhem as espécies sobreviventes desse grupo (Cercopithecinae e Colobinae). Os fósseis das espécies já extintas possuem dentes e esqueleto parecidos com os de espécies modernas.

Esses primatas formavam comunidades com características bastante distintas em diferentes regiões do continente africano. Diversos babuínos do gênero *Therophitecus* tiveram um significativo sucesso na região leste ao longo do período em questão. Na metade do Pleistoceno, entretanto, quase todas essas espécies de babuínos foram extintas por um motivo pouco esclarecido (provavelmente, a competição com babuínos do gênero *Papio*), restando apenas a espécie *Therophitecus gelada*. Os colobíneos do Plioceno-Pleistoceno, por sua vez, ocuparam os continentes africano, asiático e europeu. Essa ampla distribuição geográfica, e consequente exposição às mais distintas pressões

---

2   Crista sagital é o nome dado a uma lâmina óssea localizada na parte superior do crânio de algumas espécies de animais, logo acima da sutura sagital. Sua presença se relaciona à maior força dos músculos da mandíbula.

seletivas, se reflete em diferenças morfológicas em relação às espécies modernas. O leste da África apresentava um grande número de espécies de colobíneos de médio e grande porte ocupando tanto as árvores quanto a porção terrestre do ambiente.

A mais conhecida das espécies fósseis do gênero *Teropithecus* é o *T. oswaldi*, que ocupou o norte, o leste e o sul da África. Há evidências de que tais animais podiam chegar a 80 kg, representando bem o grande tamanho que os membros extintos desse gênero podiam alcançar. Além disso, eles possuíam grandes caninos, que certamente eram usados como sinal de alerta para que outros animais da época evitassem qualquer tipo de confronto com eles.

O aumento na diversidade de macacos do Velho Mundo nesse período se deu devido às mesmas mudanças climáticas e ecológicas que se iniciaram no final do Mioceno e provocaram a extinção de grande parte dos monos primitivos, como veremos. A diminuição do tamanho corporal foi uma tendência evolutiva que se aplicou a diversos animais no final do Pleistoceno, incluindo os macacos do Velho Mundo. As possíveis causas das extinções das espécies de grande porte incluem a caça por humanos, mudanças no clima e competição.

9. A EVOLUÇÃO DOS ANTROPOIDES: QUESTÕES AMBIENTAIS

Para entender o estabelecimento e a diversificação dos primeiros antropoides entre o final do Eoceno e o início do Oligoceno é necessário estar atento às características do ambiente nesse período, pois foram elas que promoveram o surgimento de novas pressões seletivas que levaram ao aparecimento de novas espécies e ao declínio de outras. Nesse período, o clima do planeta se tornou mais seco e frio, o que diminuiu a oferta de alimentos e causou a extinção da maioria das espécies de primatas adapoides e omomioides da América do Norte, Europa e Ásia.

Os antropoides primitivos tinham uma dieta composta basicamente de alimentos duros, e é discutido que suas diferenças anatômicas em relação aos primatas ancestrais tenham sido mais eficientes para o processamento desses alimentos. Com uma maior quantidade de energia disponível, esses grupos poderiam empregá-la para o crescimento corporal. E isso de fato aconteceu, uma vez que os antropoides basais eram menores em relação às espécies mais derivadas.

Há também alguma crença a respeito da utilidade do fechamento pós-orbital[3] para a alimentação de animais diurnos (como os antropoides, grupo cuja visão é particularmente importante para a sobrevivência), tendo em vista que um dos principais músculos empregados na mastigação pode causar a deformação do globo ocular e tornar a visão turva momentaneamente durante o consumo de alimentos na ausência de um osso que revista as órbitas completamente. Outros cientistas, entretanto, acreditam que esse fechamento deve ter ocorrido como consequência do aumento da frontalidade orbital.

10. ORIGEM DOS MONOS: PROCONSULÍDEOS

Foi entre o final do Oligoceno e o início do Mioceno que ocorreu a radiação dos catarrinos que deu origem aos ancestrais dos monos modernos. Nesse período, o planeta se tornou mais quente, o que fez com que as florestas da Eurásia se tornassem densas como as florestas tropicais atuais. Essa vegetação, porém, retraiu no final do Mioceno, enquanto o clima global se tornava mais seco e frio, e o resultado disso foi a transformação das florestas perenes no sul desses continentes em bosques abertos. Houve também a junção da Eurásia com a África, o que dividiu o mar de Tétis e provocou o surgimento do mar Mediterrâneo. Também nessa época houve o surgimento de cadeias de montanhas no leste africano, o que provocou a diminuição da incidência de chuvas em um dos lados dessas cordilheiras e, consequentemente, a substituição das florestas tropicais do local por bosques e savanas. Foi dentro desse panorama de mudanças climáticas que os monos surgiram, se diversificaram e declinaram parcialmente.

O registro fóssil desse período de transição apresenta alguns catarrinos que possuem dentição semelhante à de monos modernos, mas diferenças em outros aspectos morfológicos. Por esse motivo, acredita-se que nesse conjunto de primatas extintos se encontre o ancestral dos monos. Dentro desse grupo destaca-se a família Proconsulidae (a única pertencente à superfamília Proconsuloidea), cujos fósseis têm idades de 23 a 16 milhões de anos. No período em questão, os hominoides estavam restritos ao leste da África.

O ancestral comum dos catarrinos do final do Oligoceno e dos proconsulídeos é desconhecido, uma vez que existe um intervalo de 6 milhões de anos

---

3 Ao contrário dos prossímios, os antropoides apresentam uma estrutura óssea completamente fechada na região logo atrás dos olhos.

no registro fóssil entre esses dois grupos. Há, entretanto, algumas grandes semelhanças anatômicas (que se referem, principalmente, à estrutura de alguns ossos e configuração dentária) entre os catarrinos encontrados no Fayum e na península Arábica e os proconsulídeos, o que leva a crer que há, de fato, uma relação de ancestralidade comum. As evidências moleculares indicam que essas duas linhagens divergiram há cerca de 25 milhões de anos.

Os proconsulídeos apresentam uma grande diversidade taxonômica: são 10 gêneros e 15 espécies, variando de primatas de pequeno porte (como o *Micropithecus*) até espécies grandes como o *Proconsul major*, que pesava em média 50 kg. O gênero *Proconsul* é o mais conhecido entre os monos ancestrais da metade do Mioceno, devido ao rico registro fóssil que os pesquisadores têm à disposição, que reflete uma ampla variedade de configurações ambientais às quais esses grupos estavam submetidos. *Proconsul africanus* (Figura 2.6) foi a primeira espécie do gênero a ser descoberta.

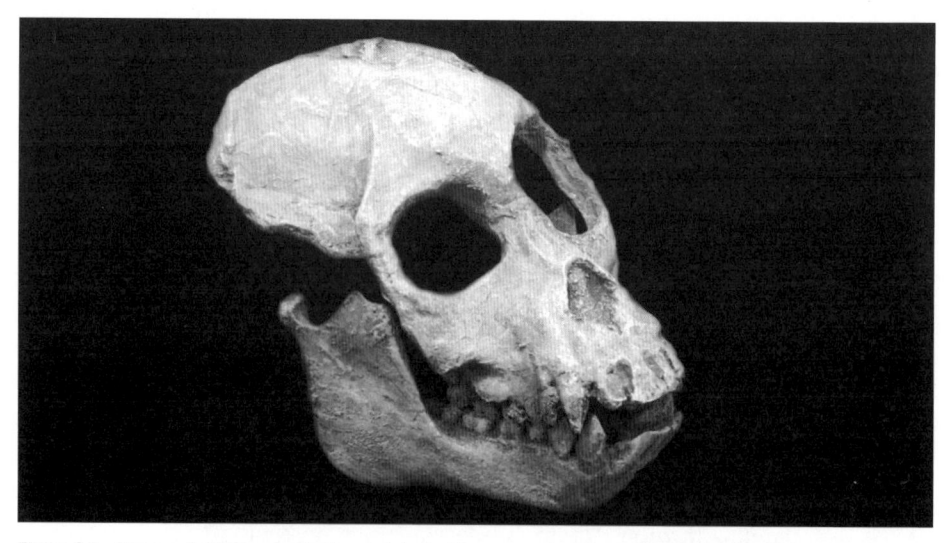

Figura 2.6 - *Proconsul africanus*, a primeira espécie do gênero a ser descoberta. **Ilustração:** Miguel José Rangel Junior

As características dos dentes desses primatas sugerem que ao menos algumas dessas espécies possuíam uma dieta basicamente composta de vegetais, como folhas e alguns tipos de sementes e frutos maduros. Sabe-se também que eles apresentavam acentuado dimorfismo sexual. A ideia de que esses primatas não possuíam cauda é uma acepção crescente entre os estudiosos da área, o que pode indicar que o surgimento dessa característica tão marcante dos hominoides é anterior ao aparecimento dos primeiros membros da superfamília Hominoidea. Entretanto, a posição dos proconsulídeos na filogenia ainda é incerta, o que leva alguns pesquisadores a posicioná-los fora dos hominoides e dentro de uma superfamília distinta, anterior à divergência dos hominoides e cercopitecoides. Se essa classificação for um bom reflexo da história evolutiva desses primatas, então, a ausência de cauda em proconsulídeos e hominoides ocorreu devido a convergência e não reflete uma continuidade evolutiva.

Apesar dos dentes e de algumas características do crânio serem semelhantes aos de monos modernos, os proconsulídeos tinham um corpo mais parecido com o de macacos. Seus membros superiores e inferiores eram longos e do mesmo tamanho, seus ossos dos membros superiores não permitiam uma mobilidade muito grande e suas mãos não eram tão largas quanto a dos monos que vivem atualmente. Essas características permitem dizer que esses animais primitivos apresentavam andar quadrúpede nas árvores e no chão, mas o registro fóssil também conta com espécies dentro desse grupo que se locomoviam nas árvores de forma suspensória, gerando impulso através da movimentação dos braços.

Até pouco tempo, os pesquisadores acreditavam que *Proconsul* era o mais recente gênero ancestral dos grandes monos, mas há menos de 20 anos, em Moroto, em Uganda, foi descoberto o fóssil de *Morophitecus bishopi*, que logo passou a ser visto como o melhor candidato a ancestral comum entre os primatas do Mioceno e os membros da família Hominidae. Isso se deve ao fato de que, apesar de possuir uma mandíbula com aspectos primitivos, o que garante sua posição basal na história evolutiva dos monos, essa espécie também apresentava uma anatomia do ombro compatível com o estilo suspensor de locomoção dos monos modernos.

Além dos já citados, há diversas outras espécies de monos ancestrais que viveram na África durante o Mioceno. De maneira geral, esses fósseis apresentam uma ampla variedade de formas da face e dos dentes, mas o restante de seus esqueletos permanece semelhante entre si.

Os membros conhecidos da superfamília Pliophitecoidea também têm idade correspondente ao início do Mioceno. Esse grupo de primatas de pequeno porte, ao contrário dos já citados aqui, apresentava características primitivas dos catarrinos, se assemelhando pouco aos grupos posteriores à divisão entre hominoides e cercopitecoides. Eles, entretanto, foram bem-sucedidos ao longo do período em destaque, apresentando uma rápida radiação. Acredita-se que esses animais tenham se beneficiado da ligação que se fez entre a Eurásia e a África nesse período e estiveram entre os primeiros a migrar entre os dois continentes e a colonizarem ambos. Uma evidência a favor dessa hipótese é o descobrimento do *Lomorupithecus* em Uganda, já que é assumido que esse gênero é representante dos pliopitecoides e até seu descobrimento não se conhecia nenhum fóssil dessa superfamília fora da Eurásia. Tendo vivido na metade do Mioceno, o gênero *Pliopithecus* (Figura 2.7) é o mais conhecido dos pliopitecoides.

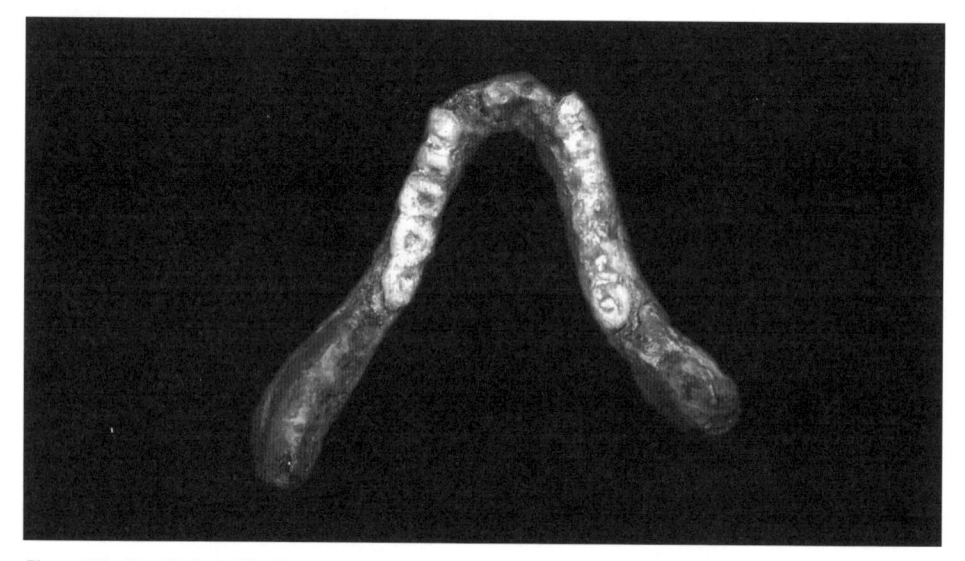

Figura 2.7 - Mandíbula de *Pliopithecus antiquus*. **Ilustração:** Miguel José Rangel Junior

11. OS HOMINOIDES

O surgimento dos primeiros monos verdadeiros, ou seja, pertencentes à superfamília Hominoidea (da qual também fazem parte os hominínios), possivelmente ocorreu na África durante o Mioceno. O comportamento locomotor desses animais é muito distinto dos macacos do Velho Mundo, tendo como caráter principal o uso de uma postura suspensória tanto para alimentação quanto para deslocamento, e isso se reflete em características bastante distintas de seu esqueleto: troncos menores, braços mais longos, articulações dos ombros mais flexíveis, peito amplo e ausência de cauda (embora essa característica não seja exclusiva dos hominoides, como vimos).

O gênero *Kenyapithecus* é o mais conhecido dos hominoides primitivos, sendo possivelmente o primeiro deles a apresentar adaptações nos membros superiores para a vida longe das árvores, no ambiente terrestre, que, inclusive, levam alguns estudiosos da área a acreditarem que sua forma de locomoção era bem semelhante a de gorilas e chimpanzés. Sua mandíbula e organização dos dentes também possuíam mais semelhanças com os monos modernos do que com os outros primatas do Mioceno anteriormente descritos. Além dos *Kenyapithecus*, destaca-se no registro fóssil do leste africano o gênero *Chororapithecus*. Mantendo a tendência de migração iniciada pelos pliopithecoides, os hominoides também saíram da África e colonizaram outras regiões no Velho Mundo. As mudanças climáticas da metade do Mioceno refletem na queda da diversidade de fósseis de monos nesse período. Análises moleculares indicam que foi aproximadamente nessa época, há 14 milhões de anos, que houve a divergência entre os grandes monos da África e os orangotangos, representantes dos grandes monos da Ásia.

Entre 17 e 5 milhões de anos atrás, os grandes hominoides se dispersaram para além da África. Nesse período, a Europa era coberta por uma floresta densa e rica em frutos, e o gênero hominoide primitivo mais conhecido desse continente é o *Dryopithecus* (Figura 2.8), que viveu na região onde atualmente se encontram a França e a Espanha. Esses primatas eram grandes (do tamanho dos chimpanzés modernos), se assemelhando aos monos atuais em diversos aspectos, como a locomoção suspensória, os caninos afiados e dentes bem adaptados à frugivoria, cérebros maiores do que de primatas mais primitivos e mãos e pés especializados para se agarrarem em árvores.

Um dos hominoides extintos que mais chama a atenção entre os encontrados na Europa é o *Oreopithecus,* que viveu em uma região da Itália (que nessa época se encontrava dividida em um conjunto de ilhas) e tem uma passagem curta pelo registro fóssil, surgindo por volta de 8 milhões de anos atrás e desaparecendo completamente 1 milhão de anos depois. Esse primata pesava por volta de 33 kg e exibia um estilo de locomoção distinto, que provavelmente é reflexo de seu isolamento em uma ilha no Mediterrâneo desprovida de predadores. A anatomia de seus pés era bem diferente de outras espécies: eles possuíam um dos dedos (o maior) quase totalmente alinhado em direção oposta aos outros quatro. Alguns pesquisadores acreditam que isso tenha levado à adoção de uma forma de se locomover completamente estranha, embora outros defendam que seu deslocamento era quadrúpede, parecido com o de macacos. Quanto à sua dieta, era provavelmente composta de folhas. Embora os *Oreopithecus* tenham chamado a atenção por suas particularidades, esse gênero não é candidato a ancestral direto dos hominínios.

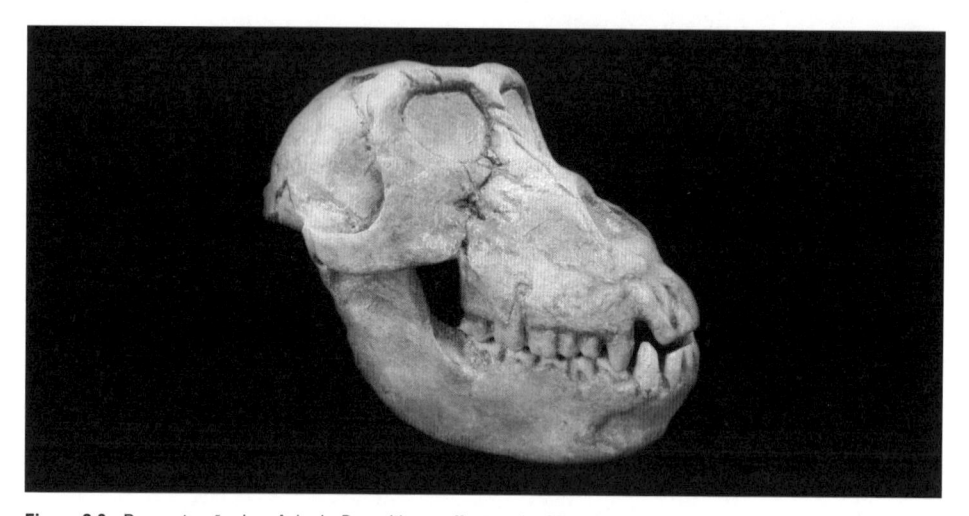

Figura 2.8 - Reconstrução do crânio do *Dryopithecus*. **Ilustração:** Miguel José Rangel Junior

A Ásia também tinha sua fauna de monos primitivos, entre os quais se destacam os membros da família Sivapithecidae. O gênero mais conhecido desse grupo é o *Sivapithecus*, que viveu entre 12 e 8 milhões de anos. Esses animais possuíam dentes e ossos da face especializados em uma dieta composta de alimentos duros, como sementes e castanhas. Seu crânio se assemelhava ao dos orangotangos modernos (Figura 2.9). Recentemente, porém, foi descoberto na Tailândia o gênero *Khoranpithecus*, com idade entre 9 e 6 milhões de anos, ainda mais semelhante aos orangotangos e, portanto, mais provável de ser seu ancestral. Também entre os monos primitivos da Ásia, destaca-se o *Gigantopithecus*, que viveu entre 8 e 5 milhões de anos e possui, até o momento, o título de maior primata que já existiu: seu peso chegava a mais de 300 kg e sua altura era próxima a 3 metros. Por causa de seu grande tamanho, acredita-se que esses animais limitavam todas as suas atividades ao chão.

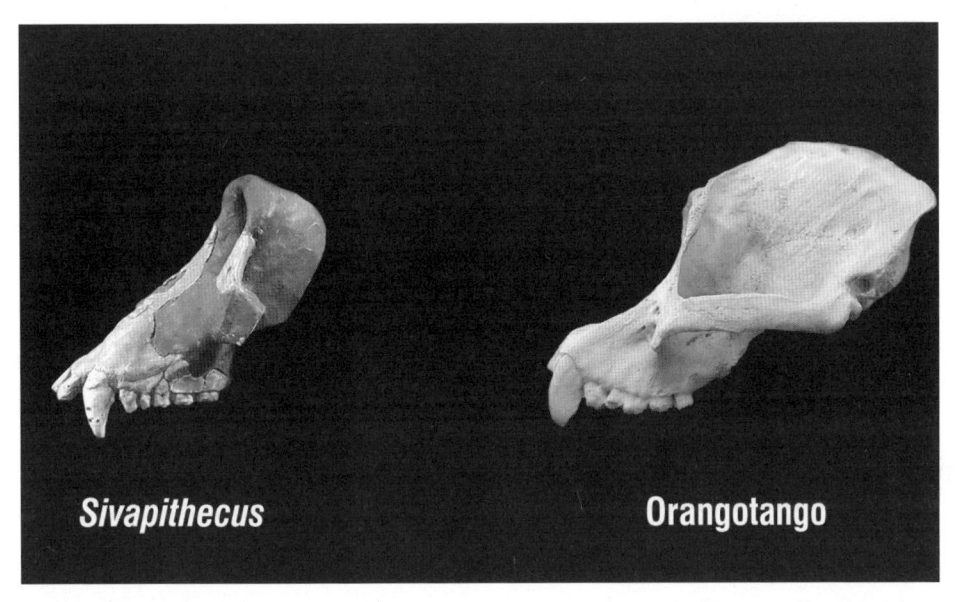

Figura 2.9 - Comparação entre *Sivapithecus* e um orangotango moderno. **Ilustração:** Miguel José Rangel Junior

Durante o final do Mioceno, o clima na África, Europa e Ásia sofreu mudanças drásticas e, consequentemente, a ecologia desses ambientes também mudou. Como dito antes, foi nessa época que ocorreu o surgimento das montanhas do leste africano, graças à movimentação de placas tectônicas. Mudanças nos mares e oceanos também ocorreram, e as placas de gelo que existem atualmente nos polos começaram a surgir. Florestas densas e úmidas que antes existiam na África e na Europa deram lugar a bosques e pradarias secos e frios. Juntamente com o fim das florestas tropicais, veio a escassez dos frutos das árvores que compunham essa vegetação, que também eram os principais componentes da dieta dos monos que viveram naquela época. Na Ásia também ouve redução no volume de chuvas e queda na disponibilidade de alimentos para os primeiros hominoides. Assim, esses três continentes nesse período foram palco de uma dramática redução na diversidade dessas espécies de primatas, incluindo o *Sivapithecus* na Ásia e o *Oreopithecus* na Europa.

Alguns gêneros e espécies, por outro lado, tiveram maior sucesso no final do Mioceno e sobreviveram a todas essas alterações climáticas bruscas. É o caso do *Koranpithecus*, que, como vimos, deu origem aos orangotangos que hoje ocupam o sul da Ásia. O registro fóssil desse período na África, entretanto, é esparso e dá poucas sugestões sobre a identidade do ancestral comum dos monos africanos e dos hominínios. O anteriormente citado *Chororapithecus* se destaca nesse contexto, compartilhando algumas semelhanças com gorilas modernos, assim como o *Samburupithecus*. Entretanto, não há evidências para afirmar que essas características em comum indiquem ancestralidade de fato, e não apenas casos de convergência evolutiva.

Por outro lado, os fósseis disponíveis revelam que, enquanto os monos primitivos experimentavam um crítico período de extinções, os demais catarrinos aumentavam em número e diversidade. Assim, hoje se tem conhecimento de um número maior de espécies de monos extintos do que de sobreviventes, enquanto que o que ocorre com os macacos do Velho Mundo é exatamente o contrário. Esse triunfo dos macacos sobre os monos nesse período se deu, ao menos em parte, graças à capacidade de reprodução mais rápida desse primeiro grupo em relação ao segundo, o que conferiu uma vantagem na colonização de novas áreas e na resposta ao declínio populacional decorrente das alterações ecológicas em curso. Os monos, por sua vez, apenas foram capazes de sobreviver às adversidades ambientais e a um nicho cada vez menor porque tiveram a capacidade de se mudar para novos ambientes. Nem todas as espécies, porém, puderam superar os desafios de reprodução e sobrevivência impostos pela nova condição, e é por isso que a maior parte dos monos conhecidos se encontra extinta.

Ainda sobre os primeiros hominoides, vale a pena refletir sobre as pressões seletivas que possivelmente levaram à divergência entre os macacos e os monos, e sua subsequente diversificação. Enquanto os macacos possuem um tórax estreito e alongado, os monos apresentam uma região torácica mais ampla, porém menos alongada. A anatomia distinta é reflexo das mudanças no padrão de locomoção: assim como os gibões atuais, o ancestral comum de todos os monos modernos provavelmente se deslocava por braquiação através das árvores.

Essa novidade na evolução primata ocorreu logo no início do Mioceno médio, em um contexto ambiental de florestas amplas e densas. Os monos do final do Mioceno, entretanto, viviam em um ambiente distinto, eram maiores e passavam grande parte do tempo no chão. Seu modo de locomoção não era mais a braquiação, mas a nodopedalia: se deslocavam de forma quadrúpede, sustentando o peso do corpo nos nós dos dedos das mãos, como fazem as espécies de monos que vivem atualmente. Assim, é possível associar com clareza as diferenças vistas hoje entre os padrões de locomoção dos membros dos hominoides às mudanças ecológicas e ambientais sob as quais essa superfamília evoluiu.

O escasso registro fóssil do leste africano no final do Mioceno é um fator intrigante, já que indica que nesse período havia poucos monos vivendo nessa região e, portanto, é improvável que o ancestral comum dos hominoides tenha surgido ali. Isso tem levado alguns pesquisadores, como David Begun, da Universidade de Toronto (Canadá), a acreditar que esse ancestral tenha pertencido ao gênero *Ouranopithecus*, que viveu na região onde hoje se localiza a Grécia. O principal argumento utilizado a favor desta hipótese é o de que há semelhanças na dentição e no crânio desses grandes primatas com os de monos africanos e hominínios primitivos, o que sugere uma relação evolutiva. Argumenta-se que as mudanças climáticas dessa época tenham levado esse grupo a sair da Europa em direção às florestas tropicais da África, fazendo assim o caminho "de volta", oposto ao feito pelos grupos primitivos de outrora. De qualquer forma, essa é apenas uma conjectura. Como vem sendo ressaltado, a baixa disponibilidade de fósseis de monos do final do Mioceno não nos permite ter certeza sobre a identidade do hominoide que deu origem aos monos e aos hominínios.

Os fósseis mais antigos pertencentes ao gênero *Pan*, de chimpanzés e bonobos, foram encontrados no Quênia em 2005. Tratam-se de dentes com idade próxima a 500 mil anos. Essas descobertas, no entanto, são bastante raras, pois as regiões de floresta tropical que os monos ocupavam e continuam ocupando não favorecem a conservação de tecidos orgânicos e, assim, possuem baixa probabilidade de originar fósseis. Outra razão pela qual os fósseis de monos são raros no período do Plioceno e do Pleistoceno está relacionada à dificuldade de distingui-los do registro fóssil dos hominínios primitivos dessa época, que serão abordados no próximo capítulo.

12. CONSIDERAÇÕES FINAIS

Apesar de todas as informações expostas neste capítulo, podemos afirmar que a evolução dos primatas possui trechos obscuros. As evidências disponíveis nos dão pistas contundentes sobre diversas partes do caminho percorrido até chegarmos ao surgimento do primeiro hominínio que andava sobre duas pernas através dos bosques. Entretanto, reconstruir uma história de milhões de anos é uma tarefa árdua, e, com frequência, os pesquisadores interessados nesse desafio se deparam com grandes lacunas. É o caso do escasso registro fóssil da África entre 15 e 5 milhões de anos atrás, justamente o período no qual houve o surgimento dos primeiros homininios. Ainda que novas descobertas tenham um grande potencial de mudar a nossa compreensão sobre esse assunto, o objetivo deste capítulo foi revelar que temos fósseis e ferramentas moleculares suficientes para traçar as linhas gerais desse dinâmico processo evolutivo que liga a nossa espécie com as de outros primatas modernos.

QUADRO 2.3 – O QUE HÁ DE NOVO NO FRONT?

1. Mais antigo primata tarsiiforme

Em artigo publicado em 6 de junho de 2013 na revista "Nature", um grupo de pesquisadores de centros de pesquisa da China, Estados Unidos e França descrevem a escavação de um fóssil encontrado da região de Jingzhou, na China, que viveu entre 55,8 e 54,8 milhões de anos atrás. O grupo considera que este é o primata mais antigo já encontrado e pertencente ao clado tarsiiforme. A espécie, nomeada de *Archicebus achilles*, tem massa corpórea estimada entre 20 e 30 gramas e teve suas proporções comparadas a um lêmure-rato-pigmeu moderno. Trata-se de um animal arborícola de corpo muito pequeno, membros esguios e cauda comprida, de hábitos diurnos e dieta insetívora. Baseado em relações morfológicas e moleculares, o *A. achilles* apresenta um mosaico único de características. Partes dessas características são típicas dos tarsiiformes e outras se assemelham aos antropoides. O calcanhar e as proporções do metatarso lembram os antropoides, enquanto o crânio, dentição e aspectos do pós-crânio se assemelham aos tarsiiformes. Dessa forma, uma vez que o grupo dos tarsiiformes é um grupo-irmão dos antropoides, o descobrimento do *A. achilles* proporciona mais evidências para uma melhor estimativa entre esses clados, restringindo o momento histórico de divergência entre os mesmos. Antes desse achado, acreditava-se que o momento histórico de separação seria entre 58 e 40 milhões atrás, porém, com o descobrimento de *A. achilles* e sua datação entre 55,8 e 54,8 milhões de anos, conclui-se que a separação entre tarsiiformes e antropoides foi prévia à sua existência. O *A. achilles* é considerado pelos autores como sendo o primata mais antigo já descoberto porque eles não consideram os

Plesiadapiformes como uma ordem dentro da família dos Primatas. Conforme descrevemos neste capítulo, a classificação dos Plesiadapiformes ainda gera muito debate e este é um exemplo recente dessa discussão.

2. Descobertos mais antigos macacos do Velho Mundo

Como dito anteriormente neste capítulo, foi entre o final do Oligoceno e o início do Mioceno (entre 25 e 23 milhões de anos atrás) que a linhagem dos monos se separou dos macacos do Velho Mundo. Embora essa afirmação fosse apoiada por evidências moleculares, o escasso registro fóssil do período em questão apresenta poucas informações sobre essa fase da evolução dos hominoides. Recentemente, porém, uma notável descoberta feita no sudeste da Tanzânia por um grupo de pesquisadores encabeçado por Nancy J. Stevens, da Universidade de Ohio (Estados Unidos), foi acrescentada ao conjunto de evidências paleontológicas sobre o início da história evolutiva dos monos. Em um artigo publicado em maio de 2013 na revista "Nature", Stevens e colaboradores noticiaram a descoberta de parte de uma mandíbula (preservando características dentárias) descrita como sendo da espécie mais antiga de mono que se tem conhecimento até agora, *Rukwapithecus fleaglei*. Segundo os autores, este gênero recém-descoberto é diferente de todos os outros catarrinos extintos em uma série de aspectos relacionados à sua dentição. No mesmo artigo, é descrito também a espécie *Nsungwepithecus gunnelli* (descoberta a partir de um dente e fragmentos do maxilar), um cercopitecóide primitivo encontrado no mesmo sítio paleontológico. Ambas as espécies viveram entre 34 e 23 milhões de anos atrás, e as descobertas destacam-se por comprovar, pela primeira vez através de fósseis, a hipótese de que os macacos do Velho Mundo e os monos já estavam evoluindo de forma separada no final do Oligoceno.

3. O paleoambiente dos primeiros hominoides

A linhagem correspondente aos monos e humanos (Hominoidea) evoluiu e prosperou na região Afro-Arábica no início do Mioceno, um período de mudanças climáticas globais, incluindo intensa atividade tectônica que culminou na formação do Vale do Rift. Entende-se que tais mudanças criaram diferentes ambientes, os quais geraram pressões seletivas influenciando a diversificação dos monos primitivos. Porém, há enorme dificuldade em interpretar a conexão entre a dinâmica ambiental e a evolução adaptativa da fauna local naquele momento, devido à deterioração natural pelo tempo, além da exploração local sofrida nos sítios. Tais fatores podem comprometer a representação dos habitats individuais. No artigo publicado por Lauren Michel e colaboradores na revista "Nature Communications", são apresentadas evidências do início do Mioceno encontradas na região da ilha Rusinga, no Quênia, que conectam a evolução do mono primitivo *Proconsul* a uma floresta tropical densa, fechada, sazonal, quente e relativamente úmida. Tais resultados reforçam a importância de ambientes florestados para a evolução dos monos primitivos. Esta descoberta recente na ilha Rusinga permite, pela primeira vez, reconstruir um habitat completo e individual de um mono primitivo que viveu há aproximadamente 18 milhões de anos.

SUGESTÕES PARA LEITURA:

Jan E. Janecka et al. *Molecular and Genomic Data Identify the Closest Living Relative of Primates*. 2007. Science 318, 792.

Terry Harrison. Apes Among the Tangled Branches of Human Origins. 2010. Science 327, 532-534.

The Monkey's Voyage: How Improbable Journeys Shaped the History of Life, de Alan de Queiroz, 2014. Basic Books, Nova York (EUA).

Lemur Biology, de Ian Tattersall e Robert Sussman, 2013. Plenum Press - Nova York (EUA) e Londres (Reino Unido).

Anthropoid Origins (Advances in Primatology). John G. Fleagle e Richard F. Kay. 2013. Springer – Nova York (EUA).

CAPÍTULO III

PRIMEIROS BÍPEDES

MARINA DA SILVA GRATÃO
Laboratório de Estudos Evolutivos Humanos – Departamento de Genética e Biologia Evolutiva – Instituto de Biociências – Universidade de São Paulo

MIGUEL JOSÉ RANGEL JR
Laboratório de Neuroanatomia Funcional – Departamento de Anatomia – Instituto de Ciências Biomédicas – Universidade de São Paulo

WALTER ALVES NEVES
Laboratório de Estudos Evolutivos Humanos – Departamento de Genética e Biologia Evolutiva – Instituto de Biociências – Universidade de São Paulo

Ao olharmos para os nossos parentes mais próximos, como os chimpanzés, podemos ver grandes semelhanças conosco. Porém, percebemos também que há algo em nós que nos torna únicos, com uma forma diferente de percepção e interação com o mundo ao nosso redor. Somos os únicos primatas a possuir linguagem falada, a andar obrigatoriamente sobre duas pernas, a ter uma rica cultura material e simbólica e a apresentar uma inteligência que supera de longe a capacidade de outros primatas. No entanto, quais seriam as principais características compartilhadas entre nós e nossos ancestrais que diferenciam a linhagem humana da linhagem dos nossos parentes viventes mais próximos, os grandes monos? Parte da resposta para esta pergunta já foi dada. Mas será que sempre fomos como somos hoje? Como eram os ancestrais que deram origem à nossa espécie? Andavam sobre duas pernas? Possuíam linguagem articulada ou a mesma inteligência que nós? Para responder a todas essas intrigantes perguntas temos que inevitavelmente olhar para o nosso registro fóssil.

Trataremos neste capítulo da primeira parte desse registro, que ajudou a responder tais questões, mas que também acabou criando outras. Esses fósseis são os primeiros ancestrais diretamente relacionados aos humanos modernos, após a divergência entre humanos e chimpanzés, mas anteriores ao surgimento de nosso gênero, *Homo*. A história das descobertas desses ancestrais (denominados informalmente de australopitecíneos) mostra que, a cada descoberta feita, a forma de encarar o processo inicial da evolução humana muda significativamente. Talvez um dos paradigmas mais veementemente quebrados com o estudo desses fósseis é o de que a evolução de nossa espécie foi algo linear e direcional, e é por essa história que será iniciado o capítulo.

1. HISTÓRICO DAS PRINCIPAIS DESCOBERTAS

Até o século XIX, a ideia de que teríamos evoluído de ancestrais diferentes de nós e parecidos com os grandes primatas era desconhecida, e as teorias bíblicas para o surgimento da humanidade predominavam. Com o descobrimento de fósseis de neandertais na Europa e do *Homo erectus* na ilha de Java, na Indonésia, no fim do século XIX, essa realidade começou a mudar. A comunidade cientifica passou a aceitar a possibilidade de a humanidade ter surgido a partir da seleção natural, proposta por Charles Darwin, e de que ela foi submetida às leis da natureza, assim como todos os animais. A busca acirrada por fósseis de ancestrais humanos no século XX, em vista dessas ideias, culminou em importantes achados cujas descobertas provaram de uma vez por todas a validade das teorias da evolução darwiniana.

A crença generalizada durante o início das descobertas de fósseis dos nossos ancestrais era a de que a humanidade teria tido sua origem no continente europeu, e não na África, como hoje já se sabe. Mais uma vez Darwin, com seus olhos de um brilhante cientista que jamais ignorou as evidências à sua frente, acertaria ao dizer que nossa espécie poderia ter surgido no continente africano ao invés do europeu, pois é onde habitam espécies muito semelhantes a nós, os gorilas e os chimpanzés.

A hipótese de Darwin ganhou força com a descoberta em 1924, no sul da África, de um crânio infantil datado de 3 a 2 milhões de anos, pelo menos 1 milhão de anos mais antigo que o *Homo erectus* de Java. Identificado pelo anatomista australiano Raymond Dart como uma espécie intermediária entre monos e humanos, ficou conhecido na comunidade cientifica como a "criança de Taung", em referência ao local do achado. A partir dessa descoberta foi descrito, então, o primeiro australopitecíneo, o *Australopithecus africanus*, sendo também o primeiro hominínio encontrado na África. Sua anatomia dentária e craniana foi o suficiente para convencer Dart e outros cientistas, como W. K. Gregory, um especialista norte-americano em anatomia dentária de mamíferos, de que a "criança de Taung" não era de forma alguma um mono, como muitos disseram à época, mas, sim, um hominínio, o que diversos outros achados posteriores em Sterkfontein, também na África do Sul, viriam a corroborar.

Outro espécime aparentado à linhagem humana foi encontrado 14 anos depois, em 1938, em Kromdraai, também na África do Sul, ajudando a fortalecer a hipótese da origem africana. Entretanto, esse indivíduo apresentava um crânio bastante robusto, que de forma geral lembrava mais o dos grandes primatas, fazendo muitos acreditarem que se tratava de um ancestral desse grupo. Seu descobridor, o paleontólogo escocês Robert Broom, acreditou, porém, se tratar de uma espécie próxima à nossa linhagem em razão de características indicativas de bipedia, nomeando-a de *Paranthropus robustus*. Esta espécie foi o primeiro australopitecíneo robusto descrito (embora não o mais antigo), linhagem que veio se mostrar, posteriormente, como uma importante radiação adaptativa dos hominínios do Plioceno.

Apesar de bípedes, ou seja, de andarem sobre as duas pernas, o *P. robustus* e o *A. africanus* tinham um cérebro pequeno, semelhante ao de chimpanzés, fazendo com que muitos sugerissem que o tamanho do cérebro não foi crucial para a divergência das linhagens dos monos e dos humanos, mas, sim, a bipedia. Imaginar seres andando como nós, sobre as duas pernas, sem demonstrar a inteligência vista em nossa espécie humana, soava de forma estranha aos ouvidos de muita gente à época, pois a bipedia, sendo única aos humanos, era associada com uma "humanização". Representar animais não-humanos andando como bípedes é muito comum no mundo dos desenhos animados, e isso automaticamente os transforma em animais "inteligentes" como nós. As primeiras impressões sobre a anatomia de seres extraterrestres eram as de indivíduos bípedes, pois essa é a forma que nos remete a uma inteligência superior. A bipedia sempre esteve, portanto, relacionada a uma capacidade cerebral elevada, ideia que foi abandonada após o descobrimento de fósseis dos australopitecíneos, visto que esses indivíduos, apesar de andarem como nós, possuíam uma capacidade cognitiva não tão diferente de um mono.

Os achados do sul do continente africano somam mais de 32 crânios, além de centenas de dentes e ossos do esqueleto pós-craniano. Porém, a partir de 1959, a atenção começou a voltar-se para o leste africano, após descobertas promissoras na região e pelas características geológicas mais favoráveis às escavações e à datação dos fósseis. A geologia do leste africano é caracterizada por camadas estratigráficas (camadas de sedimentos ou rochas sobrepostos, como na Figura 3.1) bem definidas, relacionadas a erupções vulcânicas passadas, cujas cinzas foram amplamente depositadas. A posição dos fósseis em relação a essas camadas cujas idades são conhecidas indica o período em que viveram, implicando em datações mais confiáveis. Em contrapartida, os fósseis encontrados no sul da África carecem de camadas estratigráficas, dependendo da associação com a fauna de mamíferos para a datação. Além disso, esses fósseis estão geralmente associados a cavernas calcárias cujo sedimento tende a endurecer e se incrustar nos fósseis, dificultando a aplicação de técnicas que são padrão para as escavações, diferentemente dos sítios do leste, onde o sedimento é mais solto e facilmente retirado. Outra diferença entre o sul e o leste do continente é que no sul os espécimes foram possivelmente levados às cavernas por predadores que ali viviam, como felinos ou hienas, ou por quedas acidentais, apresentando poucas evidências sobre o comportamento e o habitat desses indivíduos (Quadro 3.1).

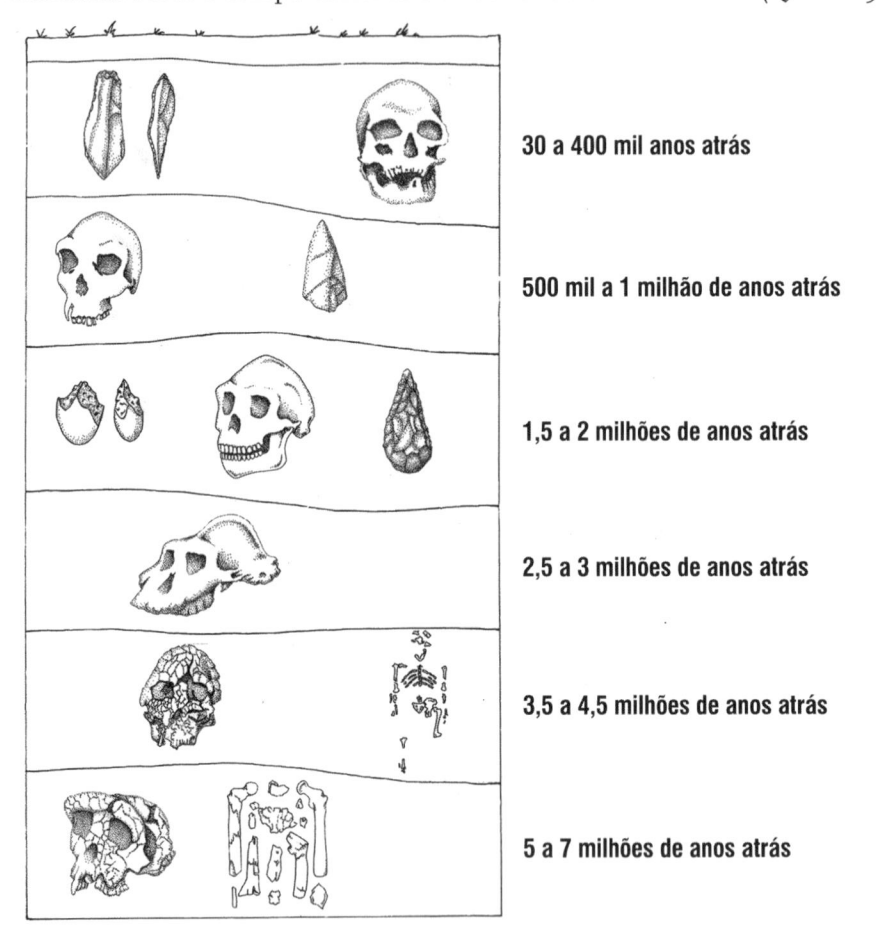

Figura 3.1 - Figura representando o que são camadas estratigráficas. As camadas de sedimentos se depositam uma sobre as outras, sendo que as camadas mais antigas localizam-se mais abaixo das mais recentes. Observe que as camadas entre 30 e 400 mil anos de idade estão mais próximas da superfície do que as camadas entre 5 e 7 milhões de anos atrás. **Ilustração:** Stefane Saruhashi

QUADRO 3.1 – TAFONOMIA DAS CAVERNAS DA ÁFRICA DO SUL

O que o estudo do processo de formação dos fósseis pode nos dizer? A análise de como foi o percurso desde a morte de um organismo até sua descoberta é preponderante para entender certos aspectos da vida e do ambiente em que ele viveu. A tafonomia nada mais é do que o nome dado a esse tipo de estudo.

Vimos que fósseis de australopitecíneos na África do Sul foram encontrados amontoados em cavernas e, ao contrário do que poderia se supor, eles não viviam nelas. A tafonomia desses sítios mostrou que eles foram levados até lá por predadores ou por acidente. Como sabemos disso? As cavernas de Swartkrans, Sterkfontein e Taung (onde foram encontrados alguns dos mais importantes fósseis de australopitecíneos) eram semelhantes a sumidouros (como buracos abertos no chão) no Plioceno, e, por isso, alguns animais ocasionalmente caíam nelas por acidente ou eram levados pelas águas das chuvas após morrerem. Mas outra hipótese também é plausível: os animais caíram nas cavernas por terem sido levados por leopardos (ou algum outro tipo de predador com estratégia de caça semelhante) até o alto de árvores que estavam próximas à abertura dos sumidouros. Mas os australopitecíneos eram alvos de predadores? Algumas evidências nos indicam que sim, como um crânio de *Australopithecus africanus* que foi encontrado com marcas de caninos, indicando que antes de cair na caverna ele foi arrastado pela cabeça até o local por algum predador. Fósseis de grandes predadores, como felídeos e até aves de rapina, são frequentemente encontrados nos mesmos locais onde se encontram fósseis de australopitecíneos, o que leva a pensar que os primeiros homininios podiam ser presa fácil desses animais.

Após a morte e o depósito dos cadáveres de australopitecíneos (e de outros animais), essas cavernas foram soterradas por sedimentos levados pela água das chuvas e outros processos erosivos. Esses mesmos processos expuseram as camadas estratigráficas do local e revelaram os fósseis. Dado a complexidade da história tafonômica dessas cavernas, a estratigrafia é difícil de ser interpretada (o que provê datações pouco precisas), mas foi capaz de revelar um importante aspecto da biologia dos primeiros homininios: em algumas ocasiões, eles eram a caça.

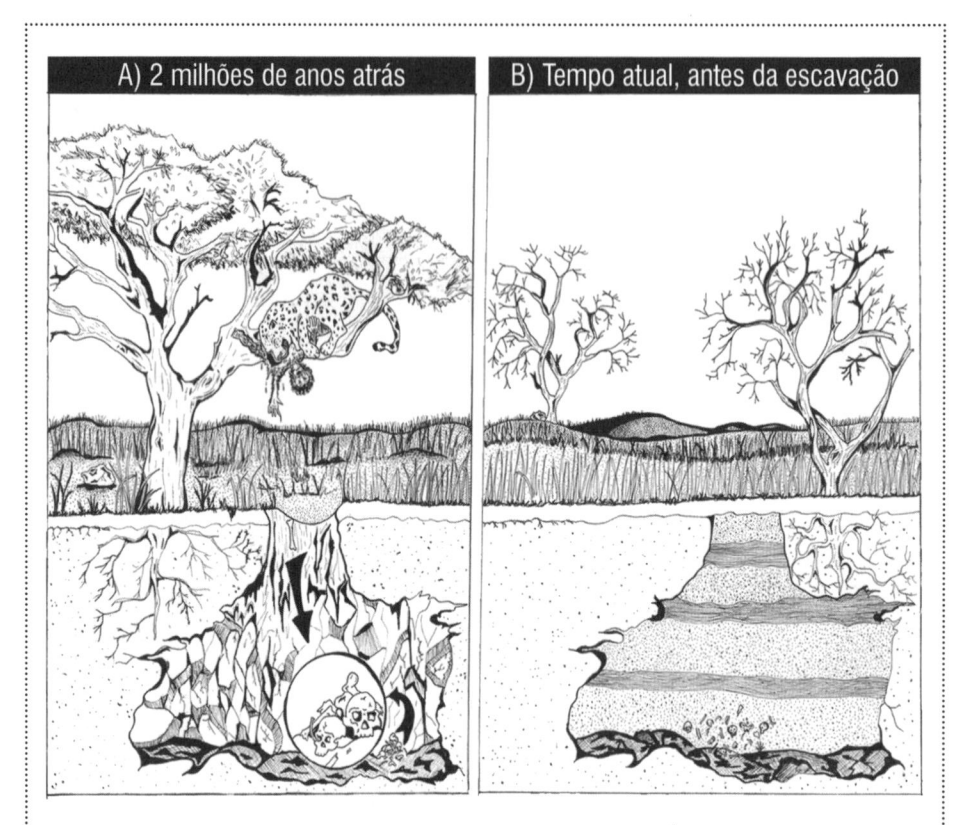

| A) 2 milhões de anos atrás | B) Tempo atual, antes da escavação |

A figura mostra o que se conclui sobre a história dos fósseis nas cavernas da África do Sul: a) Há 2 milhões de anos, predadores levaram australopitecíneos abatidos para a copa das árvores e, eventualmente, os cadáveres caíram dentro das cavernas; b) Nos dias atuais, ainda antes da escavação, após as cavernas terem sido soterradas e os ossos terem sido fossilizados.

As primeiras descobertas no leste do continente africano são creditadas ao casal Mary e Louis Leakey, que iniciaram em 1935 trabalhos constantes na região da Garganta de Olduvai, na Tanzânia, onde encontraram diversos artefatos e ossos de animais. Porém, foi somente em 1959 que a dupla de paleoantropólogos encontraria um crânio parcial bem preservado, muito parecido ao espécime robusto encontrado no sul por Robert Broom – e que por essa razão foi incluído no mesmo gênero, tendo sido nomeado de *Paranthropus boisei*. Esse achado trouxe uma nova luz sobre a abrangência geográfica dos australopitecíneos e sobre a antiguidade da evolução da humanidade, pois foi somente a partir dele que as datações passaram a ser mais exatas.

A espécie encontrada posteriormente no leste da África, descoberta por Donald Johanson e colaboradores em 1974, na região do vale do rio Awash em Hadar, na Etiópia, é de longe a mais estudada e mais conhecida entre os primeiros ancestrais da humanidade, devido à qualidade das numerosas descobertas. O espécime encontrado por Donald Johanson era o mais anatomicamente primitivo dentre os fósseis achados até então, além de ser o mais extraordinariamente completo exumado até aquele momento. As semelhanças com o *Australopithecus* do sul o levaram a ser classificado no mesmo gênero, sendo nomeado *Australopithecus afarensis*. O indivíduo quase completo exumado por Johanson ficou mundialmente conhecido como Lucy (AL 288-1)[1], visto que as análises indicaram se tratar de uma fêmea. Os diversos estudos realizados com os fósseis do *Australopithecus afarensis* foram muito importantes no entendimento da anatomia, comportamento social e desenvolvimento dos australopitecíneos, e a espécie é vista como ancestral de diversas linhagens desse grupo que aparecem no registro fóssil posteriormente, inclusive do *Au. Africanus*, do *P. boisei* e do *P. robustus* encontrados anteriormente.

Outro sítio que ficou bastante conhecido por conter diversos fósseis de *Au. afarensis* foi Laetoli, também na Tanzânia. Mas o mais impressionante nesse sítio é o que foi encontrado nos anos 1970 também pela equipe de Mary Leakey: inúmeras pegadas fossilizadas de diversos animais já extintos, inclusive pegadas de o que se reconheceu como uma família de uma espécie de hominínio que viveu há aproximadamente 3,7 milhões de anos, quando as marcas foram deixadas. As pegadas foram analisadas por vários pesquisadores e a conclusão que se chegou foi a de que elas foram definitivamente feitas por indivíduos bípedes, com um caminhar idêntico ao nosso. Muitos acreditam que as pegadas foram deixadas pelo *Au. afarensis*, o que é bastante provável, visto que era a única espécie encontrada na região durante esse período, além de as marcas baterem com a anatomia e tamanho da espécie.

---

1   A sigla usada para denominar Lucy é uma dentre várias utilizadas na paleoantropologia. Trata-se de uma forma de referenciar o local em que o fóssil foi encontrado (as letras iniciais) e o espécime em questão (o número). Exemplos de siglas são: AL (Afar locality); OH (Olduvai homininin); LH (Lateoli homininin); KNM (Kenya National Museums).

O leste africano continuou a surpreender cientistas do mundo todo, e até hoje não deixou de ser intensamente explorado. Até o começo dos anos 1990, os fósseis encontrados estiveram sempre associados a regiões savânicas, ambientes mais abertos, com árvores espaçadas e clima mais seco, e, por isso, as teorias sobre a evolução da nossa linhagem estiveram geralmente relacionadas à exploração de ambientes como esse, onde a locomoção bípede seria uma característica essencial. Entretanto, em 1994, em uma região conhecida como Aramis, próxima ao mar Vermelho, na Etiópia, localizada na bacia hidrográfica do médio Awash, que por volta de 5 milhões de anos atrás consistia em uma área de floresta densa, foram encontrados fósseis de uma espécie bastante peculiar, que, apesar de muitas características de seu esqueleto serem indicativas de hábito arborícola, indubitavelmente já apresentava locomoção bípede. A espécie, diferente de todas as encontradas até aquele momento, foi incluída em um novo gênero, o *Ardipithecus*, o qual é considerado por muitos como ancestral dos australopitecíneos, e possivelmente um dos primeiros bípedes existentes.

Mas se Ardi (como é chamado um famoso fóssil de uma fêmea de *Ardipithecus ramidus* encontrado na Etiópia) vivia em florestas e não em ambientes abertos, isso significa que a bipedia surgiu como uma adaptação independente do ambiente da savana, sendo uma característica que evoluiu por algum motivo desconhecido, ainda quando nossos ancestrais viviam nos bosques e florestas. Até hoje as discussões sobre quais motivos teriam impulsionado o surgimento da bipedia não cessaram, e muito provavelmente ainda irão perdurar por algum tempo, até que novos achados tragam luz a todas as dúvidas e preencham os vazios ainda existentes nesse início de nossa história evolutiva.

Também em 1994, o grupo de Maeve Leakey (que deu continuidade aos trabalhos da família de seu marido Richard Leakey, filho de Louis e Mary Leakey) descobriu, às margens do lago Turkana, no sítio de Allia Bay, no Quênia, um australopitecíneo mais antigo que Lucy, mas não tanto quanto Ardi. O espécime foi classificado como *Australopithecus anamensis* e é considerado o mais antigo do gênero. Além disso, o lago Turkana iria se revelar um importante local no estudo dos fósseis de ancestrais humanos, não só por compartilhar as características peculiares em sua geologia que permitem datações precisas desses achados, mas também por conta dos inúmeros fósseis encontrados, muitos deles demonstrando que as diversas espécies de australopitecíneos e dos primeiros integrantes do gênero *Homo* conviveram não só temporalmente, mas espacialmente. Também às margens do lago Turkana, mas em sua porção oeste, foi descoberto em 1999 o *Kenyanthropus platyops*, uma espécie que pode mostrar que a radiação adaptativa dos hominínios do Plioceno é mais complexa e diversa do que se imaginava.

As descobertas dos australopitecíneos e de espécies anteriores a ele, como o *Ardipithecus*, são quase todas centradas no leste e no sul da África, como pôde ser visto. Em 1995, porém, Michel Brunet exumou um fóssil no vale Bahr el Ghazal, no Chade, que foi identificado como um hominínio. Tal descoberta é a primeira evidência da ocorrência de hominínios no centro da África e implica em uma distribuição geográfica mais abrangente do que se imaginava para a linhagem. O espécime de 3,5 milhões de anos foi batizado de *Australopithecus bahreghazali*, e, apesar dessa nomenclatura ser contestada, trata-se do único do gênero *Australopithecus* descoberto na África central.

Também foi no centro da África que o mais antigo fóssil de um possível ancestral da humanidade encontrado até o presente, que viveu há 7 milhões de anos, foi descoberto em 2001, no deserto de Djurab, no Chade. Foi no sítio de Toros-Menalla, que àquela época, diferente de hoje, consistia em uma região bastante úmida e arborizada. O crânio foi também encontrado pelo grupo de Michel Brunet, e nomeado de *Sahelanthropus tchadensis*. A importância desse espécime está exatamente em sua antiguidade, tendo vivido em um período próximo ao ancestral comum entre os humanos e os monos, e no fato de ter sido encontrado distante do leste e do sul da África, confirmando a ocorrência dos hominínios para além daquelas regiões. Deve-se salientar que, assim como o sul da África, o centro desse continente não teve a mesma sorte que o leste, e as datações também não são muito precisas, sendo baseadas em associações feitas com a fauna de outras localidades, em que as datações são mais confiáveis.

No ano 2000, antes da descoberta do *S. tchadensis*, foram descobertos os mais antigos restos de um esqueleto pós-craniano, encontrados no Quênia, no sítio de Tugen Hills: os ossos foram incluídos em uma nova espécie, *Orrorin tugenensis*. Embora outros hominínios tenham sido encontrados neste mesmo sítio (datados entre 2,5 e 1 milhão de anos atrás), certamente o fóssil citado é o mais importante, dado ser de 6 milhões de anos.

Percebe-se por esse histórico que os fósseis mais antigos não foram os primeiros a serem descobertos. Pelo contrário, os hominínios mais antigos foram os últimos a serem exumados, tal como *Sahelanthropus tchadensis* e *Orrorin tugenensis*, descritos taxonicamente apenas na década de 2000. Fica claro para a maioria dos que estudam esses fósseis que muito foi entendido a respeito da evolução de nossa espécie desde as descobertas dos neandertais na Europa no século XIX. Mas o aparecimento de novas evidências implica em novas perguntas, fazendo da ciência um campo em constante movimento, assim como a própria evolução biológica, e, por isso, tão extraordinário. A Figura 3.2 resume os principais sítios citados nesta seção.

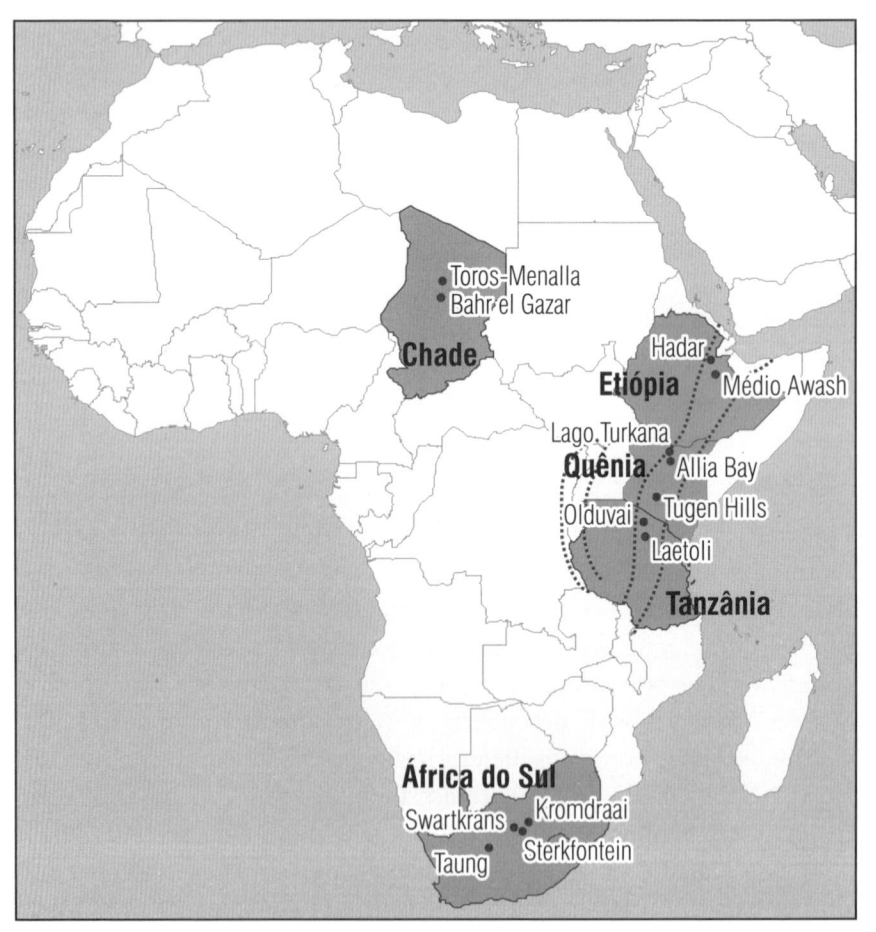

Figura 3.2 - Sítios paleontológicos citados no texto. A linha pontilhada delimita o Vale do Rift no leste da África.
Ilustração: Miguel José Rangel Junior

2. COMO SABEMOS QUE NOS DEPARAMOS COM UM DOS PRIMEIROS BÍPEDES?

Ao longo deste capítulo, o termo hominínio será utilizado para se referir aos fósseis diretamente relacionados à linhagem humana. Quando tentamos descrever um primeiro bípede, procuramos achar neles características que o aproximem da linhagem humana, ou seja, se ele é ou não um hominínio. O termo é originário da nomenclatura biológica formal dos integrantes da tribo Hominini (Figura 3.3). Ela pertence à subfamília Homininae (os hominíneos), que não inclui apenas o homem e seus ancestrais bípedes, mas também as duas espécies de chimpanzés (o chimpanzé-comum e o bonobo, da tribo Panini) e os gorilas (tribo Gorillini). Os hominíneos pertencem à família Hominidae (os hominídeos): incluindo também a subfamília Ponginae (os orangotangos). Outrora, os hominídeos eram apenas humanos modernos e seus ancestrais, enquanto os grandes monos eram incluídos na família Pongidae. Por essa razão, hominídeos se referem, não raro, apenas aos fósseis diretamente relacionados à linhagem humana. Estudos genéticos demonstraram que tal classificação não é correta, pois chimpanzés compartilham um ancestral comum exclusivo com humanos modernos, e não com outros monos, o que torna a validade da família Pongidae equivocada. Na atual taxonomia, apenas considera-se grupos taxonômicos em que os integrantes compartilham um ancestral comum exclusivo (ver Quadro 2.1, no capítulo II).

Por fim, a família Hominidae está incluída na superfamília Hominoidea, que também abrange a família Hylobatidae, da qual fazem parte os gibões e siamangos, ou pequenos monos (Figura 3.3).

As principais características das espécies da tribo Hominini são a locomoção bípede (sobre duas pernas) e o aparato mastigatório com ausência de caninos grandes e afiados. Portanto, para que reconheçamos um fóssil como sendo um provável ancestral humano e não dos grandes monos, devemos buscar tais características em seu esqueleto. Note que a inteligência ou um cérebro mais desenvolvido não é visto como sendo um fator compartilhado por todos os ancestrais da linhagem humana, sendo que essa característica veio a se desenvolver mais tarde na história da evolução do nosso grupo.

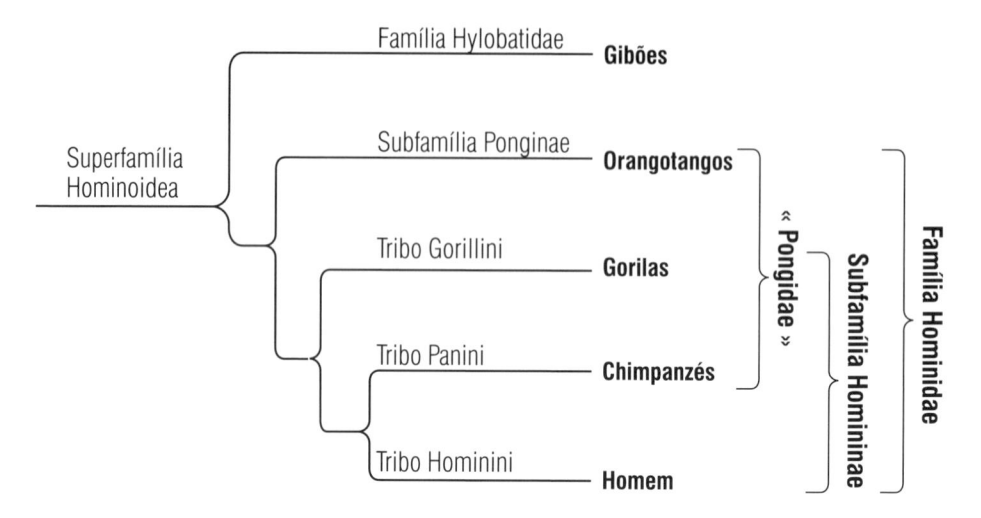

Figura 3.3 - Filogenia de Hominoidea. Os taxa considerados na sistemática atual são apenas aqueles que são monofiléticos. Embora já tenha sido considerado um táxon válido, "Pongidae" é um grupo parafilético, pois exclui a linhagem humana. Os homininios são os integrantes da tribo Hominini, à qual pertencem o homem e seus ancestrais bípedes.
Ilustração: Miguel José Rangel Junior

3. A BIPEDIA: ANDANDO SOBRE DUAS PERNAS

Como observado pelo histórico das descobertas dos primeiros ancestrais humanos, percebe-se que a bipedia é a principal característica para se definir um hominínio. Mas como é ser bípede? O andar dessas espécies tão antigas era semelhante ao nosso? E por que se tornar bípede?

A forma de locomoção de qualquer animal implica em diversas adaptações em seu esqueleto. No caso dos mamíferos, a anatomia da pélvis, por exemplo, é bastante diferente entre quadrúpedes e bípedes, pois o centro de gravidade e de balanço do corpo é colocado em locais diferentes nesses dois modos de locomoção. Nos bípedes, o peso do corpo é colocado alternadamente em um único membro durante a locomoção e a pélvis ajuda a manter o peso e a estabilidade dos movimentos. Já nos quadrúpedes, além da pélvis, o peso e os movimentos são estabilizados também pelos membros anteriores, juntamente com a cintura escapular (constituída pelos ossos que nos humanos formam os ombros). Devido a essa diferença, a pélvis dos bípedes é em formato de bacia, com o ilíaco (osso que forma a pélvis) mais curto e largo do que o dos quadrúpedes (Figura 3.4a), sendo que essa conformação acaba também ajudando a acomodar os órgãos internos. Os membros inferiores dos bípedes também são adaptados para suportar o peso do corpo colocado sobre eles durante a locomoção e para manter uma eficiência na caminhada. Por isso suas pernas são mais longas em relação aos membros superiores e o fêmur possui uma inclinação medial, voltada para o centro de gravidade, além de um colo da cabeça do fêmur mais longo (Figura 3.4b).

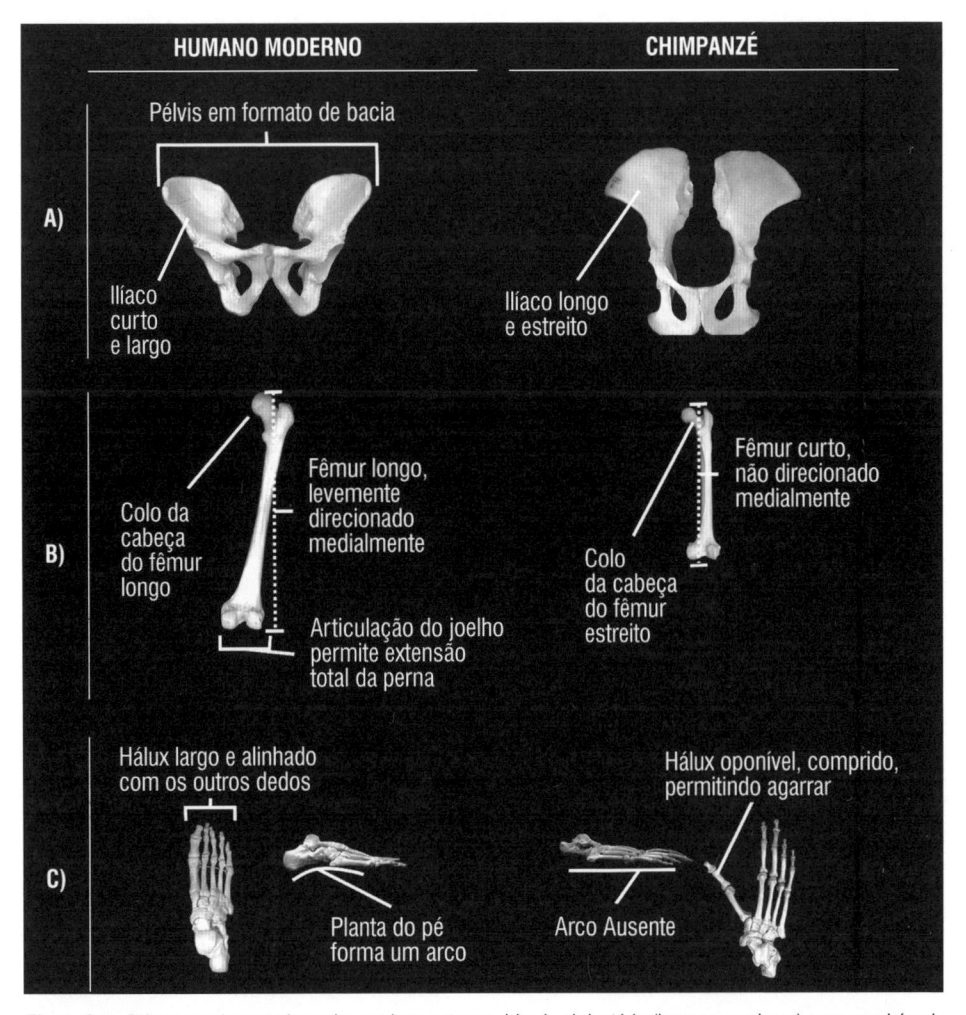

Figura 3.4 - Diferenças do esqueleto pós-craniano entre um bípede obrigatório (humano moderno) e um quadrúpede semiarborícola (chimpanzé). **Ilustração:** Miguel José Rangel Junior

A articulação do joelho também permite a extensão total da perna, ao contrário do observado quando os monos andam ocasionalmente de forma bípede. Além disso, seus pés possuem um arco longitudinal na sola e ausência do polegar opositor (hálux) característico dos grandes primatas, ajudando na absorção de impacto e no impulso durante a locomoção (Figura 3.4c).

Além dos ossos pós-cranianos (ossos do esqueleto com exceção do crânio), o crânio pode ser bastante revelador com relação ao modo de locomoção. Por terem uma postura ereta, os bípedes possuem o crânio colocado em cima da coluna vertebral, enquanto que nos quadrúpedes o crânio fica como que "dependurado" nela. Isso implica em uma diferença na posição do forame magno (abertura na parte inferior do crânio onde se conecta a coluna vertebral), que é mais centralizado nos bípedes e mais voltado para a parte posterior do crânio nos quadrúpedes (Figura 3.5).

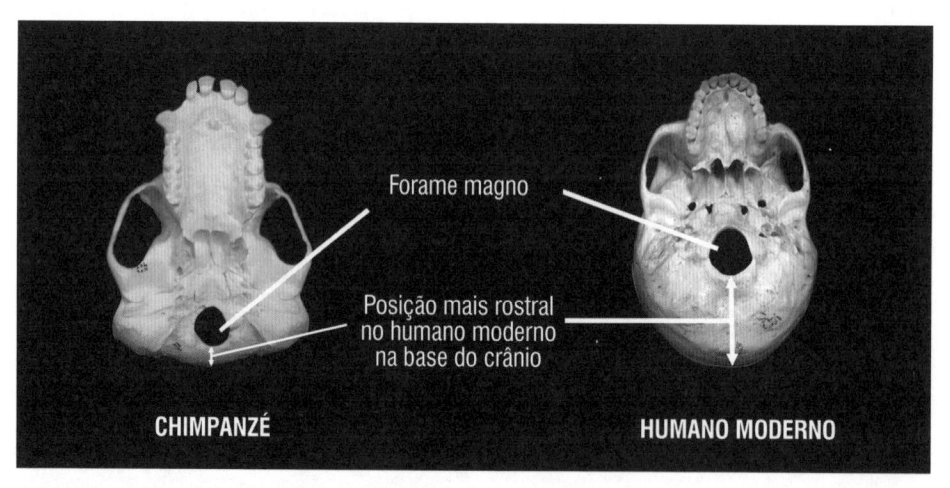

Figura 3.5 - Posição do forame magno em um bípede (humano moderno) e em um quadrúpede (chimpanzé). Tal característica pode ser usada para inferir, a partir somente do crânio, se um fóssil era bípede ou quadrúpede. **Ilustração**: Miguel José Rangel Junior

3.1 A NODOPEDALIA

A forma de andar sobre duas pernas, como visto em nossa linhagem, é radicalmente diferente de qualquer outro primata atual. Grandes monos como os chimpanzés e os gorilas apresentam uma forma diferente e peculiar de locomoção quadrúpede, a nodopedalia, que consiste em andar apoiado nos nós dos dedos dos membros anteriores parcialmente flexionados. Por muito tempo, os cientistas acreditaram que os ancestrais humanos mais antigos provavelmente deveriam possuir esse tipo de locomoção antes de evoluírem para a bipedia, já que a nodopedalia é a forma de locomoção presente nos nossos parentes viventes mais próximos, os chimpanzés e os gorilas. Entretanto, a descoberta de homínios bípedes tão antigos quanto o ancestral comum com os chimpanzés desafia tal hipótese, pois eles não apresentam sinais de que se locomoviam sobre os nós dos dedos.

3.2 POR QUE SURGIU A BIPEDIA?

Locomover-se com o corpo ereto, sobre duas pernas, é uma característica única dos humanos e que foi fundamental para a história evolutiva de nossa espécie. Sabe-se, através de registros fósseis, que a partir de 7 milhões de anos atrás nossos ancestrais indiscutivelmente já se locomoviam pelo continente africano com o corpo ereto e as mãos livres, apresentando um caminhar bastante semelhante, se não idêntico, ao nosso. Mas quais seriam as vantagens de deixarem as árvores para explorar os ambientes terrestres? Podemos citar grandes riscos que nossos ancestrais correram envolvidos nessa nova empreitada, como maior suscetibilidade a predadores, uma vez que se tratavam de indivíduos relativamente pequenos e frágeis. Porém, o sucesso desse tipo de locomoção em nossa linhagem significa que por alguma, ou algumas razões, esse comportamento trouxe mais vantagens do que desvantagens para a nossa sobrevivência no passado. Algumas hipóteses foram incessantemente discutidas para tentar explicar o surgimento dessa característica peculiar, apesar de ainda não se ter chegado a um consenso sobre qual delas seria a mais provável.

Charles Darwin foi o primeiro a sugerir uma explicação para o surgimento da bipedia, enfatizando a importância do uso de ferramentas para a caça. Segundo ele, a bipedia teria liberado as mãos e facilitado o carregamento e o uso de armas, e estaria associada à diminuição dos caninos. Entretanto, sua hipótese foi refutada, visto que o uso de ferramentas e a caça se iniciaram muito tempo depois do surgimento desse tipo de locomoção e da diminuição dos caninos. Outros também já sugeriram hipóteses baseadas na necessidade de carregar objetos para explicar a bipedia. Entre elas estão o transporte de comida pelos machos a fim de prover suas fêmeas e filhos dependentes e o transporte de crianças imaturas pelas fêmeas. O provimento dos machos contradiz algumas evidências do registro fóssil, que demonstra a existência de um grande dimorfismo sexual entre os primeiros bípedes, característica associada com ligações não monogâmicas, o que torna a hipótese do cuidado paterno pouco plausível, visto ele não ser comum em sistemas de acasalamento promíscuos ou poligínicos (um macho para várias fêmeas).

Outras hipóteses estão centradas na adaptação ao ambiente de savana, e por muito tempo foram as mais aceitas sobre a origem da bipedia. Para explorarem ambientes abertos, ficando expostos ao calor e à radiação do sol direto, os hominínios teriam que desenvolver adaptações para que sua temperatura corporal não subisse ao ponto de comprometer sua sobrevivência nessas condições. Dessa forma, a postura bípede, que mantém o corpo longe do chão e exposto às correntes de ar, teria ajudado nesse resfriamento.

Além da termorregulação, o alcance visual é bastante facilitado pela postura bípede, ajudando na visualização de predadores, de outros grupos e do ambiente em geral, e pode ter sido um dos fatores que contribuíram para a fixação desse tipo de locomoção, mas não o principal. Também relacionada à adaptação na savana, a maior eficiência energética da locomoção bípede em relação à quadrúpede, quando se trata de somente caminhar e não correr, é creditada como sendo um fator a ser considerado. A postura bípede teria sido vantajosa para a procura de comida, ou forrageamento, pois seu custo energético seria menor com relação à nodopedalia. Outra hipótese bastante discutida está relacionada à coleta de frutos e sementes a partir de arbustos ou árvores menores, que seria facilitada por essa postura, possibilitando o alcance desses alimentos em galhos mais altos.

Entretanto, a descoberta de que os primeiros bípedes provavelmente viviam em bosques e florestas põe em cheque a hipótese da savana. Além disso, eram animais que, embora possuíssem uma postura bípede facultativa, ela não era exclusiva, visto que também tinham hábitos arborícolas. Dado esses achados, existem autores que relacionam a bipedia semiarborícola dos primeiros hominínios com as posturas apresentadas pelos orangotangos quando se locomovem nas árvores. Isso leva a pensar que a bipedia na linhagem hominínia não é uma inovação, mas apenas a exploração de uma característica já presente no ancestral dos monos, derivada de uma postura suspensória se apoiando nos quatro membros (como fazem os orangotangos, mas não chimpanzés e gorilas). Tal hipótese recebe críticas por considerar que a nodopedalia dos monos evoluiu de forma independente várias vezes, sendo uma homoplasia (ver Quadro 2.1, no capítulo II).

Deve-se ressaltar que a hipótese da savana ainda parece plausível para explicar apenas a bipedia exclusiva do gênero *Homo*.

4. O APARATO MASTIGATÓRIO DOS HOMINÍNIOS

Além da locomoção, outra grande diferença entre a linhagem dos monos e a dos homininíos está relacionada à sua arcada dentária ou aparato mastigatório. Os monos possuem caninos bem grandes e afiados lateralmente, juntamente com uma afiação dos primeiros pré-molares inferiores. Um espaço entre os dentes, chamado diastema (entre os caninos e pré-molares da arcada inferior e entre os caninos e incisivos da arcada superior), facilita a acomodação de seus grandes dentes quando a boca se fecha (Figura 3.6). Essa conformação dentária é denominada de complexo CP_3 (sigla que faz referência ao complexo afiador formado entre o canino e o primeiro pré-molar inferior), ou de "mastigação afiadora", e é mais desenvolvida nos machos do que nas fêmeas, tendo um papel nas relações sociais e estabelecimento de hierarquias nos primatas. Nos humanos, o complexo CP_3 esta ausente (Figura 3.6). Os caninos são pequenos e não afiados lateralmente, e, com isso, os diastemas também estão ausentes. Além disso, o formato da arcada dentária também é diferente entre os monos e os humanos. Enquanto os primeiros apresentam uma arcada em formato de "U", mais fechada e com as duas fileiras de dentes pós-caninos paralelamente dispostos entre si, os últimos apresentam-na em formato de arco paraboloide, mais aberta (Figura 3.6). Os molares dos humanos apresentam uma camada de esmalte mais espessa que a dos monos, o que está associado a uma mastigação focada em esmagar ao invés de cortar o alimento.

Todas essas diferenças entre os monos e os humanos ajudam a caracterizar os fósseis relacionados à nossa linhagem. Até o momento, o registro fóssil apresenta uma tendência de diminuição ou retração de características do aparato mastigatório presentes nos monos em direção a características humanas modernas na linhagem dos homininíos. Enquanto os homininíos mais antigos possuem características de seu aparato mastigatório mais próximas às dos monos, nos homininíos mais recentes essas características se aproximam às dos humanos modernos.

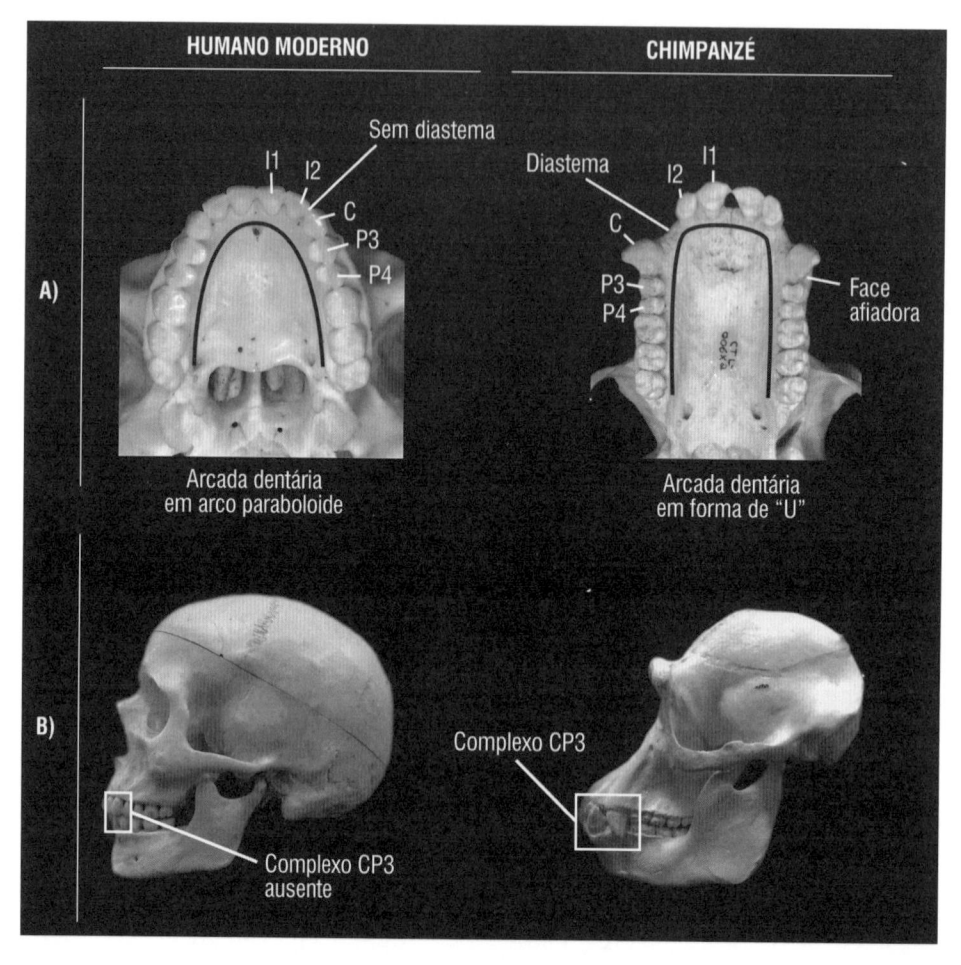

Figura 3.6 - Arcada dentária no humano moderno e no chimpanzé: a) Vista inferior da arcada dentária superior de um humano moderno e de um chimpanzé. Observe o grande tamanho dos caninos de um chimpanzé e a presença de um diastema entre ele e o segundo incisivo. Na arcada dentária inferior, esse diastema está entre o primeiro pré-molar e o canino. Tal conformação acomoda os grandes caninos, além de "afiar" o primeiro pré-molar (I1=primeiro incisivo; I2=-segundo incisivo; P3=primeiro pré-molar; P4=segundo pré-molar); b) Vista de perfil de um crânio de humano moderno e de um de chimpanzé, evidenciando a ausência do complexo CP3 nos humanos. **Ilustração**: Miguel José Rangel Junior

5. OS FÓSSEIS DOS PRIMEIROS BÍPEDES

Já sabemos como esses primeiros bípedes foram descobertos e o que os define como integrantes da linhagem humana. Resta saber quem eram eles.

Como já citado, a diversidade de fósseis derrubou a clássica ideia de uma evolução linear da linhagem humana. Além disso, enquanto se tem bastante informação sobre os hominínios entre 4 e 1 milhão de anos atrás, antes disso, chegando mais próximo à divergência com a linhagem dos chimpanzés, o registro é extremamente escasso. Aos fósseis considerados no período entre 4 e 1 milhões de anos atrás é dado o nome de australopitecíneos, enquanto que aqueles anteriores a 4 milhões de anos atrás são comumente considerados "pré-australopitecíneos". As próximas seções tratam da definição desses termos, tal como da origem, diversificação e características de cada uma dessas espécies.

5.1 ORIGEM E DIVERSIFICAÇÃO DOS "PRÉ-AUSTRALOPITECÍNEOS"

A linhagem dos hominínios divergiu da dos chimpanzés entre 8 e 5 milhões de anos atrás, de acordo com estudos moleculares. O registro fóssil para esse período é muito escasso, e existe discussão se os fósseis encontrados são realmente de hominínios ou de grandes monos. De fato, o estudo da morfologia e das implicações adaptativas desses fósseis é importante para o entendimento de como era o ancestral comum com os chimpanzés e das razões pela qual a linhagem humana e a dos chimpanzés seguiram caminhos tão diferentes. Por serem consideradas, frequentemente, como ancestrais dos australopitecíneos, essas espécies fósseis são denominadas informalmente de pré-australopitecíneos, pois são imediatamente anteriores aos australopitecíneos, que pertencem principalmente aos gêneros *Australopithecus* e *Paranthropus*. Mas por que considerar tais espécies como prováveis ancestrais humanos?

Tal pergunta é respondida por aquilo que se usa para definir um hominínio. Enquanto que o volume craniano e algumas características dos dentes, como esmalte dos molares mais fino, os aproximam dos grandes monos, o tamanho reduzido dos caninos, a ausência de um diastema com afiação dos primeiros pré-molares e uma provável (embora questionável em alguns fósseis) bipedia os aproximam da linhagem hominínia. É importante ressaltar que a bipedia nesses primeiros hominínios não é exclusiva como se observa no gênero *Homo*, pois ainda tinham hábitos arborícolas.

A anatomia dessas espécies, para alguns autores, se aproxima em alguns aspectos à do último ancestral comum com os chimpanzés (ver Quadro 3.2), fato que fez com que, por algum tempo, chimpanzés que vivessem em ambientes mais savânicos fossem modelos do comportamento desses hominínios. Tais modelos atualmente são pouco confiáveis para inferir a ecologia dos pré-australopitecíneos, visto que eram espécies florestais e claramente bípedes, mas, cognitivamente, chimpanzés e os primeiros hominínios não eram muito diferentes, dado possuírem praticamente o mesmo volume craniano. Especula-se, porém, que tivessem um sistema de acasalamento monogâmico (diferente dos chimpanzés atuais), devido ao tamanho diminuto dos caninos – e, como já citado, alguns autores consideram que tal comportamento foi o que propiciou o surgimento da bipedia (ver Quadro 3.2).

QUADRO 3.2 – RECONSTRUINDO O COMPORTAMENTO DOS PRIMEIROS BÍPEDES

É possível saber como espécies extintas há milhões de anos se comportavam? E como podemos descobrir isso? São perguntas frequentemente feitas quando nos deparamos com afirmações sobre dieta, sistema de acasalamento e socioecologia não só de nossos ancestrais bípedes, mas de qualquer espécie fóssil. Por incrível que pareça, embora não possamos ter certeza de como espécies fósseis se comportavam de fato, isso é possível saber. A estratégia, neste caso, é a percepção de que os organismos são entidades em que seus diversos caracteres são correlacionados entre si: desta forma, a partir de um dente, é possível inferir a dieta, a ecologia e até mesmo o comportamento social de um animal extinto.

No caso dos hominínios já extintos, os estudos com os grandes monos (principalmente chimpanzés) têm sido importantíssimos para o entendimento do comportamento dos australopitecíneos. Não porque chimpanzés representam "fósseis vivos" (por muito tempo, extrapolava-se o comportamento de chimpanzés de savana e babuínos para os primeiros bípedes, o que é um erro, já que a ecologia de monos nodopedálicos certamente é diferente de hominínios bípedes), mas porque o conhecimento das "leis" ecológicas que regem a socioecologia é fundamental para entender a correlação entre anatomia e comportamento. Isso é útil quando se reconstrói o comportamento de um primata extinto. Só podemos fazer isso por meio do estudo de espécies vivas, e esse conhecimento aumentou substancialmente. A comparação com as espécies viventes é a chave para a "paleoetologia" e "paleoecologia" (o estudo do comportamento e da ecologia das espécies fósseis). A partir daí, sabemos que determinados tamanhos e formas dos molares se relacionam a uma dieta onívora ou estritamente vegetariana, por exemplo.

Para os primeiros bípedes, alguns comportamentos podem ser diretamente inferidos a partir dos chimpanzés: apesar de não ter sido encontrada nenhuma ferramenta similar àquelas usadas por grandes monos junto aos fósseis de australopitecíneos, dado a semelhança no volume craniano e proximidade evolutiva, podemos dizer que a capacidade cognitiva dos primeiros bípedes era como a de um chimpanzé. Inclusive, fazendo o mesmo tipo de ferramenta usada para retirar insetos de cupinzeiros.

Dessa forma, graças à socioecologia dos grandes monos (e de outros primatas), sabemos de algumas características anatômicas que estão correlacionadas com determinado modo de vida, sistema social, dieta e até o crescimento e desenvolvimento. Além disso, a cladística permite inferir se determinado comportamento observado em espécies atuais poderia estar no ancestral comum a elas (ver Quadro 2.1). A reconstrução do paleoambiente e a tafonomia também são úteis para inferir o comportamento de uma espécie extinta.

Certamente, algumas características são mais fáceis de inferir, como a dieta, que está intimamente relacionada à estrutura e ao tamanho dos dentes e maxilas. Outras características, como tamanho do grupo, territorialidade e padrões de movimento, são mais difíceis de se extrapolar para espécies fósseis, dada a complexidade das relações entre esses caracteres, anatomia e ambiente. Mas conhecendo a dieta de um animal extinto (no caso de primatas, é possível saber até se ele comia frutos macios ou duros, analisando o desgaste dos dentes, que muitas vezes, apresenta dimensões microscópicas) e comparando com a ecologia de espécies vivas, podemos saber até se eram grandes as chances da espécie em questão ter tido um sistema de acasalamento poligínico ou monogâmico. Curiosamente, estudos de campo mostraram, por exemplo, que espécies de primatas folívoros (que se alimentam predominantemente de folhas), como bugios, gorilas e colobos, possuem sistema de acasalamento poligínico com dois ou somente um macho no bando, e primatas mais frugívoros como os macacos-aranhas, chimpanzés e cercopitecíneos são mais promíscuos, com vários machos adultos em um grupo.

O dimorfismo sexual é uma das características que mais tem sido usada para tentar reconstruir o comportamento social dos australopitecíneos. É largamente reconhecido que os machos tendem a ser maiores que as fêmeas. E quanto maior essa diferença, maior a probabilidade disso ser resultado de um sistema de acasalamento poligínico ou com altos níveis de competição entre machos. Por exemplo, orangotangos e gorilas possuem machos muito maiores que as fêmeas e um sistema de acasalamento extremamente poligínico: geralmente, apenas um macho é responsável por mais de 80% das cópulas. Gibões possuem machos e fêmeas quase do mesmo tamanho (em algumas ocasiões, as fêmeas podem ser sensivelmente maiores) e são monogâmicos. Entretanto, deve-se salientar que nem sempre espécies poligínicas apresentam dimorfismo sexual acentuado, dado que, dependendo da situação, fêmeas também podem apresentar um aumento de tamanho corporal e do tamanho dos caninos. Isso é observado em alguns colobíneos africanos, como *Colobus guereza*. Outras variáveis podem ser responsáveis por um maior dimorfismo sexual, como modo de vida: espécies com hábitos terrestres, como os babuínos e os mandris, tendem a possuir machos muito maiores que as fêmeas. Para os primeiros bípedes, o dimorfismo sexual é medido principalmente pelo tamanho corporal, forma e comprimento dos caninos (que tendem a ser maiores e mais afiados nos machos primatas) e robustez do crânio. Um problema no estudo do dimorfismo dos australopitecíneos é que ele geralmente se limita ao tamanho corporal, com pouco ou nenhum dimorfismo no comprimento e forma dos caninos. Como interpretar tais resultados à luz dos sistemas sociais de primatas atuais? Uma tendência no tamanho dos caninos dos monos com relação aos outros catarrinos é de que, embora sejam sexualmente dimórficos, essa diferença é menor. Em outras palavras: as diferenças entre os caninos dos babuínos machos e fêmeas é maior que a diferença entre os caninos de gorilas machos e fêmeas. Entretanto, não há dúvidas da poliginia nos gorilas, e o sistema de acasalamento de babuínos se aproxima mais da poliginandria (vários machos para várias fêmeas, tendo, provavelmente, uma hierarquia de dominância entre os machos). Por que, então, gorilas e orangotangos não possuem caninos tão grandes quanto de babuínos? Isso se reflete mais na forma em que as exibições e os confrontos sociais ocorrem. A anatomia dos monos permite que exibições e brigas sejam feitas usando os braços, mais do que os dentes. Sendo assim, nos australopitecíneos, a diminuição dos caninos e o acentuado dimorfismo sexual na massa corporal podem representar só uma mudança na forma que os primeiros homininíos estabeleciam as hierarquias de dominância, e não seria necessariamente um paradoxo. Além disso, alguns estudos mostram que o dimorfismo sexual nos primeiros bípedes não é diferente nem do observado em humanos modernos e nem nos chimpanzés, o que leva a pensar num sistema de acasalamento parecido com desses monos, a poliginandria com algum grau de hierarquia entre os machos e até mesmo num sistema monogâmico (o que simplificaria o paradoxo entre caninos pequenos e a poliginia).

Outra correlação entre anatomia e sistema de acasalamento é o tamanho dos testículos. Chimpanzés (com sistema poliginândrico) possuem grandes testículos quando comparados com gibões (que são monogâmicos) e gorilas (que, apesar do grande tamanho, possuem testículos muito pequenos). Certamente, tal medida seria de grande valor para concluir algo sobre o sistema de acasalamento nos australopitecíneos, porém, ainda não é possível saber isso. E, apesar de todas essas correlações entre anatomia e sistema de acasalamento, só se pode ter certeza de um sistema de acasalamento a partir de estudos genéticos usando testes de paternidade.

Por fim, um problema adicional para as medidas de dimorfismo sexual nos australopitecíneos (e para outros fósseis) é o pequeno número de espécimes encontrados. Como saber se aquele indivíduo considerado uma fêmea não é outra espécie? E se isso for apenas uma variação regional? Tais perguntas são difíceis de responder quando se conhece apenas um crânio ou pedaço de mandíbula para uma determinada espécie.

Dadas as incertezas, falar do comportamento dos primeiros bípedes pode ser, muitas vezes, algo meramente especulativo. Entretanto, à medida que se aumenta o conhecimento da socioecologia dos primatas atuais e se descobrem novos fósseis, especulações podem dar origem a teorias científicas bem fundamentadas em evidências.

A seguir, apresentaremos as quatro espécies de pré-australopitecíneos, que viveram em florestas e bosques do fim do Mioceno ao início do Plioceno (entre 7 e 4,4 milhões de anos atrás). Atualmente, três gêneros são incluídos nesta categoria: *Sahelanthropus* (com uma única espécie, *S. tchadensis*), *Orrorin* (com uma única espécie, *O. tugenensis*) e *Ardipithecus* (com duas espécies, *Ar. kaddabba* e *Ar. ramidus*). Importante ressaltar que, embora a bipedia em alguns desses primatas seja questionável, esse meio de locomoção em um modo de vida essencialmente florestal põe em cheque a hipótese de que a bipedia surgiu como uma adaptação a um modo de vida em áreas abertas, conforme já salientado.

Sahelanthropus tchadensis **(entre 7 e 6 milhões de anos):** no Chade, região central da África, no sítio paleontológico de Toros-Menalla, foi encontrado no ano de 2001 um crânio apelidado de "Toumaï", TM-266-01-60-1 (Figura 3.7), que na língua dos povos locais significa "esperança de vida", além de restos de mandíbula e dentes, que foram estimados, por meio da fauna de mamíferos associada, entre 7 e 5,2 milhões de anos de idade (ver Quadro 3.3 para entender como os fósseis são datados). Trata-se do primeiro fóssil de hominínio encontrado na região central da África, contrastando com a maior parte das descobertas que derivam principalmente do leste e do sul do continente, o que aumenta a distribuição geográfica dos hominínios para além do Vale do Rift, complexo de falhas no leste do continente africano. É, também, o mais antigo membro da tribo Hominini conhecido até agora, preenchendo uma parte da lacuna entre o ancestral comum exclusivo com os chimpanzés e os primeiros australopitecíneos.

Interessante que o crânio é menos prognata (projetado para frente, como nos grandes monos) do que é esperado para um hominínio tão antigo. A arcada dentária apresenta um formato intermediário entre a parábola observada na arcada dos humanos modernos e o "U" visto nos grandes monos e outros primatas atuais. Também possui um pequeno volume craniano, não muito diferente do de um chimpanzé atual (variando entre 320 e 380 cm^3). Apesar das caraterísticas que o aproximam da linhagem desse grande mono, possuía um tórus supraorbital, os caninos eram pequenos e o complexo CP_3 estava ausente. Somado a isso, a posição do forame magno sugere que era bípede. Entretanto, existem dúvidas quanto a essa característica, dado que o crânio encontra-se parcialmente deformado. Para solucionar tais questionamentos, a descoberta de partes do esqueleto pós-craniano é preponderante (principalmente dos membros inferiores), sanando as dúvidas se era de fato bípede, o que ainda não ocorreu.

Alguns autores consideram que o *S. tchadensis* nada mais é que um grande mono bípede com características da face semelhantes ao do gênero *Homo*: o achatamento da face e o tórus supraorbital se assemelham aos dos primeiros *Homo*, contrastando com os dos australopitecíneos, que são semelhantes aos dos chimpanzés. Assumindo que o ancestral comum com os chimpanzés era semelhante a esse grande mono, a inclusão do *S. tchandesis* como esse provável ancestral dos hominínios exigiria uma reversão dessas características na passagem para o gênero *Australopithecus*, o que é pouco provável, mas não impossível.

Figura 3.7 - O crânio de "Toumai", *Sahelanthropus tchadensis*, é o mais antigo hominínio descoberto até agora. Observe características que o aproximam do gênero *Homo*, como o achatamento da face e a presença do tórus supraorbital.**Ilustração:** Miguel José Rangel Junior

***ORRORIN TUGENENSIS* (6 MILHÕES DE ANOS):** enquanto se carece de qualquer porção do esqueleto pós-craniano de *Sahelanthropus tchadensis*, o segundo mais antigo pré-australopitecíneo, o *Orrorin tugenensis*, carece de porções significativas do crânio, mas foram encontradas importantes partes do esqueleto pós-craniano. Cerca de cinco indivíduos são conhecidos a partir de fragmentos de mandíbula, dentes, partes do úmero (osso proximal do membro superior), polegares, hálux (dedão do pé) e porções proximais do fêmur, encontrados inicialmente no ano 2000, nas colinas de Tugen, no Quênia, leste da África. Assim como o *S. tchadensis*, a análise da fauna de mamíferos associada estima a ocorrência dessa espécie há cerca de 6 milhões de anos, no fim do Mioceno.

A análise das porções proximais do fêmur (o osso que forma a coxa) é indicativa de que eram animais bípedes: o colo da cabeça do fêmur é relativamente longo, a parte proximal do eixo desse osso é ampla e curta, assim como existe o sulco do músculo obturador externo (importante na estabilização da articulação do quadril na locomoção sobre duas pernas). Entretanto, esses não são sinais inequívocos de bipedia, e existem dúvidas quanto à postura predominante nesse primata. A análise de um polegar mostra que ele é curvo, como o de um chimpanzé, e, assim como outros hominínios arcaicos, possuía hábitos semiarborícolas. Apesar da ausência do complexo CP_3, o canino superior é muito semelhante ao de um chimpanzé. Tais características fazem surgir dúvidas quanto à posição taxonômica do *O. tugenensis*, sendo que alguns estudiosos sugerem que ele é um grande mono e não um hominínio.

ARDIPITHECUS KADABBA (entre 5,8 e 5,2 milhões de anos) e ARDIPITHECUS RAMIDUS (4,4 milhões de anos): o último gênero conhecido precedendo o *Australopithecus* é o *Ardipithecus*. Tal táxon conta com duas espécies conhecidas, sendo o mais antigo deles o *Ar. kadabba*, encontrado em 2004 pela equipe de Tim White, da Universidade de Berkeley (Estados Unidos). A estimativa de sua idade é mais precisa do que a feita para o *Sahelanthropus* e o *Orrorin*, pois utiliza métodos de datação radiométrica, baseando-se no decaimento radioativo do argônio. Embora muito fragmentado, o formato dos caninos sugere que era um hominínio, apesar de apresentar um complexo CP_3 semelhante ao de um chimpanzé. Por conta dessa característica, *Ar. kadabba*, outrora identificado como uma subespécie de *Ar. ramidus*, foi considerado uma espécie distinta, e hoje é tido como o ancestral direto dessa espécie mais recente.

O *Ardipithecus ramidus* (Figura 3.8) é um dos mais bem estudados pré-australopitecíneos e seus restos foram inicialmente descobertos em 1994, no sítio de Aramis, localizado no médio Awash, uma região no nordeste da Etiópia, no leste da África. Da mesma forma como foi feito com *Ar. kadabba*, métodos de datação radiométrica sugerem que essa espécie viveu há cerca de 4,4 milhões de anos. Primeiramente, foram encontrados apenas dentes e restos da arcada dentária, além de partes de ossos do crânio e dos membros superiores. Esses achados mostraram que o *Ar. ramidus* conservava muito das características observadas nos grandes monos, como grandes caninos em relação aos dentes molariformes, esmalte dentário não muito espesso com relação ao dos chimpanzés e volume craniano semelhante ao dos grandes monos (entre 300 e 350 cm). Entretanto, a espécie carecia do complexo CP_3. Ademais, a posição do forame magno sugere que era bípede. Tal morfologia posicionou o *Ar. ramidus* como um provável hominínio ancestral direto do gênero *Australopithecus*.

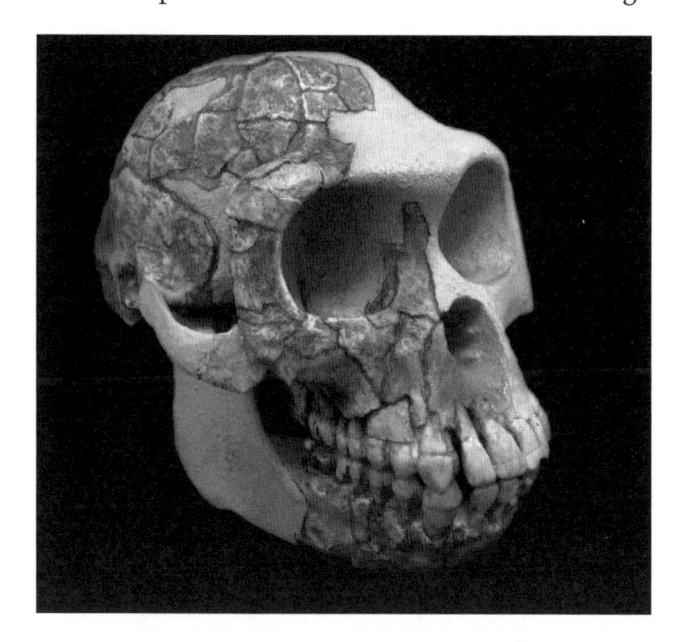

Figura 3.8 - Crânio de *A. ramidus*. **Ilustração:** Miguel José Rangel Júnior

Achados subsequentes de partes da pélvis e membros inferiores reforçaram a ideia de que era bípede, mas, assim como os outros pré-australopitecíneos, a morfologia dos membros, incluindo braços longos e o polegar opositor dos pés, indica uma habilidade para escalar árvores com destreza. Curiosamente, a morfologia das mãos e membros superiores não só sugerem que era arborícola, mas que também não era capaz de se locomover de forma quadrúpede apoiando-se sobre os nós dos dedos das mãos (nodopedalia) como fazem gorilas e chimpanzés. Estudos da morfologia dos caninos mostram que talvez fossem monogâmicos, visto apresentarem baixo dimorfismo sexual.

Esses estudos são particularmente interessantes, pois sugerem que algumas das características que se pensava ocorrerem no ancestral comum com os chimpanzés evoluíram várias vezes na linhagem dos hominídeos. Grande dimorfismo sexual e nodopedalia talvez não sejam caracteres presentes no ancestral comum entre humanos e chimpanzés, visto que tais características não são observadas nos pré-australopitecíneos, espécies muito próximas ao ancestral comum com aqueles monos. Alguns autores sugerem que não se deve considerar *Ardipithecus* (assim como *Sahelanthropus* e *Orrorin*) como hominínios, mas, sim, como uma das muitas linhagens de grandes monos que evoluíram no Mioceno. Isso é reforçado com achados semelhantes em fósseis de *Oreopithecus* (que viveu entre 9 e 7 milhões de anos atrás) e de outros monos desse período.

> **QUADRO 3.3** – MÉTODO DE DATAÇÃO
>
> No campo da paleoantropologia, tão importante quanto o próprio estudo dos fósseis é a discussão sobre suas idades, ou o tempo decorrido desde que foram depositados após a morte até o momento presente. A determinação das idades é crucial no estudo da evolução, pois é a partir delas que as hipóteses sobre as relações de ancestralidade e descendência emergem. Existe hoje uma ampla gama de métodos de datação, e muitas vezes mais de um deles são aplicados a um único fóssil, com o intuito de adquirir informações mais confiáveis e acuradas sobre suas idades.
>
> A metodologia mais usada desde o inicio dos estudos paleoantropológicos é a que toma por base as unidades estratigráficas, ou seja, a sucessão com que rochas, fósseis ou artefatos ocorrem em termos geológicos. Ao longo do tempo, tipos diferentes desses sedimentos, fósseis e artefatos se acumulam, formando assim diversas camadas que podem ser reconhecidas por sua antiguidade em relação umas às outras. Geralmente, quando não há interferências, as camadas superiores são as mais recentes temporalmente, enquanto que as inferiores são as mais antigas. Portanto, ao comparar as idades de fósseis encontrados em camadas diferentes, pode-se inferir que os que foram depositados em camadas mais profundas são os de maior antiguidade. Essas técnicas de datação que se baseiam em comparações, nos dizendo qual objeto é mais antigo ou mais recente, são chamadas de métodos de datação relativa. Entretanto, métodos relativos possuem suas limitações, como na comparação entre objetos encontrados em uma mesma camada

ou em camadas de regiões geográficas diferentes que não se sobrepõem, bem como na datação de objetos provenientes de regiões onde as camadas não são bem definidas. Assim, a partir dos anos 1940, foram desenvolvidos métodos baseados em datações numéricas ou absolutas, passando a ser os mais importantes e mais amplamente usados, nos dando informação sobre as idades em anos.

Os métodos de datação absoluta revolucionaram o campo da paleoantropologia, possibilitando uma melhor compreensão da antiguidade da linhagem humana. Dentre eles, os mais importantes são os métodos isotópicos ou radiométricos, que se baseiam no decaimento constante de elementos radioativos, independente das condições ambientais. Esses elementos, ou átomos, se transformam em outros tipos isotópicos em taxas constantes ao longo do tempo, desde sua deposição, sendo possível a inferência das idades a partir das proporções desses elementos na amostra. Para que seja possível datar a antiguidade de um fóssil a partir de um elemento radioativo, essas taxas de decaimento devem ser conhecidas. A taxa de decaimento é tida como a meia-vida do elemento, que é a média de tempo necessário para que a metade dos átomos radioativos da amostra se transforme no seu outro tipo isotópico. Por exemplo, no amplamente conhecido método de datação radiocarbônico, ou por carbono 14, o carbono radiativo se transforma em ^{14}N, com uma meia-vida de 5.730 anos, ou seja, o total de átomos de ^{14}C de uma amostra demora 5.730 anos para decair pela metade após a morte do indivíduo.

Apesar de o método radiocarbônico ser o mais conhecido popularmente, ele possui algumas desvantagens, pois deve ser aplicado somente em materiais orgânicos, além de ser inaplicável para fósseis mais antigos que 40 mil anos, o que significa que para a paleoantropologia ele é muito pouco usado. Entretanto, existem outras técnicas mais recomendadas para amostras paleoantropológicas. Entre essas técnicas, a mais utilizada é a do radiopotássio ($^{40}K/^{40}Ar$), aplicada principalmente em rochas ou cinzas vulcânicas, e que possibilita datações de rochas tão antigas quanto 1 bilhão de anos (o ^{40}K possui meia-vida de 1,25 bilhão de anos). Esse método foi amplamente utilizado na região leste da África, onde as atividades vulcânicas eram muito comuns, tendo sido aplicado pela primeira vez para a datação do primeiro hominínio encontrado na Garganta de Olduvai, nos anos 1960, na Tanzânia. Assim como o método por radiopotássio, o que utiliza traços de fissão de urânio-238 também é aplicado em rochas vulcânicas, tendo sido utilizado em conjunto com o do radiopotássio para datações de sítios do leste africano.

A datação por séries de urânio, que depende do decaimento dos isótopos ^{238}U, ^{235}U e ^{232}Th, pode ser aplicada para sedimentos formados no fundo de lagos ou oceanos, para conchas ou para corais, e ajuda na obtenção de informações sobre eventos climáticos, como do último período interglacial, além de ser utilizada para calibrar datações obtidas pelo método radiocarbônico. Técnicas baseadas no decaimento desses isótopos também podem ser aplicadas na datação de depósitos de carbonato inorgânico, como calcário ou formações de cavernas (estalagmites e estalactites).

Dentre os métodos de datação absoluta, as técnicas radiométricas, exemplificadas acima, são de longe as mais utilizadas. Porém, há também técnicas de datação absoluta não radiométricas, que utilizam, por exemplo, a dendrocronologia, que é o estudo dos anéis de crescimento de troncos de árvores, as análises de "varve", que são bandas de sedimentos formados no fundo de corpos de água bem calma (como lagos glaciais), ou a racemização ou epimerização de aminoácidos, utilizada para a datação de conchas de moluscos ou cascas de ovos de avestruz associados a sítios paleoantropológicos. Transitando entre os métodos absolutos e relativos, a técnica utilizando o paleomagnetismo da Terra também possui uma grande importância entre as técnicas de datação, tendo sido aplicada em importantes sítios arqueológicos, como em Atapuerca, na Espanha, ou em Zhoukoudian, na China.

Mesmo com a descoberta dos métodos de datação absoluta, mais precisos, a estratigrafia ainda permanece sendo fundamental no estudo paleantropológico, tanto por agregar informações, confirmando e fortalecendo os dados adquiridos através dos métodos numéricos, quanto por, muitas vezes, ser o único método possível de datação em algumas regiões. Apesar de certos métodos serem mais acurados que outros, a combinação de diferentes métodos de datação, como já dito, é crucial para que se consiga diminuir vieses existentes nas técnicas utilizadas, confirmar e comparar os resultados, fazendo com que as conclusões obtidas através deles sejam as mais confiáveis quanto for possível.

5.2 ORIGEM E DIVERSIFICAÇÃO DOS AUSTRALOPITECÍNEOS

Os australopitecíneos surgiram há cerca de 4 milhões de anos, e até o momento foram reconhecidas por volta de nove espécies que viveram até 1 milhão de anos atrás. Essas espécies estão incluídas principalmente nos gêneros *Australopithecus* e *Paranthropus*, que ocorreram no leste e no sul do continente africano, e somente uma no gênero *Kenyanthropus*, que ocorreu na região central do continente e cuja classificação ainda é bastante discutida. Muitas outras espécies além dessas, bem como outros gêneros, possivelmente podem ter existido nesse espaço de tempo e devem ainda estar esperando para serem descobertas.

Os motivos pelos quais houve essa diversificação de espécies de homininios ainda são bastante discutidos, mas o que geralmente se propõe é que uma mudança climática ocorrida durante o final do Mioceno e o início do Plioceno, por volta de 5 milhões de anos atrás, teria causado novas pressões seletivas sobre essas espécies e, consequentemente, acarretado no aparecimento e na fixação de certas características, o que causou essas especiações. O surgimento de novas espécies ocorre principalmente por seleção natural, causada por pressões ambientais que levam populações a se adaptarem a mudanças em seu habitat. Duas ou mais populações de uma única espécie podem sofrer essas pressões de formas diversas e, com isso, acarretar em diferenciações que, se significativas, levam a se diferenciarem em espécies distintas.

Antes dessas mudanças ambientais ocorridas no fim do Mioceno, o continente africano apresentava uma densa cobertura florestal, um clima tropical mais estável ao longo do ano e com muitas chuvas. O final desse período trouxe uma maior sazonalidade, com uma maior variação climática durante o ano, além de um clima mais frio e seco, principalmente por volta de 3 milhões de anos atrás, quando a diversificação entre as duas principais linhagens de australopitecíneos ocorreu. Consequentemente, a cobertura florestal foi diminuindo, perdendo sua continuidade, dando cada vez mais espaço a florestas mais secas e sazonais e a ambientes mais abertos e savânicos. Diversas espécies de plantas e animais foram extintas nesse processo, dando lugar a novas adaptações e novas formas de explorar os mais recentes ambientes que surgiram. Muitas continuaram a viver em ambientes de floresta mais fechada; outras, como no caso das espécies de homininios, aproveitaram essas mudanças e passaram a explorar os ambientes de transição ou bordas de florestas e os novos recursos que surgiram neles. O aparecimento da bipedia, por exemplo, é visto por muitos como sendo uma adaptação ao novo ambiente, que trouxe vantagens na exploração desses novos recursos.

5.2.1 QUEM E COMO ERAM OS AUSTRALOPITECÍNEOS?

De forma geral, as espécies de australopitecíneos são caracterizadas por apresentarem baixa estatura, locomoção claramente bípede, porém sem ter perdido completamente ainda a dependência das árvores, cérebro pequeno se comparado ao gênero *Homo* (ver Tabela 3.1 e Figura 3.9), caninos e diastema menores e molares com esmalte mais espesso do que os dos monos. A arcada dentária, embora não tenha o formato de arco parabólico como no gênero *Homo*, apresenta um formato intermediário entre a parábola do humano moderno e o "U" observado nos monos. Uma característica dentária que se revela marcante nos australopitecíneos é a tendência a apresentarem megadontia dos pré-molares e molares, chegando ao tamanho extremo em algumas espécies (Figura 3.10).

TABELA 3.1 – PESO E ESTATURA ESTIMADA DE ALGUMAS ESPÉCIES DE AUSTRALOPITECÍNEOS

Observe que os australopitecíneos são significativamente menores que os humanos modernos, além de apresentarem grandes diferenças na massa corporal e na estatura entre machos e fêmeas. Os australopitecíneos também apresentam um pequeno volume craniano, não muito maior que o de um chimpanzé (que tem, em média, 395 cm). Alguns estudos, no entanto, apontam que as diferenças entre o macho e a fêmea do *Australopithecus afarensis* é menos acentuada do que apresentado nesta tabela.

	MASSA CORPORAL (kg)		ESTATURA (cm)		CAPACIDADE CRANIANA (cm^3)
	Macho	Fêmea	Macho	Fêmea	
Au. afarensis	45	29	151	105	434
Au. africanus	41	30	138	115	452
P. robustus	40	32	132	110	521
P. boisei	49	34	137	124	530
H. sapiens	58	59	175	161	1350

Chimpanzé | Ardipithecus ramidus | Australopithecus afarensis | Australopithecus africanus | Humano Moderno

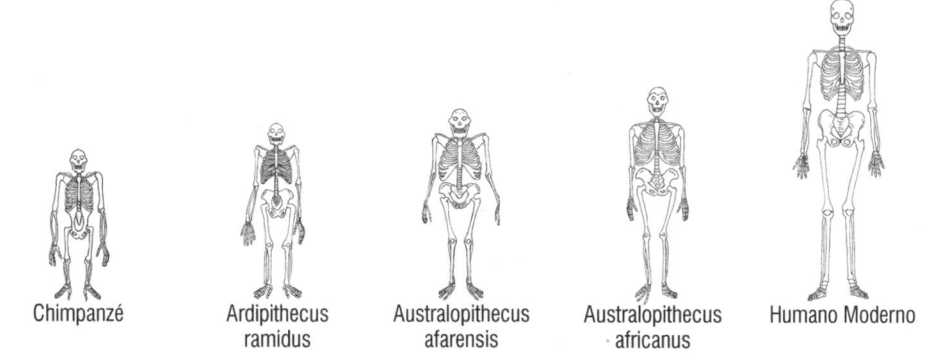

Figura 3.9 - Reconstituições dos esqueletos de alguns dos primeiros bípedes, comparando com o chimpanzé e o humano moderno. Repare que a estatura dos primeiros bípedes não é muito maior que a de um chimpanzé.
Ilustração: Ana Carolina Buratto

Chimpanzé | Ardipithecus ramidus | Australopithecus anamensis | Australopithecus afarensis

Australopithecus africanus | Paranthropus bosei | Humano moderno

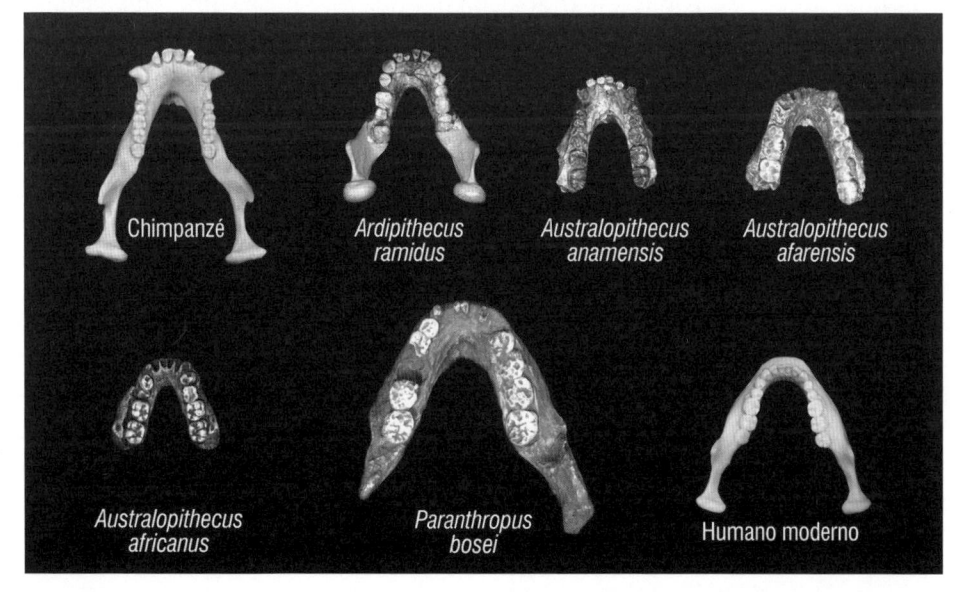

Figura 3.10 - A evolução do aparelho mastigatório dos primeiros bípedes. Observe que, comparados com o chimpanzé, o *Ardipithecus* e os australopitecíneos possuem caninos e o diastema extremamente reduzidos, assim como o humano moderno. Em contrapartida, a arcada dentária é algo intermediário entre o formato de "U" do chimpanzé com o arco parabólico do humano moderno. Além disso, observe que os molares e pré-molares são maiores nos australopitecíneos, tanto comparando com o chimpanzé quanto com o humano moderno, chegando ao maior tamanho no gênero Paranthropus.
Ilustração: Miguel José Rangel Junior

Os australopitecíneos eram em geral onívoros, mas com uma boa porcentagem de alimentos de origem vegetal em sua dieta. Podiam até já usar ferramentas, assim como os chimpanzés atuais, sendo que existe a suspeita de que talvez tenham sido os primeiros hominínios a fabricar e utilizar ferramentas de pedra lascada. Alguns estudos sugerem que possuíam grande dimorfismo sexual no tamanho (com machos até 50% maiores que as fêmeas), o que leva a pensar que apresentavam um sistema de acasalamento poligínico (um macho para várias fêmeas), assim como os atuais gorilas (ver Quadro 3.2 e Tabela 3.1). Essa é, de fato, uma afirmação polêmica, dado que tradicionalmente considera-se, além do tamanho corporal, o tamanho e afiação dos caninos entre os sexos para inferir um sistema de acasalamento poligínico: nesse tipo de sistema, os caninos dos machos são significativamente maiores do que o das fêmeas, o que não é observado nos australopitecíneos. Alguns estudos consideraram, porém, que os australopitecíneos, na verdade, não apresentam dimorfismo sexual acentuado no tamanho corporal.

As diferenças encontradas na anatomia crânio-dentária separam os australopitecíneos em dois grupos: os gráceis, incluídos nos gêneros *Australopithecus* e *Kenyanthropus*; e os robustos, incluídos no gênero *Paranthropus*. Esses dois grupos serão descritos a seguir, porém, as relações de parentesco entre as espécies ainda é bastante discutida, e até o momento não se chegou a um consenso sobre suas possíveis descendências.

5.2.1.1 OS AUSTRALOPITECÍNEOS GRÁCEIS

Como o nome indica, essas espécies de australopitecíneos possuem uma anatomia crânio-dentária mais delicada, associada a uma dieta mais flexível, menos especializada. Seus caninos e incisivos são relativamente largos, enquanto os molares são bem menores, se comparados com os dos australopitecíneos robustos. As espécies de australopitecíneos gráceis são incluídas nos gêneros *Australopithecus* e *Kenyanthropus*, conforme já mencionado.

***Australopithecus anamensis* (entre 4,2 e 3.8 milhões de anos):** essa espécie de australopitecíneo mais antiga e mais primitiva foi primeiramente encontrada em 1994, próximo ao lago Turkana, no Quênia, no leste da África. Dentre os ossos encontrados até o momento estão partes da tíbia (osso da canela), do úmero (osso proximal do braço) e da mandíbula, além de diversos dentes. Características da tíbia desses indivíduos não deixam dúvidas de que essa espécie já andava sobre duas pernas, apesar de a anatomia dos membros superiores apresentar fortes evidências de que ainda estavam adaptados à vida nas árvores, como braços longos em relação às pernas e mãos fortemente adaptadas para se "agarrar". Sua mandíbula ainda apresenta um formato de "U" e a presença de diastema, porém já apresentam molares maiores e com engrossamento do esmalte, características típicas de hominínios. O aspecto mais primitivo da anatomia craniana do *Australopithecus anamensis* levou à hipótese de que ele seria um ancestral dos australopitecíneos que aparecem posteriormente no registro fóssil, a partir de 4 milhões de anos. Sendo bastante similar fisicamente ao *Ardipithecus*, também é indicado como sendo seu possível descendente, tratando-se, assim, de um link entre este gênero e os australopitecíneos posteriores.

Australopithecus afarensis (entre 4 e 2,9 milhões de anos): muitas características dessa espécie são compartilhadas com o *Australopithecus anamensis* – por isso, é geralmente considerada como sendo descendente dessa última. O *Australopithecus afarensis* é a espécie mais estudada dentre os primeiros hominínios, graças à qualidade e à quantidade das descobertas feitas principalmente em regiões da Etiópia e da Tanzânia, no leste da África. Fragmentos de ossos de parte da junção do joelho encontrados nos anos 1970 em Hadar, na Etiópia, apresentaram grande semelhança com o de humanos modernos, o que indicava se tratar de uma espécie já bípede. Posteriormente, a mesma equipe teve a grande sorte de encontrar um esqueleto 40% intacto, algo extremamente raro em se tratando dos primeiros hominínios. Esse indivíduo, identificado como sendo uma jovem do sexo feminino, foi apelidado de Lucy, em homenagem a uma música da banda inglesa The Beatles. A espécie de Lucy tinha uma estatura menor do que a dos humanos modernos – pouco maior que 1 metro –, sua pélvis era curta e larga, o fêmur apresentava uma inclinação em direção ao centro de gravidade e seu pé não possuía polegar opositor, características que indicam bipedia. Entretanto, o seu crânio era bastante parecido com o dos monos atuais, apresentando volume pequeno, por volta de 450 cm, semelhante ao de um chimpanzé, caninos com tamanhos variáveis, mas maiores e mais sexualmente dimórficos do que de australopitecíneos mais recentes, arcada dentária em formato de "U" e face projetada na parte inferior ao nariz (prognatismo subnasal), além da presença de diastema. A presença de uma crista sagital, que serve como ponto de fixação do músculo temporal, indica uma forte capacidade mastigatória da espécie.

Uma clara evidência de bipedia foi encontrada em Laetoli, na Tanzânia, onde pegadas de três indivíduos que se assemelham muito às de humanos foram preservadas em cinzas vulcânicas, mostrando claramente que há 3,7 milhões de anos já havia uma espécie bípede vivendo na região. A espécie de Lucy foi a única encontrada na região até o momento, o que levou muitos a concluírem que seria o *Australopithecus afarensis* o responsável pelas pegadas, se tratando, assim, de uma espécie inquestionavelmente bípede.

Apesar de já ser bípede, o *Australopithecus afarensis* possui diversas características dos membros superiores que indicam que essa espécie ainda passava um bom tempo de sua vida em árvores. Esses membros são maiores que os membros inferiores, semelhante aos chimpanzés. Escalar e se pendurar em galhos teria sido bastante facilitado por seus dedos das mãos e pés curvados, e por certas características da escápula.

Em 2001, uma descoberta surpreendente foi feita na região do Afar, na Etiópia, onde um esqueleto parcial de uma criança dessa espécie foi encontrado, mais completo do que o de Lucy e muito bem preservado, sendo posteriormente conhecido como a "criança de Dikika" (Dik-1-1), em referência ao sítio onde foi exumada. Essa descoberta levou a uma melhor compreensão a respeito do desenvolvimento dessa espécie, que aparentemente era mais lento se comparado com os monos modernos, o que os aproxima dos homininios mais recentes. O desenvolvimento da espécie humana é mais lento se comparado aos outros grandes primatas, com uma maior duração da infância. Chimpanzés nascem com 90% de seu cérebro já formado, enquanto que humanos nascem com somente 40%. A "criança de Dikika" aparentemente apresentava 75% de seu cérebro já formado na idade de sua morte, que foi estimada em 3 anos a partir de estudos de sua anatomia dentária. Isto implica que seu desenvolvimento cerebral era mais lento que o dos chimpanzés, o que pode indicar maior capacidade de aprendizagem e de comportamentos complexos durante a infância.

Uma questão bastante discutida, por levar a uma divergência de opiniões entre autores, é com relação à existência ou não de um grande dimorfismo sexual em *Au. afarensis*. Os indivíduos que viveram em Hadar e Laetoli apresentam grande variação no tamanho corporal, que é considerada pela maioria como sendo resultado de um dimorfismo sexual acentuado da espécie, comum em outros grandes primatas como orangotangos e gorilas (ver Tabela 3.1). Porém, alguns sugerem que essa diferença de tamanho seria um indicativo de que os indivíduos considerados como *Au. afarensis* são, na verdade, duas espécies distintas. Os indivíduos de Laetoli tendem a ser maiores, estando associados a um ambiente mais savânico, enquanto que as populações que estavam associadas a áreas florestadas são menores. Pesquisas realizadas pela equipe de Tim White e Donald Johanson demonstram que, na verdade, as formas maiores e menores ocorrem em todos os ambientes, não estando limitadas à savana ou à floresta, além de sua variação no tamanho corporal ser totalmente dentro do observado em espécies que apresentam dimorfismo sexual.

Em vista dessas observações, geralmente é aceito que o *Au. afarensis* era uma espécie com um grande dimorfismo sexual e que, por isso, deveria ser polígamo, vivendo em grupos com várias fêmeas para poucos machos, como é visto em primatas com essa mesma característica. Porém, para aumentar ainda mais a polêmica, dois estudos conduzidos pelo grupo de pesquisa de Claude Owen Lovejoy, utilizando outro método para estimar o tamanho corporal dos espécimes, consideram que o dimorfismo sexual encontrado no *Au. afarensis* é similar aos humanos modernos, sugerindo um sistema de acasalamento monogâmico.

Enquanto que por muito tempo os fósseis de australopitecíneos foram encontrados no sul e no leste da África, em 1995 uma mandíbula incompleta foi encontrada por Michel Brunet no Chade, na região central da África, sendo a primeira evidência de um hominínio fora do Vale do Rift e da África do Sul. Devido a algumas peculiaridades anatômicas, ela foi designada como uma nova espécie, *Australopithecus bahrelghazali*, datada de 3,5 milhões de anos. Entretanto, ela apresenta muitas semelhanças com o *Au. afarensis*, sendo geralmente considerada como um exemplar dessa espécie adaptada à região central. Por se tratar de somente um fragmento de mandíbula, novos fósseis são necessários para que finalmente seja dado um veredicto.

***Australopithecus africanus* (entre 3,5 e 2 milhões de anos):** em 1924, mineradores trabalhando em Taung, na África do Sul, extraíram um bloco de dolomita onde mais tarde o anatomista Raymond Dart, para sua grande felicidade, percebeu se tratar de um espécime muito importante para a ciência: o primeiro hominínio encontrado na África, e o mais antigo ancestral humano achado até aquele momento. Posteriormente conhecido como a "criança de Taung" (Figura 3.11), foi identificado como sendo bípede devido à posição do forame magno, e, por isso, classificado no novo gênero *Australopithecus*. Porém, Dart, então professor da Universidade de Witwatersrand, em Johannesburgo, na África do Sul, teve sua descoberta recebida com duras críticas pela comunidade científica. A ausência de partes do pós-crânio que provassem sua bipedia, além da crença generalizada de que o berço da humanidade era a Europa, e não a África, foram os motivos de tamanha resistência em aceitar a "criança de Taung" como um ancestral humano. Achados posteriores dessa espécie, que incluíam ossos muito bem preservados do pós-crânio, além de crânios, provaram que as afirmações de Dart eram verídicas, não havendo mais dúvidas sobre a condição bípede do *Australopithecus africanus* e do fato de os hominínios terem surgido nesse continente. Outro aspecto da "criança de Taung" que também chamou muita atenção para o exemplar foi que ele possuía as impressões endocranianas e o cérebro fossilizado, o que possibilitou a análise de como seria a superfície cerebral, ou neocórtex, da espécie.

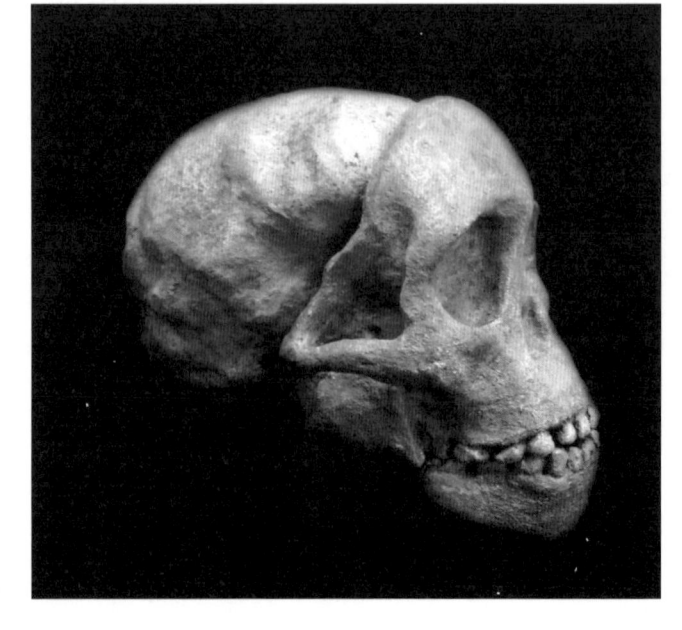

Figura 3.11 - A "criança de Taung", o primeiro fóssil de australopitecíneo descoberto, em 1924, e o primeiro hominínio encontrado na África. Note as impressões fossilizadas da camada cortical de seu cérebro. **Ilustração:** Miguel José Rangel Junior

O esqueleto do *Au. africanus* é anatomicamente muito parecido com o do *Au. afarensis*, com a diferença de não apresentar curvatura dos dedos das mãos. Entretanto, sua anatomia craniana se mostra mais derivada em relação a essa última espécie. Sua face é menos projetada, seu cérebro é relativamente maior, porém ainda pequeno em relação aos hominínios mais recentes, a crista sagital e o diastema estão ausentes, os molares e pré-molares são mais largos e os caninos são menores e menos sexualmente dimórficos (Figura 3.12).

Até o momento, nenhum fóssil de australopitecínio anterior ao *Au. africanus* foi encontrado na África do Sul. E, como essa espécie ocorre somente ali, sua descendência foi provavelmente a partir de uma população originária do leste que migrou para a região. Devido à maior semelhança com o *Au. afarensis*, acredita-se que este tenha sido seu possível ancestral.

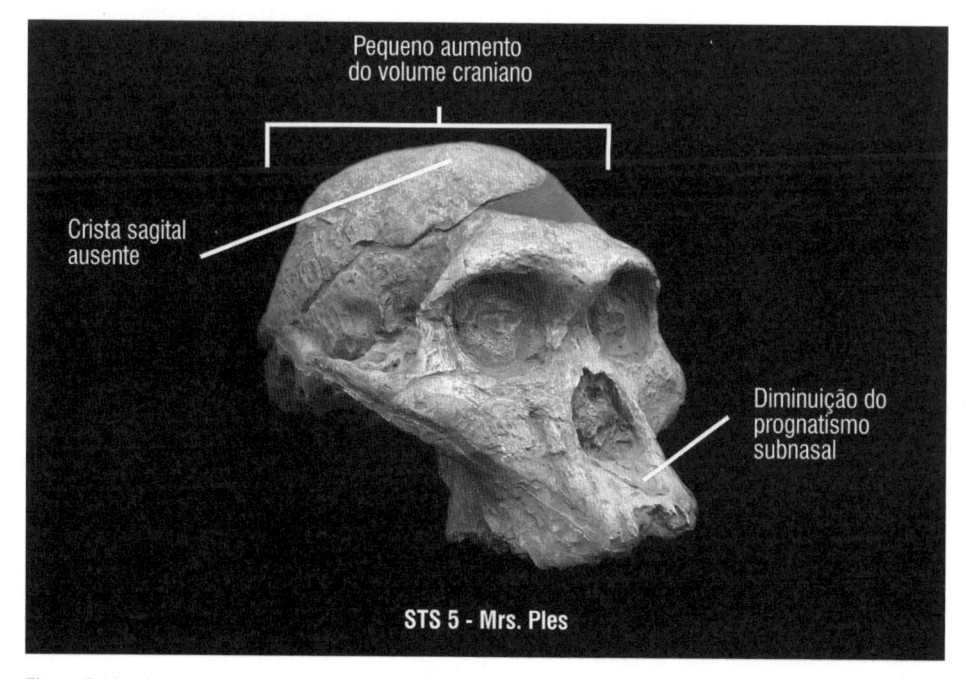

Figura 3.12 - Características cranianas do *Au. africanus*. O crânio mostrado é o STS 5 (conhecido informalmente como "Mrs. Ples") e é um dos mais completos crânios de australopitecíneo. Observe que existe um leve aumento de volume craniano e que, comparado com o *Au. afarensis*, o *Au. africanus* não possui crista sagital, assim como há uma diminuição do prognatismo subnasal. Embora isso não fique evidente na figura, *Au. africanus* não possui diastema e os caninos são menores quando comparados com *Au. afarensis*. **Ilustração:** Miguel José Rangel Junior

***Kenyanthropus platyops* (3,5 milhões de anos)**: além dos gêneros classicamente conhecidos de australopitecíneos, a descoberta de um crânio relativamente completo (KNM-WT 40000), mas muito deformado, em Loweki, na região oeste do lago Turkana, sugere a existência de outra linhagem de hominínio, que vivia há 3,5 milhões de anos. Em 2001, a partir desse crânio foi descrito o *Kenyanthropus platyops* ("homem do Quênia de face achatada"). Apesar de não terem sido descobertos partes do esqueleto pós-craniano, a posição do forame magno sugere que era bípede. Tal crânio é muito semelhante ao dos outros australopitecíneos, e seu volume não é diferente do observado em chimpanzés modernos (estimativas variando entre 400 e 560 cm). Deve-se salientar que os dentes molariformes são relativamente menores do que aqueles observados em *Australopithecus anamensis* e *Au. afarensis*, mas compartilha com essas espécies e os australopitecíneos robustos um esmalte dentário espesso.

Na verdade, o que justifica a inclusão desse fóssil em outro gênero é o extremo achatamento da face, o que o aproxima muito do gênero *Homo*. Porém, pelo crânio se encontrar muito deformado, existe debate quanto às características que definem o gênero – certamente é necessária a descoberta de um fóssil em melhor estado.

Caso seja confirmada a validade do *K. platyops*, vale dizer que o crânio desta espécie muito se assemelha ao crânio KNM-ER 1470, classificado frequentemente como *Homo rudolfensis*, que será visto com mais detalhe no capítulo IV. Alguns autores sugerem que esse último hominínio era uma espécie derivada do *K. platyops*, justificando sua inclusão no gênero (a espécie passaria a ser denominada *Kenyanthropus rudolfensis*). *K. platyops* se assemelha ao crânio KNM-ER 1470 por conta de ambos apresentarem a região das bochechas altas e verticalmente orientadas e terem face extremamente achatada na região nasal (Figura 3.13). Ambos também não possuem um sulco entre a região do tórus supraorbital e a testa (Figura 3.13). Além disso, os dois foram encontrados às margens do lago Turkana. Dado que *H. rudolfensis* apresenta já uma tendência em aumentar o tamanho cerebral e do corpo, implica-se, nesse caso, a ocorrência de outra linhagem paralela de hominínio (que começou a divergir 3 milhões de anos atrás), em que também houve uma tendência de aumento no cérebro. Se isso for verdade, três linhagens de australopitecíneos evoluíram no Plioceno, reforçando que a evolução desse grupo de homínios não foi linear e progressiva em direção ao homem moderno.

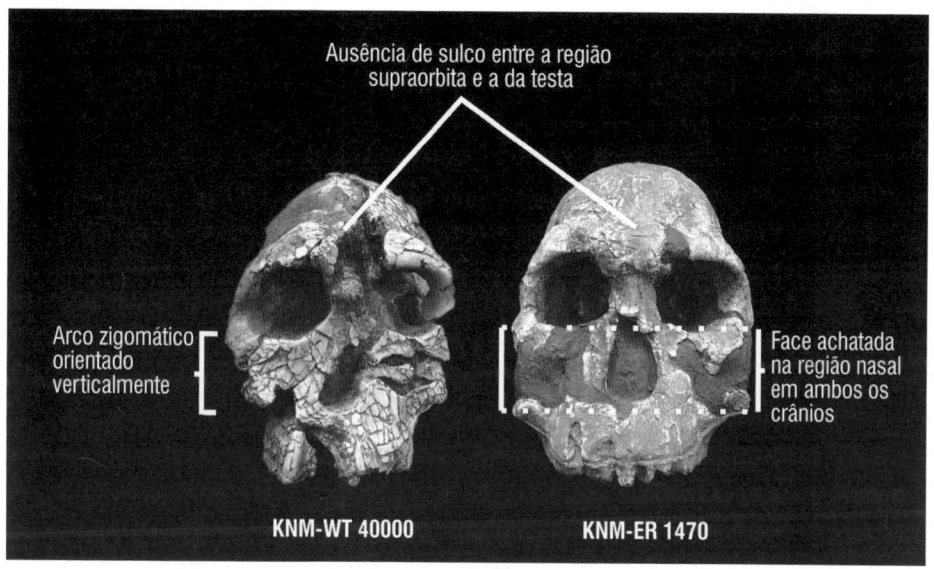

Figura 3.13 - Comparação entre o crânio KNM-WT 40000 (*Kenyanthropus platyops*) e KNM-ER 1470 (*Kenyanthropus rudolfensis*). As características citadas sugerem uma relação de ancestralidade/descedência entre *K. platyops* e o crânio KNM-ER 1470, que pode ser classificado no gênero *Homo* como *H. rudolfensis* ou *H. habilis*. Caso seja confirmada sua relação com o crânio KNM-WT 40000, deve ser incluído no gênero *Kenyanthropus*. Observe que ambos os crânios são extremamente achatados na região da face. **Ilustração:** Miguel José Rangel Junior

Australopithecus garhi **(2,5 milhões de anos):** no médio Awash, em Bouri, na Etiópia, foram descobertos restos de um indivíduo que consistiam em partes do crânio, duas mandíbulas, um crânio parcial e fragmentos isolados dos membros e do resto do esqueleto, sendo nomeado em 1999 como *Australopithecus garhi*. Características do crânio o identificaram como um australopitecíneo, com capacidade craniana pequena (volume estimado em 450 cm), prognatismo, grandes caninos e até uma crista sagital. É de certa forma muito primitivo, mesmo quando comparado com outros do gênero *Australopithecus*. Os molares e pré-molares são grandes, característica conhecida como megadontia, também vista nos australopitecíneos robustos. Essa é uma adaptação que inevitavelmente o invalida como um possível ancestral do gênero *Homo*, como alguns autores ainda insistem em afirmar. Outra sugestão levantada por alguns autores é a de que o *Au. garhi* deveria ser, na verdade, considerado como *Au. afarensis*, devido às diversas semelhanças.

Não somente a idade sugere ser um ancestral direto do gênero *Homo* (visto que ocorreu pouco antes do surgimento do *Homo habilis*), mas também as proporções do esqueleto. Mesmo sendo indubitavelmente um australopitecíneo de acordo com o crânio, características do esqueleto pós-craniano o aproximam dos humanos arcaicos. Apesar de muitas medidas dos membros superiores serem semelhantes à dos grandes monos e de que ele tinha relativa habilidade em escalar árvores, o fêmur é significativamente mais longo do que o úmero, como observado no gênero *Homo*.

Mais importante no entendimento da evolução dos australopitecíneos são os achados arqueológicos próximos às descobertas de *Au. garhi*. Foram encontrados ossos de animais com marcas de corte e percussão, que são sinais inequívocos do uso de ferramentas de pedra para retirar carne e tutano de carcaças, além de terem sido encontradas lascas de pedras. De fato, não se pode afirmar certamente que *Au. garhi* é o autor desse descarnamento, mas nenhum outro hominínio da mesma idade foi encontrado próximo a esses sítios. Existe a possibilidade de tais marcas terem sido feitas pelo *Homo habilis* um pouco mais recente, dado que alguns autores acreditam que o registro fóssil de origem biológica é mais esparso e mais difícil de ser encontrado do que achados arqueológicos de origem não biológica. Mais estudos são necessários, porém, caso confirmada a suspeita, pode-se falar que o *Au. garhi* foi o primeiro hominínio a fazer e utilizar ferramentas de pedra lascada.

***Australopithecus sediba* (entre 2 e 1,78 milhões de anos):** esqueletos parciais de uma criança e de uma fêmea adulta, encontrados em 2008 na África do Sul, apresentam uma mistura de caracteres de australopitecíneos e de *Homo*. Enquanto seus braços relativamente longos, dedos curvos, corpo e cérebro pequenos (420 cm) associam-no aos australopitecíneos, sua pélvis, face, tamanho e forma dos molares e caninos os aproximam das que são vistas no gênero *Homo*. Se essas últimas características indicam uma ancestralidade direta com esses hominínios posteriores ou uma aquisição evolutiva independente, ainda não é sabido. Porém, essa espécie é vista como uma boa candidata para o papel de ancestral do gênero *Homo*, pois, dentre os australopitecíneos, é a que mais se aproxima desse gênero. As semelhanças do *Au. sediba* com o *Au. africanus* indicam uma provável relação de ancestralidade/descendência entre as duas espécies.

5.2.1.2 OS AUSTRALOPITECÍNEOS ROBUSTOS

As espécies de australopitecíneos robustos são as mais derivadas desse grupo, tanto que muitos as consideram como sendo parte de um gênero distinto, o *Paranthropus*. São três espécies conhecidas até o momento, e todas apresentam um aparato mastigatório bastante pronunciado, adaptado a uma dieta especializada em alimentos mais duros, como sementes, tubérculos, raízes e rizomas. Seus molares e pré-molares são enormes, adaptação conhecida como megadontia, sendo a principal característica que os define como grupo. Sua mandíbula também é muito grande, o crânio é adaptado ao forte aparato mastigatório, com crista sagital para acomodar o músculo temporal, necessário na mastigação, o arco zigomático (osso da bochecha) é maior, mais voltado para fora e estendido para trás, a fim de também acomodar o músculo temporal, o que faz com que essas espécies apresentem uma face mais alargada (Figura 3.14). Acredita-se que essas adaptações foram provavelmente selecionadas para uma melhor sobrevivência em períodos de escassez de alimentos, quando nos locais onde viviam somente havia disponível alimentos mais rígidos, difíceis de obter e mastigar. Eles provavelmente obtiveram vantagem sobre outras espécies de hominínios que não possuíam as adaptações necessárias a esse tipo de dieta durante períodos mais secos. Por conta disso, acredita-se que as linhagens robustas foram as primeiras a se aventurarem rotineiramente aos ambientes de savana.

Os australopitecíneos robustos extinguiram-se há cerca de 1 milhão de anos, e as causas de sua extinção ainda são controversas. A ideia de que ela se deu devido ao fato de serem muito especializados em sua dieta foi bastante difundida, porém, recentemente, ela tem sido desafiada: estudos com isótopos de carbono[2] têm mostrado que sua dieta era mais variada do que se pensava. Uma possibilidade é a de que a competição com o gênero *Homo* tenha contribuído para a extinção, mas não existem evidências diretas para tal fato, além daquelas de que os gêneros *Paranthropus* e *Homo* coabitaram nas mesmas regiões no início do Pleistoceno.

---

2   Analisando a relação entre $^{13}C/^{12}C$ no esmalte dentário, é possível inferir se a dieta predominante de qualquer animal era de plantas C_3 (de áreas mais fechadas, como florestas) ou C_4 (de áreas abertas, como savanas). Plantas C_4 são principalmente gramíneas, podendo estar presente no organismo de um animal não somente pela ingestão direta desses vegetais, mas também de animais herbívoros pastadores. A partir desse tipo de estudo, foi possível inferir uma dieta mais diversa e onívora para o gênero *Paranthropus*.

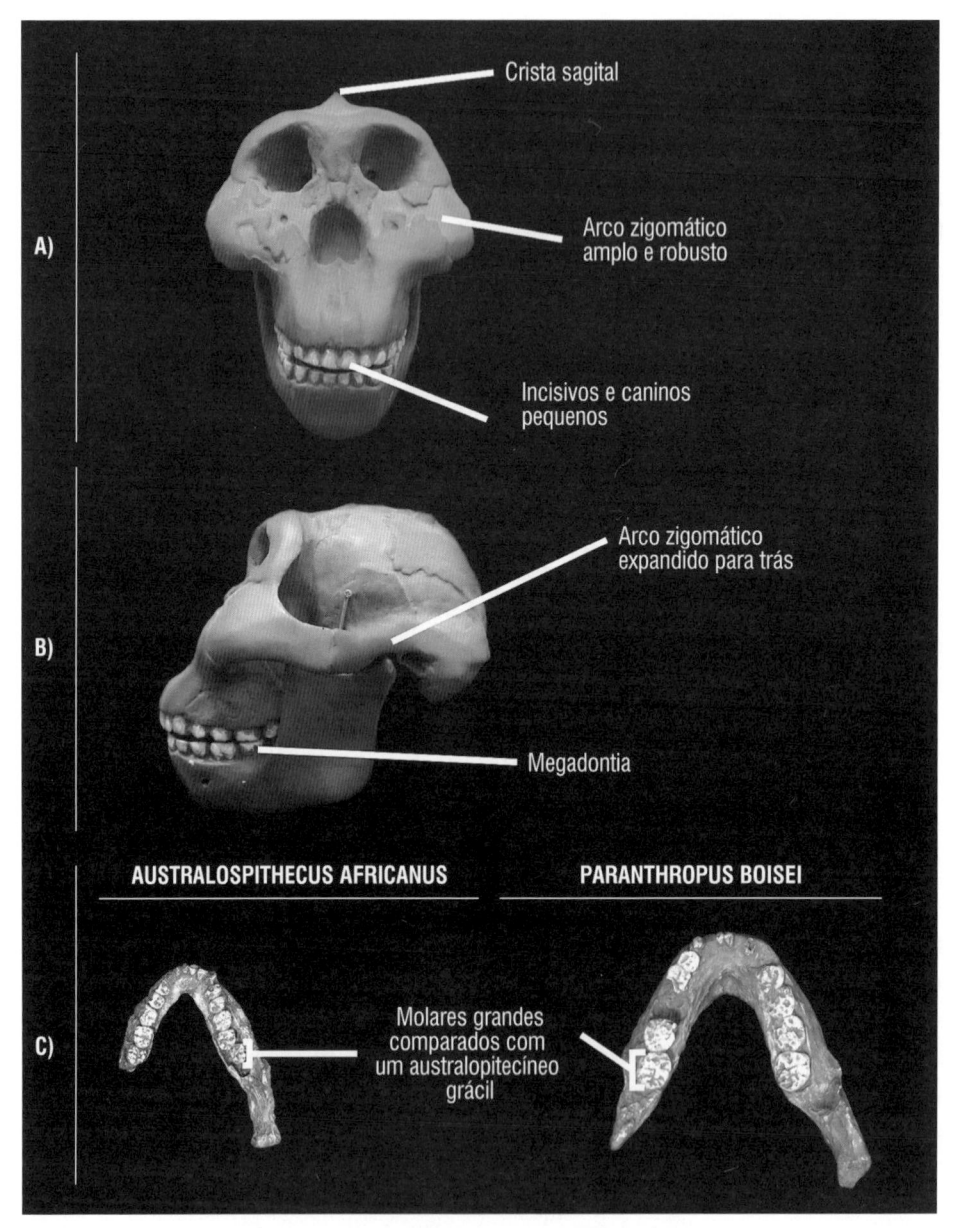

Figura 3.14 - Características do gênero *Paranthropus*: A) Vista frontal de reconstrução do crânio OH-5 (*P. boisei*); B) Vista lateral; C) Vista superior de duas mandíbulas de um australopitecíneo grácil (*Au. africanus*) e de um robusto (*P. boisei*), evidenciando a megadontia dos molares. **Ilustração:** Miguel José Rangel Junior

***Paranthropus aethiopicus* (entre 2,7 e 2,5 milhões de anos)**: apesar de ser a mais antiga, foi a última espécie da linhagem a ser descoberta, em 1985. Originária do leste africano, o único crânio existente foi encontrado no Quênia, às margens do lago Turkana. O fóssil é conhecido como "o crânio negro", KNM-WT 17000 (Figura 3.15), devido à sua peculiar coloração escura. Apresenta características primitivas, semelhantes ao *Au. afarensis*, que as outras espécies de robustos não possuem e que sugerem uma possível relação de ancestralidade/descendência entre essas duas espécies, como uma face mais projetada, cérebro bem pequeno, com 410 cm^3, e dentes frontais mais largos.

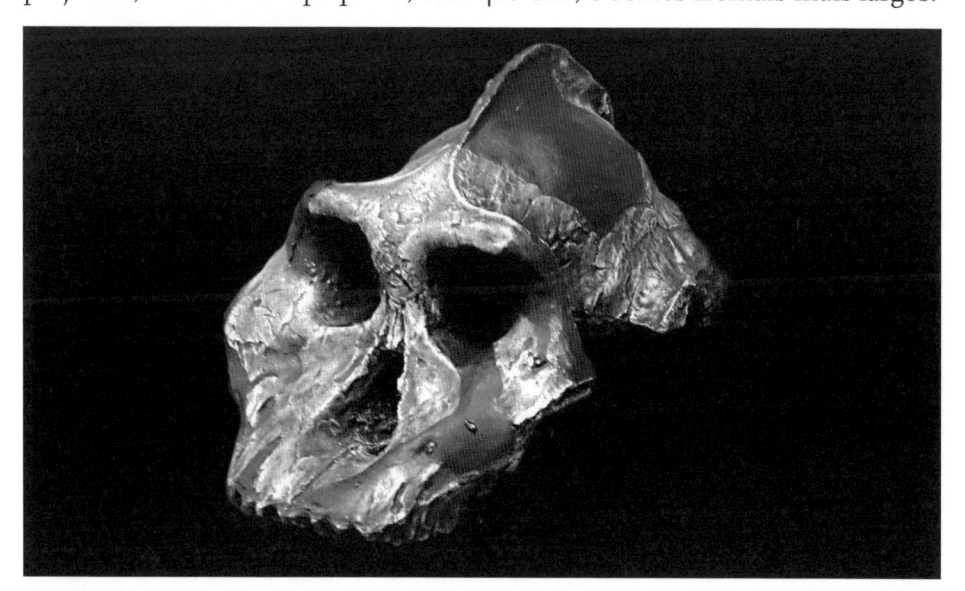

Figura 3.15 - O "crânio negro" (KNM-WT 17000), do *Paranthropus aethiopicus*, é o único crânio achado da espécie.
Ilustração: Miguel José Rangel Junior

***Paranthropus boisei* (entre 2,3 e 1,2 milhões de anos)**: é uma espécie bastante robusta desse grupo, considerada como hiper-robusta com relação aos seus dentes e mandíbula. Mas, com relação ao tamanho corporal, era semelhante aos gráceis. O esmalte dos molares é extremamente espesso, e seu crânio é ainda mais especializado para alimentos rígidos, como sementes, tubérculos, raízes e rizomas.

O primeiro espécime foi encontrado em 1959, na Tanzânia, no leste da África, sucedendo o *P. aethiopicus* na região. Era um crânio exumado na Garganta de Olduvai, chamando a atenção pela extrema robustez da mandíbula. O crânio apelidado de "Zinj", OH-5 (Figura 3.16), foi classificado como *Zinjanthropus boisei*, mas logo foi incluído no gênero *Paranthropus*. Depois dessa data, outros fósseis foram descobertos às margens do lago Turkana e em outras localidades do leste africano, desde fragmentos de mandíbulas até crânios e partes do esqueleto pós-craniano. A espécie é considerada como descendente do *P. aethiopicus*, tanto pelo período de seu aparecimento no registro fóssil e localização geográfica quanto por diversas características em comum, como o formato em coração do forame magno.

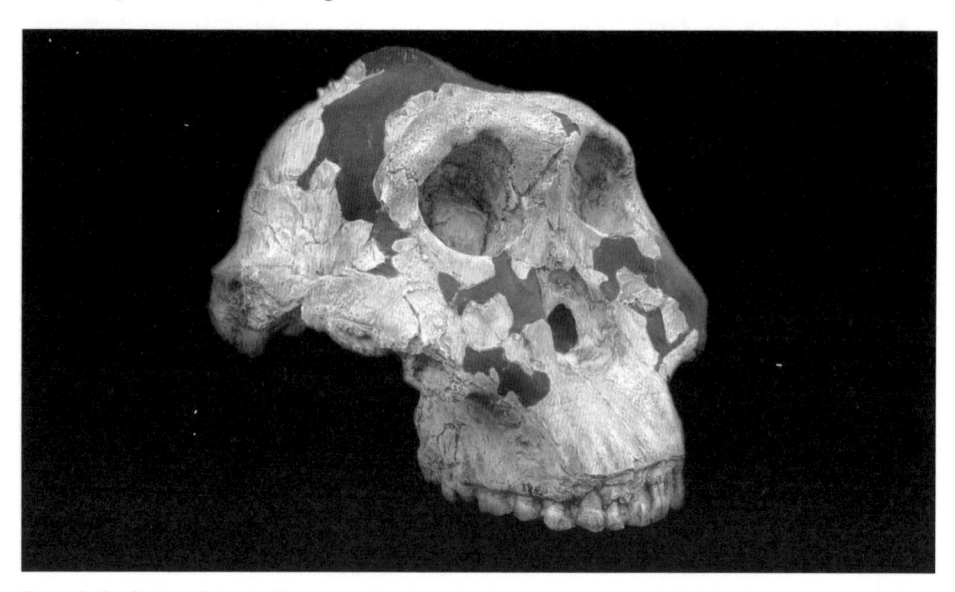

Figura 3.16 - O crânio OH-5, do *Paranthropus boisei*, evidenciando as características mais derivadas dos australopitecíneos robustos, como a proeminente crista sagital. **Ilustração:** Miguel José Rangel Junior

PARANTHROPUS ROBUSTUS (ENTRE 2 E 1 MILHÕES DE ANOS): descoberto em 1938, na África do Sul, foi o primeiro robusto a ser encontrado. Essa espécie, que só ocorre na África meridional, é semelhante às do leste, porém não tão robusta (Figura 3.17). Devido à sua anatomia crânio-dentária peculiar, Robert Broom, seu descobridor, criou um gênero novo para essa espécie, nomeando-a de *Paranthopus robustus* ao invés de *Australopithecus robustus*. As diferenças com relação aos grácieis fizeram muitos duvidarem de que se tratava de um hominínio, e não de um mono. Porém, a posição de seu forame magno e a anatomia do pós-crânio de inúmeros fósseis encontrados não deixam dúvidas de que se trata de uma espécie bípede e, portanto, de um hominínio.

Por não compartilhar certas características com os robustos do leste, como o forame magno em formato de coração, alguns acreditam que essa espécie não possui relação de parentesco com *P. aethiopicus* e *P. boisei*. Sendo assim, a aquisição da anatomia crânio-dentária robusta teria se dado devido à adaptação a um tipo similar de dieta baseada em alimentos mais rígidos e difíceis de mastigar. A aquisição independente de caracteres semelhantes em espécies não relacionadas é muito comum na natureza, sendo chamada de evolução paralela convergente. Ela é consequência da adaptação a uma pressão seletiva similar nas duas espécies, podendo ser vista, por exemplo, nas asas de morcegos e aves, grupos não relacionados de vertebrados adaptados ao voo.

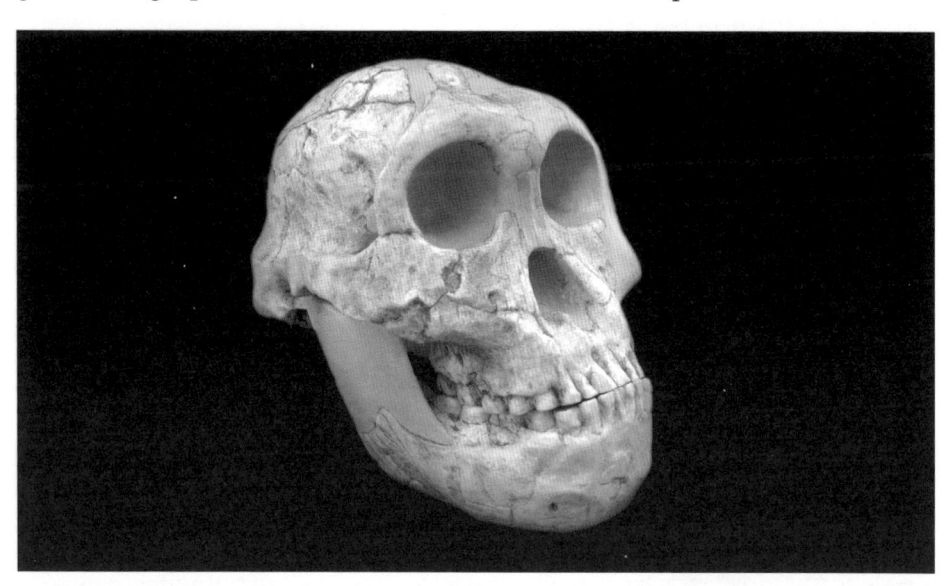

Figura 3.17 - Réplica do crânio de uma fêmea de *Paranthropus robustus*. Provavelmente, as fêmeas de australopitecíneos eram significativamente menores e menos robustas que os machos. **Ilustração:** Miguel José Rangel Junior

As diversas semelhanças anatômicas do *P. robustus* com o *Au. africanus*, além da sucessão temporal e distribuição geográfica semelhantes, induzem muitos a acreditar na existência de uma relação de ancestralidade entre as duas espécies. Entretanto, a maioria dos autores acredita que *P. robustus* é uma espécie derivada do *P. aethiopicus* pelo compartilhamento da megadontia.

6. ENTENDENDO A DIVERSIDADE, COABITAÇÃO E EVOLUÇÃO DOS PRIMEIROS BÍPEDES

Vimos que atualmente são conhecidas muitas espécies dos primeiros representantes da linhagem hominínia. Isso se contrapõe àquela imagem da evolução humana como uma escala, em que um primata semelhante a um chimpanzé se transforma em um humano, gradativamente. Ao contrário disso, a rica diversidade dos hominínios fósseis mostra que a evolução dessa linhagem não foi de forma alguma linear e progressiva em direção aos humanos modernos.

Enquanto que no Mioceno os grandes monos tiveram seu apogeu, no Plioceno foram os australopitecíneos que prosperaram. Pelo menos duas radiações adaptativas ocorreram durante o Plioceno e o Pleistoceno, chegando, em alguns momentos, a ter até três espécies de hominínios convivendo não só temporalmente, mas espacialmente (Figura 3.18). Talvez, uma das razões dessa diversidade de espécies de australopitecíneos seja a convivência entre espécies filogeneticamente muito próximas em um mesmo habitat. Não é absurdo pensar que a diferenciação entre uma linhagem "grácil" e outra "robusta" tenha como base a diferenciação ecológica de duas espécies próximas evolutivamente. Espécies que coabitaram eram significativamente diferentes morfologicamente entre si, como era o caso de *Paranthropus robustus* e *Australopithecus africanus*, na África do Sul, e de *Paranthropus boisei* e *Homo habilis*, no leste da África.

As relações evolutivas entre os primeiros bípedes são difíceis de estabelecer, e a dificuldade neste caso deriva da própria diversidade de espécies, além da existência de poucos fósseis conhecidos para cada uma delas, fazendo com que não se conheça o suficiente sobre elas. A simples descoberta de um novo fóssil pode mudar completamente uma filogenia proposta. Além disso, a validade taxonômica de alguns fósseis já conhecidos também é contestada (como, por exemplo, *Au. bahreghazali* e *K. platyops*). Outra dificuldade para o entendimento das relações filogenéticas entre os australopitecíneos é a possibilidade de eles estarem sendo agrupados por meio de homoplasias: os poucos fósseis disponíveis muitas vezes possibilitam a comparação entre duas espécies apenas por meio de um caráter morfológico, o que não permite diferenciar claramente se uma característica compartilhada (como tamanho dos dentes) entre dois fósseis está presente por ser oriunda do ancestral comum ou se surgiu de forma independente entre eles (ver Quadro 2.1, no capítulo II).

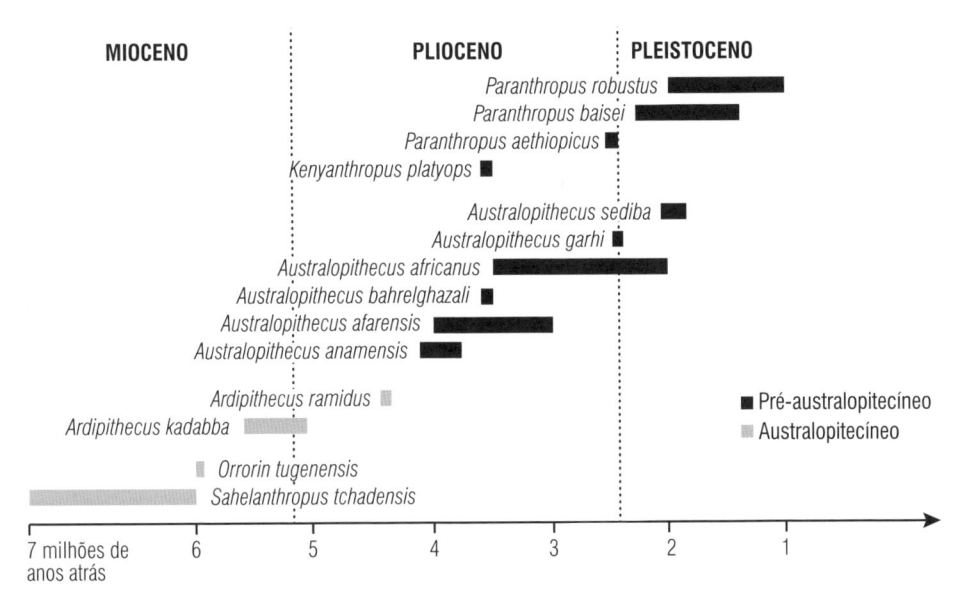

Figura 3.18 - Diversidade dos primeiros bípedes. Os primeiros bípedes viveram desde o Mioceno Superior até o Pleistoceno Médio. São conhecidas quatro espécies de pré-australopitecíneos e nove de australopitecíneos (são 10, se contar o *Au. bahrelghazali*). Ao contrário do que se acreditava por muitos anos, a diversificação dessas espécies não seguiu um percurso linear, sendo complexa, com várias radiações e espécies convivendo espacialmente e temporalmente. Algumas espécies, como o *Paranthropus boisei*, viveram junto dos primeiros representantes do gênero *Homo*. **Ilustração:** Miguel José Rangel Junior

A seguir, discutiremos essas relações entre os fósseis de pré-australopitecíneos e de australopitecíneos, mostrando como o surgimento da linhagem humana foi muito mais complexo do que se imaginava. Porém, deve-se salientar que isso nada mais é do que uma tentativa e representa apenas uma das inúmeras hipóteses sobre a evolução dos primeiros hominínios. Tais relações evolutivas estão simplificadas na Figura 3.19.

Olharemos primeiramente para os pré-australopitecíneos. Ainda não se conhece qual seria o ancestral do primeiro hominínio. E *Sahelanthropus tchadensis*, que é geralmente considerado o fóssil mais antigo, pode não ser, segundo alguns autores, um ancestral da linhagem humana, mas, sim, dos grandes monos. Por ora, aceitaremos que ele se trata de um hominínio, dado as suspeitas de que era bípede. Visto que os poucos fósseis de pré-australopitecíneos foram descobertos e "organizados" temporalmente (pelo menos de acordo com as datações usadas até agora), cada uma das espécies pode ser tratada como ancestral uma das outras, embora isso possa mudar a qualquer momento com a descoberta de novos fósseis. Sendo assim, *S. tchadensis* inicia a linhagem hominínia, seguido por *Orrorin tugenensis*, por *Ardipithecus kadabba* e, por fim, *Ardipithecus ramidus*. Este, embora seja considerado um bípede, possui uma morfologia dentária muito diferente de seu provável sucessor, *Australopithecus anamensis*. Ademais, viveu apenas 200 mil anos antes dele, o que exige uma mudança abrupta na morfologia dentária. Por ora, enquanto novas descobertas não são feitas, considera-se *Ardipithecus ramidus* como o último pré-australopitecíneo e ancestral direto dos australopitecíneos.

Largamente considerado como o mais antigo australopitecíneo, *Australopithecus anamensis* é, para a maioria dos autores, o ancestral do *Au. afarensis*, apesar de existir a possibilidade de ser uma forma primitiva desta última espécie. Por sua vez, *Au. afarensis*, o mais bem estudado australopitecíneo, pode ser o ponto de partida da radiação dos australopitecíneos no Plioceno. Outros autores argumentam que essa radiação se iniciou com *Au. anamensis*.

Dado a faixa cronológica de ocorrência, *Kenyanthropus platyops* pode ter evoluído diretamente de *Au. anamensis*, embora as duas espécies difiram significativamente na morfologia dentária (até então, a única forma de se comparar as duas espécies, que são representadas apenas por fragmentos de dentes e maxilas no caso de *Au. anamensis*, e por um crânio extremamente deformado, no caso de *K. platyops*). Segundo alguns autores, existe a possibilidade de *K. platyops* ser um ancestral da linhagem dos australopitecíneos robustos (gênero *Paranthropus*). Para complicar mais ainda, *K. platyops* poderia também ser ancestral do famoso crânio KNM-ER 1470, classificado por uns como *Homo habilis* e por outros, como *H. rudolfensis*. Caso seja confirmada tal relação de ancestralidade/descendência, o espécime poderá ser classificado como *K. rudolfensis*, o que tornaria a radiação adaptativa dos hominínios do Plioceno mais complexa do que se imaginava, com duas linhagens com tendência para aumento de cérebro.

Além de *K. platyops* e *Au. afarensis*, *Au. anamensis* pode também ser ancestral de *Au. bahreghazali*, apesar de que esta última espécie, para alguns autores, nada mais é do que um representante do *Au. afarensis* na região central da África que migrou do leste, onde a maior parte dos fósseis dessa última espécie foram encontrados.

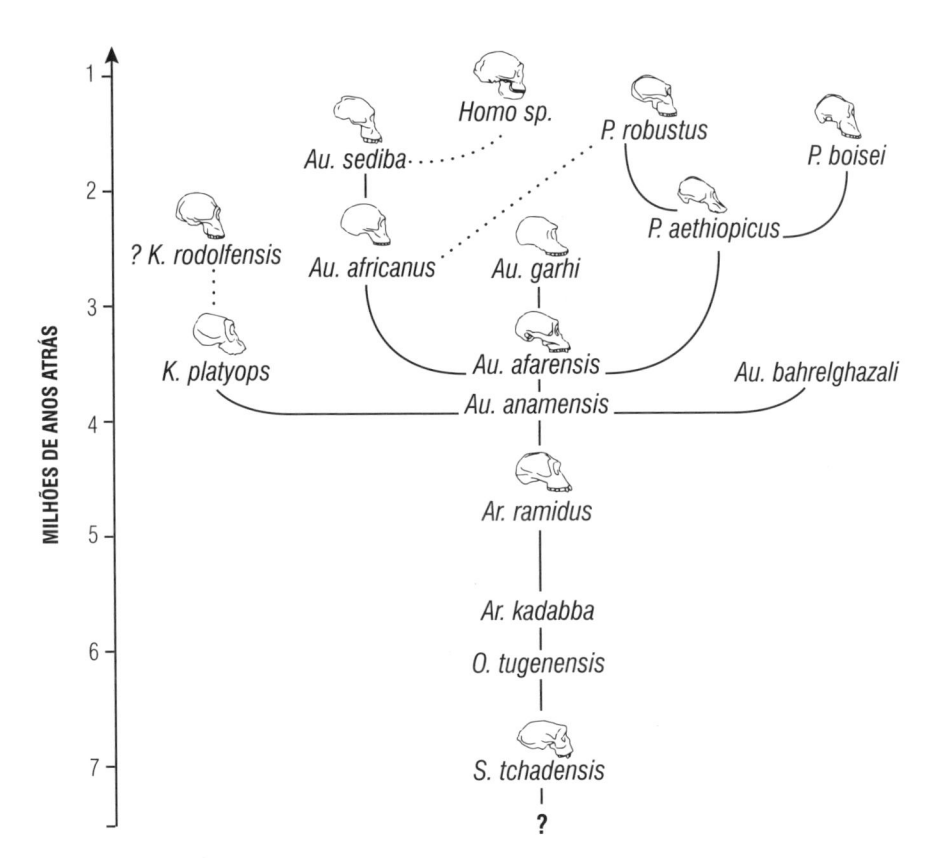

Figura 3.19 - Relações evolutivas entre os primeiros bípedes. Linhas contínuas representam as hipóteses menos controversas; linhas descontínuas representam hipóteses mais controversas; interrogação (?) representa espécies com validade taxonômica duvidosa ou desconhecimento da origem da linhagem. A origem dos australopitecíneos robustos (*Paranthropus*) já foi tema de debate por conta de uma suposta semelhança dessa linhagem com *Australopithecus africanus*. Esse poderia ser considerado um ancestral das duas espécies *P. boisei* e *P. robustus*, ou somente de *P. robustus*. *Au. bahreghazali* pode ser apenas um espécime de *Au. afarensis* que viveu na região central da África. *K. platyops* também é uma incógnita, visto o elevado grau de deformação do crânio encontrado, mas seus descobridores argumentam ser um novo gênero, podendo ser uma linhagem independente dos outros hominínios.
Ilustração: Miguel José Rangel Junior

Como já dito anteriormente, *Au. afarensis* é largamente aceito como o ponto de partida da radiação dos hominínios do Plioceno. Embora tenha sido contemporâneo de *Au. africanus*, que ocorreu no sul da África, pode ter sido seu ancestral. O *Au. africanus* por muito tempo foi considerado próximo à linhagem dos australopitecíneos robustos, seja como ancestral de *Paranthropus boisei* e *P. robustus* (antes da descoberta de *P. aethiopicus*) ou seja apenas como ancestral de *P. robustus*, dado que ambos viveram no sul da África e compartilham características em comum. Se descartada a possibilidade de *Au. africanus* ser ancestral da linhagem do gênero *Paranthropus*, o melhor candidato à ancestral desse gênero é *Au. afarensis*, que teria dado origem ao *P. aethiopicus*. Características da mandíbula e dos dentes corroboram a hipótese de *P. aethiopicus* ser uma forma primitiva de australopitecíneo robusto. Para o leste africano, muitos consideram que *P. aethiopicus* foi ancestral de *P. boisei*. As relações evolutivas entre os australopitecíneos robustos ainda suscita debates, e, dependendo do arranjo de ancestralidade e descendência criado, o gênero não pode ser considerado válido na sistemática atual. Três possíveis filogenias dessa linhagem são esquematizadas na Figura 3.20.

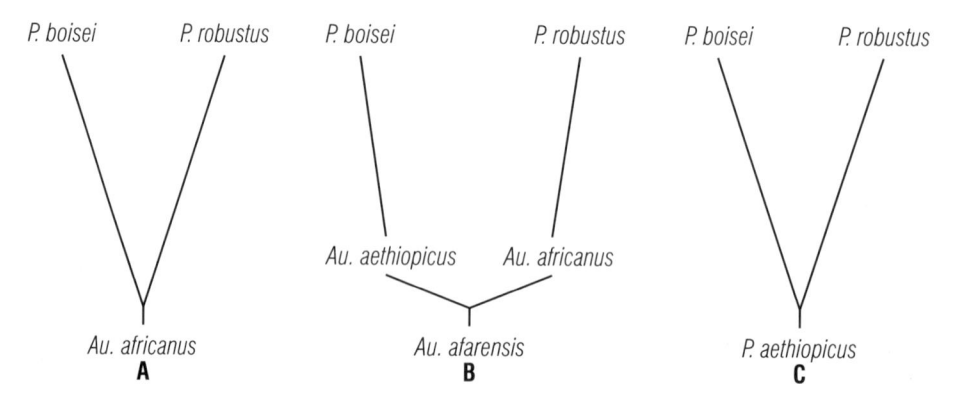

Figura 3.20 - Relações evolutivas dos australopitecíneos robustos: a) *Australopithecus africanus* como ancestral comum para *P. boisei* e *P. robustus*; b) *Au. africanus* como ancestral de *P. robustus*, e *P. aethiopicus* como ancestral de *P. boisei*; c) *Paranthropus aethiopicus* como ancestral de *P. boisei* e *P. robustus*. Note que admitindo *Au africanus* como ancestral exclusivo de *P. robustus*, o gênero *Paranthropus* passa a não ser mais um grupo monofilético.
Ilustração: Miguel José Rangel Junior

Algumas características morfológicas de *Au. africanus* o aproximam significativamente da linhagem que deu origem ao gênero *Homo*. O recentemente descoberto *Au. sediba*, visto suas características dentárias e do aparelho locomotor, além do período de ocorrência, é tido como o provável ancestral do gênero *Homo*, sendo que alguns autores argumentam que pode ser ancestral direto do

H. erectus. Levando em conta a ordem cronológica e a distribuição geográfica (ambos foram encontrados na África do Sul), *Au. africanus* seria, então, o ancestral do *Au. sediba*.[3]

Após toda essa análise das duas grandes linhagens derivadas de *Au. afarensis*, uma que levou ao *Paranthropus* e outra que levou ao *Homo*, resta mais uma espécie a ser considerada: *Au. garhi*. Esse possui uma caixa craniana parecida com a do *Au. afarensis*, mas é megadôntico, tal como o gênero *Paranthropus*. Apesar de já ter sido considerado um candidato a ancestral do gênero *Homo*, já que alguns autores suspeitaram de que foi o primeiro a fazer e usar ferramentas de pedra, hoje é considerado como uma radiação de australopitecíneo que não tem nenhuma relação com a linhagem que levou aos humanos modernos.

Pode parecer desanimador tentar entender a evolução desses hominínios antigos, dada tantas incertezas. Muitas vezes, o descobrimento de novos fósseis, em vez de preencher as lacunas do tão parco e descontínuo registro fóssil, torna o cenário mais complexo ainda. Entretanto, mesmo após tais dificuldades, podemos traçar alguns grandes padrões na evolução hominínia. A partir desses bípedes com extrema destreza nas árvores, e que podiam ter uma forma de locomoção muito diferente do que se observa em qualquer espécie vivente, surgiram duas grandes irradiações adaptativas: uma de hominínios que experimentaram um radical aumento no aparato mastigatório, com grandes pré-molares e molares (megadontia), sendo indubitavelmente "robustos", mas que se extinguiram sem deixar descendentes; e outra de hominínios que experimentaram uma progressiva diminuição do aparato mastigatório e sensível aumento do volume craniano, sendo os primeiros a usarem ferramentas de pedra lascada e os prováveis ancestrais dos humanos modernos. Como já citado, é possível que tenha existido duas linhagens com esse aumento cerebral se for considerado o *K. platyops*.

Em resumo, embora toda essa "rede" de relações evolutivas seja um pouco complexa, a descoberta desses fósseis possibilitou a compreensão de que a partir de primatas bípedes de hábitos semiarborícolas e cérebro pequeno, por razões largamente discutidas no capítulo, surgiram primatas bípedes com hábitos estritamente terrestres e cérebro grande.

---

3   Dada a faixa cronológica de ocorrência do *Au. sediba*, ele pode ter ocorrido depois do surgimento do *Homo habilis*, caso alguns fósseis desse último, datados em mais de 2 milhões de anos, sejam considerados. Sendo assim, é possível que *Au. sediba* seja, na verdade, um *Homo habilis*.

7. CONSIDERAÇÕES FINAIS

Acabamos de revisar o que seria a primeira parte da história evolutiva humana. Embora se tenha uma parcela substancial de conhecimento sobre essa época longínqua, ainda restam muitas dúvidas. Apesar de algumas perguntas terem sido respondidas, como se o que veio primeiro foi o andar sobre duas pernas ou o cérebro grande e se viviam em florestas ou savanas, outras permanecem sem respostas.

Que perguntas ainda restam a ser respondidas, então? Talvez uma das mais intrigantes questões sobre a origem dos homininios é como e qual era o ancestral entre eles e os chimpanzés atuais. É provável que esse ancestral não fosse um animal nodopedálico como um chimpanzé, e, neste caso, fica difícil definir a linhagem humana a partir de sua forma de andar bípede. Junto com essa pergunta vem outra: Por que se tornar bípede? Mais especificamente para os primeiros homininios, por que se tornar bípede com hábitos semiarborícolas? Confrontando a visão tradicional de que os ancestrais humanos saíram das árvores e passaram a andar sobre duas pernas, o que se pensa atualmente é que eles não precisaram descer das árvores para mudar a forma de andar. Outra pergunta diz respeito à diversidade desses homininios antigos: Quantas espécies existiram? Será que a diversidade era maior ou menor do que conhecemos? Será que as inúmeras espécies descritas não representam, muitas vezes, variações entre populações de uma mesma espécie? Entender isso é crucial para a construção de filogenias e de como surgiu o gênero mais recente de homininios, do qual fazemos parte, o gênero *Homo*.

Mais complexo do que saber qual foi a espécie que originou o *Homo*, é saber como e por que, a partir desses homininios de corpo e cérebro pequeno, andar bípede mas não completamente independente das árvores, e crescimento e maturação rápidas, surgiram homininios de porte e cérebro maiores, bípedes estritamente terrestres com pouca ou nenhuma habilidade nas árvores e crescimento e desenvolvimento lentos. É exatamente da origem e diversificação desses homininios que irá tratar o próximo capítulo.

QUADRO 3.4 – O QUE HÁ DE NOVO NO FRONT?

1. **O *Orrorin*, o último ancestral comum entre humanos e chimpanzés**
Vimos neste capítulo que o segundo fóssil mais antigo de um possível ancestral humano, o *Orrorin tugenensis*, possui partes somente do pós-crânio que demonstram a possibilidade de ser uma espécie bípede e, portanto, um hominíno. Porém, como já discutido no capítulo, semelhanças com os grandes monos, além da existência de dúvidas quanto à sua bipedia, são grandes entraves para que se consiga chegar a um acordo sobre sua posição taxonômica. Sérgio Almécija e colaboradores, em um estudo coordenado por William Jungers, publicaram na revista "Nature", em 2013, que análises morfométricas geométricas tridimensionais recentes, feitas num fêmur, BAR 1002'00, indicaram que o *Orrorin tugenensis* é morfologicamente intermediário entre os monos do Mioceno e os australopitecíneos. Semelhanças na anatomia externa da parte proximal do fêmur mostram um mosaico de caracteres vistos nos dois grupos citados, como a presença de um terceiro trocanter, presente nos monos do Mioceno, e de um colo da cabeça do fêmur mais longo, característico dos hominíneos. Há sinais mais claros de que essa espécie era um bípede incipiente, confirmando que pode ser um de nossos ancestrais mais antigos. Uma das conclusões mais importantes desse trabalho é a de que o último ancestral comum com os chimpanzés estaria longe de ser intermediário entre monos modernos e humanos, ideia que muitos ainda possuem em suas mentes. Ele seria, na verdade, uma espécie que estaria mais próxima anatomicamente dos monos já extintos do Mioceno, antes da separação entre as linhagens dos hominíneos e dos monos modernos, que seguiram caminhos diferentes, acumulando características derivadas exclusivas. Sendo assim, a ideia de que a nodopedalia seria uma característica ancestral entre os monos pode ser equivocada: o ancestral comum destes e dos hominíneos podia ser um quadrúpede não especializado em sua locomoção.

2. **A evolução da dieta dos australopitecíneos**
Estudos sobre a dieta dos hominíneos fósseis são especialmente

importantes para a compreensão de nossa história evolutiva, por iluminar as radiações adaptativas dos australopitecíneos. Uma das formas de se estudar isso é analisar a relação entre a quantidade de ^{12}C e ^{13}C. Traços desses isótopos são preservados no esmalte dentário e podem indicar dietas direcionadas a plantas com fotossíntese C_3 (árvores, arbustos e diversas herbáceas), pobres em ^{13}C, ou a plantas C_4 (gramíneas e ciperáceas) ou CAM (plantas suculentas), ricas em ^{13}C. Matt Sponheimer e colaboradores compilaram os mais recentes achados sobre esse tipo de estudo e publicaram em 2013 na revista "Science". Esses trabalhos mostraram que: valores baixos de ^{13}C foram constatados para *Ar. ramidus* e *Au. anamensis*, sugerindo que se alimentavam de frutos e folhas de árvores e arbustos, semelhantes aos chimpanzés; valores intermediários foram encontrados para *Au. afarensis*, para *K. platyops* e para as espécies do sul africano, incluindo os primeiros *Homo*, mostrando que suas dietas eram diversas, ingerindo tanto alimentos oriundos de árvores e arbustos quanto de gramíneas; e valores altos foram encontrados para *P. boisei*, diferente do observado para *P. robustus*. Essa variação também segue um padrão cronológico (os valores de ^{13}C tendem a aumentar em tempos mais recentes), o que sugere mudanças no ambiente ao longo do tempo (espécies florestais ingerem maiores quantidades de plantas C_3 do que aquelas que vivem em savanas). Entretanto, elas não podem ser resumidas a isso, dado que espécies que viviam em ambientes semelhantes como *Au. anamensis* e *Au. afarensis* apresentavam dietas diferentes. O *P. boisei* possui extrema robustez na mandíbula e dentes – com isso, a conclusão surpreendente é que existe correlação entre os valores de ^{13}C, a robustez da mandíbula e a área dos dentes pós-caninos, indicando que o consumo de gramíneas, ciperáceas e plantas suculentas foi um dos principais motivos que impulsionou a radiação adaptativa de espécies robustas.

3. Locomoção no *Au. sediba*: patologia ou adaptação?
Apresentamos aqui duas formas de locomoção exercida por grandes primatas e hominínios: a nodopedalia e a bipedia, respectivamente.

Entretanto, teria a forma de locomoção bípede sido exercida de maneira semelhante por todas as espécies de hominínios? Jeremy M. de Silva e colaboradores publicaram em 2013 na revista "Science" uma descrição da anatomia do membro inferior de um indivíduo de *Au. sediba*, sugerindo que a bipedia vista entre os australopitecíneos pode ter tido diversas formas durante o Plioceno-Pleistoceno, e não somente uma. O grupo de pesquisa chegou à conclusão que o indivíduo em questão apresentava marcha com pisada pronada (hiperpronação), com o calcanhar se inclinando para dentro. Tal forma de marcha não é observada em nenhum outro australopitecíneo. A hiperpronação é vista em humanos modernos, porém é tratada como uma patologia. Observam-se alterações nos ossos do pé, do membro inferior e da última vértebra lombar. Entretanto, não é possível concluir se essas alterações são consequência ou causa da hiperpronação. Os autores em questão argumentam que no *Au. sediba* a hiperpronação pode não ser uma patologia, mas uma forma adaptativa de se locomover tentando conciliar um modo de vida arborícola com andar bípede, permitindo total extensão dos joelhos ao andar na terra, mas considerável mobilidade nos pés para subir em árvores. Se for confirmado que o *Au. sediba* realmente apresentava um tipo de locomoção bípede diferente do visto nos australopitecíneos e nos primeiros *Homo*, conclui-se surpreendentemente que havia inúmeras formas de bipedia, mas sua posição como provável ancestral do nosso gênero pode ser comprometida.

SUGESTÕES PARA LEITURA:

Plavcan, J.M., 2013. Reconstructing Social Behavior from Fossil Evidence. Em: Begun, D.R. (Ed.), A Companion to Paleoanthropology. Wiley-Blackwell, Oxford (Reino Unido), pp. 226-244.

Reed, K.E., Fleagle, J.G., Leakey, R.E., 2013. The Paleobiology of *Australopithecus*. Springer. Nova York (EUA).

Thorpe, S.K.S., Holder, R.L., Crompton, R.H., 2007. Origin of Human Bipedalism as an Adaptation for Locomotion on flexible Branches. Science. 316, 1328-1331.

White, T.D., Aasfaw, B., Beyene, Y. Haile, Selassie, Y., Lovejoy, C.O.; Suwa, G., Woldegabriel, G., 2010. *Ardipithecus ramidus* and the Paleobiology of Early Hominids. Science. 326, 64-86.

Wood, B., Harrison, T., 2011. The evolutionary context of the first hominins. Nature. 470,347-352.

CAPÍTULO IV

ORIGEM E DISPERSÃO DO GÊNERO *HOMO*

CLÓVIS MONTEIRO NETO
PEDRO DA GLÓRIA
WALTER ALVES NEVES
Laboratório de Estudos Evolutivos Humanos – Departamento de Genética e Biologia Evolutiva – Instituto de Biociências – Universidade de São Paulo.

Neste capítulo, nós iremos abordar a origem e a dispersão do gênero *Homo* pelos continentes do Velho Mundo. Quando o primeiro representante do nosso gênero surgiu? Onde foi sua primeira ocorrência? Quais eram suas características físicas e comportamentais? Iniciamos o capítulo com um breve histórico das descobertas que deram início aos estudos do nosso gênero. Depois, caracterizamos os primeiros *Homo* na África e sua expansão para outras regiões do Velho Mundo, mencionando os sítios mais importantes (figuras 4.1, 4.2 e 4.3). Em seguida, apresentamos os principais aspectos anatômicos e comportamentais que caracterizam a espécie *Homo erectus*.

1. HISTÓRICO

A definição do gênero *Homo* sempre foi objeto de discussão entre os paleoantropólogos, uma vez que ela está intimamente associada com a própria definição do que consideramos humano. Além disso, a localização geográfica e a idade geológica do primeiro representante dos *Homo* foram também constantemente debatidas ao longo da história da paleoantropologia. Quatro descobertas fósseis representam grandes marcos quanto à origem e dispersão do nosso gênero.

Primeiro, a descoberta de fósseis em Java por Eugène Dubois é considerada por muitos o início da paleoantropologia, uma vez que os fósseis de neandertais encontrados anteriormente não eram ainda aceitos como uma espécie diferente da nossa. Dubois, um explorador holandês do século XIX, foi para Java, na Indonésia, com o intuito de achar uma forma intermediária entre humanos e macacos. Sua jornada resultou em uma calota craniana e um fêmur achados em Trinil, em Java, espécimes esses nomeados por ele como *Pithecanthropus erectus*. Posteriormente, esses espécimes foram renomeados para *Homo erectus*, provocando debate quanto à possibilidade do gênero *Homo* ter se originado na Ásia. O fêmur mostrava claramente que a locomoção bípede já deveria estar bem estabelecida, ao passo que o cérebro era maior que o de um chimpanzé, mas ainda menor que o dos humanos modernos. Sir Arthur Keith, já no século XX, estabeleceu um limiar de 750 cm³ para a inclusão de um espécime no gênero *Homo*. Uma vez que o espécime de Trinil tinha uma capacidade craniana entre 850 e 900 cm³, ele foi caracterizado com segurança como um representante do gênero *Homo*.

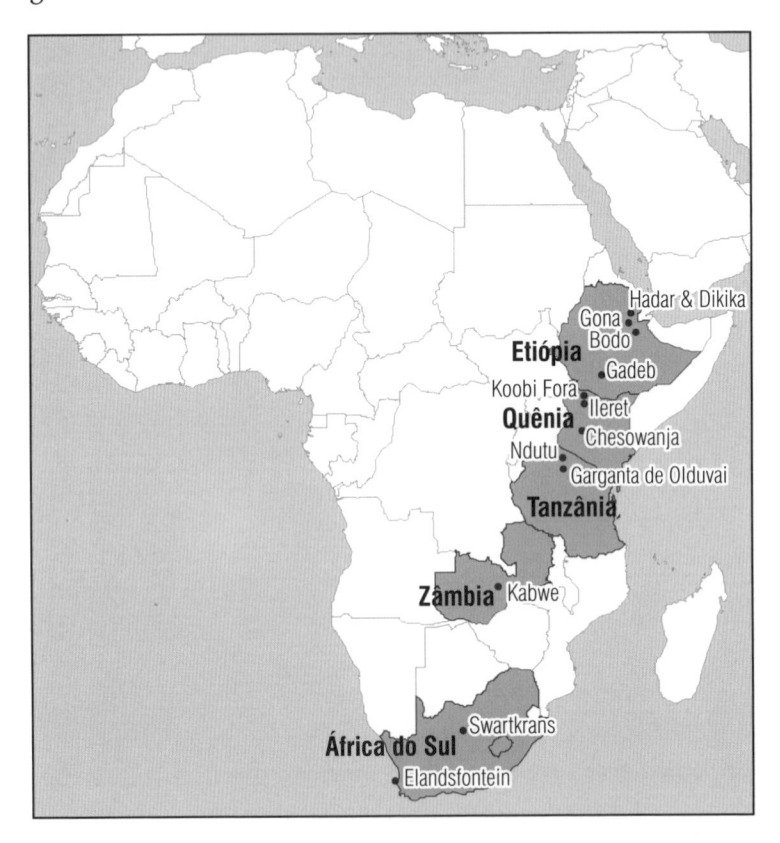

Figura 4.1 - Mapa da África mostrando os principais sítios abordados neste capítulo. Note que os fósseis foram encontrados exclusivamente no leste e no sul da África. **Ilustração:** Miguel José Rangel Junior

A segunda descoberta marcante referente ao gênero *Homo* foi o achado por Louis Leakey e colegas, em 1960, de fósseis de crânio e de mão na Garganta de Olduvai, na Tanzânia. Essa descoberta foi importante na medida em que revelou um espécime com características que o diferenciavam dos australopitecíneos encontrados na África até então. Essas características incluíam cérebro maior, dentes molares menores e face menor e menos projetada para frente do que os australopitecíneos. Além da questão anatômica, os fósseis de Olduvai estavam associados a ferramentas de pedra lascada, sugerindo o início do uso de instrumentos de pedra na nossa linhagem. Louis Leakey nomeou a espécie como *Homo habilis*, ou seja, "Homem habilidoso", em referência à capacidade de fabricar instrumentos. Esse achado foi também relevante para a discussão sobre a origem geográfica do gênero *Homo*, contribuindo para colocar a África como o centro de origem da dispersão do nosso gênero. Ainda mais importante foi que, naquela época, as técnicas de datações radiométricas estavam sendo utilizadas pela primeira vez, permitindo a inserção cronológica precisa do achado em locais como o leste da África. Essas técnicas usam o método do decaimento radioativo, que consiste na medição de elementos químicos que se transformam em outros em um tempo conhecido (ver Quadro 3.3 – cap. 3). Dada a proporção desses elementos químicos e o tempo em que eles decaem em outras formas químicas, é possível obter uma data precisa do fóssil. Esses elementos químicos são obtidos em camadas de lavas que são comuns no leste da África. No caso do *Homo habilis*, achado pelos Leakeys, o espécime tinha cerca de 1,8 milhão de anos.

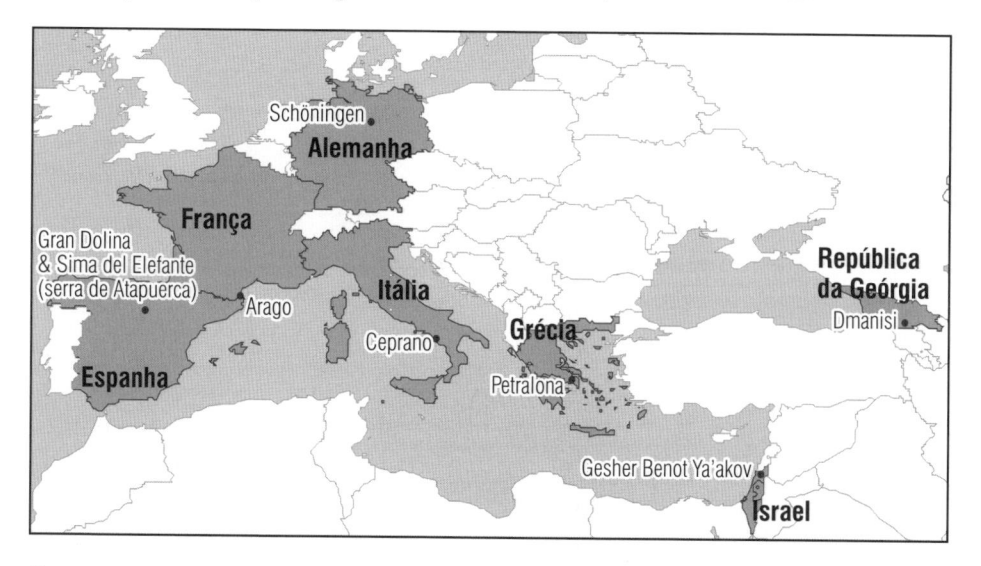

Figura 4.2 - Mapa da Europa, do Oriente Médio e do Cáucaso mostrando os principais sítios abordados neste capítulo. Os sítios de Dmanisi, na República da Geórgia, apresentam os fósseis mais antigos, com cerca de 1,8 milhão de anos.
Ilustração: Miguel José Rangel Junior

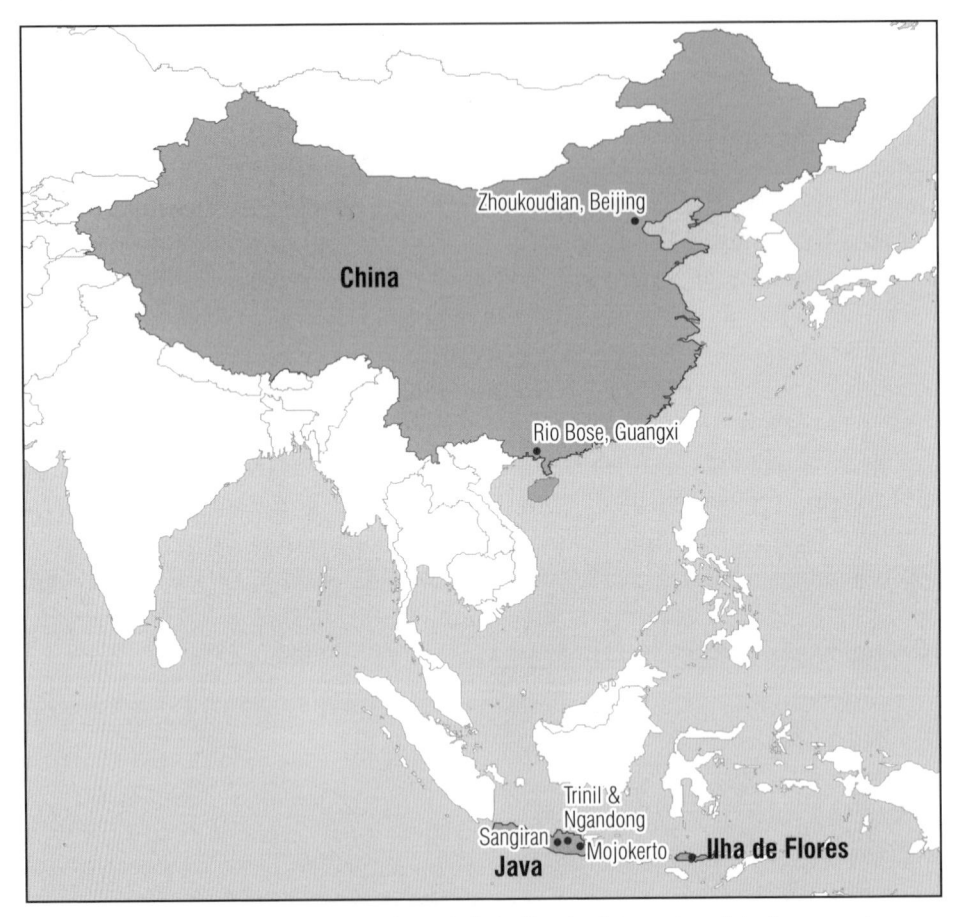

Figura 4.3 - Mapa do sudeste asiático mostrando os principais sítios abordados neste capítulo. O mapa mostra que os *Homo erectus* chegaram a ocupar as ilhas da Indonésia, tais como Java, que há milhares de anos eram conectadas com o continente. **Ilustração:** Miguel José Rangel Junior

Um terceiro achado importante para os estudos sobre o gênero *Homo* foi a descoberta do "garoto de Turkana", em 1984, a oeste do lago de mesmo nome, no Quênia. Esse esqueleto é um dos mais completos indivíduos da linhagem hominínia antes dos *Homo sapiens*. E foi achado pela equipe de Richard Leakey próximo a um rio chamado Nariokotome, sendo datado em 1,6 milhão de anos. Esqueletos completos são extremamente raros nessa antiguidade, fazendo desse achado uma oportunidade excepcional para estudar proporções corporais, locomoção, morfologia esqueletal e padrões de crescimento. De fato, o "garoto de Turkana" confirmou que a locomoção bípede do *Homo erectus* era muito semelhante a dos humanos modernos, embora o crescimento ainda ocorresse mais rápido do que no *Homo sapiens*.

Por fim, o quarto achado marcante é relacionado à dispersão do gênero *Homo* para fora da África. O sítio de Dmanisi, na República da Geórgia, se tornou um marco na paleoantropologia quando esqueletos do gênero *Homo* datados de cerca de 1,8 milhão de anos foram ali encontrados. O primeiro fóssil nesse sítio foi encontrado em 1991 por David Lordkipanidze, da Academia Nacional de Ciências da República da Geórgia, mas foi somente a partir de 1999 que crânios completos foram descobertos. Os crânios foram exumados junto com fragmentos do restante do esqueleto, permitindo importantes estudos sobre a morfologia dos primeiros hominínios a deixarem a África. De fato, esses achados têm mostrado uma acentuada diversidade morfológica entre os primeiros migrantes para fora da África, além de características inesperadas, tais como cérebros pequenos e proporções corporais primitivas. Esses achados serão discutidos mais detalhadamente nas seções a seguir.

Este breve histórico mostra que a origem do gênero *Homo* é localizada na África e a dispersão desses primeiros *Homo* ocorreu por volta de 1,8 milhão de anos atrás. Apesar de o gênero *Homo* ser definido de muitas maneiras, traços como o crescimento do cérebro, o uso de instrumentos e a anatomia do esqueleto indicando uma locomoção bípede semelhante à dos humanos modernos são os que têm sido usados para definir nosso gênero. A seguir, nós iremos detalhar os seguintes tópicos sobre a origem e a dispersão do gênero *Homo*: primeiros *Homo*, dispersão para fora da África e morfologia do *Homo erectus*, bem como sua tecnologia e seu comportamento.

2. PRIMEIROS *HOMO*

A primeira aparição do gênero *Homo* é datada por volta de 2,4 milhões de anos atrás, depois que os fósseis mais antigos desse gênero foram achados em Hadar, na Etiópia, em 1994, pela equipe de Donald Johanson, do Instituto de Origem Humana, naquela época filiado à Universidade de Berkeley, nos Estados Unidos. Todavia, a natureza fragmentada dos fósseis encontrados não permite uma conclusão definitiva sobre sua classificação taxonômica. Esses fósseis consistem em ossos da maxila (parte superior da boca) e alguns dentes, que são semelhantes a espécimes típicos de *Homo habilis* também encontrados no leste da África. Ainda mais interessante é que os fósseis foram achados junto com instrumentos de pedra lascada, indicando que esta espécie já fazia uso desse aparato tecnológico. Muita discussão tem ocorrido sobre a inclusão dos espécimes de *Homo habilis* no gênero *Homo* ao invés de incluí-los em australopitecíneos.

O *Homo habilis* apresenta em média um aumento de pelo menos 20% da capacidade craniana em relação aos australopitecíneos. A estrutura morfológica desses espécimes parece bastante variável, embora seja difícil classificá-los devido ao estado fragmentário de muitos fósseis. Um crânio relativamente completo foi achado no leste da África (KNM-ER 1813, retratado na Figura 4.4), apresentando morfologia mais próxima de linhagens recentes, tais como dentes pequenos e face pouco robusta. Por outro lado, o tamanho craniano ainda era bem reduzido (500 cm^3). Já o crânio KNM-ER 1470 (Figura 4.5) apresenta volume interno maior (775 cm^3), porém com face e dentes mais robustos. A parte superior da face desse espécime é mais chata e os dentes molares são tão grandes quanto os dos australopitecíneos. Esse espécime tem sido classificado como *Homo rudolfensis* por alguns, ao passo que outros o classificam em outro gênero como *Kenyanthropus rudolfensis*, devido à semelhança facial com *Kenyanthropus platyopis*, mais antigo. De fato, a morfologia do *Homo habilis*, em geral, é um mosaico entre os australopitecíneos e as formas mais modernas de *Homo*, possivelmente incluindo pelo menos duas espécies diferentes.

É bem provável que uma dessas variedades morfológicas dos primeiros *Homo* tenha gerado o *Homo erectus* há cerca de 1,8 milhão de anos, porém ainda não está claro qual delas é o ancestral direto daquela espécie. A situação é complicada porque o *Homo habilis* é encontrado no leste da África até 1,4 milhão de anos atrás, convivendo espacialmente e temporalmente com o *Homo erectus*, que é sabidamente parte da nossa linhagem direta. De fato, o *Homo habilis* tem uma distribuição relativamente ampla na África, sendo também encontrado no sul do continente.

A morfologia do pós-crânio do *Homo habilis* é ainda bastante semelhante aos australopitecíneos. Por exemplo, fragmentos de esqueleto encontrados na Tanzânia (OH 62) revelaram que a estatura dessa espécie era pequena e os braços bastante longos em relação às pernas, indicando ainda adaptações ao ambiente arbóreo. Além disso, falanges da mão e do pé ainda eram curvadas como a dos australopitecíneos. Por outro lado, estimativas de altura e massa corpórea baseadas em fêmures achados próximos ao crânio KNM-ER 1470 (*Homo rudol-*

fensis) sugerem que ele era mais pesado e alto que o *H. habilis*, indicando uma maior proximidade com membros posteriores do gênero *Homo*, pelo menos no que tange ao pós-crânio. Em geral, a morfologia pós-craniana dos *Homo habilis* indica que eles ainda não tinham feito a transição completa do ambiente arbóreo para o terrestre, enquanto espécimes pós-cranianos aparentemente associados ao *Homo rudolfensis* indicam morfologia mais moderna.

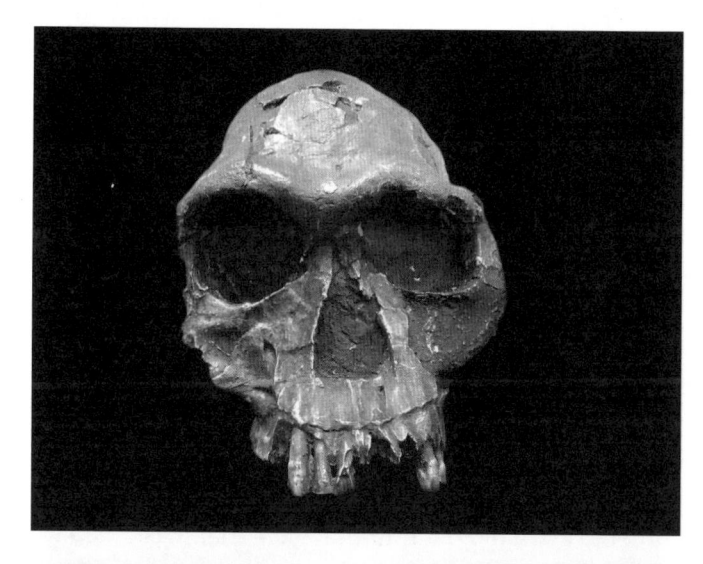

Figura 4.4- Este crânio (KNM-ER 1813) é um dos mais completos de *Homo habilis*, achado a leste do lago Turkana, no Quênia, e datado em 1,8 milhão de anos. **Ilustração:** Miguel José Rangel Junior

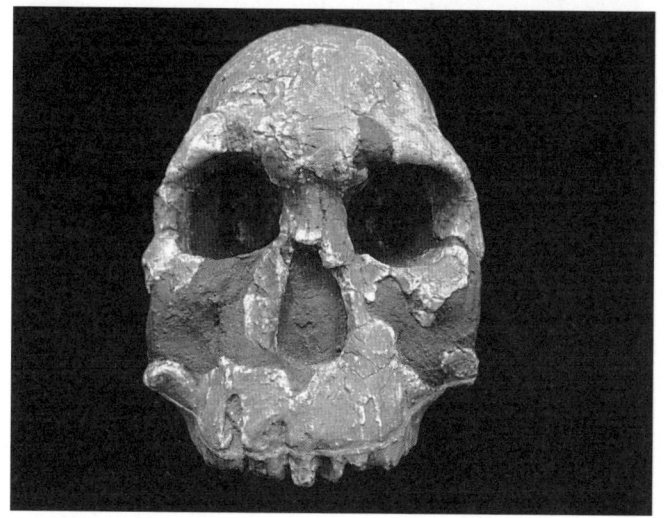

Figura 4.5 - O crânio ao lado (KNM-ER 1470) é um espécime dos primeiros *Homo*, datado em 1,9 milhão de anos, com volume cerebral avantajado (775 cm^3), dentes grandes e face achatada. Alguns autores o classificam como *Homo rudolfensis*, enquanto outros o denominam *Kenyanthropus rudolfensis*. **Ilustração:** Miguel José Rangel Junior

Uma característica marcante do *Homo habilis* é sua associação com instrumentos de pedra. A tecnologia lítica associada a eles é denominada indústria Olduvaiense. Essa indústria é composta por talhadores ("choppers") e lascas simples retiradas de blocos de pedra ou de seixos rolados. Os talhadores são o resultado final da retirada de lascas e deviam ser usados para múltiplas atividades. Já as lascas eram feitas para ser altamente cortantes, o que poderia dar acesso a recursos antes pouco explorados, tais como a carne. No entanto, as primeiras ferramentas de pedra são mais antigas que os fósseis de *Homo habilis*. No sítio de Gona, na Etiópia, foram encontradas ferramentas de pedra datadas em 2,6 milhões de anos, que estão próximas da região do rio Awash, onde fósseis do *Australopithecus garhi* e ossos com marcas de corte e de percussão foram encontrados. Quem seriam, então, os primeiros fabricantes de ferramentas de pedra? Ainda não há uma resposta para essa questão. O uso de instrumentos de pedra para o consumo de carne e a obtenção de tutano da medula óssea foi sugerido por alguns pesquisadores. A topografia do esmalte dentário do *Homo habilis* indica que eles possivelmente estavam adaptados para o consumo de carne. Essa espécie apresenta cúspides do esmalte dentário mais altas, o que seria um indicativo de que seus dentes estavam adaptados a comer alimentos com propriedades elásticas, tais como a carne.

Em síntese, os primeiros *Homo* apresentavam algumas características de australopitecíneos e outras de espécimes mais modernas do nosso gênero. Por exemplo, apresentavam aumento craniano e diminuição dentária, mas ainda tinham proporções corporais adaptadas à vida semiarborícola, como braços proporcionalmente longos. É importante ressaltar a variabilidade desses primeiros *Homo*, já que alguns espécimes classificados como *Homo rudolfensis* apresentam faces mais chatas e dentes maiores que os tradicionais *Homo habilis*. Ao mesmo tempo, o surgimento das primeiras ferramentas aparece nesse período, muito embora seus primeiros fabricantes fossem mais antigos que o primeiro registro do gênero *Homo*. O que se sabe ao certo é que há, sim, uma associação entre ferramentas de pedra e fósseis de *Homo habilis*. Alguns estudos sugerem que essa inovação tecnológica resultou na incorporação da carne de maneira mais consistente na dieta dessa espécie.

3. *HOMO ERECTUS*

O surgimento do *Homo erectus* foi um momento de mudança morfológica abrupta no registro fóssil. Essa espécie apresenta uma série de características que a aproxima do *Homo sapiens*, sendo, portanto, colocada na nossa linha de ancestralidade direta. Os fósseis mais antigos de *Homo erectus* surgiram por volta de 1,8 milhão de anos atrás no leste da África, tais como o crânio KNM-ER 3733 (Figura 4.6), encontrado no Quênia. Esses primeiros fósseis africanos são denominados por alguns pesquisadores como *Homo ergaster*, uma vez que apresentam ossos mais gráceis e com projeções acima das órbitas (tórus supraorbital) menores que os fósseis asiáticos. Todavia, há exemplares africanos, como o crânio OH-9 (Figura 4.7), que apresentam tórus supraorbital muito acentuado, semelhantes aos dos espécimes asiáticos. Dessa forma, iremos considerar neste capítulo as formas africanas e asiáticas como variações regionais de uma espécie única chamada *Homo erectus*. Antes de tratarmos da morfologia dessa espécie, iremos descrever a dispersão do gênero *Homo* da África para o restante do Velho Mundo, um dos eventos marcantes da linhagem hominínia.

3.1 DISPERSÃO: SAINDO DA ÁFRICA

Após descobertas de fósseis de hominínios em diversas partes do mundo com características similares ao crânio encontrado por Dubois em Java, e à medida em que os fósseis mais antigos foram sendo exumados na África, ganhou força o modelo que aponta esse continente como o local em que o *Homo erectus* surgiu e do qual se espalhou para outras partes do mundo.

O desejo de se remontar essa trajetória foi sempre grande. Mas essa não é uma questão fácil, até porque a série de fósseis que foram sendo achados na Ásia, na Indonésia, na Europa e na própria África gerou respostas diferentes sobre o local de origem do nosso gênero. A ideia inicial de Dubois de que o *Homo erectus* teria surgido na Ásia perdeu força, com o tempo, para evidências cada vez maiores para uma origem africana. Até recentemente, acreditava-se que a saída dos hominínios africanos não tinha ocorrido antes de 1 milhão de anos atrás. Mas as impressionantes descobertas de Dmanisi, já à beira do século XXI, que veremos a seguir, reacenderam muitos debates sobre a data e as razões para a dispersão dos hominínios para fora da África. Os fósseis mais antigos agora apontam para uma rápida expansão do *H. Erectus* para fora daquele continente por volta de 1,8 milhão de anos atrás. Encontramos essa espécie presente em locais tão distantes como Dmanisi, na Geórgia, há cerca de 1,77 milhão de anos, e Sangiran, na ilha de Java, em torno de 1,6 milhão de anos.

Figura 4.6 - O espécime KNM-ER 3733 é um dos crânios mais antigo de *Homo erectus*, tendo sido encontrado a leste do lago Turkana, no Quênia, e datado em 1,8 milhão de anos. Este espécime já mostra um crescimento cerebral considerável, assim como uma diminuição dos dentes em relação aos hominínios anteriores. **Ilustração**: Miguel José Rangel Junior

Figura 4.7 - Este espécime (OH-9) é um dos mais robustos *Homo erectus* africanos, apresentando também tamanho de cérebro superior a 1000 cm^3. O fóssil foi encontrado na Garganta de Olduvai, na Tanzânia, e datado por volta de 1,4 milhão de anos. Note o tórus supraorbital bastante proeminente neste espécime. **Ilustração**: Miguel José Rangel Junior

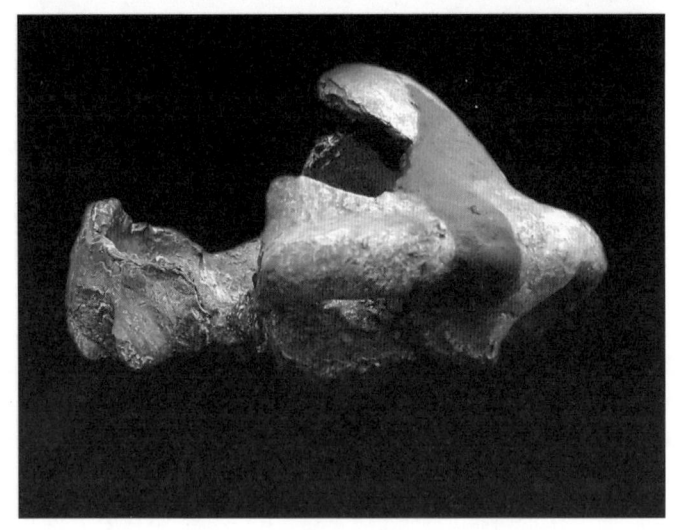

3.2 HIPÓTESES PARA A SAÍDA DA ÁFRICA

Que características permitiram essa rápida expansão? Algumas hipóteses foram sugeridas para explicar porque a saída se deu nesse período e não antes, baseadas na diferença entre o que se encontrava dentro e fora da África.

Primeiro, o aumento do volume cerebral. Os fósseis do *Homo erectus* exibiam uma capacidade craniana entre 800 cm^3 e 1000 cm^3, um crescimento importante em relação aos australopitecíneos (em torno de 440 cm^3) e ao *Homo habilis* (entre 500 cm^3 e 650 cm^3).

Segundo, a indústria lítica, ou seja, as ferramentas que este *Homo* produzia para enfrentar ambientes tão diferentes. As ferramentas encontradas na África associadas ao *Homo habilis* eram Olduvaienses, produzidas a partir do lascamento simples, sem maiores retoques. A partir de 1,6 a 1,4 milhão de anos atrás, surgiu na África um novo conjunto de ferramentas trabalhadas dos dois lados, por isso são chamadas de bifaces, já associadas ao *Homo erectus* africano. Essa indústria lítica – novo kit de ferramentas percutoras, raspadoras e cortantes – é chamada de Acheulense.

Em seguida, o aumento de estatura e a proporção entre o tamanho de pernas e braços. Com o aumento da estatura no *Homo erectus* por volta de 1,8 milhão de anos atrás na África, as pernas se tornaram proporcionalmente mais longas e os braços, mais curtos, numa possível adaptação para longas caminhadas com menor gasto energético. É apenas com o surgimento do *H. erectus* que se pode falar em uma bipedia obrigatória, tão moderna quanto a nossa.

4. DMANISI: UMA REVIRAVOLTA

A mais antiga evidência da presença de hominínios fora da África foi achada na cidade de Dmanisi, na República da Geórgia. As escavações na pequena aldeia erguida na época medieval, lideradas por Leo Gabunia e David Lordkipanidze, da Academia Nacional de Ciências da República da Geórgia, em cooperação com equipes internacionais, conseguiram encontrar crânios completos que tiveram um grande impacto no entendimento da expansão do *Homo erectus*.

Em 1991, foi achada uma mandíbula com vários dentes embaixo do esqueleto de um tigre-dente-de-sabre. A estimativa inicial de datação feita em comparação com a idade estimada do tigre e de outros animais associados apontou para 1,6 milhão de anos. Isto já seria suficiente para colocar o fóssil como o mais antigo hominínio fora da África. Só que ele era tão mais antigo do que se esperava que Lordkipanidze precisou enfrentar o ceticismo dominante entre os maiores especialistas, que não abriam mão da ideia de que o *Homo erectus* (ou *Homo ergaster*) não teria deixado a África antes de 1 milhão de anos atrás. A datação precisava ser confirmada, ou novos fósseis precisavam ser encontrados.

Em 1999, dois crânios foram achados a pouquíssima distância do local onde estava a mandíbula. Os dois revelavam uma surpreendente proximidade anatômica com os fósseis africanos do lago Turkana, especialmente o "garoto de Turkana" (ver a seguir). O primeiro crânio não tinha a face e parecia ser de um homem jovem. O segundo crânio estava mais completo, tinha traços mais gráceis, um tamanho menor, sugerindo ser de um adolescente ou de uma fêmea. Ambos exibiam um traço bem característico do *Homo erectus* africano, um estreitamente acentuado na parte superior do crânio logo após a região dos olhos (constrição pós-orbital).

Em 2002, um outro crânio muito mais completo foi encontrado, com mandíbula, calota craniana e face, e, dessa vez, as características primitivas eram ainda mais marcantes. Ele recebeu o nome de D2700 (Figura 4.8). O volume cerebral, que nos dois primeiros crânios é de 770 cm^3 e 650 cm^3, respectivamente, nesse terceiro fica em 600 cm^3, todos ainda menores do que o "garoto de Turkana" (880 cm^3) e mais próximos do *Homo habilis* (500 cm^3 a 650 cm^3), considerado o antecessor do *H. erectus*. Além disso, o crânio apresenta uma arcada supraorbital mais suave e parte inferior da face mais projetada (prognatismo), ambos traços primitivos.

Em 2005, um quarto crânio, provavelmente de um homem, foi achado completo e com os ossos bem conservados. Ele tinha uma característica especial: havia perdido todos os dentes, com exceção de um, muito antes de morrer. Os alvéolos, onde os dentes ficam presos, já haviam sido reabsorvidos, mostrando que esse indivíduo viveu por vários anos com uma grande dificuldade de mastigação. Esse é o registro mais antigo de um problema dessa natureza, e inevitavelmente trouxe para o debate reflexões sobre o comportamento desse grupo, como compaixão, cooperação e elaboração de alimentos, na tentativa de explicar como ele teria conseguido se alimentar por tanto tempo praticamente sem dentes. A obtenção selecionada de partes mais macias de plantas e animais, como o cérebro e o tutano, poderia ser feita sem ajuda do grupo? Haveria algum processamento de alimentos? Não podemos falar aqui de cozimento, já que as primeiras evidências na domesticação do fogo só vão ser encontradas muito depois, mas talvez a maceração.

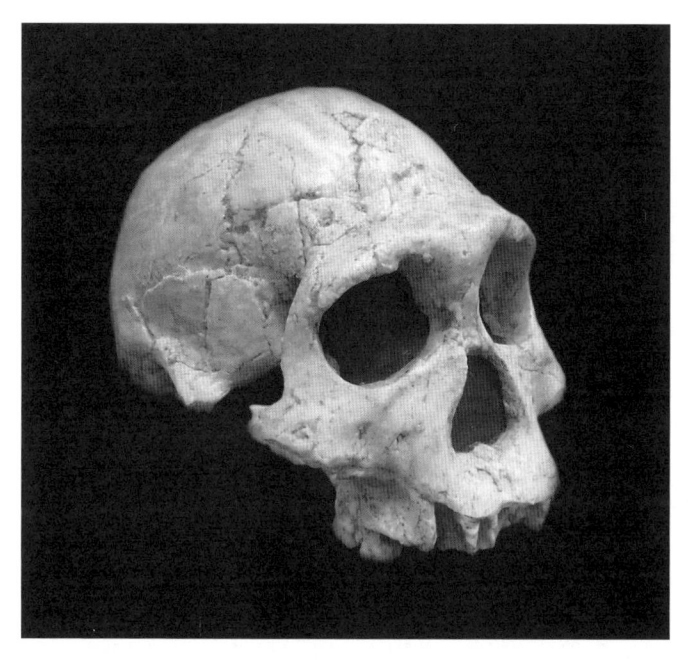

Figura 4.8 - Este crânio (D2700) foi descoberto em 2001 na República da Geórgia, no Cáucaso, e foi datado em cerca de 1,8 milhão de anos. Este espécime representa a primeira migração para fora da África, apresentando semelhanças morfológicas com os primeiros *Homo*. Ele apresenta capacidade craniana em torno de 600 cm^3. **Ilustração**: Miguel José Rangel Junior

A primeira análise dos ossos pós-cranianos de Dmanisi foi publicada em 2007. O estudo, que se baseou no esqueleto relativo ao crânio de 600 cm^3, um adolescente, revelado em 2002, e de dois adultos, mostrou uma mistura de traços arcaicos e modernos.

De arcaico, tinha uma estatura pequena – 1,45m a 1,66m – e pesava entre 40 e 50 quilos. Maior do que os australopitecíneos, mas menor do que os *Homo erectus* africanos. Os braços eram retos, não levemente torcidos para fora como os nossos, o que certamente traria dificuldade de arremesso. E ainda trazia nos ossos do ombro algumas características primitivas, mantidas pelos australopitecíneos e herdadas de ancestrais adaptados à vida nas árvores.

De moderno, havia proporções de braços e pernas como as nossas e uma coluna vertebral com um espaço interno alargado em uma determinada vértebra na altura do tórax, semelhante ao que existe no *H. sapiens*. A importância dessa vértebra, tecnicamente chamada T7, é que por ela passa um nervo que está ligado à capacidade de controle fino da respiração, essencial para a fala. Apesar de os fósseis de Dmanisi apresentarem esta base anatômica, isso não quer dizer que o hominínio de Dmanisi falava, já que a fala, como a praticamos hoje, é um processo complexo que envolve requisitos anatômicos e cognitivos que só foram aparecer muito depois na evolução humana.

4.1 IMPACTO

As revelações de Dmanisi derrubaram boa parte das premissas até então levantadas para a saída da África. O cérebro, surpreendentemente pequeno, mostrou que esse não foi um obstáculo à saída. Da mesma forma, não foi necessária a posse de um conjunto de ferramentas mais versátil para atravessar os limites africanos. Dos milhares de artefatos encontrados no mesmo nível estratigráfico que a mandíbula de 1991, não havia uma única ferramenta Acheulense. Igualmente não se confirmou a relação entre a migração intercontinental com uma estatura alta. Porém, os homininíos de Dmanisi reforçaram a ideia de que pernas mais longas e braços mais curtos tiveram um papel relevante na grande expansão pelo mundo.

Os homininíos de Dmanisi são mais parecidos com os fósseis africanos do que com os encontrados na Ásia, corroborando a origem africana para o gênero *Homo*. Contudo, a principal revolução que Dmanisi provoca na paleoantropologia é mostrar que existia uma impressionante variabilidade entre os indivíduos do mesmo grupo e, portanto, várias diferenças morfológicas observadas em crânios isolados em diferentes lugares do mundo e que foram interpretados como espécies diferentes podem, muito bem, fazer parte da diversidade dentro de uma mesma espécie. Variações que podem se expressar de forma acentuada em sexos diferentes (dimorfismo sexual) e idades diferentes.

4.2 A DATAÇÃO

A antiguidade dos dois primeiros crânios foi muito bem estabelecida pelos geólogos. Eles estavam diretamente acima de uma camada de rocha vulcânica chamada Basalto Masavera, que pôde ser radiometricamente datada em 1,85 milhão de anos, o que estabeleceu um parâmetro máximo. Se os ossos estavam acima, não poderiam ter mais do que essa idade. Faltava uma camada de material vulcânico acima dos ossos para fechar um espaço de tempo bem definido. Mas, distante 15 km da região dos achados, existia um local em que as mesmas camadas se repetiam com a diferença de que havia a camada superior de rocha basáltica e foi possível datá-la em 1,76 milhão de anos. Essa datação foi ainda confirmada pela análise paleomagnética dos sedimentos que continham os fósseis, que apontou uma antiguidade de 1,77 milhão de anos.

Com isso, os dois crânios de Dmanisi ganharam uma inequívoca antiguidade que os colocou como os mais antigos fora da África e, na verdade, tão antigos quanto os mais antigos da África, uma vez que novas datações por radiometria apontaram 1,81 milhão de anos, conforme trabalho publicado por Tristan Garcia e colaboradores em 2010. Os crânios seguintes estavam no mesmo contexto geológico e pouco distantes dos anteriores – consequentemente, possuem a mesma datação.

5. SUDESTE ASIÁTICO

Os mais antigos fósseis no sudeste asiático foram encontrados nas ilhas do sudeste do continente, na região da Indonésia, especialmente na ilha de Java, onde há vestígios datados de 1,6 milhão de anos. Nessa época, o nível do oceano estava muito mais baixo do que hoje e várias ilhas da região estavam ligadas por terra ao continente. Na Ásia continental, os registros mais antigos foram achados na China, com uma datação de 1,6 milhão de anos.

5.1 INDONÉSIA

A calota craniana e o fêmur encontrados por Eugène Dubois em 1891, nas barrancas do rio Solo, perto da cidade de Trinil, que acabaram definindo as características do *Homo erectus*, tiveram uma datação estimada em 900 mil anos. Várias outras descobertas foram feitas na ilha de Java, sendo que a de maior antiguidade foi um crânio de criança encontrado no sítio de Mojokerto, datado, ainda que de forma questionável, em aproximadamente 1,8 milhão de anos. Um outro sítio que pode ter uma antiguidade quase tão alta é o de Sangiran, cujos sedimentos que cobriam os fósseis foram datados entre 1,6 e 1,0 milhão de anos. A datação de muitos fósseis de Java é controversa porque vários deles não foram achados por cientistas em uma escavação controlada, mas por plantadores de arroz. Com isso, vários contextos foram perdidos, acarretando datações que ficam dentro de um intervalo muito grande de tempo, às vezes de centenas de milhares de anos. No entanto, os sedimentos de Java, uma região vulcânica, são muito propícios de serem datados usando-se uma técnica baseada no argônio, um elemento estável que surge pelo decaimento radioativo do potássio (K^{40}) a uma taxa conhecida, o que serve como um relógio zerado no momento em que a rocha é formada por solidificação do magma vulcânico. Também é usado o método argônio/argônio, que calcula o tempo baseado nas quantidades entre dois isótopos de argônio, um mais pesado (Ar^{40}) e outro mais leve (Ar^{39}).

A ocupação de Java se prolongou por um longo espaço de tempo. O mais recente vestígio da existência do *Homo erectus* foi descoberto em Ngandong, no leste de Java, revelando uma inesperada datação de 27 a 53 mil anos atrás, após ser submetido a diferentes técnicas de datação e de associação com a fauna encontrada no mesmo nível estratigráfico. Dois outros hominínios de Ngandong apresentaram datas relativamente recentes de 70 mil anos atrás. Isto indica que o *Homo erectus*, que chegou a Java logo após ter surgido na África, há pelo menos 1,6 milhão de anos, ainda perambulava pela ilha quando o homem moderno pintava as cavernas de Chauvet, na França, e já havia se espalhado por todo o Velho Mundo. Portanto, se as datações estiverem corretas, é possível estabelecer uma relação entre a chegada do homem moderno na Indonésia e o desaparecimento do *Homo erectus* na região.

Os fósseis da Indonésia apresentam uma variação da capacidade craniana entre 800 e 1250 cm^3. Já as ferramentas são muito raras. As poucas que foram achadas eram expressões da tecnologia Olduvaiense e não estavam associadas a nenhum fóssil.

Em 2003, na ilha de Flores, na Indonésia, foi encontrado um esqueleto bastante completo (LB1), com crânio (Figura 4.9), ossos da perna e braços, vértebras, costelas e cintura pélvica. No mesmo sítio, em 2004, foram encontrados fragmentos de novos indivíduos, totalizando pelo menos nove, incluindo uma mandíbula (LB6/1) e uma tíbia (LB8) datados entre 74 e 17 mil anos. O mais surpreendente desses achados é que esses indivíduos eram extremamente pequenos, com estatura estimada em pouco mais de 1 metro, e, embora fossem bípedes, tinham pernas proporcionalmente mais curtas e pés maiores que os humanos modernos. Além disso, a capacidade craniana do indivíduo LB1 está entre 385 e 417 cm^3, sendo comparável à dos australopitecíneos. Essas características primitivas somadas à datação muito recente levaram os autores do estudo a batizar essa espécie como *Homo floresiensis*. Associadas aos achados fósseis, ferramentas de pedra como lascas, pontas, perfuradores e lâminas foram encontradas, indicando uma indústria lítica relativamente moderna para indivíduos com tão baixa capacidade craniana. Ainda mais: marcas de corte em ossos de estegodontes anões (*Stegodon florensis insularis*) sugerem o consumo de carne. Alguns estudos mostraram que traços morfológicos primitivos desses espécimes os conectam aos australopitecíneos e aos primeiros *Homo* africanos, embora com traços derivados distintivos. Diversas perguntas surgem dessas descobertas: como eles teriam chegado tão longe? Por que teriam sobrevivido até tão recentemente? Como teriam desenvolvido tecnologia moderna com uma capacidade craniana tão baixa? Os pesquisadores argumentam que essa baixa estatura pode ser devida a um fenômeno conhecido em ilhas: o nanismo insular. Devido aos baixos recursos e pouca predação, as espécies em ilhas tendem a ter tamanhos menores. Enquanto parte da comunidade científica pensa em hipóteses para explicar esses achados, outros pesquisadores sugerem que o único crânio completo encontrado é na verdade um *Homo sapiens* patológico, apresentando algum tipo de microcefalia que causou o baixo volume cerebral. Já os outros indivíduos seriam indivíduos pigmeus que compartilham traços morfológicos com habitantes modernos da ilha de Flores. Somente com a descoberta de novos indivíduos completos, esse debate irá se resolver completamente.

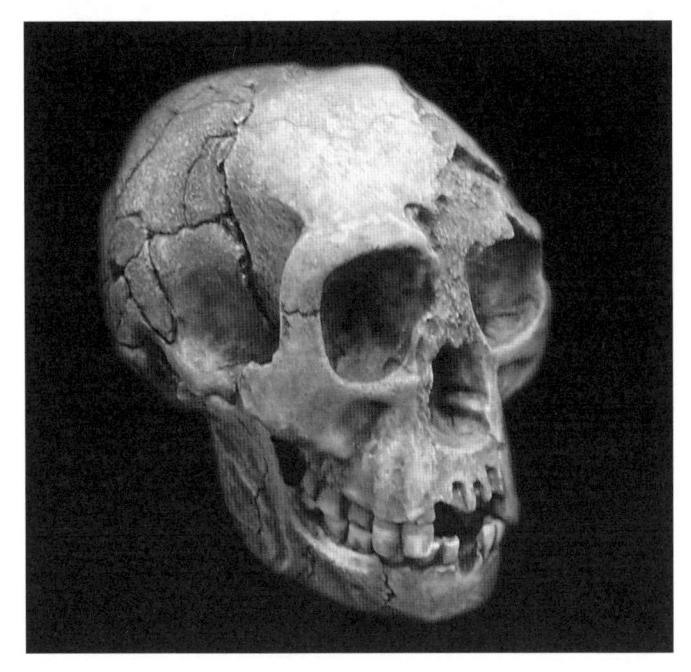

Figura 4.9 - O espécime chamado de LB1 é o único crânio completo de *Homo floresiensis*. Ele foi encontrado na ilha de Flores, na Indonésia, e é datado em 17 mil anos. Note o tamanho reduzido da caixa craniana, que tem cerca de 400 cm^3. **Ilustração**: Miguel José Rangel Junior

5.2 CHINA

Descoberto em dezembro de 1929, o mais famoso fóssil de *Homo erectus* da China ficou conhecido como o "Homem de Pequim" (Figura 4.10). Um crânio achado na caverna de Zhoukoudian (cuja pronúncia está mais próxima da antiga grafia, Chou Kou Tien), nos arredores de Pequim, pelo paleontólogo Pei Wenshong, foi descrito junto com o anatomista canadense Davidson Black inicialmente como *Sinanthropus pekinensis*. O local era chamado de Morro dos Ossos do Dragão, em referência aos ossos fósseis que ali afloravam.

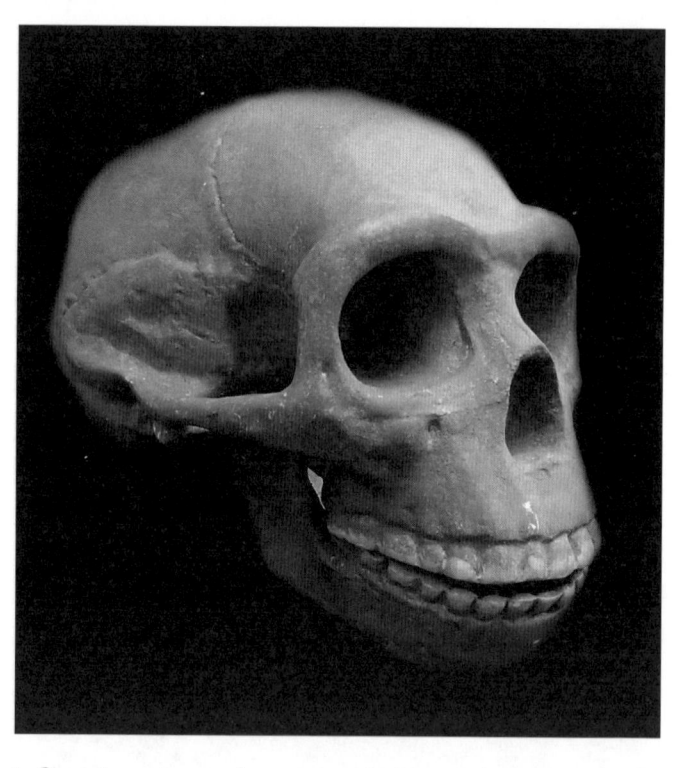

Figura 4.10 - Reconstituição do crânio achado na caverna de Zhoukoudian, nos arredores de Pequim, na China, que é conhecido como "Homem de Pequim". Este espécime é um *Homo erectus* asiático datado em cerca de 700 mil anos. **Ilustração**: Miguel José Rangel Junior

O crânio e os demais fósseis encontrados não resistiram à invasão japonesa da China, iniciada em 1931, e foram perdidos após serem confiscados em dezembro de 1941. No entanto, as cuidadosas medições, desenhos e moldes feitos pelo anatomista Franz Weidenreich, que havia fugido da perseguição nazista na Alemanha, permitiram a sobrevivência de réplicas de 14 crânios, mais de 100 dentes isolados e inúmeros fragmentos de ossos de cerca de 40 indivíduos que viveram na região de Zhoukoudian. As escavações foram retomadas em 1950, e uma nova mandíbula foi achada e descrita em 1959.

A datação mais aceita hoje para o "Homem de Pequim" é de 780 mil anos, apesar de que técnicas diferentes chegaram a apontar uma antiguidade de apenas 200 mil anos. As datas mais antigas na China, de fato, são mais recentes do que as da Indonésia, como os fósseis de Gongwangling, de 1,2 milhão de anos, e o sítio de ferramentas de pedra da Bacia de Nihewan, com idade de 1,6 milhão de anos.

Embora haja algumas diferenças regionais, os crânios chineses têm características típicas das encontradas no *Homo erectus* em Java, como um grosso tórus supraorbital, protuberância na nuca, ossos espessos, uma quilha sagital e uma face projetada e larga na parte inferior. Algumas das diferenças morfológicas podem ser explicadas pelo isolamento desses dois grupos por dezenas de milhares de anos no Pleistoceno, quando o nível dos oceanos subiu e transformou em ilhas o que antes era um território contínuo.

5.2.1 COMO VIVIAM?

Durante muito tempo, a descrição do estilo de vida em Zhoukoudian era a de caçadores-coletores que matavam veados e cavalos – havia milhares de ossos desses animais –, usavam o fogo para cozinhar – uma camada de até 5 metros e meio de cinzas havia sido descrita – e teriam, inclusive, praticado o canibalismo. Porém, essa visão que durou décadas começou a ser posta em dúvida por pesquisas recentes. O que se achava serem cinzas eram, na verdade, um acúmulo natural de sedimentos orgânicos. Nenhum remanescente humano estava completo, faltando geralmente os membros – pernas, braços, pés e mãos –, indicando que haviam morrido em outro local e para lá apenas algumas partes foram levadas. As marcas em um crânio, que pareciam indicar a prática de canibalismo, se encaixaram com os dentes de uma espécie encontrada, esta sim, inteira dentro da caverna: a extinta hiena gigante. Amostras de solo foram coletadas aonde havia sinal de fogo na caverna. Nos raros locais em que ossos queimados estavam perto de ferramentas, a evidência era de que os ossos foram queimados depois de fossilizados, indicando que não foram cozidos. Pequenas depressões que sugeriam servir de lareira foram provavelmente escavadas naturalmente pela água.

Por fim, os pesquisadores concluíram que a caverna foi principalmente usada pelas hienas gigantes, que depositaram nela restos de suas presas, incluindo os de hominínios. No entanto, algumas marcas de corte encontradas em ossos de mamíferos e ferramentas encontradas na entrada da caverna sugerem que o local também foi ocupado por membros da nossa linhagem.

6. EUROPA

Os *Homo erectus* também foram encontrados na Europa, em sítios na Espanha e na Itália. O registro mais antigo é de 1,2 milhão de anos atrás, em Sima del Elefante, na Serra de Atapuerca, na Espanha, onde foi achado uma mandíbula parcial com alguns dentes que, em análise inicial, se assemelham aos de Dmanisi. Também foram encontrados ossos de animais com marcas de descarnamento e ferramentas Olduvaienses.

Um pouco mais recente são os remanescentes achados no sítio Gran Dolina, na mesma Serra de Atapuerca, com idade de 800 mil anos. Os paleoantropólogos espanhóis propuseram que os fósseis de Atapuerca fossem classificados como uma espécie à parte: *Homo antecessor*. No entanto, por estarem muito fragmentados, é difícil estabelecer com segurança se esses remanescentes se referem mesmo a uma espécie distinta.

Na região central da Itália, no sul da Europa, um crânio bem preservado foi encontrado no sítio de Ceprano, com datação inicialmente estimada entre 800 mil e 900 mil anos. Estudos paleomagnéticos mais recentes redataram o crânio para 450 mil anos. Considerada a melhor evidência do *Homo erectus* na Europa, o "Homem de Ceprano", no entanto, tem sido proposto por pesquisadores italianos como uma nova espécie, o *Homo cepranensis*.

7. MORFOLOGIA DO *HOMO ERECTUS*

A seguir, iremos descrever a morfologia craniana e pós-craniana dos esqueletos de *Homo erectus*, buscando entender sua relevância para as adaptações dessa espécie ao seu ambiente.

7.1 MORFOLOGIA CRANIANA

A capacidade craniana do *Homo erectus* sofreu um aumento significativo em relação às espécies anteriores, pelo menos em termos absolutos, apresentando média de cerca de 950 cm^3. As primeiras formas dessa espécie na África já apresentavam capacidade craniana de 850 cm^3, o que foi gradativamente aumentando em espécimes posteriores. Na Ásia, por exemplo, *H. erectus* tardios chegaram a possuir 1225 cm³ (espécime Zhoukoudian X) de capacidade craniana, o que os aproxima da média do *Homo sapiens*, de 1350 cm³. Todavia, o tamanho cerebral apresenta substancial variação nessa espécie. O crânio de Ileret, no Quênia, é bastante pequeno (690 cm³) se comparado com o crânio OH 09 (1067 cm³), achado na Garganta de Olduvai, na Tanzânia, ambos datados por volta de 1,5 milhão de anos. Da mesma forma, alguns fósseis tardios parecem apresentar crânios relativamente pequenos, como o espécime OH 12 (727 cm³), datado por volta de 800 mil anos. Apesar dessa variação, a capacidade craniana em *Homo erectus* aumentou com o tempo, embora de uma maneira pouco pronunciada. A variação craniana observada nessa espécie pode ser devida ao dimorfismo sexual ou à variação morfológica entre diferentes populações regionais.

O significado desse aumento craniano ainda permanece em debate. Primeiramente, o aumento da capacidade craniana parece não ter sido tão pronunciado se considerarmos que também houve um aumento de massa corpórea no *Homo erectus* (ver a seguir). Nesse caso, o quociente encefálico (QE), que considera o tamanho do cérebro em relação à massa, manteve-se constante. Por outro lado, alguns pesquisadores defendem que o QE aumentou ligeiramente no *Homo erectus*, ao considerarmos os espécimes de maior cérebro de populações tardias. O segundo debate se refere às causas desse aumento de encefalização. Alguns pesquisadores sugerem que a interação social seria um fator preponderante. Existe uma conhecida correlação entre tamanho do neocórtex, a região do cérebro responsável pelo processamento de informações complexas, e o tamanho do grupo social. Por esse raciocínio, os *H. erectus* provavelmente interagiam em grupos maiores. A segunda possibilidade seria uma mudança de dieta. O cérebro é uma estrutura que demanda muita energia, exigindo o consumo de alimentos energéticamente ricos. Alguns autores sugerem que o aumento do consumo de carne poderia ser exatamente o responsável por essa dose extra de energia. Além disso, alimentos ricos em proteína, como a carne, não exigiriam grandes estruturas digestivas, tais como intestinos longos, deslocando a energia economizada para o crescimento do cérebro. Por fim, as atividades de obtenção de carne poderiam estar associadas com uma interação complexa entre hominínios que precisavam competir com uma fauna especializada no consumo de carne na savana. Interações sociais para a obtenção de carne podem ter necessitado tanto um tamanho de grupo maior como uma dieta mais energética. É importante ressaltar que esses fatores devem ter agido em menor intensidade em *H. erectus*, uma vez que o aumento do QE nessa espécie foi pequeno.

O formato do crânio do *Homo erectus* é caracterizado por ser longo e baixo, com a presença de uma proeminência na parte de trás do crânio chamada tórus nucal. Os ossos do crânio tendem a ser bem espessos, com uma proeminência óssea acima da órbita chamada tórus supraorbital. Atrás das órbitas, o crânio do *H. erectus* apresenta uma constrição pós-orbital. O crânio visto de trás apresenta um formato pentagonal, com uma proeminência no topo do crânio chamada de quilha sagital e que se alonga até a parte frontal do crânio, sendo então chamada de quilha metópica (Figura 4.11).

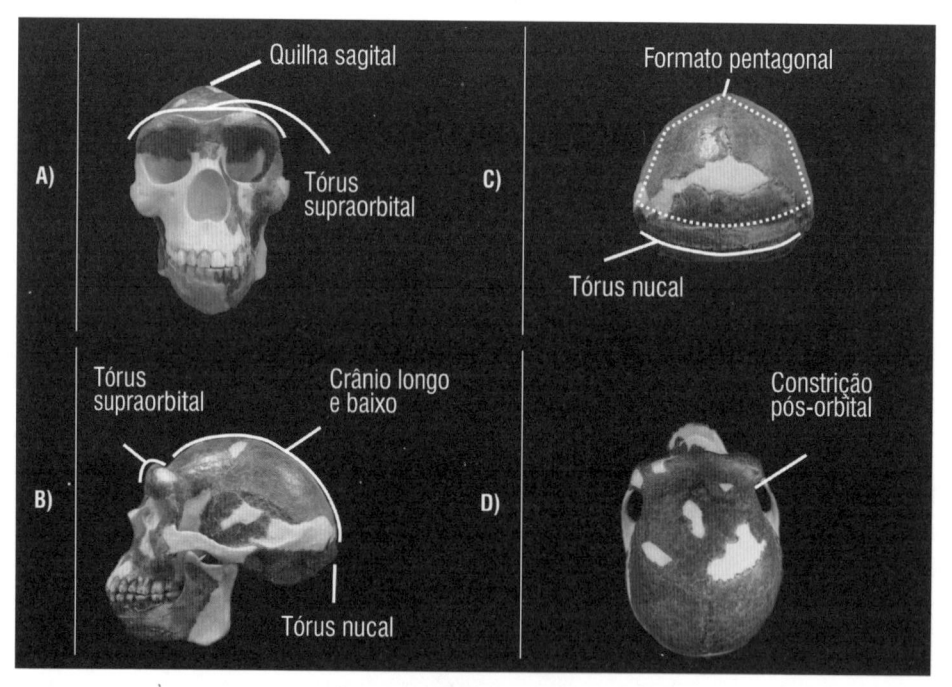

Figura 4.11 - Traços anatômicos do crânio de *Homo erectus* vistos de quatro ângulos diferentes: a) vista frontal; b) vistal lateral; c) vista posterior; d) vista superior. **Ilustração**: Miguel José Rangel Junior

De forma geral, esses traços refletem uma estrutura óssea bastante forte e robusta, embora não relacionada à inserção de fortes músculos de mastigação, como é o caso dos australopitecíneos robustos.

A mandíbula nessa espécie também é robusta, assim como os dentes são relativamente grandes em relação aos humanos modernos. Porém, houve uma diminuição do tamanho dos molares em comparação com os australopitecíneos. Essa redução é observada claramente já nos primeiros *Homo erectus* africanos, por volta de 1,8 milhão de anos atrás. A principal explicação para a diminuição dos molares é a diminuição da demanda de mastigação. Inovações culturais nessa espécie, tais como o surgimento do fogo e a fabricação de ferramentas, poderiam explicar essa diminuição (ver a seguir). De qualquer maneira, os dentes dessa espécie ainda não apresentavam o tamanho ainda mais reduzido dos molares dos humanos modernos.

7.2 MORFOLOGIA DO PÓS-CRÂNIO

O esqueleto pós-craniano, ou seja, os ossos abaixo do crânio, é raramente preservado no registro fóssil. A preservação de esqueletos pós-cranianos é essencial para estudos de locomoção, história de vida e proporções corporais na linhagem hominínia. O "garoto de Turkana", por exemplo, teve preservado o crânio, ossos longos, vértebras, bacia e costelas (Figura 4.12), sendo datado em cerca de 1,6 milhão de anos, conforme já mencionado. A seguir, iremos detalhar algumas das informações advindas do pós-crânio, lembrando que os poucos indivíduos exumados até agora provavelmente não representam toda a variabilidade geográfica e temporal pós-craniana do *Homo erectus*.

O esqueleto do "garoto de Turkana" apresenta uma estatura estimada de 1,60m, ao passo que sua idade óssea foi estimada em 12 anos, segundo padrões de crescimento humano moderno. Um longo debate sucedeu a essa descoberta para definir se os padrões atuais de crescimento poderiam ser aplicados para esse espécime. Uma resposta consistente só veio quando a contagem de estruturas do esmalte dentário chamadas de estrias, que se depositam diariamente no dente, indicou a idade de 8 anos para esse espécime. O desenvolvimento desse indivíduo foi mais rápido do que previamente imaginado, indicando mais similaridade com o padrão de chimpanzés do que com o de humanos modernos. Esse desenvolvimento mais rápido também foi observado em outros espécimes jovens de *H. erectus*, como o espécime de Sangiran S7-37. Um tempo de desenvolvimento reduzido tem implicações importantes para a estratégia de vida, tais como o tempo do período de maturação e o aprendizado social. Humanos modernos têm um período estendido de maturação, exigindo cuidado parental mais intenso, mas, ao mesmo tempo, possibilitando mais oportunidade para a aprendizagem cultural. Os dados gerados a partir do esqueleto de Turkana indicam que os *Homo erectus* ainda não apresentavam estratégia de vida semelhante à nossa.

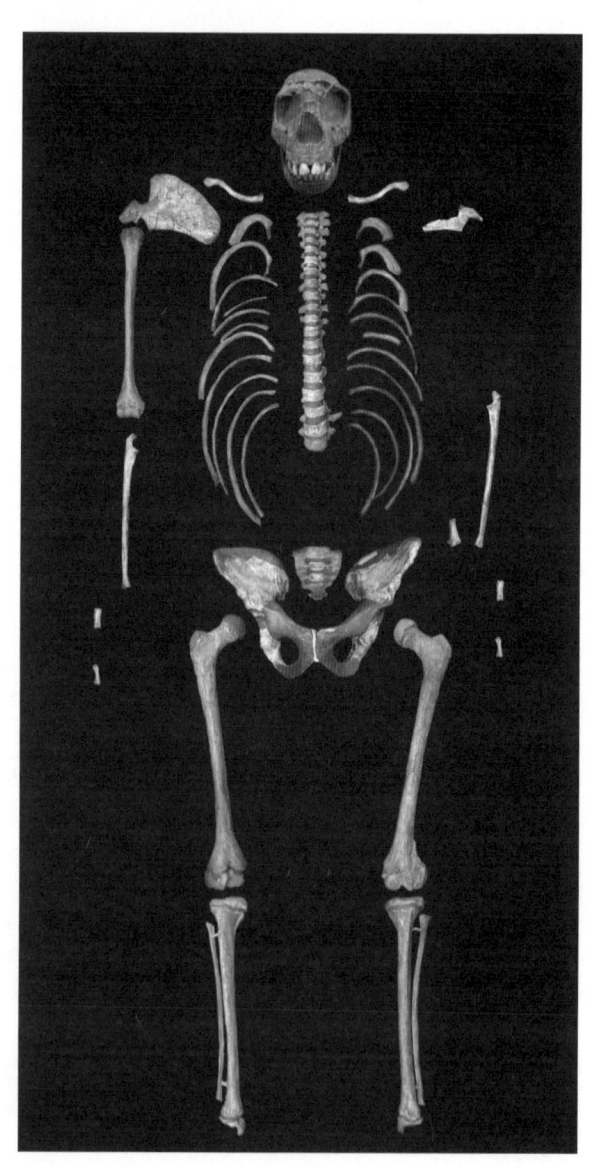

Figura 4.12 - O esqueleto do "garoto de Turkana" (WT-15000) apresenta cerca de 80% dos ossos de um indivíduo. Ele foi encontrado a leste do lago Turkana e foi datado em 1,6 milhão de anos.
Ilustração: Miguel José Rangel Junior

A estatura é outro elemento importante trazido pelo esqueleto do "garoto de Turkana". Uma vez que o indivíduo ainda apresentava 8 anos de idade, sua estatura final poderia chegar a quase 1,80m. Esses valores foram obtidos mesmo se considerarmos um padrão de crescimento ósseo de um chimpanzé. Essa estatura implica em um aumento considerável de massa corpórea no *Homo erectus* (48 a 63 quilos) em relação aos australopitecíneos. Os ossos do esqueleto dessa espécie eram bastante robustos, como mostram as marcas musculares do "garoto de Turkana". Esse maior tamanho e esqueleto mais robusto podem estar associados a dois fatores principais: uma dieta energeticamente mais rica, que permitiria um maior crescimento ósseo; e um estilo de vida que exigia bastante do físico, seja quanto à alta atividade física ou à necessidade de se proteger do contato físico com grandes animais. É importante notar que ossos isolados de *Homo erectus* mostram alguma variabilidade na estatura dessa espécie. Enquanto fêmures exumados no Quênia indicam uma estatura média bastante alta (1,70m), fêmures de Zhoukoudian, na China, indicam uma estatura mais baixa, de cerca de 1,60m. Essas variações podem estar ligadas à adaptação a diferentes ambientes.

As proporções dos ossos do pós-crânio do "garoto de Turkana" mostram adaptações para o ambiente tropical. Os membros são proporcionalmente longos, a bacia e ombros são estreitos e o peito é em formato de barril (Figura 4.13). Esses traços evidenciam uma adaptação ao ambiente quente dos trópicos, principalmente em áreas abertas como a savana. Adaptações à vida arbórea, tais como as falanges de mão curvas (ossos dos dedos), não são mais observadas nessa espécie. Recentemente, uma bacia muita mais larga, proveniente de um indivíduo mais baixo, foi encontrada em Gona, na Etiópia, sendo provisóriamente atribuída a uma variação morfológica de *Homo erectus*. Se essa classificação for correta, a morfologia do pós-crânio nessa espécie era mais variável do que imaginávamos, estando de acordo com a alta variabilidade de sua capacidade craniana. Por outro lado, alguns autores sugerem que essa bacia pode ser de um australopitecíneo robusto. Mais fósseis, incluindo elementos cranianos e pós-cranianos, podem esclarecer essa questão.

As longas pernas e a ausência de adaptações esqueletais à vida arbórea sugerem que o *Homo erectus* completou a transição das florestas para a savana, apresentando uma locomoção bípede muito semelhante à dos humanos modernos. Além disso, novas evidências têm sido geradas a partir de pegadas fósseis achadas em Ileret, no Quênia, e datadas em 1,5 milhão de anos. Encontrar pegadas fósseis é bastante raro na paleoantropologia, já que, uma vez formadas, elas logo desaparecem. Por uma confluência de condições especiais, as pegadas de Ileret foram rapidamente cobertas por sedimento e mantidas preservadas intactas até os dias de hoje. Estudos com essas pegadas mostraram que os hominínios que as produziram deveriam ter passadas longas e grande massa corpórea, sendo compatíveis com o esqueleto pós-craniano de *Homo erectus*.

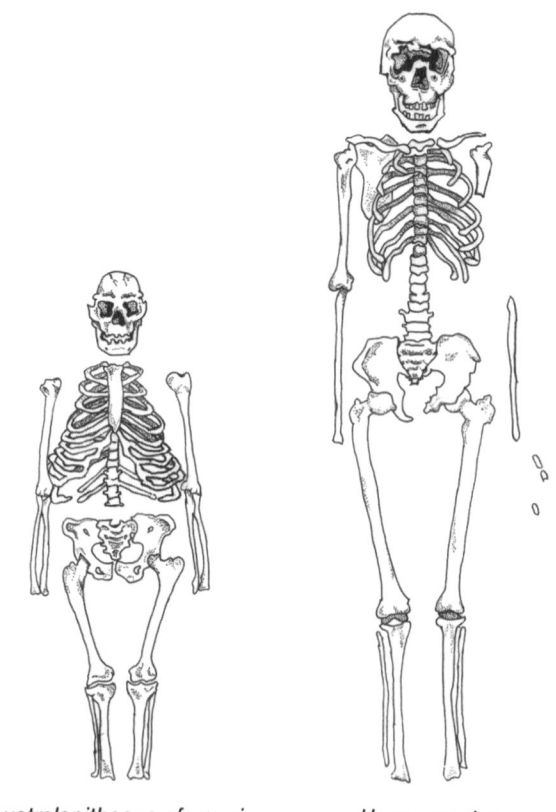

Figura 4.13 - Comparação entre as proporções do "garoto de Turkana" (*Homo erectus*) e uma reconstituição de Lucy (*Australopithecus afarensis*). Observe o formato das costelas do "garoto de Turkana" (forma de barril), contrastando com de Lucy (fomarto de funil). **Ilustração**: Miguel José Rangel Junior

Australopithecus afarensis   *Homo erectus*

A transição completa para a savana trouxe uma série de desafios comportamentais, tais como formas de se proteger de predadores e de obter alimento (ver a seguir). Ao mesmo tempo, adaptações anatômico-fisiológicas são importantes nessa transição. Alguns autores sugerem que foi com o surgimento do *Homo erectus* que ocorreu a perda de pelos no corpo e a multiplicação de glândulas sudoríparas a fim de resfriar a temperatura corpórea durante atividades diurnas na savana. Esse mecanismo seria ainda mais importante devido ao crescimento do cérebro, cuja função imprescindível e a alta demanda fisiológica exigem a manutenção de uma temperatura constante. Além disso, inúmeras evidências anatômicas, tais como o tórax em forma de barril, sugerem que a corrida de longa distância fez parte do repertório do *Homo erectus*. Essas corridas de longa distância são comuns em populações tradicionais africanas, tais como nos bosquímanos da região sul da África, como forma de perseguir suas presas. Nessas corridas de longa distância, o resfriamento do corpo é crucial.

O esqueleto do "garoto de Turkana" apresenta um canal medular da vértebra na região torácica (na altura do pulmão) bastante reduzido, diferente do que é observado nos indivíduos de Dmanisi. Nesse canal passa a medula espinhal, que controla os movimentos nervosos do corpo. Particularmente, os nervos da região torácica controlam os músculos da caixa torácica e do diafragma, que são muito importantes no controle da respiração. No caso dos humanos modernos, que apresentam um canal medular mais amplo, esses músculos apresentam um papel importante no controle da emissão de sons para a fala. Essa evidência sugere que os membros da espécie *Homo erectus* ainda não apresentavam uma fala complexa como a observada em humanos modernos. Alguns pesquisadores sugeriram que as características da coluna vertebral do "garoto de Turkana" refletiam uma patologia congênita (adquirida antes do nascimento). Porém, estudos mais recentes mostram que as vértebras desse esqueleto são compatíveis com características de um juvenil não patológico com redução do canal vertebral. De fato, o uso de um único esqueleto como modelo para interpretações sobre o comportamento do *Homo erectus* é bastante complicado. Assim, somente novos fósseis pós-cranianos poderão elucidar essas questões.

Em síntese, o esqueleto pós-craniano é extremamente informativo para poder entender locomoção, adaptações ambientais, padrão de crescimento, atividade física e até mesmo linguagem. Por estes motivos, o esqueleto do "garoto de Turkana" tem sido extremamente importante para entender o comportamento do *Homo erectus*. Por outro lado, a variabilidade do restante do esqueleto ainda é muito mal compreendida nessa espécie. Achados como os de Gona, na Etiópia, podem dar uma importante contribuição ao entendimento da variação no esqueleto pós-craniano.

8. CULTURA MATERIAL

8.1 LÍTICOS

Os artefatos feitos de pedra são os vestígios arqueológicos mais comuns de serem achados. Isso acontece por uma razão bem simples: eles resistem até nossos dias, enquanto a madeira, o couro e o tecido se desfazem rapidamente. Os ossos, só de forma excepcional – a depender do clima, da umidade, do tipo de solo –, se fossilizam e conseguem atravessar os tempos. Por esse motivo, o estudo desses artefatos, como foram feitos e como foram usados, se tornou tão importante como fonte de informação.

8.1.1 OLDUVAIENSE

Quando certo tipo de pedra é partida com um percutor, as duas partes resultantes apresentam bordas afiadas. As primeiras ferramentas de pedra produzidas surgiram dessa forma: uma fratura. De um lado fica a parte menor, a lasca; de outro, a parte maior, que se chama núcleo (Figura 4.14). Essa indústria lítica mais simples é chamada de Olduvaiense (ou Modo 1), pois foi na Garganta de Olduvai, no norte da Tanzânia, que ela foi primeiramente encontrada, por Louis e Mary Leakey, em 1931. Essa indústria se manteve praticamente inalterada por centenas de milhares de anos, e mesmo após o surgimento de uma indústria mais elaborada, o simples fraturamento de rocha adequada para fornecer bordas cortantes continuou a ser feito. Inicialmente se pensava que tanto o núcleo como as lascas eram os objetivos finais do processo e que o núcleo era usado como uma ferramenta mais pesada, um talhador, cujo nome em inglês – "chopper" – passou a caracterizar a cultura dessa época como indústria de "choppers". Todavia, pesquisas posteriores mais acuradas colocaram em dúvida a utilização dos núcleos como ferramentas. Uma vez que não foram encontrados neles sinais de uso, concluiu-se que, na verdade, os "choppers" não eram propriamente uma ferramenta pré-concebida mentalmente. O objetivo da atividade era produzir lascas cortantes, enquanto o núcleo, apesar de provavelmente ter sido usado ocasionalmente, acabava sendo aquilo que sobrava após uma ou mais retirada de lascas. De fato, a indústria era de lascas naturalmente afiadas. A forma mais simples de produzir lascas é através da percussão direta, na qual uma pedra mais dura desempenha o papel de martelo. Arqueólogos fazem experiências modernas de lascamento para tentar entender o grau de dificuldade e a destreza necessária para uma efetiva produção de ferramentas, e, com isso, formar um quadro mais claro das habilidades cognitivas e manuais de nossos antepassados. O ângulo da percussão, a força empregada, a velocidade do impacto e o material escolhido são variantes que produzem resultados bem diferentes. Esse ramo da arqueologia – a arqueologia experimental – conseguiu reproduzir de forma bem precisa as etapas de fabricação das ferramentas e o uso que elas tiveram, a partir do estudo dos microdesgastes deixados nas bordas dos instrumentos. As experiências realizadas pelo arqueólogo Lawrence Keeley conseguiram diferenciar se os microdesgastes encontrados na ferramenta eram do uso em osso, chifre, carne, plantas ou couro, e em alguns casos até mesmo se o couro era fresco ou seco.

Figura 4.14 - Exemplo de um núcleo ("chopper", à direita) e lascas típicas da indústria Olduvaiense. As lascas eram naturalmente afiadas e eram usadas para descarnar carcaças de animais. **Ilustração**: Miguel José Rangel Junior

O *Homo erectus* produziu ferramentas Olduvaienses, mas não se pode relacionar de forma estrita uma espécie a um tipo específico de indústria lítica, porque o *H. habilis* também o fez e o *H. erectus* também elaborou ferramentas com outras características. As marcas de corte em ossos mais antigas podem ter sido produzidas pelos australopitecíneos há 3,4 milhões de anos, apesar de ainda existir alguma dúvida sobre elas. É esperado que, antes dos artefatos serem produzidos, pedras naturalmente fraturadas fossem usadas como ferramentas, o que significa que uma primeira marca de corte não obrigatoriamente implica na existência de uma indústria lítica feita por hominínios. Essas marcas de corte apareceram de forma clara somente há 2,6 milhões de anos, na Etiópia.

8.1.2 ACHEULENSE

Em algum momento entre 1,6 e 1,4 milhão de anos atrás em Turkana, no Quênia, uma inovação foi introduzida na fabricação de ferramentas. Inicialmente, as ferramentas líticas Acheulenses (ou Modo 2) eram retocadas dos dois lados, com um resultado e um acabamento bem mais regular e elaborado (Figura 4.15). Fica claro que o lascador estava buscando uma forma predeterminada mentalmente, que ele alcançava com seguidos retoques nas bordas de uma pedra maior, seja um pequeno núcleo seja uma grande lasca. Uma das ferramentas típicas produzidas tem o formato alongado, grande o suficiente para caber na palma da mão, em formato de gota, arredondada em uma extremidade e pontiaguda na outra. Foi chamada inicialmente de "machado de mão". Apesar da função que ela desempenhou ter sido questionada e repensada, o nome persiste. Outra ferramenta básica desse kit que surgiu com o *Homo erectus* africano é o cutelo (em inglês, "cleaver"), um instrumento em forma de losango, afiado por lascamento e não por polimento em um dos bordos. Essa indústria mais sofisticada é chamada de Acheulense, ou indústria de bifaces, em razão do lascamento ocorrer agora dos dois lados do bloco de matéria-prima. O nome Acheulense foi dado a essa tradição lítica porque foi em Saint-Acheul, que fica a 140 km ao norte de Paris, na França, que ela foi primeiramente encontrada, no século XIX. A indústria Acheulense apresentou um conjunto de vantagens, inclusive a possibilidade do artefato ser reavivado para recuperar o fio ou a forma eventualmente perdida durante o uso.

8.1.3 A LINHA DE MOVIUS

Os artefatos Acheulenses são encontrados primeiro na África, e mais tardiamente no Oriente Médio e no oeste e norte da Europa. Porém, eles são ausentes ou muito raros em todo o centro e leste da Ásia, tanto no norte quanto no sul, e também na Indonésia. Essa distribuição geográfica foi primeiramente percebida pelo arqueólogo Hallam Movius, que propôs uma linha dividindo o mundo entre uma região com a presença da indústria Acheulense e outra em que se encontrava a Olduvaiense. Essa divisão ficou chamada de Linha de Movius (Figura 4.16). Duas hipóteses foram propostas para explicar a ausência da indústria Acheulense nas regiões sul, centro e leste da Ásia. A primeira sugere que o *Homo erectus*, quando saiu da África, levou a tecnologia Acheulense para a Ásia, mas ela foi se perdendo por razões ambientais diferentes, especialmente a ocorrência de outras matérias-primas orgânicas diferentes das da África. Dessa forma, teria havido uma reversão da indústria Acheulense para a Olduvaiense. A outra hipótese – as duas não são necessariamente excludentes entre si – sugere que o *Homo erectus* saiu da África antes da nova tecnologia ter se desenvolvido.

Figura 4.15 - Kit de ferramentas Acheulense. Observe os dois "machados de mão" à direita, um tipo de ferramenta típica da indústria Acheulense. Eles devem ter sido usados para múltiplas atividades que envolvessem corte e perfuração. **Ilustração**: Miguel José Rangel Junior

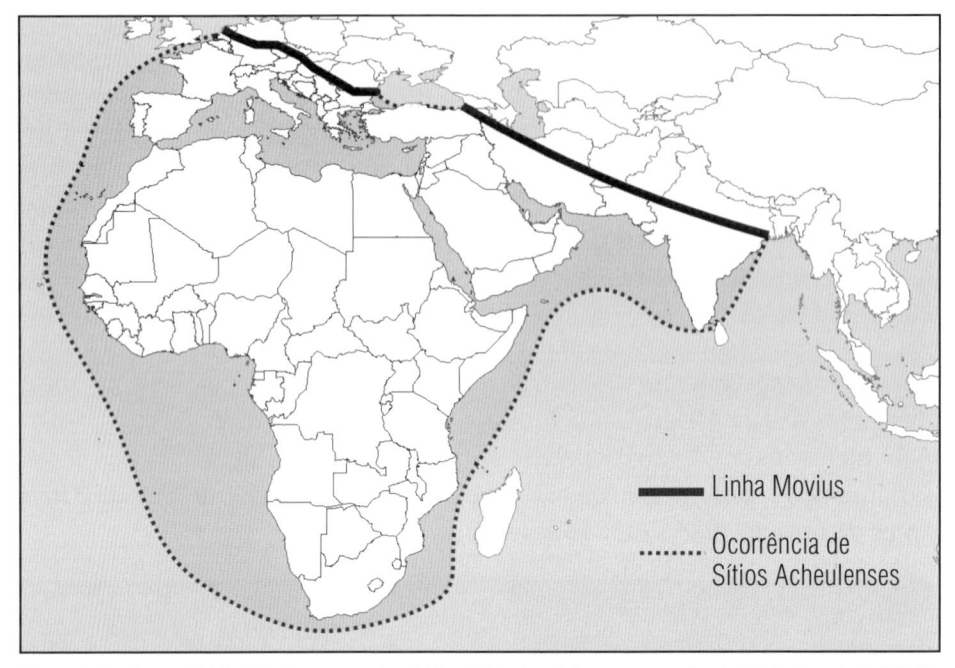

Figura 4.16 - Mapa do Velho Mundo mostrando a Linha de Movius (linha escura contínua). A linha tracejada delimita as regiões do Velho Mundo onde ocorrem sítios da indústria Acheulense. **Ilustração:** Miguel José Rangel Junior

Mas a descoberta de um sítio com abundância de "machados de mão" similares aos Acheulenses em plena Ásia veio fortalecer bastante a hipótese de que o *Homo erectus* não fazia ferramentas mais elaboradas de pedra porque não precisava delas. A descoberta se deu na bacia do rio Bose, na província chinesa de Guangxi, uma região onde um grande meteoro se chocou com a Terra, destruindo pelo fogo uma vasta área de florestas. O impacto cobriu parte da China e da Austrália com uma chuva de pedaços microscópicos de vidro – tectitas – formado pelo derretimento de rochas sob o forte calor liberado no impacto. Por sorte, as tectitas podem ser facilmente datadas e revelaram ter 803 mil anos, com uma margem de erro de 3 mil anos para mais ou para menos. Os artefatos foram recuperados em escavação juntos com amostras de madeira carbonizada e de tectitas. A hipótese mais provável é a de que as florestas foram devastadas, junto com os eventuais bambuzais, e foram substituídas durante um bom período por uma vegetação de campo rasteira. A pradaria, por sua vez, deixou exposta as fontes de matérias-primas adequadas para a elaboração de ferramentas Acheulenses. Enquanto predominou uma vegetação rasteira, os residentes dessa área produziram ferramentas Acheulenses. Antes das florestas serem destruídas e após elas se regenerarem, a indústria encontrada é a Olduvaiense. Isso sugere fortemente uma associação dos "machados de mão" e dos cutelos ao ambiente de campo aberto, mesmo que nenhum hominínio tenha sido encontrado associado aos artefatos. Entretanto, não pode ser descartada a ideia de que a ocorrência da indústria Acheulense em Guangxi possa estar ligada à chegada na região de algum outro grupo tecnologicamente mais avançado vindo da África, num segundo momento.

8.2 CAÇA OU CARNIÇA?

A presença de marcas de corte ou de percussão em ossos de animais é uma evidência do uso de ferramentas para a extração de carne ou para o acesso a partes protegidas como o cérebro e o tutano no interior dos ossos. Mas não é fácil determinar se esse consumo de proteína e gordura animal se refere a um hominínio caçador, que abateu suas presas, ou a um carniceiro, que explorava os restos da caça de grandes predadores.

A tendência inicial na paleoantropologia foi interpretar as marcas de corte em ossos de grandes mamíferos como um sinal precoce do caçador que nos tornamos. Mas, como vimos em Zhoukoudian, frequentemente os hominínios foram a presa. Um estudo feito pela antropóloga norte-americana Pat Shipman, da Universidade Estadual da Pensilvânia (Estados Unidos), nas marcas de corte deixadas em ossos de grandes mamíferos em Olduvai mostrou que elas estavam por cima da marca de dentes de grandes predadores. Esses resultados mostram que os hominínios tinham acesso às carcaças após os animais que os caçaram. O descarnamento de carniças parece ter sido muito mais a regra do que a exceção.

A mais antiga marca em osso deixada por um instrumento de corte foi encontrada em Dikika, na Etiópia, em estrato de 3,4 milhões de anos, uma antiguidade tão surpreendente que antecede em 800 mil anos o achado das primeiras ferramentas propriamente ditas. Sinal de que os australopitecíneos estavam usando pedras para cortarem carne. Mas a ausência de artefatos talvez indique que eles ainda não as fabricassem, apenas faziam uso de pedras naturalmente lascadas, conforme já foi mencionado.

8.3 O DOMÍNIO DO FOGO

Em algum momento entre 1,5 e 1 milhão de anos atrás, o *Homo erectus* passou a controlar o fogo. Não é difícil encontrar marcas de fogo na África, mas não é fácil distinguir o que é ocorrência natural – como incêndios em florestas ou no campo produzidos por secas, raios, vulcões – do que é fruto de uma atividade intencional. A evidência mais antiga de fogo como produto dos primeiros hominínios ainda é controversa. Foram achados registros em sítios de Chesowanja, no leste do lago Baringo, no Quênia, com datação de 1,42 milhão de anos, de Koobi Fora, no leste do lago Turkana, no Quênia, com 1,5 milhão de anos, e de Gadeb, na Etiópia, com até 1 milhão de anos. Mas todos esses três registros estavam em campo aberto, o que não permitiu afastar a hipótese da ocorrência de fogo natural. Outro registro de ossos queimados foi feito na caverna de Swartkrans, na África do Sul, encontrado em uma camada formada entre 1,4 e 1 milhão de anos. Mas também não é um achado conclusivo, pois os ossos estavam em contexto secundário, em sedimentos que preenchiam um antigo escoadouro no interior da caverna. Isso significa que foram arrastados para lá, novamente não sendo possível descartar que foram queimados por incidência natural de fogo fora da caverna. Nessa caverna foram encontrados fósseis tanto do *Homo erectus* quanto do *Paranthropus robustus*.

O sítio de Gesher Benot Ya'akov, no vale do rio Jordão, em Israel, trouxe evidências mais aceitas como sendo de fogo controlado. Foram encontrados fragmentos de artefatos com marcas bem características de terem sido expostos a altas temperaturas. O fogo direto provoca microlascas côncavas que foram observadas em inúmeros fragmentos desse sítio Acheulense, datado em 790 mil anos. Embora tenham sido reunidas evidências fortes do uso controlado do fogo, o fato do sítio ser em campo aberto mantém ainda questionamentos sobre a ocorrência de fogo natural.

Muita coisa começou a mudar com o controle do fogo. Não foram mudanças abruptas, mas um longo processo adaptativo que foi transformando os humanos. Alguns aspectos são importantes serem destacados. O cozimento dos alimentos propiciado pela domesticação do fogo gerou uma economia energética para a digestão e, portanto, um acréscimo na energia disponível para o resto do corpo. O fogo quebra moléculas grandes, permite a destruição e a volatização de moléculas tóxicas, amolece alimentos tanto vegetais quanto animais que sem ele seriam de difícil digestão. Um processo que disponibiliza, por um lado, um repertório maior de alimentos e, por outro, permite que o corpo não precise de um trato digestivo muito grande. Um longo aparelho digestivo também é um grande consumidor de energia, o que, de certa forma, é um entrave para um processo de incremento do órgão mais "guloso" do corpo humano, o cérebro. O fogo ainda prolonga a durabilidade dos alimentos, matando bactérias e fungos.

As fogueiras também permitiram ao *H. Erectus* consolidar sua presença nos campos abertos, uma vez que elas mantêm afastados os predadores e propiciam alguma visão noturna. Com tudo isso, é possível vislumbrar o impacto que o fogo teve na vida social dos primeiros humanos. As fogueiras que serviam de proteção e de fogão certamente agregavam o grupo em torno delas, consolidando-os ainda mais. De fato, a introdução do fogo no espaço de moradia criou condições sociais novas e permitiu a realização de atividades antes restritas à luz do dia.

9. *HOMO HEIDELBERGENSIS*

Em 1907, uma mandíbula encontrada em Mauer, na Alemanha, levaria Otto Schoetensack, da Universidade de Heidelberg, a sugerir uma nova espécie, nomeada *Homo heidelbergensis*. Depois dessa descoberta, inúmeros crânios foram classificados nessa espécie, tais como Petralona (Figura 4.17) e Arago na Europa, Bodo (Figura 4.18), Ndutu, Kabwe e Elandsfontein na África e Kocabas, Hathnora, Dali e Maba na Ásia. A definição dessa espécie é difícil devido à variabilidade morfológica decorrente de uma ocupação ampla do Velho Mundo. No caso africano, eles apareceram pela primeira vez por volta de 600 mil anos atrás, apresentando faces robustas e um pouco projetadas para frente, ossos da calota craniana bem espessos e capacidade craniana entre 1100 e 1325 cm^3. Acredita-se que as populações de *Homo erectus* que permaneceram na África diferenciaram-se em formas com encéfalos maiores e com uma reunião de traços morfológicos cada vez mais parecidos com os nossos. Essas populações africanas teriam deixado o continente, seguindo em direção ao Oriente Médio e, posteriormente, para a Europa, chegando até a Grã-Bretanha, e para a Ásia, chegando até a China. A presença do *Homo heidelbergensis* no leste da Ásia ainda provoca muito debate, uma vez que é possível que os *Homo erectus* que lá viviam tenham tido uma expansão do cérebro independente das formas africanas.

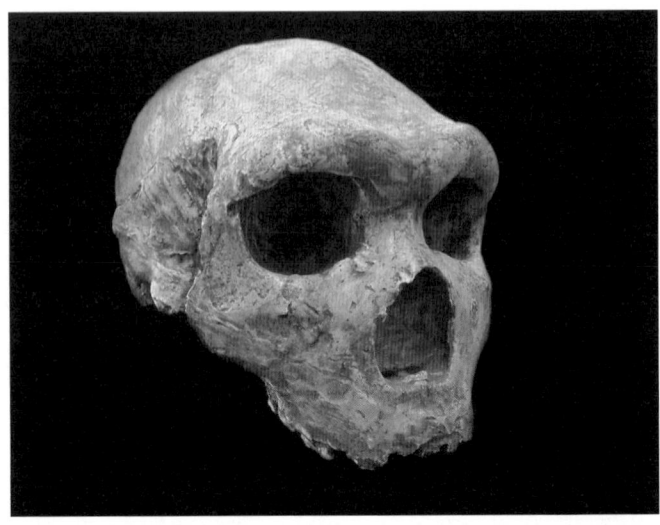

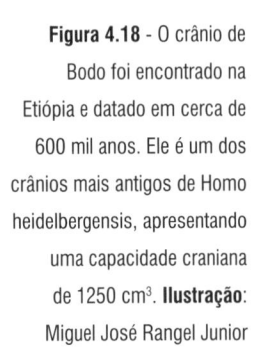

Figura 4.17 - O crânio de Petralona foi achado na Grécia e datado em cerca de 200 mil anos. Este espécime apresenta capacidade craniana avantajada (1220 cm³) e é assignado como *Homo heidelbergensis*. **Ilustração**: Miguel José Rangel Junior

Figura 4.18 - O crânio de Bodo foi encontrado na Etiópia e datado em cerca de 600 mil anos. Ele é um dos crânios mais antigos de Homo heidelbergensis, apresentando uma capacidade craniana de 1250 cm³. **Ilustração**: Miguel José Rangel Junior

Os *Homo heidelbergensis* foram usuários do Acheulense. No entanto, há uma progressão perceptível ao longo do tempo tanto na qualidade quanto na variedade dos instrumentos produzidos. Além disso, há evidência clara de que ferramentas de osso e madeira também eram confeccionadas. Num achado extraordinário em Schöningen, na Alemanha, foram encontradas lanças de madeira com 2 metros de comprimento datadas ao redor de 400 mil anos,

associadas a cavalos com marcas de caça e até a um dente de tigre-dente-de-
-sabre. Além disso, nesse mesmo sítio, troncos de coníferas foram preparados possivelmente para receber pontas de projétil feitas de pedra, marcando
as primeiras evidências de instrumentos compostos. Isso sugere que os *H.
heidelbergensis* se dedicavam à caça de grandes mamíferos e eram capazes
de produzir ferramentas mais elaboradas. Ferramentas mais recentes, chamadas de Musterienses, são também encontradas na África e na Europa em
sítios contemporâneos aos fósseis dos *H. heidelbergensis*. Essas ferramentas
Musterienses apresentam uma variabilidade maior de formas em relação às
indústrias mais antigas. Elas se distinguem das anteriores pela existência de
núcleos trabalhados no momento da preparação da matéria-prima, antevendo
futuras transformações da rocha conforme a necessidade do lascador. Dessa
forma, elas exigiam um aparato técnico-cognitivo mais elaborado.

A evidência de organização espacial ou construção de abrigos pelo *Homo
heidelbergensis* é relativamente rara. Todavia, em um sítio conhecido como
Terra Amata, na cidade de Nice, na França, datado por volta de 380 mil anos,
descobriu-se uma evidência que poderia indicar a construção de abrigos de
pedra e de galhos. Esse achado também marca uma das primeiras evidências
sólidas de fogo associado com uma habitação. Evidências de objetos deco-
rativos são ainda mais raras nesse hominínio, aparecendo somente depois
de 300 mil anos, com possíveis adornos de ovo de avestruz encontrados no
Quênia e um objeto de pedra com formato de um torso de mulher em Israel.
De fato, o aparecimento de objetos simbólicos incontestáveis só começou a
surgir no registro arqueológico depois dos *Homo heidelbergensis*. Essa espécie
de hominínio está seguramente relacionada à origem do *Homo sapiens* na
África e provavelmente relacionada ao surgimento do *Homo neanderthalensis*
na Europa.

10. CONSIDERAÇÕES FINAIS

Os primeiros *Homo* surgiram por volta de 2,4 milhões de anos atrás na
África, com o aparecimento do *Homo habilis*. Eles apresentavam ligeiro aumento de cérebro em relação aos australopitecíneos e uso de instrumentos
de pedra da indústria Olduvaiense. As proporções corporais ainda indicavam
dependência das árvores, ao passo que o uso de ferramentas provavelmente
contribuiu para o consumo mais sistemático de carne e tutano, ainda que

como carniceiros. Todavia, a grande mudança morfológica e comportamental se iniciou com o surgimento do *Homo erectus* há cerca de 1,8 milhão de anos na África. Eles mostraram um enorme sucesso adaptativo por todo o Velho Mundo, saindo da África há cerca de 1,8 milhão de anos e vivendo até cerca de 50 mil anos atrás no sudeste asiático. Eles apresentavam proporções corporais modernas, indicando uma locomoção bípede compulsória, dentes menores que os australopitecíneos, como resultado do consumo de uma dieta nutritivamente mais rica, e um corpo e cérebros maiores. Por outro lado, como vimos anteriormente, a diversidade morfológica e comportamental é considerável nessa espécie. Isso pode ser exemplificado em termos cranianos pelas variantes regionais da Ásia, um tanto quanto robustas, e pelas variantes africanas, que são um pouco mais gráceis, embora com a presença de uma minoria robusta. Como também vimos anteriormente, os *Homo erectus* produziram diferentes tipos de ferramentas, que podem ser classificadas nas indústrias Olduvaiense e Acheulense. Essas indústrias são encontradas em regiões geográficas diferentes, como pode ser parcialmente explicado pela Linha de Movius, mas também em períodos diferentes, sendo a indústria Olduvaiense mais antiga. É interessante que essas indústrias conviveram na África por algum tempo, sugerindo que fatores ecológicos possam ter sido responsáveis por essas variações. A proposição de que os *Homo erectus* do leste asiático usavam matérias-primas orgânicas para a fabricação de artefatos também sugere a importância das adaptações ecológicas locais dessa espécie. De fato, o *Homo erectus* foi uma espécie muito bem adaptada a um amplo território durante o longo período que ele existiu.

É notável também que os *H. erectus* mudaram ao longo do tempo, tanto tecnologicamente como morfologicamente. O tamanho do cérebro, por exemplo, aumentou ao longo da sua trajetória evolutiva. Se por um lado essa espécie foi um sucesso adaptativo no seu tempo, por outro lado ainda apresentava muitas limitações se comparada ao *Homo sapiens*. Essas limitações podem ser observadas na simplicidade e repetição de formas líticas em amplas áreas geográficas, tais como o "machado de mão" da indústria Acheulense, ou se observarmos que a distribuição deles era ainda muita restrita às zonas tropicais e subtropicais. Além disso, em termos morfológicos, a capacidade craniana dessa espécie era ainda pequena comparada com a dos seres humanos modernos, enquanto sua trajetória de crescimento e desenvolvimento ainda era próxima do padrão de chimpanzés. Ao redor de 600 mil anos atrás, espécimes com características morfológicas e comportamentais diferentes são encontrados em todo o Velho Mundo, tais como o crânio de Bodo, na Etiópia, e de Kabwe, na Zâmbia. Esses espécimes tinham um tamanho craniano maior e uma tecnologia lítica mais elaborada. Denominados por alguns pesquisadores como *Homo heidelbergensis*, essa nova espécie passou a apresentar uma série de inovações antes não vistas no *Homo erectus* e que mais tarde vieram a se diferenciar em novas espécies como o *Homo neanderthalensis* e o *Homo sapiens*. Nos próximos capítulos, esse novo período da evolução humana será traçado em detalhes a fim de entendermos os últimos passos para a formação do que somos hoje.

QUADRO 4.1 – O QUE HÁ DE NOVO NO FRONT?

1. Uma evidência a favor dos *H. erectus* em Dmanisi

Os fósseis encontrados em Dmanisi, na República da Geórgia, no Cáucaso, que foram citados no texto, já provocaram uma grande reavaliação na compreensão da saída do gênero *Homo* da África e ampliaram bastante a nossa percepção da diversidade morfológica dentro de um mesmo grupo de hominínios. Um novo estudo publicado em outubro de 2013 por David Lordkipanidze, do Museu Nacional da República da Geórgia, e colaboradores, sobre o quinto crânio achado em Dmanisi, em 2005, trouxe mais revelações oriundas desse importante sítio paleoantropológico. O crânio número 5 é o mais completo de todos os que foram achados no local e está em bom estado de conservação, o que possibilita um estudo detalhado sobre os traços evolutivos dos hominínios há 1,8 milhão de anos. Chama a atenção o pequeno volume cerebral de 546 cm^3, o menor da série dos cinco crânios, com uma grande face prognata (a parte inferior projetada para frente) e uma mandíbula enorme com grandes dentes. Para Christoph Zollikofer, do Instituto e Museu Antropológico de Zurique, na Suíça, que é coautor do estudo junto com Lordkipanidze, se o crânio fosse encontrado em local diferente da mandíbula facilmente seriam atribuídos a espécies diferentes. Incrivelmente, os cinco crânios, com significativas diferenças entre eles, faziam parte de uma mesma população, pois estavam na mesma camada geológica e muito próximos entre si. A morfologia tão diversa, reunindo traços primitivos similares aos encontrados no *H. habilis*, como um tamanho corporal moderado e volume cerebral pequeno, e traços mais modernos como os encontrados no *H. erectus*, fez o grupo de cientistas propor a existência de uma única linhagem evolutiva dos primeiros *Homo*. O estudo aponta que, apesar da diversidade morfológica ser grande, ela pode muito bem ser acomodada dentro de uma mesma espécie – *Homo erectus* –, pois apresenta uma amplitude de variação compatível com a de populações de chimpanzés e bonobos. Isso mostra que não há problema em reunir todos os primeiros *Homo* em uma mesma espécie – *Homo erectus* –, pois a variação dentro dela não será maior do que a existente hoje entre os chimpanzés.

2. O surgimento do *H. erectus* culmina em uma nova tecnologia

As ferramentas Acheulenses são uma inovação tecnológica surgida na África por volta de 1,6 milhão de anos atrás. A indústria que a precedeu foi a Olduvaiense, que consiste em lascas produzidas a partir de núcleos de blocos ou seixos rolados. Já a indústria Acheulense consiste em ferramentas maiores chamadas de "machados de mão" ("handaxes"), cutelos ("cleaver") e picões ("picks"), que são lascados em ambos os lados (bifacial). Dois grupos de pesquisadores encontraram ferramentas Acheulenses datadas por volta de 1,75 milhão de anos na África. O grupo de Christopher Lepre, do Observatório Terrestre de Lamont-Doherty, em Nova York (Estados Unidos), encontrou ferramentas Acheulenses a oeste do lago Turkana, na formação Kokiselei 4, no Quênia, publicando esses achados na revista "Nature" em 2011, ao passo que o grupo de Yonas Beyene, da Associação para Pesquisa e Conservação da Cultura no Quênia, encontrou ferramentas na formação Konsi, no sul da Etiópia, publicando na revista "PNAS" em 2013. As ferramentas Acheulenses da Etiópia, que estão melhor descritas, são compostas de 39% de picões, 14% de "machados de mão", 11% de cutelos e 36% de outros tipos, totalizando 28 ferramentas. Apesar de serem ferramentas grandes como as Acheulenses típicas, elas ainda não apresentam o lascamento bifacial das ferramentas posteriores. Além disso, os "machados de mão" são ainda pouco simétricos, mais espessos e com menos retiradas que as ferramentas Acheulenses datadas por volta de 1 milhão de anos. Tais ferramentas Acheulenses mais antigas são encontradas junto com as Olduvaienses, mostrando que ambas coexistiram tanto espacialmente como temporalmente. Essa datação mais antiga para a indústria Acheulense coincide com o surgimento do *Homo erectus* no leste da África há cerca de 1,8 milhão de anos. Dessa forma, pelo menos neste caso, a mudança morfológica nos fósseis parece coincidir com as inovações tecnológicas.

3. Mais antiga evidência do uso do fogo

No texto, vimos que a evidência mais antiga do uso controlado do fogo, com razoável grau de segurança, vinha do sítio Gesher Benot Ya'akov, no vale do rio Jordão, em Israel, há 790 mil anos. No entanto, estudo publicado em fevereiro de 2012 por Francesco Berna, do Departamento de Arqueologia da Universidade de Boston (Estados Unidos), e colegas apresentou um caso seguro do uso de fogo há cerca de 1 milhão de anos, na caverna de Wonderwerk, na província do Cabo, na África do Sul. O estudo utilizou uma análise microestratigráfica – investigação microscópica das camadas que se depositaram ao longo do tempo –, assim como a micromorfologia dos sedimentos. Foi possível identificar pequenos fragmentos de ossos queimados e cinzas de plantas na camada número 10, onde foram encontrados artefatos Acheulenses. A análise apontou que os fragmentos ósseos mantiveram uma significativa angularidade nas suas bordas, o que, junto com o estado excepcional de conservação das cinzas vegetais, permitiu aos pesquisadores concluírem que esse material não foi transportado pelo vento nem pela ação da água, mas, sim, se acumulou a partir de uma combustão no local. Além disso, foi afastada a possibilidade de ocorrência de fogo natural, já que o sedimento analisado estava distante 30 metros da entrada da caverna. Os pesquisadores concluíram também que foram usados como combustível folhas e gordura, não tendo sido encontrado nenhum pedaço grande de carvão ou lenha. Usando uma técnica chamada de mFTIR ("Fourier Transform Infrared Microspectroscopy"), que permite identificar se um objeto foi exposto ao calor intenso, o estudo identificou uma área em que 80% dos ossos da amostra recolhida haviam sido expostos a temperaturas superiores a 400 graus centígrados. Essas evidências fizeram o grupo de pesquisadores afirmar que a camada contendo ferramentas Acheulense da caverna de Wonderwerk tem a mais antiga evidência segura do domínio do fogo em um contexto arqueológico.

SUGESTÕES PARA LEITURA:

Aiello LC, Antón SC. (Orgs.). 2012. Human biology and the origins of *Homo*. Current Anthropology 53(S6): S267-S496.

Antón SC. 2003. Natural history of *Homo erectus*. Yearbook of Physical Anthropology 46 (S37): 126–170.

McNabb J, Binyon F, Hazelwood L. 2004. The large cutting tools from the South African Acheulean and the question of social traditions. Current Anthropology 45(5): 653-677.

Rightmire GP. 2008. *Homo* in the Middle Pleistocene: Hypodigms, variation, and species recognition. Evolutionary Anthropology 17: 8–21.

Stringer C. 2008. The status of *Homo heidelbergensis* (Schoetensack 1908). Evolutionary Anthropology 21: 101–107.

Wrangham R. 2010. Pegando fogo: como cozinhar nos tornou humanos. São Paulo: Editora Jorge Zahar.

CAPÍTULO V

OS NEANDERTAIS

CINTHIA M. TANAKA
RENATO VICENTE
Departamento de Matemática Aplicada – Instituto de Matemática e Estatística –
Universidade de São Paulo

Em ciência, as narrativas são sempre provisórias. Novas evidências materiais e novas maneiras de olhar para evidências antigas surgem constantemente. Essa inconstância, longe de ser um sinal de fragilidade, é a essência que dá vida ao método científico, com novas perguntas brotando a cada resposta. Com esse caráter provisório em mente, apresentamos neste capítulo os neandertais tanto do ponto de vista físico como do ponto de vista comportamental. Introduzimos também resultados recentes sobre as análises de DNA feitas a partir de fósseis neandertais e hipóteses sobre as causas de sua extinção. Descobriremos as semelhanças e diferenças entre neandertais e humanos e discutiremos se houve ou não intercruzamento entre neandertais e humanos modernos.

1. OS NEANDERTAIS E OS *HOMO SAPIENS*

Antes de falarmos sobre os fósseis e as principais características dos neandertais, é importante colocar em contexto como o personagem principal deste capítulo se insere na história de nossa linhagem.

As populações de *Homo erectus* que permaneceram na África diferenciaram-se em tipos com encéfalos progressivamente maiores e com uma reunião de traços morfológicos cada vez mais parecidos com os nossos. Essas populações, que surgiram por volta de 600 mil anos atrás, são denominadas *Homo heidelbergensis*. Essas populações africanas novamente teriam deixado o continente, seguindo em direção ao Oriente Médio e, posteriormente, para a Europa, chegando até a Grã-Bretanha, e para a Ásia, chegando até a China. A partir de cerca de 500 mil anos atrás, a população de *Homo heidelbergensis* vivendo na Eurásia diferenciou-se em pelo menos duas espécies: *Homo neanderthalensis* e os denisovanos. Os *Homo sapiens* anatomicamente modernos apareceram como uma variante da população de *heidelbergensis* africanos algum tempo depois, há cerca de 200 mil anos, mais ou menos na mesma época em que apareceram na Europa indivíduos que tipificariam para nós o neandertal.

Os *Homo sapiens* deixaram a África pela primeira vez há cerca de 120 mil anos e se instalaram onde hoje é Israel durante 30 mil anos. Essa primeira ocupação não prosperou, sendo posteriormente substituída por uma ocupação neandertal. Não é claro se as duas espécies se encontraram nesse período. Uma segunda e última onda migratória de *Homo sapiens* deixou a África há cerca de 50 mil anos e rapidamente colonizou o mundo inteiro. Ao adentrar a Europa, o *Homo sapiens* substituiu toda a população remanescente de neandertais em apenas 10 mil anos. O que ocorreu ainda é um mistério. Tudo indica que, no caminho de sua conquista do mundo, os *Homo sapiens* teriam encontrado e algumas vezes se reproduzido com membros das populações de neandertais e de denisovanos. Entretanto, isso não é suficiente para explicar o desaparecimento dos neandertais nativos. Veremos mais adiante algumas das hipóteses propostas para tentar explicar sua extinção.

No capítulo que se segue, iremos discutir com algum detalhe como essa história pôde ser montada. No caminho, abordaremos qual a origem plausível da espécie, como identificamos os restos neandertais, o que, e como, sabemos sobre seu comportamento e tecnologia e o que o recente desvendamento de seu genoma tem nos ensinado.

2. PRINCIPAIS DESCOBERTAS

Os primeiros fósseis reconhecidos como pertencentes a uma espécie antiga de humanos foram encontrados em uma pedreira em 1856, quando trabalhadores que procuravam calcário cavavam o solo de uma caverna no alto do vale do rio Neander, a 15 km a leste de Düsseldorf, na Alemanha. O primeiro fóssil encontrado foi uma calota craniana (Figura 5.1), inicialmente identificada como sendo de um urso, um achado comum, na época, em tantas outras cavernas europeias. Muito provavelmente havia lá um esqueleto completo que foi extraído sem os cuidados adequados.

Um sócio na pedreira sugeriu aos operários que procurassem na caverna por outros ossos do mesmo urso. Encontraram, além da calota craniana, o úmero direito e grande parte do úmero esquerdo, os dois fêmures completos, um pedaço da pelve, o rádio direito, a ulna esquerda e parte da ulna direita, a clavícula direita, parte da escápula direita e algumas costelas. Após algumas semanas, o dono da pedreira resolveu repassar os ossos para Johann Carl Fuhlrott, um professor que era presidente da associação local de naturalistas. Fuhlrott, a quem a descoberta é normalmente atribuída, logo reconheceu os restos como pertencendo a um "indivíduo muito antigo da espécie humana". Fuhlrott ainda tentou voltar à caverna na esperança de encontrar mais ossos. Frustrou-se, contudo, pelo já avançado estágio de exploração da pedreira e não foi capaz de encontrar mais nada. Reconhecendo a importância do achado, Fuhlrott resolveu buscar o auxílio do anatomista Hermann Schaaffhausen. Em junho de 1857, os dois apresentaram uma palestra conjunta na Sociedade de História Natural da Renânia e Vestfália prussianas. A conclusão de Schaaffhausen foi categórica: a forma extraordinária do crânio seria natural e o indivíduo teria pertencido a um período muito antigo, "anterior aos celtas e germânicos". Schaaffhausen ainda afirmou que os restos humanos encontrados na caverna poderiam ser "ligados a um período no qual os últimos animais do Dilúvio ainda existiam, embora nenhuma prova disso fosse possível, dadas as condições nas quais os ossos foram descobertos".

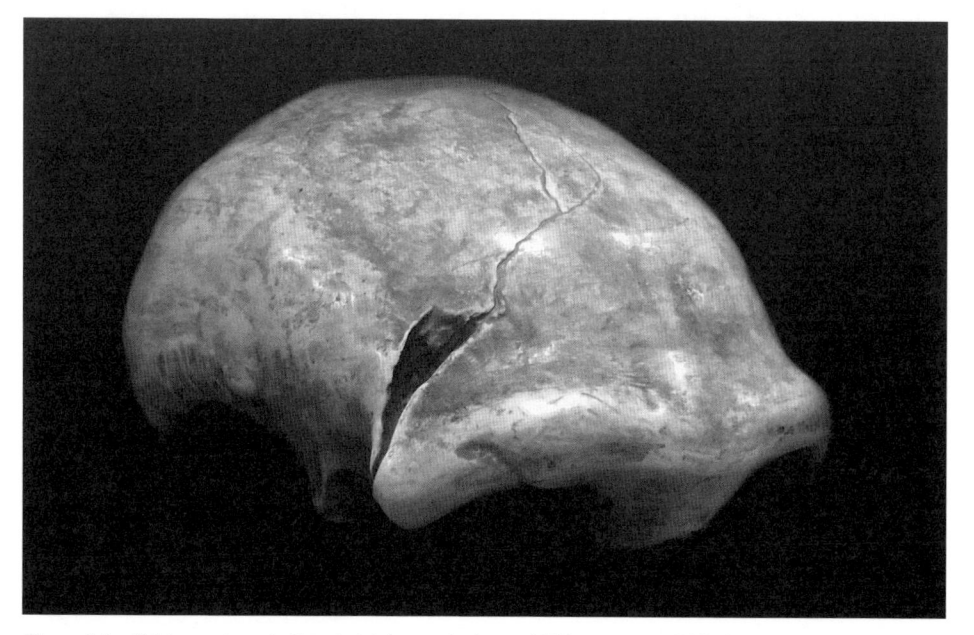

Figura 5.1 - Calota craniana do Neandertal 1 encontrada em 1856 na caverna Feldhofer, no vale do rio Neander.
Ilustração: Miguel José Rangel Junior

A história da descoberta – talvez, mais precisamente, da identificação – do primeiro neandertal exemplifica uma característica em geral pouco percebida do processo de descoberta científica: a interpretação de uma nova evidência depende da teoria disponível. Sem a lente correta não é possível sequer reconhecer uma nova descoberta como tal. Outros crânios, posteriormente identificados como sendo de neandertais, já haviam sido descobertos anteriormente em pelo menos duas ocasiões: em 1829, em Engis, na Bélgica, e em 1848, em Gibraltar (conhecido como Gibraltar 1). Gibraltar 1 ficou guardado por 16 anos em um armário da Biblioteca Garrison de Gibraltar, com um rótulo de identificação que dizia apenas "um humano antigo, morto antes do Dilúvio universal". Já os crânios descobertos em Engis foram reconhecidos apenas em 1930.

É provável que outros espécimes descobertos não tenham sido identificados. Alguns casos documentados servem de exemplo. Em 1699, um machado de pedra foi encontrado em Londres, na Inglaterra, em associação com os restos de um "elefante" (que provavelmente era um mamute). O machado de pedra foi prontamente identificado como sendo de origem romana e, logo em seguida, ignorado. Em 1726, em Öhningen, próximo ao lago Constança, na Suíça, encontrou-se um esqueleto descrito como o "de um dos homens infames cujos pais levaram o mundo à ruína do Dilúvio". Posteriormente, novos estudos mostraram que esse esqueleto era, na verdade, de uma salamandra gigante. Em 1771, na Baviária, na Alemanha, uma mandíbula, partes da clavícula e algumas ferramentas de pedra foram encontradas em associação a várias ossadas de animais extintos. A interpretação na época foi a de que as ossadas humanas, na verdade, pertenciam a outro estrato e teriam se misturado aos animais mais antigos posteriormente.

A dificuldade na interpretação dos achados e a relutância em reconhecer a antiguidade da espécie humana são marcas características do período que antecede a revolução na percepção do tempo profundo ("deep time"), ocorrida na metade do século XIX. O conceito de tempo profundo está relacionado às eras geológicas e reflete a noção de que a nossa história, a história da Terra, começou há bilhões de anos. Antes dessa revolução na percepção do tempo, a cronologia predominante no Ocidente era a de gerações bíblicas. Para os especialistas, isso implicava no início do mundo em 4004 a.C.[1] (segundo James

---

[1] Aqui utilizamos a divisão do tempo convencional, escrevendo "a.C." para designar "antes de Cristo".

Ussher, mais precisamente em 22 de outubro de 4004 a.C., às 18 horas!) e na ocorrência do Dilúvio por volta de 3500 a.C. A cronologia bíblica fornecia uma série de catástrofes que ajudariam a organizar o tempo: a Criação, a Expulsão do Éden, o Dilúvio e a Torre de Babel. Os filósofos naturais europeus da época tentavam organizar o conhecimento histórico em torno desses pontos de marcação. Na ausência de uma forma independente de datação, as novas evidências eram acomodadas nessa cronologia. Muitos acreditavam que eventos "pré-diluvianos" eram irrelevantes por serem inacessíveis, como se a história de fato começasse somente após o Dilúvio narrado pela Bíblia.

O contato com outras culturas, como a chinesa, que possui cronologias que se estendem a períodos de centenas de milhares de anos, ou àquela descrita no Rigveda hindu, um conjunto de hinos que imagina um universo cíclico com ciclos de 4,32 bilhões de anos de duração, abalou pouco a imaginação europeia até pelo menos o século XIX. Em 1655, Isaac La Peyrère publicou, na liberal Amsterdã, "Um Sistema Teológico sobre a Pressuposição de que o Homem existia antes de Adão", no qual afirmava que ferramentas de pedra enterradas que eram encontradas com certa facilidade seriam artefatos produzidos por humanos que viveram antes de Adão e Eva bíblicos. A reação foi imediata e violenta: em 1656, o livro foi queimado publicamente em Paris. Posteriormente, La Peyrère seria preso ao fazer uma breve visita a Bruxelas, sendo solto após se "arrepender" de suas ideias.

No século XIX, a primeira tradução de hieróglifos por Jean-François Champollion, em 1822, permitiu acesso detalhado à cronologia egípcia, que poderia ser diretamente comparada à da Bíblia. Já a acumulação de conhecimento geológico, representada por "Princípios de Geologia" (em três volumes publicados de 1830 a 1833), de Charles Lyell, possibilitou estimativas independentes da idade da Terra como os cálculos (incorretos) feitos por William Thomson (Lord Kelvin) em 1862, que resultaram numa idade entre 20 e 100 milhões de anos. O trabalho de Lyell também serviu de fundamento para "A Origem das Espécies", de Charles Darwin, publicado em 1859. O trabalho de Darwin, por sua vez, levou Lyell a publicar "Evidências Geológicas da Antiguidade do Homem" em 1863, buscando a integração entre a história da espécie humana e a nova escala de tempo geológica. Num diálogo extraordinário entre gigantes científicos, Darwin ainda publicaria, em 1871, "A Descendência do Homem e Seleção em Relação ao Sexo" procurando explicar a origem evolutiva da espécie humana.

Mesmo após esse sinuoso caminho na direção do reconhecimento da antiguidade da humanidade, a interpretação de Schaaffhausen sobre os achados do vale do Neander estavam longe de ser consensuais. Em 1864, William King sugeriu nomear a nova espécie como *Homo neanderthalensis*. Muitos de seus colegas, no entanto, preferiam interpretar a morfologia incomum da calota craniana como se ela representasse algum tipo de patologia. No entanto, o mundo científico já estava conceitualmente preparado para reconhecer novos achados semelhantes. Em 1886, um homem e uma mulher quase perfeitamente preservados foram encontrados em Spy, na Bélgica, em associação a ferramentas de pedra, e foram prontamente identificados como neandertais.

O passo das descobertas, então, acelerou-se com a progressiva sistematização de escavações. Em 1891, Eugène Dubois descobriu em Java uma nova espécie de hominínio, o *Homo erectus* (na época, *Pithecanthropus erectus*), o que ajudou a consolidar a ideia de que os neandertais eram, de fato, uma nova espécie de humanos, e não alguma variedade patológica de nossa espécie. A partir de 1899, em uma escavação que durou seis anos, 876 fósseis foram encontrados em Krapina, no norte da Croácia. Num dos sítios mais ricos já descobertos, foram escavados de depósitos arenosos de uma caverna dúzias de neandertais entre 2 e 40 anos de idade, de ambos os sexos, juntamente com os restos de uma grande variedade de espécies animais e ferramentas em abundância.

Em 1907, uma mandíbula muito bem preservada encontrada em Mauer, na Alemanha, levou Otto Schoetensack, da Universidade de Heidelberg, a sugerir uma nova espécie, nomeada *Homo heidelbergensis,* o "Homem de Heidelberg". A questão de se novos achados correspondem a uma nova espécie, ou devem ser classificados em alguma espécie já identificada, depende de nosso conhecimento das variações anatômicas de uma certa população e da interpretação do conceito de espécie na ausência de material genético preservado que permita analisar o fluxo genético entre diferentes populações. Talvez devido ao status conferido por nomear uma nova espécie de humano, nos primeiros 50 anos de descobertas havia a tendência de atribuir a cada novo achado uma nova espécie, mesmo quando o fóssil diferia apenas em pequenos detalhes de espécimes encontrados anteriormente. Então, surgiram na Europa: o *Homo spelaeus*, o *Homo grimaldii*, o *Homo priscus* e o *Homo mediterraneus,* todos morfologicamente modernos. Surgiriam também o *Homo spyensis* (de

Spy), o *Homo transprimigenius* (de Le Moustier) e o *Homo chapellensis* (de La Chapelle-aux-Saints), perfeitamente compatíveis com espécimes já classificados como *Homo neanderthalensis*. Essa tendência "separadora" passou a dar espaço a uma outra, "agrupadora", a partir da década de 1950. Debates sobre a classificação de fósseis em diferentes espécies, no entanto, ainda são constantes em paleoantropologia e acompanham a progressiva reconstrução que fazemos da história de nossa linhagem.

Em 1908, em La Chapelle-aux-Saints, a 230 km a leste de Bordeaux (França), foram encontrados os restos de um homem neandertal de cerca de 40 anos praticamente sem dentes e com sinais avançados de artrite. O "Velho" ("Old Man"), como passou a ser conhecido, apresenta marcas de reabsorção de osso na mandíbula, indicando que teria sobrevivido por um longo período com poucos dentes, o que desperta suspeita de que teria tido alguma ajuda para se alimentar (Figura 5.2). O "Velho" acabou ficando famoso ao aparecer em uma das edições do jornal "L'Illustration", em 1909, retratado pelo artista Frantisek Kupka, que se baseou na descrição anatômica equivocada de Marcellin Boule. Boule teria interpretado ossos deformados pela artrite como características anatômicas de um indivíduo que não se locomoveria de forma completamente ereta; em seguida, numa interpretação livre, teria decidido representar um neandertal como uma espécie de transição entre gorilas e humanos. Essa representação incorreta perduraria por décadas. De fato, a questão de se neandertais andavam como nós só foi satisfatoriamente resolvida em 1975 por Erik Trinkaus, em sua tese de doutorado intitulada "Uma análise funcional do pé neandertal" (o título original em inglês é "A functional analysis of the Neanderthal foot"). Ainda em 1909, o maior e mais completo crânio neandertal, juntamente com ossos de vários indivíduos, foi encontrado em La Ferrassie, na região sudoeste da França.

Até 1921, os candidatos a ancestrais humanos eram os neandertais, o "Homem de Heidelberg", na Europa, e o "Homem de Java", na Ásia. No entanto, Darwin, em "A Descendência do Homem", havia sugerido que a África, continente que abriga as espécies de monos morfologicamente mais próximas dos humanos, seria o local de origem mais provável de nossa espécie. A intuição do grande cientista foi confirmada em 1921, com a descoberta de um crânio fóssil na Zâmbia, e novamente em 1924, com a descoberta de outro crânio na África do Sul.

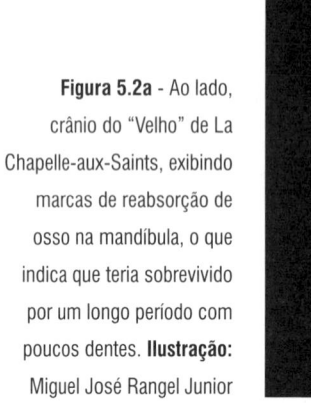

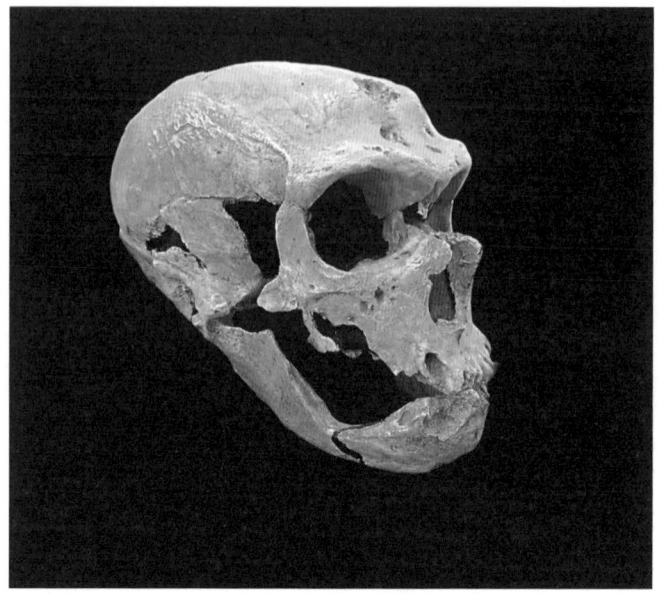

Figura 5.2a - Ao lado, crânio do "Velho" de La Chapelle-aux-Saints, exibindo marcas de reabsorção de osso na mandíbula, o que indica que teria sobrevivido por um longo período com poucos dentes. **Ilustração:** Miguel José Rangel Junior

Figura 5.2b - ilustração imaginativa, mas incorreta, feita por Frantisek Kupka no "L'Illustration" em 1909, seguindo descrição anatômica igualmente equivocada de Marcellin Boule. **Ilustração:** Daniele Gordillo Fernandes

Até pelo menos a década de 1950, outra espécie era considerada uma séria candidata ao posto de ancestral humano. O "Homem de Piltdown", presumivelmente encontrado na Inglaterra em 1908 por Charles Dawson. Combinava uma capacidade craniana humana com uma mandíbula e dentes semelhantes aos dos monos. O espécime sugeria que o processo de encefalização teria ocorrido antes de qualquer mudança de dieta. Suspeitas com relação ao espécime foram ignoradas por anos, em parte pela influência e ambição de Arthur Keith (posteriormente Sir Arthur Keith). A fraude foi exposta somente em 1953. O espécime consistia da junção de um crânio humano com a mandíbula de um orangotango e dentes fósseis de um chimpanzé. O caso é bastante ilustrativo de como funciona o processo de autocorreção da ciência com constante reavaliação de resultados pela comunidade científica. O caso também ilustra como esse processo é dificultado pelo não compartilhamento de dados brutos, já que os ossos originais eram mantidos com acesso restrito, e como alguns indivíduos de grande influência política podem bloquear o processo de descoberta científica. Cerca de 250 artigos científicos foram escritos a respeito do *Homo piltdownensis,* como Arthur Keith o denominou.

Ampliando a área de dispersão neandertal para fora da Europa, um crânio foi encontrado em 1925 em Amud, a noroeste do mar da Galileia, em Israel, e nove esqueletos fósseis foram encontrados entre 1953 e 1957 na caverna de Shanidar, no Curdistão, região no norte do Iraque.

Novos sítios neandertais continuaram a ser encontrados na segunda metade do século XX, permitindo uma compreensão melhor da variação morfológica nessas populações e uma classificação mais fina entre neandertais clássicos (primordialmente em sítios no oeste europeu, mas também na Eslovênia, Rússia e Síria), neandertais de transição (leste europeu, Cáucaso e Oriente Médio) e protoneandertais (principalmente na Europa, mas também em Israel). A Figura 5.3 traz um mapa com a localização dos principais sítios nos quais fósseis neandertais foram encontrados.

Na década de 1970, os neandertais voltaram ao foco de atenção da comunidade científica em meio ao debate fundamental sobre a origem de nossa espécie. Segundo o modelo Multirregional, proposto por Franz Weidenreich em 1930, o *Homo erectus* teria dado origem ao *Homo sapiens* há cerca de 1 milhão de anos. Conforme a espécie se dispersou pela Europa e Ásia, foi adquirindo traços locais que seriam a origem das variações raciais observadas nos humanos modernos. No outro extremo havia a proposta, capitaneada inicialmente por Marcellin Boule e Arthur Keith, de que as características do humano moderno teriam sido adquiridas muito antes, numa linhagem paralela ao *Homo erectus* e aos neandertais. Entre esses dois extremos havia ainda uma variedade de modelos intermediários que, por vezes, promoviam os neandertais a protagonistas em nossa história evolutiva. A ideia de que os neandertais foram os ancestrais dos *Homo sapiens* era apoiada pela interpretação de fósseis encontrados nas décadas de 1920 e 1930 nos sítios de Skhul, Tabun e Amud, em Israel. Esses fósseis foram encontrados associados a ferramentas de pedra semelhantes àquelas dos neandertais da Europa. Além disso, pareciam ter sido sepultados intencionalmente e, no aspecto mais intrigante, exibiam características morfológicas supostamente híbridas entre humanos modernos e neandertais.

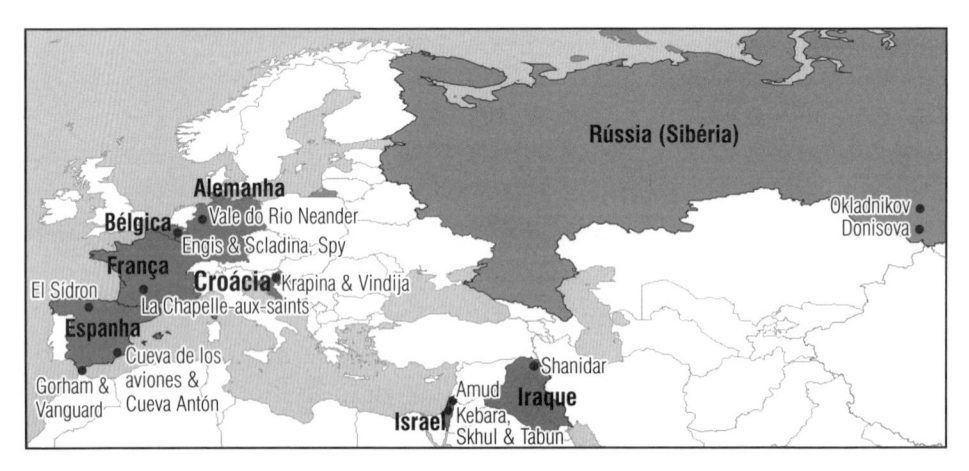

Figura 5.3 - Principais sítios neandertais mencionados neste capítulo. A distribuição dos sítios permite que tenhamos uma ideia da região de dispersão. Neandertais habitaram a Europa Ocidental, Oriente Médio e chegaram até a Sibéria. Nenhum fóssil jamais foi encontrado em território africano ou no sul da Ásia. **Ilustração:** Miguel José Rangel Junior

Em sua tese de doutorado na primeira metade da década de 1970, Chris Stringer, do Museu de História Natural de Londres, analisou estatisticamente o maior conjunto de dados com medidas cranianas de neandertais, *sapiens* modernos e *sapiens* arcaicos que já havia sido reunido. Sua conclusão foi que os fósseis neandertais e *sapiens* representam dois grupos morfologicamente bem separados, sem evidência de exemplares intermediários. Os fósseis provenientes de Skhul se encaixam bem no grupo de *Homo sapiens*, enquanto aqueles de Tabun e Amud poderiam ser colocados confortavelmente no grupo dos neandertais. A história desses sítios em Israel, no entanto, só pôde ser completada recentemente, com auxílio de técnicas de datação mais eficientes. A conclusão moderna é que Skhul representa uma ocupação mais antiga de cerca de 120 mil anos, enquanto Tabun e Amud foram ocupados por neandertais a partir de cerca de 90 mil anos. Ou seja, ao contrário do que parecia inicialmente, o *sapiens* precedeu o neandertal nessa região.

A década de 1990 inaugurou a era da paleogenômica humana, com a extração de DNA, em 1993, do fóssil de uma criança neandertal de 127 mil anos encontrado em Scladina, na Bélgica. Em 1997, Matthias Krings e seus colaboradores extraíram DNA mitocondrial dos primeiros espécimes encontrados no vale do Neander. Em 2000, o DNA de um neandertal tardio, datado de 29 mil anos e encontrado no Cáucaso, foi extraído com sucesso. Esses esforços levaram, em 2009, ao primeiro rascunho do DNA completo de um neandertal, obtido pela equipe de Svante Pääbo no Instituto Max Planck para Antropologia Evolutiva.

3. MORFOLOGIA CRANIANA

Os fósseis encontrados entre 170 mil e 30 mil anos atrás mostram que o período em que os neandertais viveram praticamente engloba as duas últimas eras interglacial e glacial, no Pleistoceno Superior. A maior parte desses fósseis, inclusive as primeiras descobertas, foi encontrada na Europa Ocidental, e foram os mais estudados até hoje. Assim, a morfologia típica neandertal refere-se aos neandertais europeus-ocidentais, na época da última era glacial (que ocorreu entre 75 mil e 10 mil anos atrás). Outros neandertais, de outras regiões e que viveram durante a última era interglacial, costumam ser menos robustos, possivelmente refletindo a temperatura mais amena de seus ambientes.

Os crânios dos neandertais são caracteristicamente menos neotênicos, ou seja, mantêm menos traços juvenis e têm tamanho maior que os do *Homo sapiens*. Na morfologia craniana, essa neotenia se apresenta em humanos modernos na forma de faces mais achatadas, cavidade nasal, arcada supraciliar, maxila e mandíbula reduzidas.

O seu volume encefálico médio é de 1520 cm^3. Para uma comparação, nos *Homo sapiens* a média fica entre 1300 cm^3 e 1400 cm^3. Um cérebro maior pode ser vinculado ao maior peso corporal dos neandertais, mas também é uma adaptação que melhora a eficiência metabólica em ambientes de menor temperatura. Uma medida mais fidedigna para a comparação entre a massa encefálica de espécies diferentes de mamíferos é o Quociente de Encefalização

(QE). Nessa medida, humanos modernos mostram-se mais encefalizados do que os neandertais, com QE=5.3 contra QE=4.0. Essa medida é considerada uma primeira aproximação para o nível de inteligência de uma determinada espécie (para comparação, teríamos também estimativas de QE=3.5 para o *Homo heidelbergensis,* de QE=3.3 para o *Homo erectus,* de QE=2.0 para o *Australopithecus afarensis* e de QE=2.2~2.5 para os chimpanzés).

O "Velho", fóssil encontrado em 1908 em La Chapelle-aux-Saints, foi um dos primeiros fósseis a serem estudados anatomicamente e foi erroneamente interpretado em alguns aspectos quando estudado por Marcellin Boule no começo do século XX. Descobertas de mais fósseis neandertais permitiram seu reexame em 1950, quando se notou que ele possuía características de um neandertal típico, como a capacidade craniana ampliada, de 1620 cm^3.

Uma característica exagerada do "Velho" é a arcada supraciliar bem saliente, que foi um dos fatores que levou Boule a considerá-lo primitivo, já que imediatamente o associou aos monos. Um fóssil reconhecido como neandertal clássico é o "La Ferrassie 1", encontrado em 1909, na França. Com um crânio bem preservado, é possível observar, além da arcada supraciliar saliente, a testa baixa e inclinada para trás e a ampla cavidade nasal.

A face do neandertal é marcada pelo queixo recuado – ou ausente – e pelas maçãs do rosto grandes e retraídas (Figura 5.4). Outro aspecto notável é o prognatismo médio-facial, no qual a face é projetada para a frente, como se tivesse sido puxada pelo palato. O típico neandertal possui também uma mandíbula grande e forte, proporcional ao tamanho da face e ao uso dos músculos relacionados à mastigação. Seus dentes são maiores do que os do *Homo sapiens,* com dentes incisivos abaulados, em formato de pá. Há ainda um espaço retromolar entre o terceiro molar e o ramo ascendente da mandíbula, que é uma consequência do prognatismo da face combinado à necessidade de que os dentes fiquem em oclusão.

De modo geral, o crânio neandertal é grande, longo, baixo e abaulado nas laterais, de formato arredondado quando visto posteriormente. Há presença de uma protuberância no osso occipital, como se fosse um coque na parte posterior do crânio. O coque occipital[2] não é, no entanto, característica exclusiva dos neandertais, sendo inclusive encontrado em algumas populações humanas recentes.

---

2   O termo "coque occipital" é a tradução direta do termo em inglês "occipital bun", que, por sua vez, deriva do termo francês "chignon occipital".

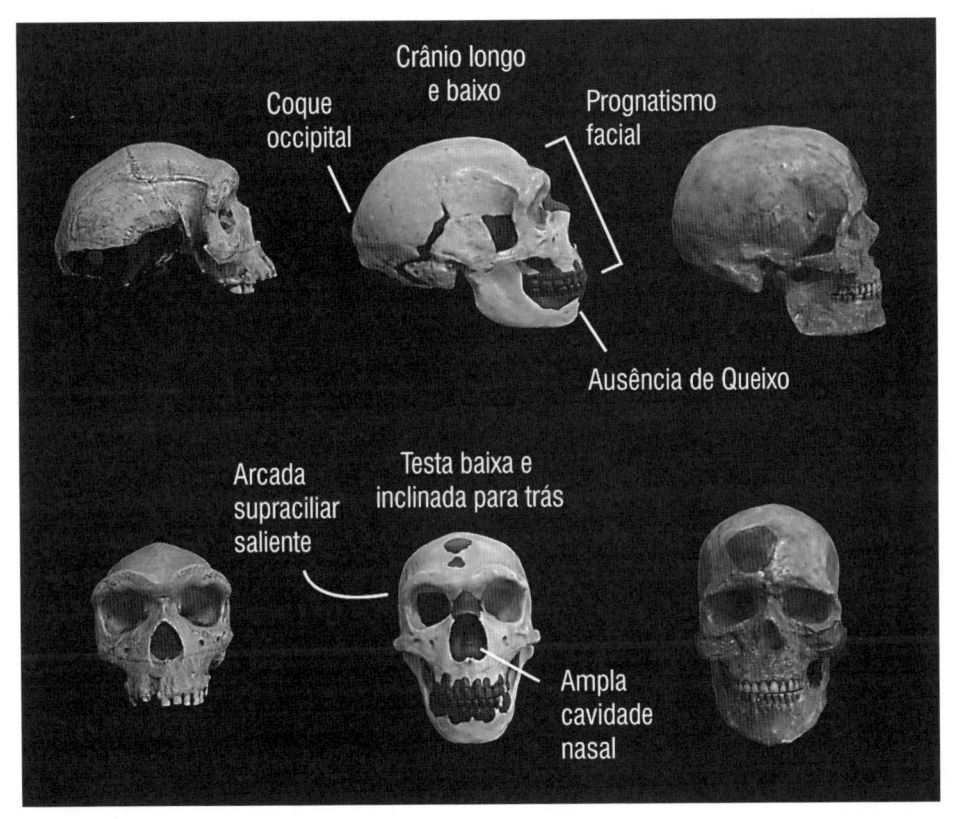

Figura 5.4 - Da esquerda para direita, as figuras mostram dois ângulos de um crânio de *Homo heidelbergensis* (Kabwe 1, encontrado em 1921 na Zâmbia, datado entre 300 e 125 mil anos), um de *Homo neanderthalensis* (La Chapelle-aux-Saints 1 reconstituído, o "Velho", datado em 60 mil anos) e um de *Homo sapiens* (Cro-Magnon 1, descoberto em 1868 na França, datado em cerca de 28 mil anos). O neandertal e o homem moderno são claramente mais encefalizados que o *H. heidelbergensis*. No neandertal, há crescimento direcionado para trás, com o crânio tomando a forma de uma bola de futebol americano, enquanto no humano moderno o crescimento se dá para cima, aumentando o tamanho da testa. É possível ver na foto claramente a arcada supraciliar, o prognatismo facial, a mandíbula robusta, a grande cavidade nasal e o coque occipital. **Ilustração**: Renato Vicente

Uma técnica utilizada no estudo da anatomia de espécies extintas é o "endocast", ou endoréplica, que consiste na produção de um molde em resina das marcas do encéfalo na parte interna do crânio. Este molde permite que se faça uma análise paleoneurológica que tenta associar a morfometria da endoréplica com possíveis diferenças na organização encefálica. Utilizando essa técnica é possível, por exemplo, constatar que neandertais e homens modernos apresentam as mesmas assimetrias entre os lobos occipitais esquerdo e direito. O lobo occipital esquerdo costuma ser maior tanto entre neandertais quanto em seres humanos modernos, o que permite inferir, por exemplo, que a maior parte dos neandertais seria destra.

Os "endocasts" também exibem diferenças importantes. Usando a mesma técnica, Ralph L. Holloway, da Universidade de Columbia (Estados Unidos), e colaboradores concluíram que o encéfalo de neandertais e de humanos modernos seriam organizados de forma distinta, apesar de seu tamanho semelhante. Fósseis neandertais, em média, apresentam lobos frontal e occipital maiores que dos humanos modernos, enquanto seus lobos parieto-temporais são menores. Essas diferenças são bastante sugestivas, visto que os lobos parieto-temporais estão associados às funções de processamento de informação tátil, visual e auditiva, aprendizagem, memória, percepção espacial e reconhecimento de linguagem. O lobo occipital é responsável pela visão, enquanto os lobos frontais têm função executiva, sendo responsáveis pela previsão de consequências de uma ação, por decisões morais, pela navegação social e pela determinação de similaridades entre coisas e eventos. Medidas do tamanho da cavidade orbital ajustado pelo tamanho do crânio confirmam maior investimento dos neandertais no sistema visual em detrimento de outros sistemas.

Outra estrutura peculiar nos neandertais é o labirinto ósseo, que difere anatomicamente do *Homo sapiens* e do *Homo erectus*, tanto na forma como no tamanho dos canais semicirculares (Figura 5.5). Essa diferença é bastante importante, pois pode ser lida como uma evidência de que os neandertais são uma espécie distinta do *Homo sapiens*. Além disso, ela pode ser útil na classificação de fósseis que ainda não foram classificados, como foi o caso de um dos fósseis extraídos de Arcy-sur-Cure, na França. Usualmente, espera-se que o tamanho do canal semicircular esteja correlacionado positivamente à massa corporal do indivíduo. Assim, a descoberta de que os neandertais possuem canais semicirculares menores que o de seres humanos modernos é surpreendente, e nos faz acreditar que talvez os neandertais fossem menos ágeis do que nós ao correr, uma vez que os canais semicirculares da orelha interna auxiliam na manutenção do balanço corporal.

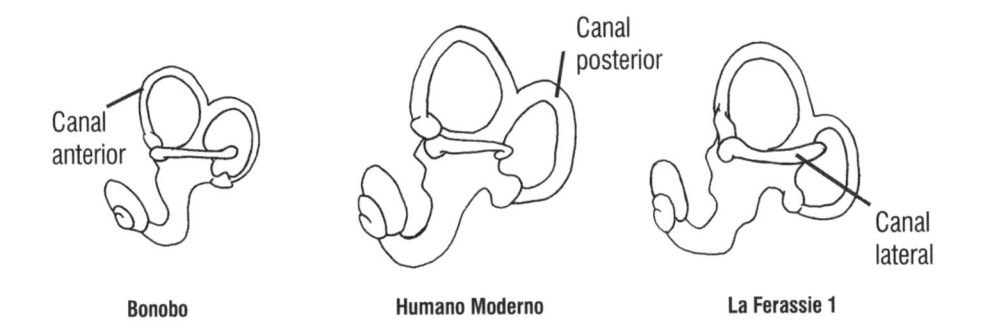

Figura 5.5 - O tamanho dos canais semicirculares está correlacionado à massa corporal do indivíduo. O esperado, então, seriam canais maiores em um neandertal. Acima, comparamos os canais posteriores em relação ao nível do canal lateral em um bonobo, um humano moderno e um neandertal (La Ferassie 1). Esses canais estão associados ao balanço corporal e à forma de locomoção, o que aponta para possíveis diferenças entre neandertais e humanos.
Ilustração: Marina Satie Kodaira de Medeiros

4. MORFOLOGIA PÓS-CRANIANA

Seria possível reconhecer um neandertal, somente pelo seu corpo, se o víssemos? A resposta para essa pergunta é: talvez, pois os neandertais possuíam uma estrutura física bastante robusta e, embora seu esqueleto pareça, à primeira vista, com o de um humano moderno, existem muitas características que os distinguem de nós (Figura 5.6).

Os espécimes de neandertais nos dão uma ideia aproximada da variabilidade da morfologia pós-craniana de suas populações no decorrer do longo tempo de sua existência. Acredita-se que os neandertais eram um pouco mais baixos do que os humanos de hoje. A altura média para os homens era de 169 cm (com 65 kg), enquanto as mulheres teriam em torno de 160 cm (com 60 kg).

A robustez corporal do neandertal é vista tanto em seus membros superiores e inferiores como nas principais articulações (Figura 5.7). Suas costelas são grossas e têm formato arqueado, formando uma espécie de tonel, em contraposição com as caixas torácicas cilíndricas dos *Homo sapiens*. Seus membros têm proporções diferentes dos nossos, com os ossos do antebraço (entre o cotovelo e o punho) e da perna (entre o joelho e o tornozelo) mais curtos.

Uma distinção importante na morfologia pós-craniana dos neandertais é o tamanho da pelve, que é maior do que a dos *Homo sapiens*. Essa descoberta levou muitos cientistas a questionarem se o alongamento do osso púbico poderia significar um canal do parto maior. Entretanto, uma pelve neandertal encontrada na caverna de Kebara, em Israel, apresenta esse canal de tamanho similar ao de humanos modernos, a despeito de seu osso púbico ser mais longo. Assim, é provável que o tamanho da pelve esteja mais relacionado a uma adaptação climática, oferecendo uma proporção corporal eficiente na conservação do calor, do que a algum aspecto relativo à gestação.

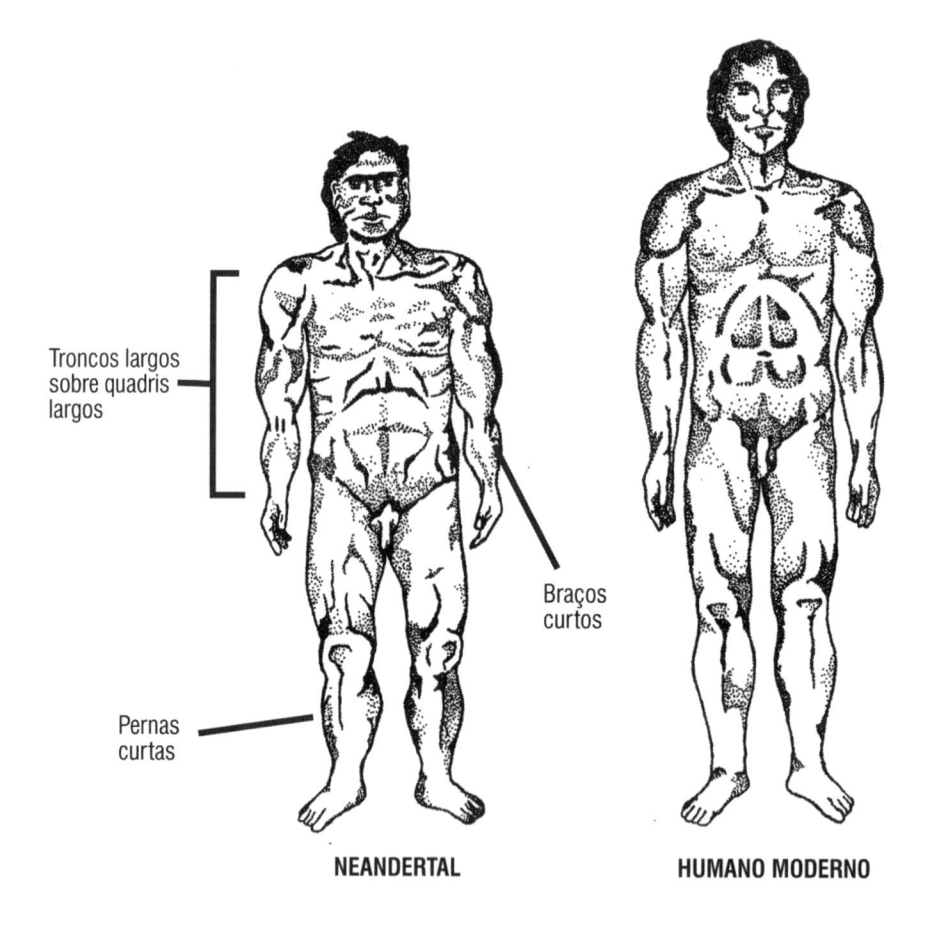

Figura 5.6- Comparação do corpo de um neandertal com o de um humano moderno. A compleição do neandertal é mais robusta, com tronco mais largo e estatura mais baixa comparada ao humano moderno. **Ilustração**: Raquel de Souza Lima

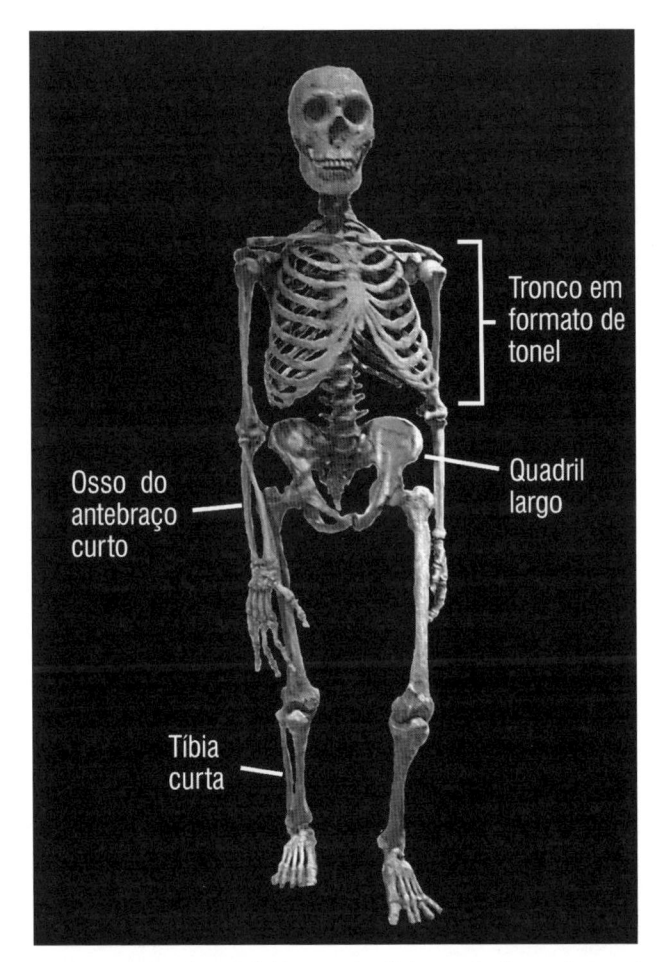

Figura 5.7 - Este esqueleto completo de um indivíduo neandertal foi reconstruído a partir de quatro indivíduos por G.J. Sawyer, do Museu Americano de História Natural, em Nova York, e por Blaine Maley, da Universidade de Washington, em St. Louis, também nos Estados Unidos. O esqueleto está exposto no Museu de História Natural, onde réplicas podem ser adquiridas. É possível ver claramente seus ossos bastante robustos e sua compleição atarracada com caixa torácica larga acompanhando o quadril, praticamente sem cintura. As pernas e braços são curtos, produzindo uma estrutura corporal bem compacta e bem adaptada a climas frios. **Ilustração**: Renato Vicente

Uma distinção importante na morfologia pós-craniana dos neandertais é o tamanho da pelve, que é maior do que a dos *Homo sapiens*. Essa descoberta levou muitos cientistas a questionarem se o alongamento do osso púbico poderia significar um canal do parto maior. Entretanto, uma pelve neandertal encontrada na caverna de Kebara, em Israel, apresenta esse canal de tamanho similar ao de humanos modernos, a despeito de seu osso púbico ser mais longo. Assim, é provável que o tamanho da pelve esteja mais relacionado a uma adaptação climática, oferecendo uma proporção corporal eficiente na conservação do calor, do que a algum aspecto relativo à gestação.

A escápula neandertal difere da escápula de um *Homo sapiens* por ter uma espinha mais alta e um acrômio mais distante do eixo de rotação, o que faz com que a escápula seja mais longa. Essa característica, juntamente com um sulco mais profundo na extremidade externa da parte dorsal, seria responsável por dar ao braço do neandertal uma excelente capacidade de rotação, o que poderia ter se refletido na maneira com que eles atiravam objetos.

As mãos dos neandertais (Figura 5.8) distinguem-se somente um pouco das nossas, o que sugere que suas habilidades manuais eram de nível semelhante às dos humanos modernos. Uma das diferenças encontra-se no corpo da falange distal – a ponta do dedo –, que é maior e mais arredondada. Além disso, a falange distal do polegar é relativamente mais longa. Essa característica pode indicar que os neandertais seguravam os objetos com mais força que os *Homo sapiens*.

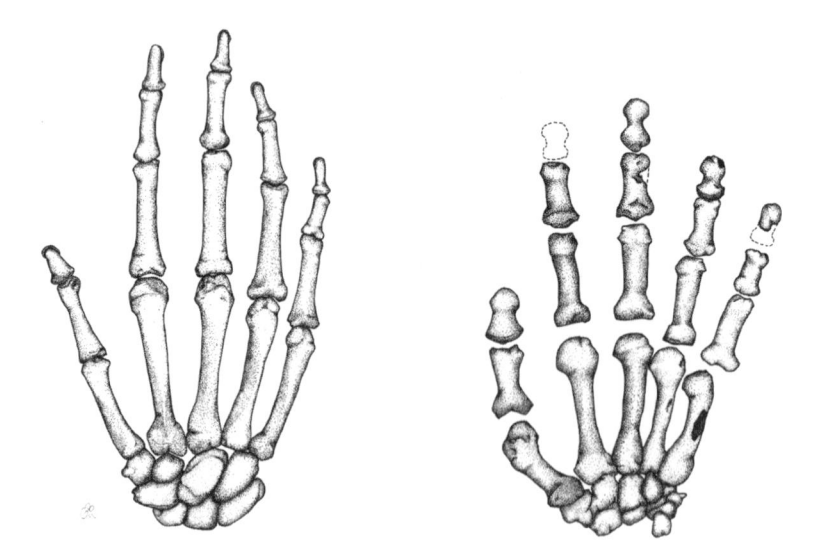

Figura 5.8 - À esquerda, está representada a mão de um humano moderno, mais grácil que a de um neandertal, representada à direita. As falanges distais (ponta dos dedos) são caracteristicamente mais arredondadas no neandertal, com a falange distal do polegar mais longa em relação à falange proximal. **Ilustração**: Giulia Baldaconi Bispo

5. IMPLICAÇÕES ADAPTATIVAS DA MORFOLOGIA NEANDERTAL

O estudo das regiões em que foram encontrados fósseis neandertais nos permite imaginar o tipo de ambiente no qual eles se dispersaram: um ambiente bastante hostil, com temperaturas extremamente baixas e escassez de alimentos. Sabemos que os *Homo sapiens* enfrentaram as mesmas condições quando adentraram o território dos neandertais. Porém, é provável que esses *Homo sapiens* tenham superado as dificuldades, a despeito de sua constituição ter evoluído no clima mais ameno da África, por terem desenvolvido adaptações culturais na forma de tecnologias. Os neandertais, por outro lado, parecem ter adquirido adaptações morfológicas ao frio, o que lhes permitiu sobreviver durante uma grande extensão de tempo sob condições climaticamente adversas.

A anatomia pós-craniana (Figura 5.7) do neandertal já foi chamada de "hiperpolar", por algumas partes de seu corpo serem extremamente adaptadas ao frio: a caixa torácica em formato de tonel e membros curtos, como o antebraço e a perna. Além disso, a região antero-superior da pelve, formada pelo ramo púbico superior, era alongada. Tais características aumentam a amplitude corporal (maior volume em relação à superfície do corpo) e, portanto, auxiliam a retenção de calor. Assim, um retrato fiel de um neandertal construído a partir dessas evidências mostraria um ser que é parecido conosco, mas com um esqueleto visivelmente atarracado, de pequena estatura e bastante musculoso.

A posição da laringe no corpo do neandertal era diferente da posição encontrada em um humano moderno. A laringe elevada teria afetado a capacidade de fala, mas também teria deixado o nariz livre, permitindo o aquecimento do ar gelado antes que ele atingisse a garganta e os pulmões. A estrutura da laringe combinada ao formato de sua caixa torácica provavelmente dava aos neandertais uma voz mais aguda e mais potente que a do humano moderno. Uma análise microbiomecânica do osso que suporta a musculatura da língua, conhecido como hioide, de um neandertal permite concluir que seu uso era indistinguível daquele observado em um humano moderno e muito diferente do observado em um chimpanzé. Isso seria sugestivo de capacidade de articulação vocal avançada.

O crescimento e o desenvolvimento dos neandertais podem ter seguido um padrão diferente daquele dos humanos modernos. Uma explicação plausível é a de que um desenvolvimento mais rápido seria vantajoso sob o ambiente hostil em que os neandertais se encontravam, pois crianças menos dependentes deixariam as mulheres neandertais livres para participar ativamente da caça a animais, o que aumentaria a disponibilidade de alimento. De fato, esqueletos de crianças neandertais sugerem que muitas das características que consideramos típicas de neandertais são adquiridas logo no início da infância, como a robustez do esqueleto, as mandíbulas grandes, o formato da caixa craniana, o forame magno mais alongado, entre outros. A análise tridimensional de reconstruções de crânios de adultos e de crianças neandertais revela que a diferença no crescimento do crânio até os 2 anos de idade seria responsável pela maior parte das diferenças entre os crânios de neandertais e de *Homo sapiens*. O formato alongado e baixo do crânio neandertal, por exemplo, pode ter sido fruto de um descompasso no crescimento encefálico em relação à abóbada craniana. Como o cérebro é direcionado à parte traseira do crânio em sua última fase de crescimento, a lentidão no crescimento do cérebro, em relação ao crescimento da abóbada craniana, explicaria a presença do coque occipital.

Ainda restam dúvidas sobre a existência de uma relação entre o clima frio e a anatomia facial e nasal. Apesar de ser possível argumentar que um nariz largo ajudaria a aquecer o ar e que uma face prognática reduziria o estresse da mordida na dentição anterior, os dados que temos sobre populações humanas modernas são controversos nesse sentido. Em particular, há especulações de que o nariz largo, na verdade, teria a função de auxiliar a dissipação de calor, em períodos de alta atividade.

De modo geral, os fósseis encontrados apresentam marcas de grande estresse provocado pela mastigação. Os dentes anteriores costumam ser os mais gastos, e os molares apresentam uma condição chamada de taurodontismo. O taurodontismo é caracterizado por raízes fundidas e expandidas lateralmente e câmara pulpar alargada – ele é responsável por deixar os dentes mais resistentes ao uso intenso. As condições árduas de um ambiente podem deixar marcas em seus habitantes. Muitos neandertais apresentam hipoplasia de esmalte dentário[3], o que poderia indicar estresse durante o desenvolvimento, proveniente de deficiências nutricionais.

---

3   A hipoplasia de esmalte dentário é uma má-formação do esmalte dentário que ocorre no momento da calcificação dos dentes, fazendo com que estes apresentem alterações na estrutura do esmalte, como manchas esbranquiçadas, sulcos e ranhuras.

A deficiência nutricional pode também causar raquitismo (deficiência no hormônio ou vitamina D), cuja manifestação ocorre principalmente nos ossos. Por essa razão, anteriormente, o rádio e o fêmur arqueados dos neandertais foram associados ao raquitismo. Entretanto, como outros ossos não exibem sinais de raquitismo, uma explicação alternativa aos ossos longos curvos seria a hipertrofia muscular, como ocorre com outros hominínios pré-modernos.

É possível verificar a hipertrofia muscular observando-se as marcas dos músculos e ligamentos nos ossos dos membros e das extremidades dos neandertais. Juntamente com o contexto do ambiente, esse fato favorece a hipótese de que os neandertais levavam uma vida muito árdua, que exigia atividades físicas extenuantes. O ângulo mais agudo formado entre o colo e a diáfise do fêmur também poderia ser considerado um indicador do alto nível de atividades físicas durante o desenvolvimento. Outra hipótese é a de que tal ângulo reflete uma adaptação neandertal às temperaturas baixas, uma vez que, em populações humanas, o ângulo entre o colo e a diáfise femorais também está correlacionado a troncos e pelves maiores em locais de clima frio.

6. INFORMAÇÕES MOLECULARES

Os fósseis descobertos trazem consigo muitas informações e interpretações distintas a respeito da vida dos neandertais. Entretanto, uma abordagem que tem ajudado a desfazer alguns dos pontos controversos é a análise de amostras de DNA. É surpreendente poder obter amostras de DNA tão antigas, pois sabemos que a molécula de DNA não é uma estrutura química estável. Na verdade, mesmo alojada no núcleo e na mitocôndria das células, ela sofre continuamente danos químicos, que usualmente são reparados por um mecanismo próprio da célula. Entretanto, a morte do indivíduo faz com que suas células parem os processos que transformam a energia estocada em alimentos em trabalho de reparo, e a tendência é a total degradação do DNA. Idade, temperatura e umidade são algumas das condições que influenciam a preservação do DNA. Por exemplo, é pouco provável que se encontre DNA nuclear preservado em fósseis com mais de 100 mil anos. Já o DNA mitocondrial (mtDNA) ocorre em um maior número de cópias por célula e forma cadeias bem mais curtas que podem ser preservadas por mais tempo se as condições ambientais forem favoráveis.

A primeira extração de DNA de neandertais foi realizada em 1997, por uma colaboração envolvendo a Universidade de Munique (Alemanha) e a

Universidade do Estado da Pensilvânia (Estados Unidos), utilizando um úmero de cerca de 40 mil anos encontrado em 1856 no vale do Neander, na Alemanha. Nesse caso, obteve-se mtDNA, que muitas vezes é o único DNA disponível em fósseis tão antigos. O grupo de pesquisadores responsável por essa descoberta reconstruiu uma sequência de 379 bases da molécula de mtDNA. Em seguida, comparou os resultados obtidos com sequências de mtDNA de 2.051 humanos de todas as partes do mundo. Na média, foram encontradas 28 diferenças entre as sequências – para comparação, entre humanos contemporâneos, a média é de sete diferenças. Isso sugere que os neandertais não foram nossos ancestrais, e que eles não contribuíram com DNA mitocondrial para os humanos modernos. Nesse estudo, ainda, uma estimativa da idade do ancestral comum mais recente entre neandertais e *Homo sapiens* foi calculada, levando-se em conta a frequência usual de mutações no mtDNA. A conclusão foi que a divergência molecular teria ocorrido há cerca de 500 mil anos.

Note que a contribuição ao mtDNA é exclusivamente feminina, ou seja, uma mãe que teve somente filhos homens não terá sua linhagem de mtDNA continuada, mesmo que tenha netos. Dessa maneira, é possível dizer que a história contada pelo mtDNA é somente metade da história do que aconteceu. A sua análise não é suficiente para afirmar com certeza que os neandertais e os *Homo sapiens* não se intercruzaram, já que o acaso poderia ter feito com que traços do intercruzamento no mtDNA desaparecessem, principalmente considerando que a interação tenha ocorrido há dezenas de milhares de anos.

Outros estudos de mtDNA neandertal, feitos com fósseis de locais como a caverna de Mezmaiskaya (no Cáucaso, na Rússia), a caverna de Vindija (na Croácia), Engis e Scladina (ambos na Bélgica), Okladnikov (na Sibéria) e La Chapelle-aux-Saints (na França), entre outros, cobrem boa parte da amplitude geográfica e temporal (de 100 mil até 29 mil anos atrás) dos neandertais. Esses estudos apoiam a pesquisa de 1997, confirmando a distinção genética entre neandertais e humanos. Um estudo mais recente, de 2008, recuperou o mtDNA completo de um fóssil de 38 mil anos de idade, descoberto na caverna de Vindija, na Croácia. Usando um banco de dados com 39 milhões de fragmentos de DNA do fóssil do sítio de Vindija, o pesquisador Richard Green, da Universidade da Califórnia em Santa Cruz, nos Estados Unidos, identificou 8.341 sequências de mtDNA, com uma média de 69 nucleotídeos de comprimento. A partir dessas sequências, Green reconstituiu a sequência completa do mtDNA, com 16.565 nucleotídeos. Além de fortalecer a visão de que as divergências entre humanos e neandertais superam as encontradas entre humanos, a pesquisa ainda forneceu uma nova estimativa de idade para o ancestral comum mais recente entre neandertais e humanos: cerca de 600 mil anos, com uma margem de erro de 140 mil anos, para mais ou para menos. Esse resultado é corroborado pelas pesquisas arqueológicas.

Antes disso, em 2006, os primeiros estudos realizados com DNA nuclear de neandertais foram publicados nas revistas "Nature" e "Science". Os grupos responsáveis pelas publicações haviam sequenciado boa parte do DNA neandertal a partir de um fêmur encontrado na Croácia, com cerca de 38 mil anos de idade. Um deles, o grupo do Instituto Max Planck, conseguiu obter dados para 1 milhão de pares de bases, utilizando uma máquina de sequenciamento de alta velocidade. Essas análises do DNA sugeriram que a população neandertal era descendente de um grupo ancestral de apenas cerca de três mil indivíduos; além disso, comparações feitas com seres humanos revelaram que humanos e neandertais compartilham 99,5% de seu genoma. Nem todos os resultados obtidos por um dos estudos puderam ser confirmados pelo outro, o que pode ter sido efeito de contaminações ou de erros de sequenciamento das amostras de DNA antigo. Por exemplo, a estimativa de uma data para a separação de neandertais e humanos modernos foi de 370 mil anos (em média) para o primeiro estudo, do Laboratório Nacional de Lawrence, em Berkeley (Estados Unidos), e entre 569 mil e 465 mil anos para o segundo estudo, do Instituto Max Planck.

O sequenciamento de DNA nuclear abre caminho para novas descobertas sobre características físicas e cognitivas dos neandertais. Um exemplo disso é o recente estudo sobre o gene FOXP2 – relacionado à fala. Esse estudo revelou que humanos e neandertais, diferentemente de outros primatas contemporâneos, possuem uma mesma modificação no gene FOXP2. É importante notar que essa descoberta não implica que os neandertais tenham utilizado ou tenham sido capazes de utilizar uma linguagem articulada tal qual nós utilizamos hoje, pois o gene FOXP2 é apenas um dos vários genes responsáveis por essa função nos seres humanos.

Outro exemplo é a análise do MC1R – receptor de melanocortina 1 –, que se relaciona à cor de pele e do cabelo. Humanos com formas menos funcionais da proteína MC1R costumam apresentar pele mais clara, possivelmente como forma de adaptação a altas latitudes com o objetivo de melhorar absorção de luz solar para a produção de vitamina D. A partir da comparação do MC1R de dois fósseis neandertais com a sequência do gene para 3.700 humanos modernos, o estudo mostrou que a variante encontrada nos neandertais sugere que eles tinham uma distribuição de cores de cabelo e de pele parecidas com as dos europeus modernos. Em outras palavras, é possível que 1% da população neandertal fosse ruiva, tivesse pele branca e sardas!

Em 2010, pesquisadores do Instituto Max Planck anunciaram que haviam conseguido sequenciar todo o DNA nuclear de um neandertal. Para isso, eles utilizaram três ossos, que datavam de 44 mil a 38 mil anos, obtidos no sítio de Vindija, na Croácia. Além disso, para confirmar os resultados, sequenciaram ainda o DNA de outros ossos, de sítios da Espanha, da Alemanha e da Rússia. Tendo confirmado os resultados, foi feita uma comparação com o genoma humano. Segundo esse estudo, o DNA neandertal é ainda mais próximo ao humano do que havia sido divulgado antes, compartilhando 99,84% de seu genoma. Os pesquisadores fizeram ainda uma comparação entre o DNA neandertal e o DNA completo de indivíduos da África, da China, da França e da Nova Guiné. A pesquisa revelou que muitas pessoas possuem genes neandertais, com a exceção dos africanos. Uma explicação plausível para esse fenômeno é que tenha ocorrido intercruzamento de humanos modernos e neandertais logo após a saída dos humanos modernos da África, mas antes da dispersão desses grupos para o mundo, possivelmente no Oriente Médio, entre 80 mil e 50 mil anos atrás. Ainda não existe uma resposta definitiva para essa questão, mas é provável que novos estudos sobre o DNA neandertal esclareçam essa e a outras questões que afetam nosso entendimento sobre o *Homo neanderthalensis*.

7. ORIGEM DOS NEANDERTAIS

A área de dispersão dos neandertais era primordialmente a Eurásia, com maior densidade de sítios no lado ocidental. Sabemos que já no Pleistoceno Inferior (de 2,6 milhões a 781 mil anos atrás), há cerca de 1 milhão de anos, a Europa era ocupada por uma espécie de hominínios. No sítio conhecido como Sima Del Elefante, na Serra de Atapuerca, no norte da Espanha, foi encontrado em 2007 um fragmento de mandíbula datado entre 1,1 e 1,2 milhão de anos. A espécie à qual pertenceu esse indivíduo, no entanto, ainda é alvo de debate, e muitos cientistas acreditam que esse achado se encaixa na variabilidade observada no *Homo erectus*. Entretanto, um grupo de especialistas, liderado por Eudald Carbonell, da Universidade de Rovira i Virgilli, e Juan Luis Arsuaga, da Universidade Complutense de Madrid, ambas na Espanha, sugeriu a classificação em uma nova espécie: *Homo antecessor*.

Os primeiros espécimes associados ao *Homo antecessor* foram encontrados em 1994, no sítio conhecido como Gran Dolina, também em Atapuerca. Os cerca de 80 fragmentos encontrados foram datados em pelo menos 900 mil anos. Duas descobertas feitas em 2010 e 2013 na Inglaterra completam o conjunto de evidências associadas ao *antecessor*: ferramentas líticas datadas em 950 mil anos e as pegadas mais antigas fora da África, datadas de 800 mil anos.

Se de fato esses espécimes representam uma espécie distinta de seus contemporâneos africanos e se o *antecessor* representa um ancestral comum dos *sapiens* e dos neandertais, ainda são questões que são motivo de disputas. Com base na datação e na morfologia dos fragmentos descobertos, além de considerar a distribuição de sítios mais antigos pela Eurásia, alguns especialistas acreditam ser razoável imaginar que o *Homo antecessor* descenderia de populações provenientes do leste, resultantes da onda migratória dos *Homo erectus* para fora da África, ou seja, o *antecessor* representaria uma especiação ocidental do *erectus*. Contudo, para reconstruir a filogenia que antecede o surgimento dos neandertais, temos que examinar sítios mais recentes datados do Pleistoceno Médio (entre 781 e 126 mil anos atrás).

O sítio europeu mais produtivo do período foi descoberto na Espanha, num complexo de cavernas situado também na Serra de Atapuerca. No sítio conhecido como Sima de los Huesos, foram encontrados durante a década de 1990 mais de cinco mil ossos de hominínios, representando algo entre 28 e 32 indivíduos associados à espécie *Homo heidelbergensis*. Esses achados foram datados com segurança em mais de 350 mil anos, com resultados recentes apontando até para idades em torno de 600 mil anos. Outros sítios normalmente associados aos *heidelbergensis* na Europa estão em Schöningen (Alemanha), Tautuvel (França), Petralona (Grécia), Swanscombe, Suffolck e Boxgrove (todos na Inglaterra).

Na África, sítios datados do Pleistoceno Médio foram descobertos no leste, no sul e no norte. O sítio mais antigo do período é conhecido como Bodo, na Etiópia, onde em 1976 um crânio bem preservado datado em 600 mil anos foi encontrado. O crânio de Bodo exibe traços intermediários entre o *Homo erectus* e o *Homo sapiens* e foi descoberto num contexto arqueológico Acheulense. Seguindo a tendência "separadora" de parte da comunidade de paleoantropologia, inicialmente os achados africanos foram classificados numa nova espécie: *Homo rhodesiensis*.

Na Ásia, há os sítios chineses de Dali, onde se descobriu um crânio quase completo datado entre 180 mil e 230 mil anos, e o de Jinniushan, onde foi encontrado um esqueleto parcial datado de 200 mil anos. Na China, esses achados tendem a ser interpretados como humanos arcaicos que representariam antepassados dos chineses modernos. No entanto, a maioria dos especialistas classifica esses espécimes como *Homo heidelbergensis*.

O quebra-cabeça filogenético do Pleistoceno Médio e o papel do *antecessor* na história evolutiva dos neandertais e dos humanos modernos ainda é tema de debate. Num primeiro cenário, uma população mediterrânea de *Homo antecessor* seria derivada do *Homo erectus*. Essa população teria dado origem ao *Homo rhodesiensis* na África e ao *Homo heidelbergensis* na Eurásia. A população de *rhodesiensis*, por sua vez, daria origem ao *Homo sapiens*, enquanto a população de *heidelbergensis* produziria o *Homo neanderthalensis*. Não é muito claro, no entanto, o quanto o *antecessor* estaria relacionado ao *heidelbergensis* ou ao *rhodesiensis*, ou ainda se *heidelbergensis* e *rhodesiensis* seriam de fato espécies distintas.

Numa alternativa mais conservadora imagina-se que o *Homo heidelbergensis* ocupava uma área de dispersão vasta, incluindo a África e a Eurásia. Os neandertais e *sapiens* teriam se originado das subpopulações europeia e africana, respectivamente.

A maneira exata como os neandertais se diferenciaram a partir do *heidelbergensis* ainda não é conhecida. Atualmente, dois cenários são considerados plausíveis pela comunidade. No "modelo de duas fases", imagina-se que, primeiro, os neandertais paulatinamente aumentaram em massa corpórea, robustez e prognatismo médio-facial. Essas três tendências teriam levado, numa segunda fase, a uma completa reorganização craniana, que teria ocasionado lobos occipital e temporal aumentados, com possíveis consequências comportamentais. Nesse cenário, seria fácil diferenciarmos morfologicamente um *Homo heidelbergensis* de um *Homo neanderthalensis*. Num segundo cenário, conhecido como "modelo de acréscimo"[4], os traços morfológicos clássicos dos neandertais resultariam, principalmente, de processos aleatórios de deriva e fixação. Já as mudanças cranianas teriam relação com o processo de encefalização, que seria o

---

4   Do inglês, "accretion model".

alvo principal de pressão seletiva. Nesse cenário, não se esperaria uma divisão clara entre *heidelbergensis* e neandertais.

O maior acervo fóssil de *heidelbergensis* foi encontrado em Sima de los Huesos, na Serra de Atapuerca (Espanha). Num artigo publicado na revista "Science" em junho de 2014, foram analisados 17 crânios encontrados na região. A utilização de múltiplas técnicas de datação permitiu localizá-los no tempo em um período ao redor de 430 mil anos atrás. Os resultados dessa nova análise apoiam o modelo de acréscimo para os traços neandertais, com características fixando-se a taxas diferentes em partes diferentes da anatomia, ao invés de em bloco. Em Sima de los Huesos, a face e os dentes apresentam características morfológicas completas de um neandertal clássico, enquanto a caixa craniana continua primitiva, tanto em formato quanto em volume. A encefalização se apresenta como um processo posterior que teria ocorrido de forma independente nos ramos de *heidelbergensis* da África e Eurásia. A hipótese de processos paralelos de encefalização levando ao *Homo neanderthalensis* e ao homem moderno é ainda apoiada por diferenças anatômicas documentadas pela observação dos "endocasts", sobre os quais já comentamos, e por seu formato em várias fases do desenvolvimento. Além disso, uma série de diferenças genéticas entre as duas espécies está relacionada ao desenvolvimento, às funções encefálicas e até ao grau de conectividade encefálico.

O surgimento recente de evidências que comprovam a existência de um terceiro hominínio, chamado de denisovano, datado em 50 mil anos, veio complicar adicionalmente nosso modelo para a árvore filogenética do gênero *Homo* (veja o Quadro 5.1). O que parece mais plausível agora é que neandertais e humanos modernos tenham começado a divergir após um evento migratório para fora da África de uma população de *heidelbergensis* há cerca de 500 mil anos (veja a árvore filogenética da Figura 5.9, com uma alternativa na Figura 5.10). Essa migração teria levado, além dos genes, a indústria Acheulense. A subpopulação europeia ganharia paulatinamente traços neandertais clássicos, enquanto a subpopulação africana iria, eventualmente, dar origem aos humanos modernos. A encefalização das duas espécies teria acontecido de forma paralela, tomando rumos anatômicos – e provavelmente funcionais – distintos. Enfim, este é um dos períodos mais instigantes da história evolutiva de nossa linhagem e é certo que novas descobertas irão paulatinamente alterar o grau de plausibilidade de cada um dos cenários apresentados nesta seção.

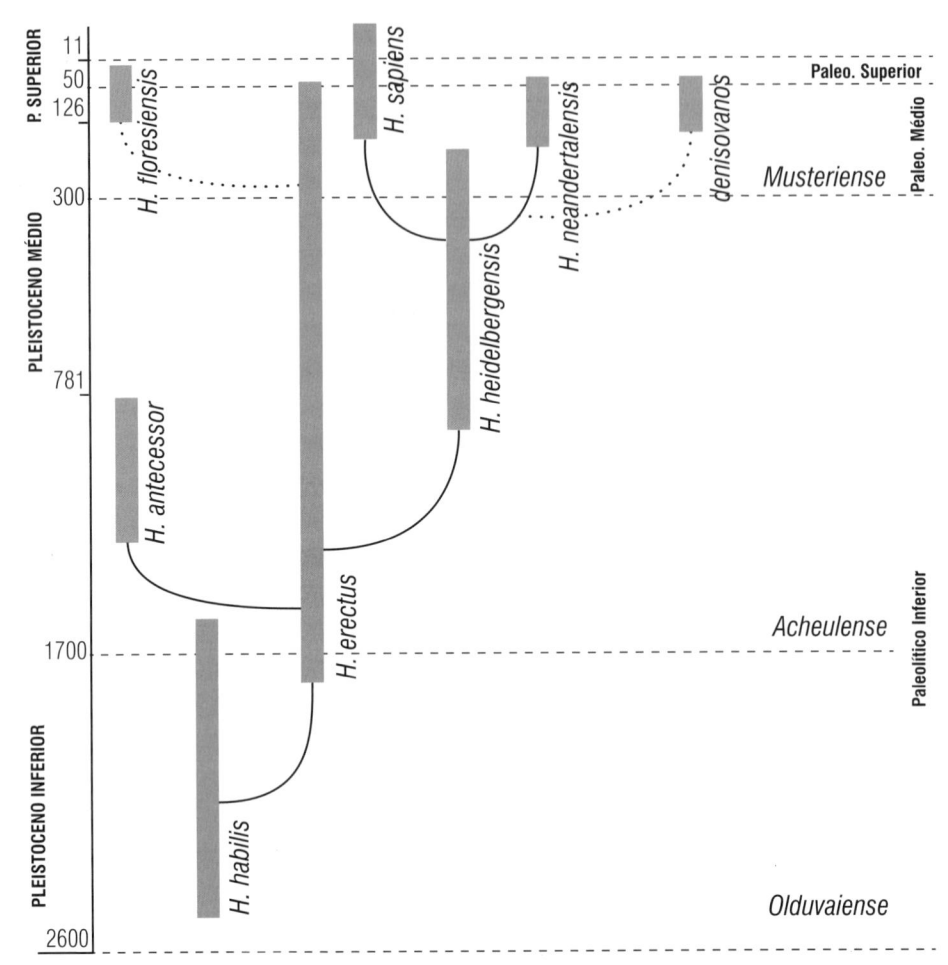

Figura 5.9 - Árvore filogenética do gênero *Homo* baseada em fósseis e genética. O espécime mais antigo é datado em 2,4 milhões de anos e foi classificado como *Homo habilis*. O *H. erectus* seria derivado de *H. habilis*, há cerca de 1,8 milhões de anos. *H. habilis* e *H. erectus* teriam coexistido com uma terceira espécie do mesmo gênero: o *H. rudolphensis*. A classificação do *rudolfensis* no gênero *Homo* é controversa, com alguns pesquisadores preferindo denominá-lo *Kenyanthropus rudolfensis* (ver capítulo III) ou dentro de *H. habilis* (ver capítulo IV). Variações do *H. erectus* teriam dado origem ao *H. antecessor*, na Europa, ao *H. heidelbergensis*, na África, e ao *H. floresiensis*, na Indonésia. As populações europeias e africanas de *heidelbergensis* começariam a se diferenciar há cerca de 500 mil anos em, respectivamente, *H. neanderthalensis*, denisovanos e *H. sapiens*. Por um breve período, pelo menos cinco espécies podem ter convivido em diferentes partes da Eurásia: *H. florensiensis*, *H. erectus*, *H. neanderthalensis*, denisovanos e humanos modernos. **Ilustração**: Renato Vicente

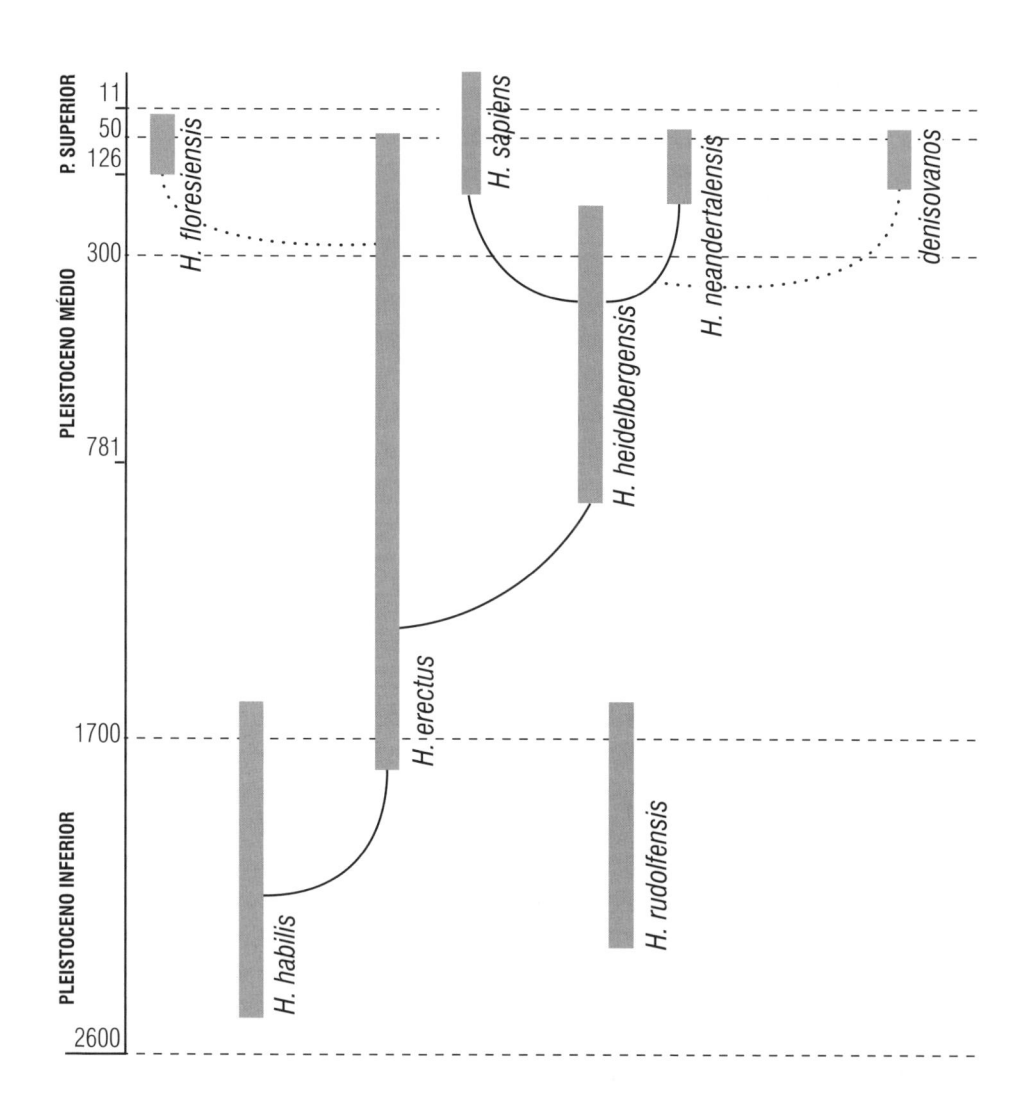

Figura 5.10 - Ainda há várias dúvidas na construção da árvore filogenética de nosso gênero. Existem dúvidas se o *Homo* antecessor consistia de uma variação específica da Europa Ocidental fora de nossa linhagem ou se deu origem ao *Homo heidelbergensis*. Outra questão ainda debatida de forma intensa diz respeito à história evolutiva dos denisovanos, em particular, à luz de novos resultados sobre o mtDNA de um espécime de Sima de los Huesos. Esses espécimes são semelhantes ao *H. heidelbergensis*. O DNA mitocondrial parece apontar para uma relação mais próxima entre *denisovanos* e *heidelbergensis* do que entre *denisovanos* e *neandertais*. Se confirmados, esses resultados exigiriam o redesenho do ramo da árvore que leva aos denisovanos. **Ilustração**: Renato Vicente

QUADRO 5.1 – OS DENISOVANOS

Em 2008, foi encontrada em uma caverna da Sibéria uma falange de um dedo, com idade entre 48 mil e 30 mil anos. Esse osso foi enviado ao Instituto Max Planck, para a equipe de Svante Pääbo – o mesmo grupo de pesquisadores que havia sequenciado amostras de DNA de neandertais. A expectativa era que esse dedo também fosse neandertal. Entretanto, a análise do mtDNA mostrou que o dedo, na verdade, pertencia a um hominínio distinto tanto dos neandertais quanto dos *Homo sapiens*. Na ausência de fósseis que permitam uma discussão mais detalhada da morfologia desses indivíduos, a comunidade científica tem preferido chamar esses fósseis novos pelo apelido de "denisovanos", ao invés de nomeá-los como uma nova espécie. O nome "denisovano" é derivado do nome da caverna em que foi encontrado o osso do dedo: a caverna de Denisova, situada nas montanhas Altai.

As análises iniciais do mtDNA sugeriram que os denisovanos teriam divergido dos humanos e neandertais há cerca de 1 milhão de anos, mais do que o dobro da estimativa de divergência entre humanos e neandertais, há cerca de 460 mil anos. Apenas alguns meses depois, o DNA nuclear do dedo também foi extraído. Diferentemente do DNA neandertal previamente sequenciado, o DNA do dedo encontrado em Altai estava muito bem preservado, provavelmente devido à baixa temperatura do ambiente.

O sequenciamento do DNA nuclear levou a resultados compatíveis com um modelo teórico no qual denisovanos e neandertais seriam espécies irmãs que teriam aparecido após a divergência de seus antecessores em relação ao *Homo sapiens* (veja Figura 5.9). Além disso, utilizando o genoma denisovano, os pesquisadores ainda confirmaram que houve intercruzamento entre humanos e neandertais. Na primeira fase do estudo, também se verificou que a maior parte das pessoas não possuía traços de DNA denisovano, com exceção dos habitantes da Melanésia que compartilham em média 4,8% de seu genoma com os denisovanos. Essa evidência traça uma história que é, no mínimo, intrigante: como não foram encontrados traços de DNA denisovano em populações de áreas próximas a Altai, é possível que os denisovanos tenham interagido com os ancestrais da população da Melanésia em uma região mais distante, o que gera dúvidas sobre o quanto os denisovanos se espalharam pela Ásia. Futuros estudos moleculares e sobre as características morfológicas de hominínios na Ásia podem esclarecer essa questão.

Recentemente, foram descobertos mais dois fósseis pertencentes aos denisovanos: dois dentes, um deles encontrado em 2000, mas analisado somente em 2010, e outro encontrado em meados de 2010. Ambos são terceiros molares (os dentes do siso) e são considerados grandes se comparados aos dentes de hominínios mais recentes; por exemplo, há evidências datadas de 50 mil anos de que os *Homo sapiens* tinham dentes molares menores e comiam alimentos mais macios. Como os dentes encontrados são relativamente primitivos – mais compatíveis com australoptecíneos e com o *Homo habilis* –, é possível que os denisovanos tenham se separado dos neandertais antes que os dentes neandertais adquirissem o formato encontrado em fósseis de 300 mil anos de idade, documentados em sítios da Eurásia Ocidental. Uma explicação alternativa seria que esses traços morfológicos teriam se fixado por deriva em uma subpopulação inicialmente pequena. Ainda em 2010, a falange de um dedo do pé também foi encontrada na caverna de Denisova, em uma camada um pouco abaixo da camada em que foi encontrado o osso do dedo, o que indica que os dois fósseis têm idades semelhantes. As condições favoráveis de preservação do local permitiram novamente extração de DNA de alta qualidade. O sequenciamento dessa nova amostra mostrou tratar-se de um neandertal. A presença de ferramentas típicas do Paleolítico Superior no mesmo sítio aponta para a possibilidade intrigante de coexistência das três espécies nessa região.

Mais recentemente, em 2014, em artigo na revista "Nature", publicado por Matthias Meyer, do Instituto Max Planck para Antropologia Evolutiva em Leipzig (Alemanha), e colaboradores, sequenciou-se o mtDNA de um espécime datado em 400 mil anos encontrado em Sima de los Huesos, na Espanha. Extraído de espécimes com morfologia bem conhecida e classificado como *Homo heidelbergensis*, trata-se do mtDNA hominínio mais antigo já sequenciado. Surpreendentemente, a análise dessas sequências coloca o indivíduo de Denisova mais próximo do *heidelbergensis* de Sima de los Huesos do que dos neandertais. Mesmo considerando as limitações intrínsecas às análises baseadas em mtDNA, esse novo achado complica consideravelmente o modelo de árvore filogenética no qual acreditamos no momento.

8. TECNOLOGIA

As duas primeiras tecnologias cruciais adquiridas pelos hominínios foram as ferramentas de pedra e a domesticação do fogo, nessa ordem. As primeiras ferramentas de pedra lascada apareceram há cerca de 2,6 milhões de anos, associadas inicialmente ao *Australopithecus garhi* e, posteriormente, aos primeiros representantes do gênero *Homo, Homo habilis e Homo erectus*, conforme já foi descrito no capítulo III. Essa primeira indústria é denominada de Olduvaiense (ou Modo 1). Na indústria Olduvaiense, um seixo de quartzo, quartzita ou basalto é lascado utilizando-se uma outra rocha (percutor). As lascas, então, eram utilizadas como ferramentas de corte por indivíduos carniceiros.

Já a datação para o início do uso de fogo ainda é controversa. Richard Wrangham correlaciona o uso do fogo ao cozimento de alimentos, aumentando a eficiência energética da alimentação e possibilitando a aceleração do processo de encefalização observada a partir do surgimento do *Homo erectus*. Essa hipótese colocaria o uso sistemático do fogo em cerca de 2 milhões de anos atrás. No entanto, um artigo de revisão do uso de fogo em sítios europeus publicado por Will Roebroeks e Paola Villa, na revista "PNAS" em 2011, conclui de forma surpreendente que os primeiros *heidelbergensis* ocuparam o norte da Europa sem dominar a tecnologia do fogo. Apenas estratos datados entre 400 mil e 300 mil anos parecem conter evidência clara de seu uso habitual. Uma exceção é o sítio de Gesher Benot Ya'aqov, em Israel, onde há evidência de uso controlado do fogo já há pelo menos 800 mil anos.

Os neandertais, por outro lado, demonstram grande fluência no uso do fogo. Evidências de uso habitual de fogo são uma constante em suas ocupações. Muito provavelmente, o fogo não era utilizado somente para cozinhar alimentos. Um sítio na pedreira de Campitello, na Itália, datado de 200 mil anos, apresenta evidência do processo utilizado por protoneandertais para produzir um adesivo feito à base de resina extraída da casca de árvores, que provavelmente era utilizado para colar um cabo à ferramenta produzida. O processo utilizado na produção destes adesivos é conhecido como destilação seca e apresenta complexidade substancial. Os materiais eram obtidos a grandes distâncias, indicando grande especificidade no procedimento, que tinha por objetivo converter as cascas em resina na ausência de ar. Para isso, eram cavados buracos no chão onde eram colocadas as cascas para serem queimadas a temperaturas de 400 graus Celsius em uma espécie de forno coberto por pedras.

A partir de 1,7 milhão de anos atrás, em associação a fósseis do *Homo erectus* em toda sua imensa área de dispersão, são comuns os "machados de pedra" ou, em uma nomenclatura mais moderna, os bifaces. Essa indústria conhecida como Acheulense (ou Modo 2) consiste em uma sofisticação da indústria Olduvaiense, conforme já foi mencionado. Como na indústria Olduvaiense, os bifaces Acheulenses eram obtidos pela utilização de percutores de rocha, porém, em seguida, também se utilizavam ossos e chifres para trabalhar os detalhes. Os bifaces seriam manufaturados com um cuidado especial com sua simetria e seriam utilizados tanto como fonte de lascas quanto como ferramentas de uso genérico. A próxima etapa tecnológica é conhecida como indústria Musteriense (ou Modo 3), e começou a aparecer na África e Europa quase simultaneamente, entre 300 mil e 200 mil anos atrás. Sua principal característica é a técnica de preparação de núcleo (ou Levallois). A técnica Levallois consiste na preparação prévia de um seixo para remover lascas de forma planejada, com o objetivo de que, no final do processo, tanto as lascas quanto o núcleo convertam-se em ferramentas de tipos variados.

Conjuntamente, as indústrias Olduvaiense e Acheulense definem o Paleolítico Inferior. Já a indústria Musteriense define o Paleolítico Médio (veja Figura 5.9). O *Homo heidelbergensis* aparece, com grande variação geográfica e temporal, como usuário primordial de tecnologias do Paleolítico Inferior, incluindo até a indústria Olduvaiense na China, por exemplo. Ferramentas Musterienses são também encontradas em Skhul (Israel) e no norte da África, em sítios que poderiam, de maneira bem ampla, ser também associados ao *heidelbergensis*.

Os *heidelbergensis* europeus, em geral, aparecem associados a um contexto tecnológico Acheulense. Há, no entanto, uma progressão perceptível tanto na qualidade quanto na variedade dos bifaces produzidos. Além disso, há evidência clara de que ferramentas de osso e madeira também eram confeccionadas. Num achado extraordinário em Schöningen, na Alemanha, foram encontradas lanças de 2 metros de comprimento datadas de 350 mil anos associadas a fósseis de *heidelbergensis*, a ossos de cavalos com marcas de corte e até a um dente de tigre-dente-de-sabre. Isso sugere que esses humanos arcaicos se dedicavam à caça de grandes mamíferos e eram capazes de cooperar para se defender de predadores perigosos.

Os neandertais seguem a tendência dos últimos *heidelbergensis* e aparecem quase exclusivamente associados a um contexto Musteriense. O típico kit Musteriense (Figura 5.11) consistia nos velhos bifaces, agora mais raros, juntamente com ferramentas especializadas, como facas, pontas, denticulados, raspadores e cortadores. Nesse sentido, os neandertais parecem ser cognitivamente diferentes de seus antecessores na concepção de suas ferramentas.

Aparentemente, era muito raro que os neandertais produzissem ferramentas de osso ou madeira. Devemos considerar que esses materiais são mais difíceis de preservar do que rochas. No entanto, mesmo nos sítios onde há boa preservação, eles não são encontrados. Lanças com cabos de madeira certamente faziam parte de seu repertório e tinham pontas de pedra afixadas com um adesivo de resina. Assim, certamente, neandertais eram capazes de produzir ferramentas de madeira.

Algum tipo de roupa seria essencial como uma adaptação tecnológica à Era Glacial. Como os materiais normalmente utilizados na confecção de vestimentas deterioram-se rapidamente, é pouco razoável esperar que eles apareçam nos registros fósseis. Portanto, as evidências sobre esse tipo de adaptação devem ser obtidas de forma indireta. Num estudo publicado em 2012 no "Journal of Human Evolution", Nathan Wales, da Universidade de Connecticut (Estados Unidos), construiu, a partir dos hábitos de vestimenta de 245 grupos recentes de caçadores-coletores, um modelo para inferir o grau de cobertura do corpo necessário para que os neandertais lidassem com o clima europeu. Durante o inverno, seria necessária cobertura de mais de 80% do corpo; essa necessidade cairia para apenas 30% nas regiões e nas épocas mais quentes. Numa demonstração de como um modelo matemático pode ser empregado para inferir detalhes comportamentais, Wales também afirma em seu trabalho que neandertais quase certamente teriam coberto a cabeça durante o inverno. O uso extensivo de roupas de couro seria assim esperado, em particular, se considerarmos também seus hábitos de caça e alimentação. Estas "roupas", no entanto, provavelmente consistiam em peles amarradas ao corpo, já que nunca foram encontradas ferramentas de costura em sítios associados a neandertais.

Para tornar o couro impermeável e adequado para vestimentas seriam necessários amaciadores, que, aliás, são empregados até hoje. No primeiro achado de ferramentas de osso associadas a neandertais, cinco exemplares desses amaciadores, datados em 50 mil anos, foram encontrados em 2013 na região da Dordonha, na França, demonstrando que esses tipos de ferramentas também foram manufaturados em algum momento.

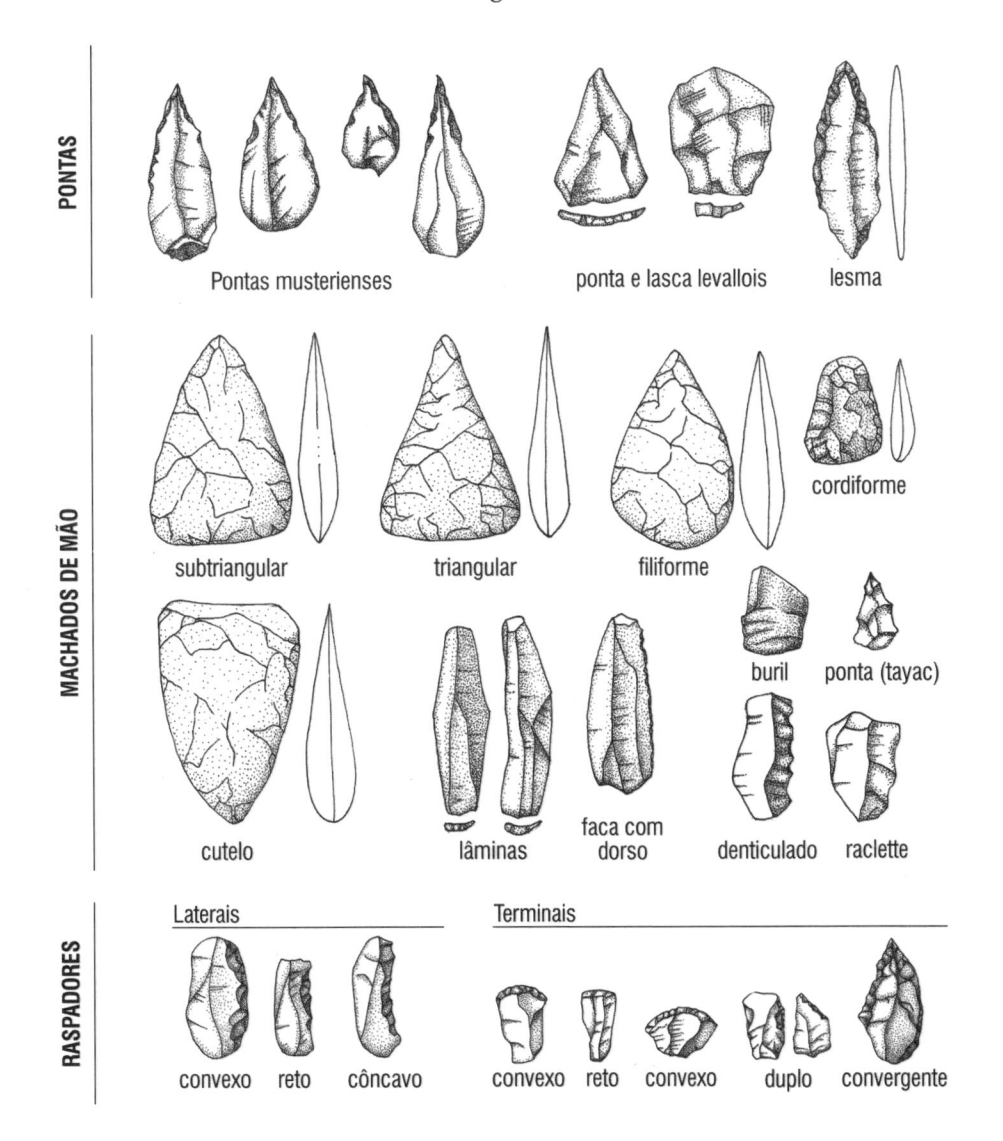

Figura 5.11 - Típico kit de ferramentas Musterienses. **Ilustração**: Stefane Saruhashi

A evidência de organização espacial ou construção de abrigos pelo *Homo heidelbergensis* é relativamente rara. Em 1966, em um sítio conhecido como Terra Amata, na cidade de Nice, na França, datado entre 230 mil e 400 mil anos, descobriu-se uma evidência que poderia indicar a construção de abrigos de pedra e madeira. Esse achado, no entanto, foi contestado de forma contundente na tese de doutorado de Paola Villa, publicada em 1983. Novamente, uma exceção parece ser o sítio Gesher Benot Ya'aqov, em Israel, que foi ocupado por grupos de pescadores-caçadores-coletores há 800 mil anos. O sítio aparece em um contexto arqueológico Acheulense e é dividido em duas áreas separadas, com cerca de 7,5 metros de distância entre elas. A primeira está relacionada à preparação da comida, e a segunda área, a outras atividades, tais como comer ou manufaturar ferramentas. A construção de abrigos é uma adaptação tecnológica esperada em climas glaciais. No entanto, até recentemente, acreditava-se que os neandertais eram basicamente nômades, e não teriam construído habitações ou exibido qualquer tipo de organização espacial do trabalho. Essa visão tem mudado mais recentemente em função de dois achados. Em um sítio, datado em pouco mais de 40 mil anos, denominado Molodova I, na Ucrânia, foram encontradas pilhas de ossos de mamute (cerca de três mil), com alguns deles acumulados em estruturas que sugerem a construção de abrigos com esse material (Figura 5.12). No artigo publicado no "Canadian Journal of Archaeology" em 2013, Julien Riel-Salvatore e seus colaboradores documentaram evidências de organização espacial semelhante ao *Homo sapiens* em uma caverna colapsada no noroeste da Itália, conhecida como Riparo Bombrini, de contexto Musteriense, com estratos datados entre 35 e 45 mil anos.

Quando falamos em neandertais, a maioria de nós tende a imaginar "homens das cavernas" com capacidades intelectuais limitadas, puxando suas mulheres pelos cabelos. Essa imagem não poderia estar mais distante da realidade. O *Homo neanderthalensis* foi capaz de se adaptar às condições climáticas mais rigorosas da Era Glacial. Há uma especificidade quase industrial em seus procedimentos, uma conexão entre o uso e o design de suas ferramentas. Pode-se dizer, sem exagero, que foram os neandertais os primeiros hominínios a explorar as possibilidades da manufatura com procedimentos padronizados compatíveis com requisitos de eficiência industrial.

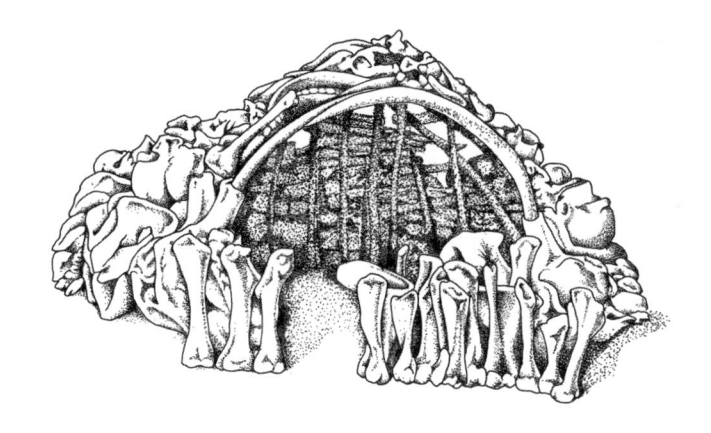

Figura 5.12 - Representação de um possível abrigo construído por neanderdais com ossos de mamute. A frente do abrigo está representada no painel superior, enquanto a sua parte posterior está representada no painel inferior.
Ilustração: Marina Satie Kodaira de Medeiros

9. COMPORTAMENTO

Comportamentos não fossilizam. No entanto, é possível obter pistas sobre como os neandertais agiam e até como pensavam combinando fósseis e paleogenética com nosso conhecimento moderno em psicologia, etnografia e ecologia comportamental de primatas.

Por exemplo, em um artigo publicado no "PNAS" em 2011, Carles Lalueza-Fox, da Universidade Pompeu Fabra (em Barcelona, na Espanha), e colaboradores descrevem os resultados do sequenciamento de mtDNA de 12 neandertais encontrados no sítio de El Sidrón, na região de Astúrias (Espanha). As evidências geológica e paleoantropológica permitiram afirmar que os indivíduos integravam o mesmo grupo social, que teria falecido ao mesmo tempo, soterrados por um desabamento. Foram encontrados três adultos, três adultos jovens, três adolescentes e três crianças. Dados morfológicos e ensaios para detecção de produtos do cromossomo Y indicaram que os adultos seriam um homem e duas mulheres, os adultos jovens seriam dois homens e uma mulher e os adolescentes eram possivelmente todos homens – não foi possível determinar o sexo das crianças. A análise do mtDNA permitiu a identificação de três linhagens maternas diferentes. Dentre os adultos e adultos jovens, as três fêmeas pertenciam a linhagens maternas diferentes, enquanto todos os homens pertenciam à mesma linhagem materna. Essa particular composição do grupo sugere um sistema social com residência patrilocal, ou seja, as mulheres viveriam junto à família de seu par. Se pudermos imaginar que esse era um grupo típico, também seria possível afirmar que neandertais viviam em grupos pequenos com baixa diversidade genética.

Também sabemos que os neandertais clássicos eram capazes de viver em regiões com clima glacial e que sua expectativa de vida pouco excedia os 40 anos. A prevalência de fraturas e de contusões em esqueletos de neandertais se assemelha àquela encontrada em peões de rodeio. A interpretação provável é que os neandertais habitualmente enfrentavam grandes animais no corpo a corpo. A análise do esmalte de seus dentes indica que pelo menos 39% deles teriam sofrido severas deficiências nutricionais na infância. Para colocar isso em perspectiva, o mesmo tipo de análise realizada em populações de esquimós do norte do Canadá encontrou que 38% apresentavam o mesmo tipo de deficiências. Isso é um resultado impressionante, considerando que os neandertais dispunham de tecnologias muito mais precárias. Claramente, os neandertais eram tão ou, provavelmente, mais resilientes do que nós.

Alguns espécimes encontrados parecem ter vivido por longos períodos em condições de saúde bastante precárias. O "Velho" de La Chapelle-aux-Saints tinha artrite bastante grave, um sério problema no quadril, uma costela quebrada – que se curou sozinha – e poucos dentes. Shanidar 1 (da caverna de Shanidar, no Iraque) apresenta traumas graves na perna e no pé direitos, tem uma fratura na face esquerda, que provavelmente o deixou cego do olho esquerdo por um longo tempo antes de sua morte, e também perdeu parte do braço direito ainda em vida. Shanidar 3, que não foi contemporâneo de Shanidar 1, passou semanas com um ferimento de lança em uma de suas costelas antes de falecer. O mais intrigante é que uma série de experimentos demonstrou que esse ferimento parece ter sido ocasionado por uma lança arremessada. Um tipo de lança que não era confeccionada por neandertais, mas apenas pelo *Homo sapiens*! O aspecto fascinante dessas histórias é que muito provavelmente esses três indivíduos sobreviveram graças ao auxílio de seus pares, o que sugere que os neandertais se ajudavam e se relacionavam entre si de forma semelhante a nós.

Outro aspecto da vida neandertal que conseguimos reconstruir relativamente bem a partir de evidências arqueológicas é sua estratégia para obtenção de calorias. As estimativas, baseadas em sua massa corpórea típica e no alto nível de atividade física sugerida por sua robustez óssea e pelas grandes áreas de inserções musculares, indicam um consumo entre 3.000 e 5.500 calorias diárias – algo parecido com a necessidade calórica de um atleta em treinamento. Podemos aprender sobre a composição de sua dieta examinando as quantidades de certos isótopos de carbono e nitrogênio presentes nos ossos fossilizados. Essa técnica permite, inclusive, a identificação de quais herbívoros seriam responsáveis pelas proteínas consumidas. Dessa maneira, aprendemos que os neandertais que viviam no norte da Europa se alimentavam primordialmente de mamutes e rinocerontes lanosos.

Esse achado tem implicações comportamentais importantes. Esses animais eram enormes (maiores do que o elefante e o rinoceronte atuais) e estão muito longe de ser passivos e fáceis de acuar numa caçada, considerando que seu comportamento seria semelhante aos elefantes e aos rinocerontes modernos. A ausência no repertório neandertal de tecnologia de lanças que pudessem ser arremessadas à distância acrescenta ainda mais dificuldades à tarefa. Pistas sobre as técnicas utilizadas são encontradas em uma série de sítios espalhados pela Europa Ocidental até o Cáucaso. Em La Cotte de St. Brelade, um penhasco que hoje está parcialmente coberto pelo Canal da Mancha, mas que durante a Era Glacial era parte de uma península, foram encontrados restos de 11 mamutes e três rinocerontes lanosos que teriam despencado de uma altura de 50 metros. Ossos de mamutes e rinocerontes lanosos são muito grandes para serem carregados. Assim, é provável que os animais tenham sido descarnados no próprio local. Seguindo essa linha de raciocínio, os restos encontrados em La Cotte são compatíveis com uma estratégia de caça que emprega o uso do relevo à favor do caçador.

Outro aspecto que merece menção é que não há evidências de que os neandertais discriminassem a participação de homens e mulheres no processo de obtenção de calorias. Entre caçadores-coletores modernos, é mais comum que as mulheres se especializem na coleta de alimentos, que correspondem à maioria das calorias no longo prazo, enquanto os homens se responsabilizam principalmente pela caça. A análise das contusões nos esqueletos neandertais mostra que ambos os sexos apresentavam muitas lesões; no entanto, há maior prevalência de lesões nos homens do que nas mulheres. Dessa maneira, é provável que ambos os sexos se dedicassem à caça, porém, as mulheres seriam responsáveis por atividades mais seguras. Considerando uma estratégia de caça voltada a conduzir manadas de grandes animais para armadilhas do relevo, é plausível que as mulheres e crianças fizessem o trabalho de assustá-los à distância enquanto os homens seriam responsáveis por matá-los de perto com lanças. Após a consumação, talvez todos ajudassem a carregar a carne de volta ao acampamento.

O comportamento de caça dos neandertais sugere indivíduos capazes de elaborar estratégias complexas e cooperativas. Sugere também indivíduos capazes de selecionar e memorizar características do terreno que fossem úteis para a execução dessas estratégias. Além disso, a aparente insistência por mais de 100 mil anos na utilização de técnicas de caça que exigiam contato físico quase direto com mamutes de 4 metros de altura e 8 toneladas parece sugerir indivíduos com níveis de autoconfiança num padrão muito acima ou aversão ao risco num padrão muito abaixo do que observamos em humanos modernos.

Apesar da participação preponderante de grandes mamíferos na dieta neandertal, temos evidência de que eles adaptavam sua dieta e estratégias de subsistência aos recursos locais. Em dois sítios em Gibraltar, conhecidos como cavernas Vanguard e Gorham, descobriu-se que há 50 mil anos neandertais frequentemente visitavam o local para consumir moluscos, peixes, focas e golfinhos.

Análises químicas e de microfósseis presentes no tártaro acumulado nos dentes têm permitido constatar que a dieta neandertal também consistia de vegetais cozidos. No entanto, o mais intrigante resultado da análise de microfósseis é a identificação de substâncias presentes em plantas de gosto muito amargo, sem nenhum valor nutricional, mas com potenciais aplicações medicinais. Uma possibilidade seria que as diferenças genéticas entre nós e os neandertais fossem tais que os impossibilitassem de sentir gostos amargos. Essa capacidade em humanos modernos está relacionada à habilidade de detectar a presença de feniltioureia, que é mediada pelo gene TAS2R38. Utilizando técnicas de replicação de DNA, verificou-se que pelo menos um indivíduo proveniente do sítio de El Sidrón, no noroeste da Espanha, possuía um alelo do TAS2R38 associado a humanos capazes de sentir gostos amargos. Esses achados parecem sugerir que neandertais não só se alimentavam também de vegetais como podem tê-los utilizado medicinalmente.

O caráter onívoro da dieta neandertal foi confirmado recentemente em análise química de coprólitos (fezes fossilizadas) encontrados no sítio de El Salt (Espanha) e datados em 50 mil anos, em um artigo publicado na revista "PLOS ONE" em 2014 por Ainara Sistiaga, da Universidade de La Laguna (Espanha), e colaboradores.

Na confecção de suas ferramentas, os neandertais empregavam a técnica de preparação de núcleos conhecida como Levallois. Os artefatos, que encontramos aos milhares, permitem-nos afirmar que faziam isso com grande destreza, adaptando suas técnicas de acordo com a disponibilidade de materiais e com a função de cada ferramenta. As ferramentas ainda eram empregadas à exaustão, sendo modificadas sucessivas vezes e adaptadas a novos usos. A arqueologia experimental nos permite concluir que, para aprender a técnica Levallois, seria necessária atenção e capacidade de perceber a intenção de quem produz uma ferramenta, ou seja, a técnica sugere um certo nível cognitivo seguramente muito superior ao observado em monos modernos. Certamente, a difusão de técnicas como Levallois, destilação seca, caça utilizando características do relevo, impermeabilização do couro, controle do fogo e uso de plantas medicinais seria muito mais eficiente empregando algum tipo de linguagem. O uso ubíquo dessas tecnologias, ao lado do gene FOXP2 e da evidência para funcionamento semelhante do hioide, parecem ser fortes indicativos da existência de algum tipo de comunicação falada, ainda que precária.

Se, por um lado, a evidência de que neandertais utilizavam algum tipo de comunicação falada complexa parece convincente, por outro, temos dificuldade de reconhecer nos artefatos encontrados sinais de pensamento simbólico. As evidências de que os neandertais se envolvessem com arte ou rituais – típicos marcadores de pensamento simbólico – ainda são bastante tênues.

Em um artigo na revista "Science" de 2012, A.W.G. Pike, da Universidade de Bristol (Inglaterra), e colaboradores utilizaram datação por série de urânio (*U-Series*, veja o quadro 5.2) para atribuir idade mínima às pinturas encontradas em cavernas no norte da Espanha. Pinturas, em geral, não são feitas utilizando pigmentos orgânicos, o que impossibilita datação por decaimento de carbono-14. No entanto, nessas cavernas as pinturas são encontradas recobertas por um escorrimento de calcita (calcita diluída em água), e a calcita funciona como um depósito natural de urânio. As medidas podem ser feitas utilizando amostras de apenas 10 mg do material, o que permite o uso da técnica com dano mínimo nas pinturas. A datação da cobertura de calcita possibilita a atribuição de uma idade mínima às pinturas recobertas. Usando ferramentas como brocas de dentista, os pesquisadores coletaram amostras de 11 cavernas da região, entre elas, Altamira e El Castillo. Em El Castillo, encontrou-se, em meio ao famoso "Panel de las Manos" (Painel das Mãos), um círculo vermelho com idade estimada superior a algo no intervalo entre 42 e 40,8 mil anos. Essa idade cria um dilema considerável, pois os sinais mais antigos da presença de *Homo sapiens* no norte da Espanha foram encontrados no sítio de Morin e datam, com 95% de confiança estatística, entre 42,8 e 40 mil anos. Dessa forma, duas explicações são plausíveis. Uma alternativa é que, apesar da evidência de sua presença na região ser rara no período em que o círculo de El Castillo teria sido produzido, os homens modernos da cultura conhecida como Proto--Aurinhacense poderiam ter começado a fazer pinturas logo que entraram na Europa. A outra alternativa é que, embora a produção de arte por neandertais pareça rara, sua presença na região na época em que o círculo foi produzido é quase certa, o que os coloca como suspeitos naturais de serem os autores da mais antiga pintura rupestre já encontrada.

Num artigo publicado em 2010 na "PNAS", João Zilhão, da Universidade de Bristol, e colaboradores descrevem a descoberta de uma grande quantidade de conchas perfuradas em dois sítios associados a neandertais. Conhecidos como "Cueva de los Aviones" e "Cueva Antón", ambos localizados em Múrcia (Espanha), esses sítios são datados em cerca de 50 mil anos. Esses artefatos apresentam evidência residual de aplicação de pigmentos coloridos e foram encontrados em associação a restos de corantes amarelo e vermelho cujas fontes situam-se a quilômetros do local. A evidência de algum comportamento simbólico é bem menos óbvia do que a que vemos no *Homo sapiens* a partir de 40 mil anos atrás, mas é sólida.

> **QUADRO 5.2** – DATAÇÃO POR SÉRIE DE URÂNIO EM AMOSTRAS DE CALCITA
>
> O urânio-234 é instável e decai rapidamente (na escala geológica), com meia-vida de 245 mil anos. O processo de transmutação se inicia com o urânio-238, bem mais estável, com meia-vida de 4,5 bilhões de anos. O urânio-238 decai a tório-234, com meia-vida de apenas 27 dias, e depois, a proctactinium-234, também com meia-vida de 27 dias, até chegar ao urânio-234. O processo continua com transmutação em tório-230 (meia-vida de 75 mil anos), rádio-226 (meia-vida de 1.600 anos) e assim por diante, até chegar ao chumbo-206, que é estável. O urânio-234 é instável e decai rapidamente (na escala geológica), com meia-vida de formação da calcita, enquanto o tório-230 não é. Dessa forma, é possível garantir que átomos de tório-230 ou rádio-226 encontrados em amostras de calcita resultem exclusivamente do processo de decaimento de urânio-234. Como o tempo de decaimento do urânio-234 é conhecido, é possível datar o material comparando a quantidade de tório ou rádio com a quantidade de urânio-234 em uma amostra. É possível, assim, datar com alguma segurança idades entre 1 milhão e 300 mil anos.

Sobre a questão de que se haviam sepultamentos intencionais ou mesmo rituais entre os neandertais, uma equipe de cientistas liderada por William Rendu, do CNRS e da Universidade de Nova York (Estados Unidos), publicou um importante artigo em 2014 no "PNAS". Os pesquisadores afirmam que o sítio de La Chapelle-aux-Saints apresenta evidência suficiente para concluirmos que os neandertais realizavam sepultamentos intencionais. Eles argumentam que é possível afirmar que os corpos foram cuidadosamente depositados em covas rasas em uma caverna que não mostra evidências de uso para hibernação por outros animais, ou de modificações devido à presença de carnívoros. A dificuldade novamente está na ausência de artefatos claramente simbólicos no local de sepultamento, e o tema ainda é alvo de debate acalorado.

Apesar de várias semelhanças importantes no uso que faziam da tecnologia, os neandertais diferem dos humanos modernos num ponto central: sua capacidade para inovação é persistentemente menor. Alguns artefatos claramente exibem propriedades de inovação. O processo de fixação de pontas de lança é um desses artefatos. Há clara evidência de que ferramentas diferentes eram produzidas por modificações de ferramentas anteriores e que processos de tentativa e erro ocorriam. Os neandertais, no entanto, permaneceram com algumas poucas dúzias de ferramentas por dezenas de milhares de anos. Não há nada parecido com o processo de mudanças cumulativas com enorme número de variantes observado no *Homo sapiens*. Processo que levou, nas mesmas dezenas de milhares de anos, aos bilhões de ferramentas diferentes que hoje nos cercam. Tudo indica que havia algo muito diferente de nós na maneira de pensar dos neandertais.

10. EXTINÇÃO

Por que os neandertais teriam desaparecido da Terra? Essa é uma pergunta difícil de responder e muitos pesquisadores da área propuseram hipóteses que tentam desvendar esse mistério.

O sítio mais recente em que foram encontrados restos de neandertais fica na Península Ibérica e é datado de cerca de 30 mil anos. Essa data é próxima à que temos para o aparecimento de *Homo sapiens* na Europa, há 40 mil anos. Isso indicaria uma convivência de cerca de 10 mil anos entre *sapiens* e neandertais na região. Entretanto, há controvérsias em relação a essas datações, devido às limitações da tecnologia de datação disponível – ou seja, futuramente, é possível que esses valores sejam revisados.

Uma hipótese para a extinção dos neandertais diz respeito à variação climática a que os neandertais estavam sujeitos, pois o período entre 60 mil e 25 mil anos atrás, chamado de OIS 3 ("Oxygen Isotope Stage 3", ou Estágio do Isótopo de Oxigênio 3), é considerado o período mais instável da última Era Glacial. Durante o OIS 3, ocorreu o evento Heinrich 4 ("Heinrich Event 4", H4), no qual grandes pedaços de gelo (icebergs) foram liberados no Oceano Atlântico, impedindo a corrente do golfo de transportar águas mais quentes até a Europa. Embora seja verdade que os neandertais não eram totalmente estranhos a essas mudanças climáticas bruscas e a viver sob temperaturas gélidas, um fator que pode ter afetado a vida dos neandertais é a disponibilidade de alimentos, uma vez que sua fonte primária de energia era a carne de animais. Após o H4, ocorrido há cerca de 39 mil anos, é possível que tenha havido uma deterioração do habitat usual dos neandertais. Isso nos daria uma explicação para a locomoção dos neandertais em direção à Península Ibérica.

Uma segunda hipótese se refere à exclusão competitiva. William Banks, da Universidade de Bordeaux I (França), e seus colegas afirmam que é mais provável que os neandertais tenham desaparecido por competição com os humanos modernos. Utilizando um algoritmo chamado GARP[5], o grupo mostrou que os neandertais e os humanos comportamentalmente modernos ocupavam os mesmos nichos ecológicos antes e durante o evento H4. Após o período de frio, houve um período de clima mais quente, chamado "Greenland Interstadial 8" (GI 8). Nesse período, enquanto houve uma expansão nos nichos dos *Homo sapiens*, os locais ocupados pelos neandertais se reduziram à Península Ibérica. Evidências arqueológicas corroboram essa informação. A partir da análise de três sítios arqueológicos, Paul Mellars e Jennifer French, da Universidade de Cambridge (Inglaterra), concluíram que a população de humanos comportamentalmente modernos era 10 vezes maior do que a população de neandertais na época em que os neandertais começaram a desaparecer.

Será que nossos parentes humanos antigos teriam exterminado todos os neandertais? Embora isso possa ter ocorrido, uma explicação mais plausível sobre porque a competição de nichos com humanos teria levado os neandertais à extinção é a ideia de que os neandertais tinham uma dieta mais restritiva, com alto consumo de carne de determinados animais terrestres. Já os humanos modernos pareciam consumir uma variedade de alimentos provenientes tanto da terra, incluindo pássaros e plantas, quanto do mar. Essa evidência vem da análise de isótopos estáveis nos ossos de neandertais com idades entre 100 mil e 32 mil anos e somente é possível pois certos tecidos de um organismo, como o colágeno do osso, preservam sua composição isotópica (obtida através da dieta do organismo durante a formação do tecido) por até milhares de anos. Além disso, já vimos que o corpo robusto dos neandertais fazia com que eles tivessem uma alta demanda energética, o que pode ter tornado a indisponibilidade de carne de

---

5   GARP é um algoritmo genético que cria modelos de nichos ecológicos para espécies a partir de dados como os locais em que as espécies foram encontradas e as camadas geológicas que representam os parâmetros ambientais ligados à sobrevivência das espécies.

grandes mamíferos, devido ao surgimento de uma espécie competidora, muito mais crucial para sua sobrevivência.

Uma terceira hipótese é a de que os neandertais já eram uma população em declínio quando os *Homo sapiens* chegaram ao território europeu. Love Dalén, do Museu Sueco de História Natural, e outros pesquisadores analisaram o DNA mitocondrial de 13 neandertais com o objetivo de reconstruir sua história demográfica. Seus resultados mostraram que houve diminuição na variação genética de neandertais mais recentes (com menos de 48 mil anos) da Europa Ocidental comparada à variação genética obtida de neandertais mais antigos e neandertais do leste europeu. Isso sugere que a população neandertal da Europa Ocidental foi dizimada e que um grupo pequeno de neandertais, de regiões próximas, tenha recolonizado a Europa Ocidental e a Europa Central durante um período de 10 mil anos antes de desaparecerem.

As razões para a extinção dos neandertais continuam a ser debatidas pela comunidade científica e até o momento não existe consenso sobre que hipótese é a mais plausível. Além das hipóteses citadas, existem ainda explicações que levam em conta a aparente superioridade cognitiva dos *Homo sapiens* em relação aos neandertais, considerando aspectos tecnológicos, como técnicas de caça à distância, o uso de vestimentas e abrigos, e aspectos sociais, afirmando que os *Homo sapiens* estariam mais bem preparados para lidar com redes sociais maiores. Ao analisar esses modelos sobre o desaparecimento dos neandertais, o que se torna evidente é que é necessária mais pesquisa até que possamos descobrir por que somos os únicos homininíos na Terra atualmente.

11. CONSIDERAÇÕES FINAIS

Vimos neste capítulo que os neandertais tiveram bastante sucesso entre 170 mil e 30 mil anos atrás, ocupando a Europa – do sul da Grã-Bretanha até Gibraltar –, Israel, Iraque, atravessando a Ásia pelo Usbequistão e chegando até as cavernas de Okladinikov, no sul da Sibéria. E, apesar de nunca ter sido encontrado um único esqueleto completo de um neandertal, já foram encontrados mais de 400 indivíduos da espécie, o que possibilitou até a montagem de um esqueleto completo plausível a partir da combinação de quatro indivíduos (Figura 5.8). O resultado está exposto no Museu de História Natural de Nova York, e pode ser adquirido por cerca de 15 mil dólares.

Com essa riqueza de evidências, podemos afirmar que sabemos mais sobre os neandertais do que sobre qualquer outra espécie de hominínio arcaico. Conhecemos seu genoma completo, seus hábitos alimentares e até mesmo seu hábito de limpar os dentes e de usá-los como ferramentas. Sabemos que costumavam entrar em combate corpo a corpo com grandes animais, que amarravam peles aos seus corpos para se protegerem do frio e que confeccionavam ferramentas de pedra e madeira. Sabemos ainda que preparavam uma supercola usando o que talvez seja o primeiro processo industrial da história e que suas crianças se desenvolviam um pouco mais rápido do que as nossas, mas mais lentamente do que ocorria com o *Homo erectus*.

Esses indivíduos viviam em grupos patrilocais menores do que os grupos de humanos do Paleolítico Superior. Eles eram capazes de ações coletivas que exigiam alto grau de coordenação, como a caça de grandes mamíferos, como mamutes e rinocerontes lanosos. Seu encéfalo era um pouco maior que o nosso, como adaptação às baixas temperaturas, e organizado de forma diferente, com maior investimento de recursos no processamento visual. Seus corpos eram semelhantes em robustez ao de atletas, mas eles provavelmente não eram muito ágeis, nem eram bons corredores. Comiam muita carne, mas também comiam vegetais. Enterravam os mortos, mas não temos certeza se esse era um comportamento ritualístico, e praticavam o canibalismo. Apesar de todas as semelhanças, há uma diferença que nos salta aos olhos: não há evidência clara de que produziam algum tipo de arte. Certamente não produziam arte com a mesma sofisticação do *Homo sapiens,* ao menos a partir da cultura Aurinhacense. Mesmo assim, é surpreendente que uma espécie parecida com os seres humanos em tantos aspectos tenha desaparecido. As hipóteses para a extinção dos neandertais são variadas, porém, como vimos, é possível que a população de neandertais já viesse declinando antes mesmo da chegada dos humanos modernos. A competição extra com uma espécie com maior capacidade tecnológica e criativa pode ter sido, afinal, somente um último obstáculo intransponível para os *Homo neanderthalensis*.

O passo da ciência continua em movimento acelerado, e a cada mês aprendemos algo novo. Conforme surgem novas evidências e interpretações, descobrimos mais características que aproximam as espécies *Homo sapiens* e *Homo neanderthalensis*. Ao mesmo tempo, paradoxalmente, descobrimos diferenças intrigantes. No próximo capítulo, trataremos de nossa própria espécie.

> **QUADRO 5.3** – O QUE HÁ DE NOVO NO FRONT?
>
> ### 1. Os híbridos entre neandertais e *sapiens* eram viáveis?
>
> Sabemos que houve intercruzamento entre neandertais e *sapiens*. A evidência, no entanto, exibe uma assimetria que requer explicação: enquanto o DNA autossômico apresenta traços claros de intercruzamento, o DNA mitocondrial, proveniente apenas das mulheres, não aponta para isso. Em outras palavras: o típico par interespécies fértil continha uma fêmea *sapiens* e um macho neandertal. A evidência para intercruzamento aparece ao acharmos em genomas de populações modernas da Eurásia alelos presentes em neandertais, mas ausentes em populações africanas. Num artigo na revista "Nature" de março de 2014, um grupo de pesquisadores comparou genomas de 1.000 humanos modernos da Ásia e da Europa com o genoma de um neandertal do Altai e 176 genomas provenientes de uma população tradicional da Nigéria. Localizando haplótipos neandertais, o grupo construiu um mapa de regiões do genoma nos quais os alelos neandertais foram preservados e regiões nas quais foram eliminados. Uma das regiões com haplótipos neandertais preservados está relacionada à formação de queratina, uma proteína que entra na composição da pele e do cabelo. Outras regiões com hibridismo preservado estão associadas a doenças como lúpus, cirrose biliar, doença de Crohn e diabetes Tipo 2. Tais associações com doenças nos permitem identificar que tipos de funções seriam diferentes entre *sapiens* e neandertais. As áreas com ausência de alelos derivados de neandertais são igualmente informativas, pois poderiam indicar eliminação de genes por seleção natural. A análise de genes cuja expressão está associada de forma específica a 16 tecidos humanos mostrou ausência marcante de alelos neandertais em genes expressos desproporcionalmente nos testículos. Essa observação é compatível com a hipótese de fertilidade reduzida em machos híbridos.
>
> ### 2. Mesmos genes se expressam diferentemente entre humanos modernos e neandertais
>
> Mecanismos genéticos não determinam sozinhos como um indivíduo é construído. Mecanismos adicionais, denominados epigenéticos, também são essenciais. Um desses mecanismos é o padrão de expressão gênica. Em mamíferos é sabido que genes podem ser ligados ou desligados durante o processo de desenvolvimento, através do processo de metilação. Nesse processo, as citosinas

que compõem as sequências de DNA recebem radicais metila (um derivado do metano com um hidrogênio a menos e símbolo CH_3-). Ocorre que as citosinas em fósseis preservados decaem de forma diferente, dependendo de estarem metiladas ou não por ocasião da morte do indivíduo. Remontando os fragmentos de DNA coletados desses fósseis e medindo as quantidades dos produtos desse decaimento é possível construir mapas de expressão gênica de espécimes fósseis, ou seja, é possível determinar quais genes estavam desativados nesses indivíduos e comparar esse padrão de ativação com humanos modernos. Num trabalho publicado na revista "Science" em maio de 2014, essas comparações revelaram cerca de duas mil regiões com padrão de ativação diferente em neandertais. Em particular, observou-se um padrão diferente entre *sapiens* e neandertais no "cluster" de genes conhecido como HoxD. O HoxD está relacionado ao desenvolvimento da estrutura óssea em humanos. Assim, as diferenças encontradas poderiam estar relacionadas às diferenças morfológicas entre neandertais e *sapiens*. De forma intrigante, também foram encontradas nos espécimes neandertais e denisovanos examinados hipermetilação em regiões que em humanos modernos estão associadas a desordens neurológicas tais como esquizofrenia e autismo.

3. Neandertais e hibridização com outros humanos arcaicos

A morfologia do labirinto ósseo tem sido vista até o momento como uma característica distintiva do *Homo neanderthalensis*. Em um artigo publicado no "PNAS" em junho de 2014, Xiu-Jie Wu, da Academia Chinesa de Ciências, Erik Trinkaus, da Universidade de Washington em St. Louis (Estados Unidos), e colaboradores descrevem análises morfológicas do labirinto ósseo de quatro espécimes do gênero *Homo* encontrados na China nos últimos 40 anos. Os espécimes consistem de crânios de um *Homo erectus* datado em 1,15 milhão de anos (Lantian 1) e de um segundo *erectus* datado em 412 mil anos (Hexian 1). Também tem fragmentos de crânio de um espécime humano arcaico do Pleistoceno tardio de 123 mil anos (Xujiayao 15) e um crânio do *Homo sapiens* quase completo de cerca de 68 mil anos (Liujiang 1). A estrutura dos canais semicirculares foi reconstruída utilizando tomografia computadorizada. Para surpresa dos pesquisadores, as dimensões do labirinto do espécime Xujiayao 15 se mostraram compatíveis às de um neandertal. Embora fósseis do pós-crânio estejam ausentes para esse espécime, é possível afirmar, em geral, que os humanos arcaicos encontrados na China sejam distintos dos neandertais. A presença desse espécime contemporâneo dos

> neandertais, com anatomia da orelha interna neandertal mas morfologicamente distinto, levanta uma série de questões que podem complicar a imagem que temos do processo de evolução de nossa linhagem no final do Pleistoceno Médio e início do Pleistoceno Superior. Duas explicações possíveis seriam: 1) a estrutura diferente dos canais semicirculares não é exclusividade do *Homo neanderthalensis*; 2) o espécime seria um híbrido entre neandertais e outra espécie de humanos arcaicos (*Homo heidelbergensis* ou denisovano). Conforme vamos coletando novas evidências, o modelo da treliça (veja o próximo capítulo), envolvendo hibridização, vai ficando paulatinamente mais plausível.

SUGESTÕES PARA LEITURA:

Wynn, T., Coolidge F.L. 2011. How to Think Like a Neandertal. Oxford University Press, Oxford (Reino Unido).

Jordan, P. 2013. Neanderthal: Neanderthal Man and the Story of Human Origins, 2ª edição. The History Press, Stroud.

Pääbo, S. 2014. Neanderthal Man: In Search of Lost Genomes. Basic Books, Nova York (EUA).

Papagianni, D., Morse M.A. 2013. The Neanderthals Rediscovered: How Modern Science is Rewriting Their Story. Thames & Hudson, Londres (Reino Unido).

Finlayson, C. 2009. The Humans Who Went Extinct: Why Neanderthals Died Out and We Survived. Oxford University Press, Oxford (Reino Unido).

CAPÍTULO VI

ORIGEM E DISPERSÃO DOS HUMANOS MODERNOS

ALLYSSON ALLAN
Laboratório de Estudos Evolutivos Humanos – Departamento de Genética e Biologia Evolutiva – Instituto de Biociências – Universidade de São Paulo.

FERNANDO ANDRADE
Departamento de Computação – Instituto de Matemática – Universidade de São Paulo.

MIGUEL JOSÉ RANGEL JR
Departamento de Anatomia – Instituto de Ciências Biomédicas – Universidade de São Paulo.

A história do *Homo sapiens* começou com um número bem reduzido de indivíduos que utilizavam ferramentas rudimentares (em comparação às nossas) e que tinham comportamentos diferentes do que podemos observar hoje em dia. Porém, atualmente, somos mais de 7 bilhões de indivíduos e novas tecnologias surgem a cada ano.

Para entender esssa grande diferença entre nossas origens e o atual estágio de nossa sociedade é necessário entender como foram as nossas raízes, onde se deu nosso desenvolvimento e, principalmente, quais fatores influenciaram a nossa característica mais marcante, o comportamento simbólico.

Para entender nossas origens, de qual espécie somos derivados, diversos achados fósseis espalhados pelo mundo são avaliados, definindo quais são as características físicas que são exclusivas da nossa espécie. Então, com base nessas nossas características únicas, comparações com outros hominínios são feitas e, assim, podemos inferir nossas relações de parentesco com as demais espécies que nos antecederam.

Neste capítulo tentaremos dar uma ideia de como essa população rudimentar deu origem a uma espécie que se apresenta em todas as partes do globo. Bem como essa pequena população inicial se dispersou e conquistou os mais diversos cantos do planeta. Aqui também os achados fósseis nos ajudam a definir as rotas de dispersão e quando elas ocorreram.

Além dessa enorme quantidade de representantes e nossa distribuição global, outra questão a ser abordada é a origem da nossa característica mais fascinante: o comportamento moderno, a nossa cultura. Essa questão, vital para o estudo da evolução do *Homo sapiens*, é intrincada e complexa, visto que as evidências são apenas indiretas, ou seja, podemos apenas ver o resultado do comportamento simbólico, mas não podemos vê-lo diretamente. Para o estudo dessa área, os mais diversos achados arqueológicos são considerados, desde sepultamentos ritualizados até pinturas com ocre, passando por manufatura de adornos e adereços corporais.

Utilizando abordagens multidisciplinares, integrando os fósseis, os achados arqueológicos e tecnologias moleculares avançadas, hoje é possível vislumbrar como foi o início da nossa história e como ela se passou nos seus quase 200 mil anos.

1. HISTÓRICO

O estudo das origens do ser humano moderno não é algo recente, e também não é assunto exclusivo de cientistas, já que esse é um dos temas mais importantes em praticamente todas as tradições religiosas. Considerando a cultura ocidental europeia, até o final do século XVIII esse tema era de posse de teólogos, padres e sacerdotes, principalmente das religiões cristãs. Essas tradições assumem que nossa espécie foi criada (assim como as outras) por uma divindade, e não existe relação de parentesco entre as espécies. Foi dessa forma que a origem de nossa espécie foi explicada por centenas de anos.

Essa visão foi duramente desafiada quando Charles Darwin publicou o seu livro "A Origem das Espécies", no qual ele propunha uma ideia que já andava vagando na mente dos pesquisadores desde o século XVIII, de que as espécies evoluíam no tempo, de que elas mudavam e se relacionavam umas com as outras. Outra ideia proposta foi o mecanismo pelo qual essas espécies evoluíam, a seleção natural. Com essas ideias em mente e olhando para as evidências, ou seja, os fósseis, uma nova visão da origem dos seres humanos foi sendo construída.

Um dos primeiros achados associados à nossa espécie, e cuja idade estimamos hoje em aproximadamente 26 mil anos, foi encontrado no País de Gales em 1852. Sua interpretação na época, porém, foi bem distinta. Os que foram encontrados pelo professor de geologia William Backland, da Universidade de Oxford (Inglaterra), tiveram uma interpretação bem diferente do que é conhecido hoje. Os vestígios humanos encontrados por aquele pesquisador eram provenientes de um sítio em Paviland, no sul do País de Gales, chamado "Goat's Hole". A interpretação sobre esses esqueletos foi baseada no que havia disponível à época. Dessa forma, ele argumentou que um dos esqueletos encontrados era de uma mulher da era romana (entre 200 a.C. e 400 d.C.[1]). Outro esqueleto, por exemplo, foi encontrado coberto por uma camada de ocre vermelho e artefatos feitos de marfim, possíveis evidências de rituais que precederam o enterro do corpo.

---

1   a.C. (antes de Cristo) / d.C. (depois de Cristo).

Ainda na mesma época, uma segunda descoberta muito importante aconteceu na cidade de Aurignac, na parte baixa dos Pireneus, na França. Foram exumados 17 esqueletos provenientes de uma caverna. Além desses esqueletos, alguns ossos de animais extintos foram encontrados.

O primeiro achado de fóssil hominínio que foi tratado seriamente por pesquisadores foi encontrado, por acaso, em 1856 na caverna de Feldhofer, na Alemanha. Esse achado foi posteriormente chamado de "homem de Neandertal", porque essa caverna se encontrava no vale do Neander. Esse fóssil foi importante, pois marca uma grande mudança na paleoantropologia, já que ele provocou diversas discussões entre os pesquisadores da época. Dentre esses pesquisadores, famosos por apoiarem as ideias de Darwin, estava Thomas Huxley, que defendeu o fóssil encontrado como pertencente a ancestrais de nossa espécie.

A França foi um dos berços das pesquisas sobre humanos anatomicamente modernos. Uma dessas pesquisas, por exemplo, foi em relação a um dos sítios arqueológicos mais famosos da paleoantropologia, o abrigo rochoso de Cro-Magnon, perto da vila de Les Eyzies, na França, onde foram encontrados os primeiros vestígios de humanos anatomicamente modernos (Cro-Magnon 1, 2 e 3), em 1868. A história mostra que os ossos humanos foram exumados acidentalmente por funcionários de uma empresa ferroviária, que, assustados e buscando auxílio, acionaram as autoridades locais. O jovem geólogo e paleontólogo Louis Lartet foi convidado para coordenar uma equipe com o propósito de identificar esse achado. Foram encontrados de cinco a oito indivíduos de meia-idade, apelidados de "homens de Cro-Magnon". O crânio Cro-Magnon 1, por exemplo, pertenceu a um idoso que morreu por volta dos 50 anos de idade. Os depósitos também apresentavam ossos de mamutes, leões e renas, ferramentas líticas e conchas perfuradas. Na França, ainda foram encontrados vestígios provenientes de humanos anatomicamente modernos em sítios como Chancelade (em 1880) e Combe-Capelle (em 1909).

No final do século XIX e início do século XX, diversos foram os sítios que apresentaram a possibilidade de exumação de fósseis humanos, e esses eram frequentemente encontrados associados a ossos de outros animais e ainda a diversos artefatos. Esses sítios podem ser encontrados por toda a Europa, com datações que hoje indicam que o continente europeu já era habitado por seres humanos modernos há aproximadamente 35 mil anos.

De volta à França, em 1912, os irmãos Bégouën foram responsáveis pelos registros de uma série de cavernas com o nome de Les Trois Frères, próximas ao rio Volps, em Ariège. Eles encontraram vestígios de pinturas rupestres, além de ferramentas de pedra e de osso. Atualmente, essa caverna apresenta grande fluxo de turistas por ser uma das maiores atrações de Ariège. Outros sítios arqueológicos franceses que apresentam manifestações artísticas são os sítios de Lascaux e a caverna de Chauvet. Nessa última, pinturas foram detectadas pelos olhos treinados de Marie Chauvet, Eliette Deschamps e Christian Hillaire. A caverna se desenvolvia atrás de uma pilha de pequenas rochas. Após retirarem as rochas, descobriram um túnel escuro e profundo. E ao descerem, encontraram diversos desenhos de imagens de animais, incluindo rinocerontes e mamutes, mãos impressas e pontos diversos gravados. Encontraram pintadas também cabeças de ursos, cavalos e leões. Foi a maior descoberta do grupo e, certamente, uma das mais importantes da França.

Fora da França, o mais impressionante conjunto de pintura rupestre encontrado anteriormente ao século XX foi na caverna de Altamira, na Espanha, por Dom Marcelino de Sautuola, em 1879 (Figura 6.1). Na Itália, o complexo de cavernas Grimaldi foi escavado por diversas equipes entre 1874 e 1901. Os esqueletos de Grimaldi caracterizam muito bem a espécie *Homo sapiens,* devido à riqueza de detalhes anatômicos observados pelos pesquisadores após a reconstrução dos fósseis.

Existem outros sítios arqueológicos que receberam holofotes da grande mídia por terem apresentado ossos de animais e artefatos feitos por humanos com idades que ultrapassam os 35 mil anos – um exemplo é o sítio Mladeč, em Oloumouc, na República Checa (1881-1904). Outros sítios importantes são Cerveny Kopec e Francouzská Street, localizados em Brno, também na República Checa, escavados respectivamente em 1885 e 1891. Nesses dois sítios foram encontrados diversos ossos pertencentes a humanos anatomicamente modernos, alguns com a presença de cultura material associada. O sítio de Předmostí, em Přerova, na República Checa, foi escavado pela equipe do médico checo Jindřich Wankel durante o final do século XIX e também abalou as estruturas da ciência na época. Esses achados são sinais de que ferramentas de pedras refinadas eram produzidas e que animais diversos serviram de alimentação para o *Homo sapiens.*

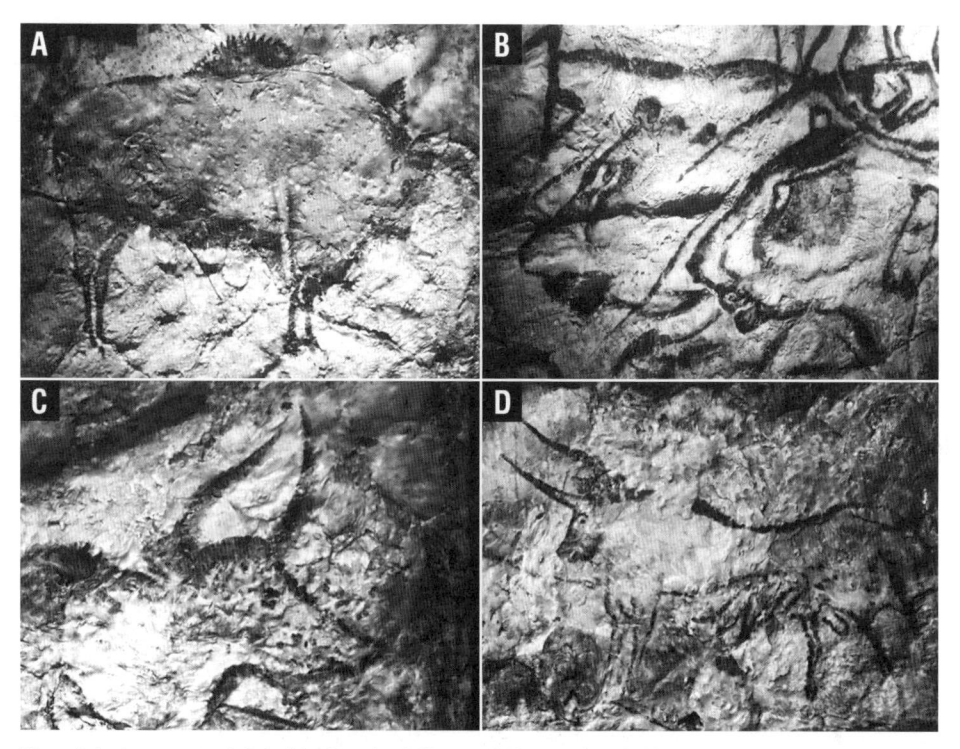

Figura 6.1 - Arte rupestre do Paleolítico Superior da Europa: a) bisão na gruta de Altamira, na Espanha; b) leões na gruta de Chaveut, na França; c) e d) auroques (boi selvagem), na gruta de Lascaux, na França. **Ilustração:** Clóvis Monteiro

Fósseis de *Homo sapiens* também foram encontrados na Ásia. Um exemplo se refere aos ossos encontrados na Indonésia entre 1888 e 1890, nas cavernas de Java, no sítio arqueológico de Wadjak. O pesquisador, que saiu do conforto da Europa em busca desses vestígios, foi o professor Eugène Dubois[2], da Universidade de Amsterdã, que partiu da Holanda para a Indonésia ao ser convidado previamente por Carel Sluiter, professor de zoologia e anatomia da mesma universidade e que já se encontrava em expedição. Lá, Dubois encontrou esqueletos de humanos anatomicamente modernos, atualmente datados em 6,5 mil anos.

É importante perceber que a maioria desses sítios foi escavada durante o final do século XIX e o início do século XX. Devido ao uso de pás, enxadas

---

2   Eugène Dubois era influenciado pelas ideias de transição entre macacos e humanos de Ernst Haeckel. Esse último foi o cientista que ajudou a popularizar a obra de Charles Darwin nos países de língua alemã.

e outras ferramentas sem o mínimo rigor, muitas vezes esses achados se encontravam fora de contexto arqueológico. Provavelmente, muito material ósseo e cultura material associada foram perdidos durante esse período devido a essa falta de rigor. O desenvolvimento do método arqueológico surgiu durante o início do século XX com os professores ingleses Gordon Childe, do Instituto de Arqueologia de Londres, e Mortimer Wheeler, do Museu Nacional do País de Gales.

Historicamente, alguns outros sítios arqueológicos também foram importantes para o desenvolvimento de hipóteses sobre a origem e dispersão do *Homo sapiens*:

- Hofmeyer, na África do Sul, com descobertas lideradas pelo grupo de Frederick E. Grine em 1952;
- Omo 1, encontrado no rio Omo, na Etiópia, em 1967, onde Richard Leakey e sua equipe encontraram um dos fósseis mais antigos da nossa espécie;
- Laetoli, na Tanzânia, onde houve a descoberta do crânio Ngaloba LH 18 por uma equipe liderada por Mary Leakey, em 1976;
- Oase 2, no sítio Peștera cu Oase, na Romênia, descoberto pela equipe liderada por Ştefan Milota, Ricardo Rodrigo, Oana Moldovan e João Zilhão, em 2003 – um dos achados mais antigos da Europa;
- Qafzeh 6, no sítio Jebel Qafzeh, em Israel, em 1933, encontrado por R. Neuville – um dos achados humanos mais antigos fora da África;
- Skhūl V, no Monte Carmelo, em Israel, descoberto em 1932 por Theodore McCown e Hallam L. Movius Jr, onde foram encontrados os fósseis mais antigos de *H. Sapiens* fora da África juntamente com o sítio de Qafzeh 6;
- Singa, no Sudão, por W. R. G. Bond, em 1924;
- Caverna de Niah, em Sarawaka, na Malásia, descoberto em 1958 por Tom Harrison;
- Liujiang, na China, recuperado por Guanjun Shea, da Universidade de Nanjing, em 1958;
- Kow Swamp, na Austrália, descoberto em 1967 por Alan Thorne e Phillip Macumber, e importante para determinar a idade da dispersão da nossa espécie para a Oceania.

2. CARACTERÍSTICAS CRANIANAS

Algumas características morfológicas diferenciam nossa espécie de outras espécies hominínias (Figura 6.2). Essas características podem ser identificadas na morfologia craniana e pós-craniana (Figura 6.3). Embora exista uma grande variabilidade nas populações humanas atuais, essa variabilidade é pequena se considerarmos os fósseis dos primeiros humanos anatomicamente modernos encontrados em regiões diferentes do planeta (Figura 6.4). A análise da morfologia geralmente advém do estudo do formato do crânio.

O crânio dos humanos anatomicamente modernos, por exemplo, tem uma capacidade maior que 1300 cm^3. A caixa craniana é relativamente alta, ao contrário dos outros hominínios. O contorno do osso occipital é arredondado e apresenta ausência de tórus, que é um relevo em forma de lombada na região da nuca. Além do mais, há um relativo dimorfismo entre crânios femininos e masculinos. A arcada supraciliar, onde fica a região da sobrancelha, é um exemplo, pois é mais acentuada em homens do que em mulheres e pode ser variável entre populações distintas (Figura 6.4).

A face não é projetada para frente. Há duas fossas caninas em ambos os lados da face. Essas fossas são pequenas depressões que separam a cavidade nasal do osso da parte superior da bochecha, que é chamado de arco zigomático. Outra característica marcante que nossos ancestrais apresentavam compreende a robustez variável do aparelho mastigatório. O tamanho dos dentes apresenta diferenças dentro do próprio conjunto de crânios encontrados. A maior parte dos crânios de *Homo sapiens* exibe também um queixo bem distinto. Nenhum espaço entre o terceiro molar e o ramo ascendente da mandíbula é visto, refletindo a retração da face para abaixo do crânio, que faz com que a mandíbula ganhe um ângulo mais fechado.

Essas características frequentemente variam na expressão entre as populações de humanos anatomicamente modernos. E individualmente, as mesmas podem falhar na distinção de crânios de *Homo sapiens* em relação a crânios de outras espécies que apresentam parentesco próximo.

O formato do crânio e a retração da face têm implicações evolutivas importantes, pois mostram que os humanos anatomicamente modernos são razoavelmente distintos de outras espécies de hominínios, incluindo alguns bem recentes, como os neandertais.

NEANDERTAL
Homo neanderthalensis

HUMANO MODERNO
Homo sapiens

Neandertal: Testa baixa, Arcada supraciliar acentuada, Face projetada, Coque nucal, Queixo ausente.

Humano moderno: Testa alta, Arcada supraciliar pouco acentuada, Fossas caninas, Queixo presente.

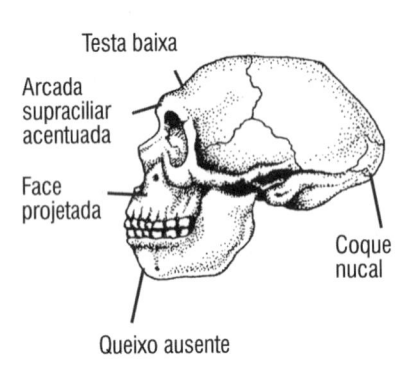

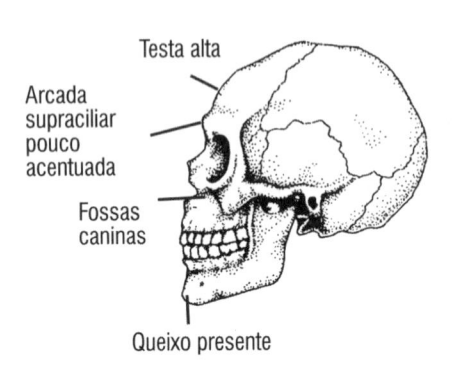

Figura 6.2 - Comparação entre crânio de neandertal e de humano moderno. **Ilustração:** Michelle Guzman Fernandes

3. CARACTERÍSTICAS PÓS-CRANIANAS

Ossos dos membros são robustos, com marcas de inserções musculares bem proeminentes, particularmente nos fósseis de humanos anatomicamente modernos mais antigos. O que faz desses ossos tão únicos? Utilizaremos como parâmetro de comparação o *Homo neanderthalensis* (Figura 6.2 e 6.3).

Apesar da robustez dos *Homo sapiens* ser menor do que a dos neandertais, em geral, há outras diferenças, como, por exemplo, a margem axilar da escápula mostrando-se frequentemente ventral em humanos anatomicamente modernos. Outra característica marcante em humanos anatomicamente modernos é o tamanho das pontas dos dedos, ou seja, das falanges distais, que é por volta de dois terços do tamanho das falanges proximais, enquanto em neandertais esse tamanho é quase igual entre as três divisões do dedo: proximal, medial e distal.

A parte óssea externa, a mais compacta, é chamada de cortical. Nos ossos da perna, fêmur e tíbia, são apreciavelmente mais delgadas que os mesmos ossos longos dos neandertais. O púbis também é mais grácil e curto em humanos que em neandertais. Outra característica, vista no capítulo anterior, mostra que o corpo dos humanos anatomicamente modernos é longilíneo, reflexo dos membros mais alongados também quando comparados aos neandertais.

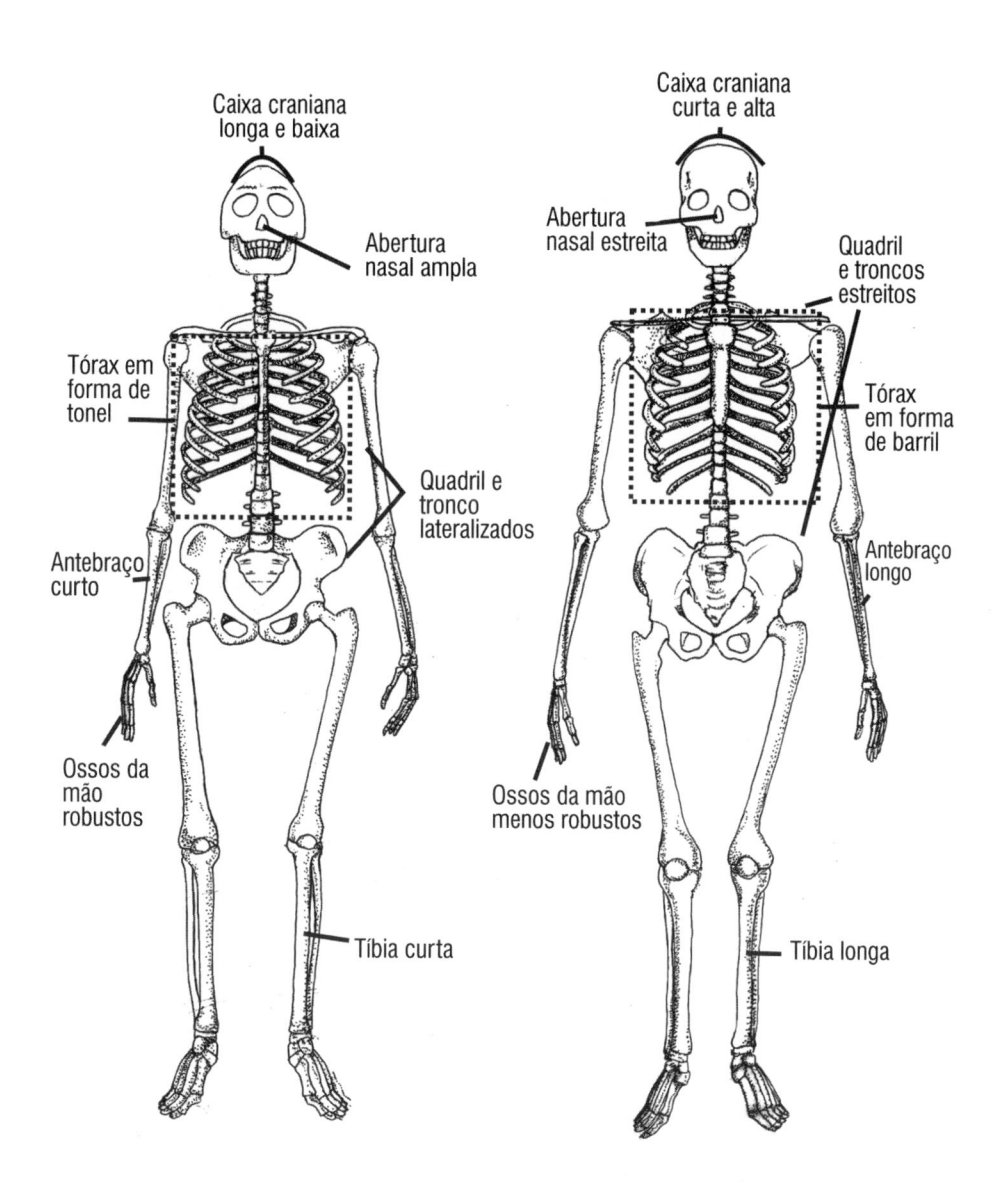

Figura 6.3 - Diferenças anatômicas entre um representante dos neandertais (à esquerda) e um esqueleto de *H. sapiens* (à direita). É possível identificar diferenças no comprimento dos ossos: os da nossa espécie tendem a ser mais longos; o tórax é em formato de barril nos *H. sapiens* e de tonel nos neandertais. **Ilustração:** Ana Carolina Buratto

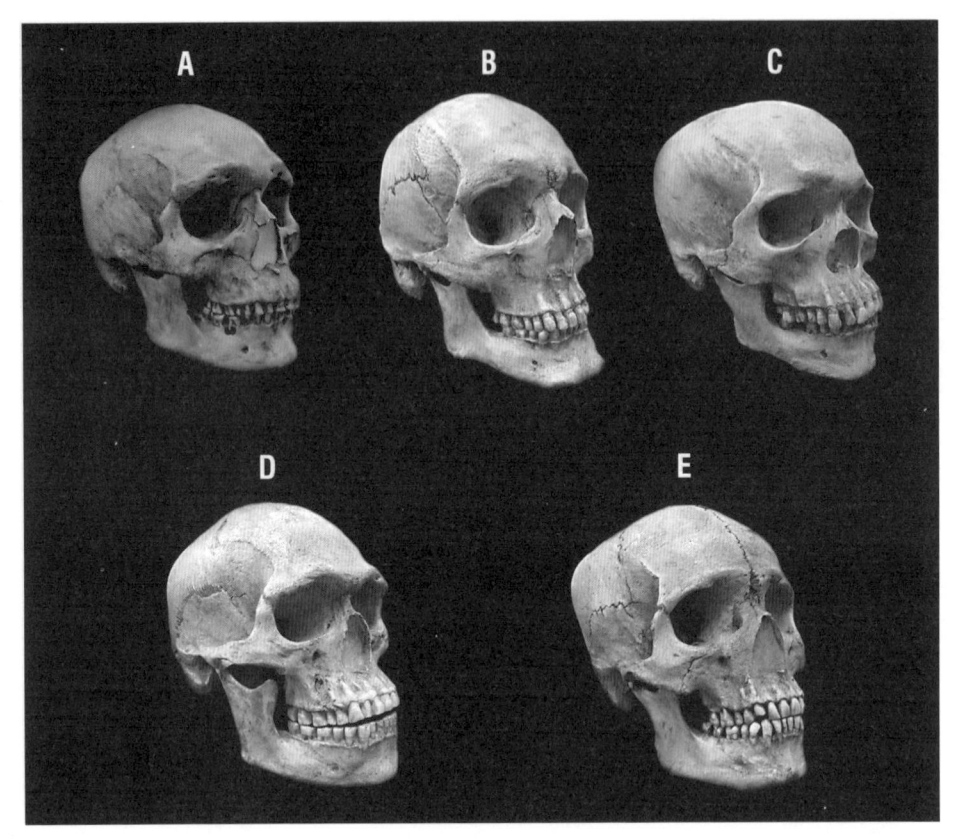

Figura 6.4 - Diversidade de formas nos crânios dos humanos modernos atuais: a) UC – 101, do sítio Zhoukoudien, na China (30 mil anos); b) europeus; c) africanos; d) australianos; e) polinésios. **Ilustração:** Miguel José Rangel Junior

4. INFORMAÇÕES MOLECULARES

De forma a complementar os estudos dos fósseis, estudos moleculares têm sido feitos. Os estudos moleculares têm tido cada vez mais impacto na reconstrução da nossa história, com o advento de novas técnicas que possibilitam extrair material genético de dentes e ossos cada vez mais antigos. Os resultados dessas técnicas e desse desenvolvimento da ciência têm sido uma explosão no número de publicações com novidades semanais que quebram grandes paradigmas. Dessa forma, as inferências feitas com base nesses resultados ajudam a elucidar o que as características físicas dos fósseis dificilmente conseguiriam.

4.1 IMPLICAÇÕES EVOLUTIVAS DO DNA DE HUMANOS ANATOMICAMENTE MODERNOS

O estudo do genoma humano, especialmente de DNA antigo, está atualmente na linha de frente das descobertas paleoantropológicas e tem recebido muitos holofotes. O impacto das análises moleculares tem sido, em certo ponto, até mais contundente que os achados fósseis.

Para reconstruir as relações entre as populações pré-históricas, os geneticistas têm focado particularmente no DNA mitocondrial e no cromossomo Y, porque, primeiro, apresentam modo relativamente simples de herança e, em segundo lugar, o DNA mitocondrial é localizado nas organelas que estão presentes no citoplasma das células, e, portanto, é diferente do DNA nuclear, o qual é passado tanto pelo óvulo quanto pelo espermatozóide. O DNA mitocondrial é passado exclusivamente pela linhagem materna, fazendo com que o mesmo seja utilizado para traçar longas linhagens de descendência feminina.

As características que são utilizadas para diferenciar uma espécie de outra são mudanças em bases específicas ou em um conjunto delas, por meio de mutações que produzem novas variantes que são chamadas de haplótipos[3]. Embora raras, as mutações que ocorrem nas regiões altamente polimórficas do DNA mitocondrial geralmente não causam doenças para os portadores dessas mutações, são mutações neutras.

As variantes novas entre as populações podem ser fixadas por deriva genética[4]. Dessa forma, geneticistas podem inferir a ordem da diversificação do DNA mitocondrial e podem também usar a similaridade entre as variantes para construir árvores que expressam as relações evolutivas populacionais.

O DNA mitocondrial apresenta uma maior rapidez no aparecimento de variantes que outros tipos de DNA. A taxa dessa rapidez é utilizada para verificar a extensão da relação de ancestralidade/descendência entre populações humanas, que compartilham um único ancestral comum.

Conforme já mencionado, não só o DNA mitocondrial tem sido utilizado para traçar descendências. O cromossomo Y é a contraparte masculina do DNA mitocondrial, que, ao contrário de outros cromossomos que ficam no núcleo da célula, não é sujeito à troca de fragmentos entre cromossomos

---

3   Haplótipos são considerados os conjuntos de pares de bases identificados a partir de uma região devidamente sequenciada e que segregam como uma unidade.

4   A deriva genética é a mudança aleatória da frequência gênica em populações de diferentes tamanhos; seu efeito é maior quanto menor for a população.

durante a meiose (recombinação). O cromossomo Y, dessa forma, pode carregar alterações pequenas e ocasionais na sequência de nucleotídeos. A partir dos estudos do DNA mitocondrial é possível determinar a "Eva mitocondrial", ou seja, a mulher da qual todos os humanos viventes descendem. Em populações humanas atuais foram identificados três grandes grupos de linhagens mitocondriais diferentes que descendem dessa "Eva mitocondrial". Essas linhagens variantes, ou haplogrupos, são designadas pelos códigos L1, L2 e L3. Essas linhagens, posteriormente, se subdividiram em dois subgrupos, M e N, e esses dois foram os primeiros haplogrupos a deixarem a África. Segundo análises baseadas nesse DNA, houve um crescimento populacional rápido após o evento de saída da África.

Fora da África, as linhagens M e N se diversificaram progressivamente em novos haplogrupos. Os haplogrupos mais recentes (A, B, C, D e X) estão presentes em populações nativas americanas e, em teoria, podem ser utilizados para determinar quando e onde se originaram os ameríndios.

As informações obtidas pela análise do cromossomo Y ecoam o que foi encontrado no DNA mitocondrial, de forma que suas implicações são importantes para o estudo da evolução humana, pois as linhagens mais antigas de cromossomo Y estão na África e a árvore da linhagem do cromossomo Y é enraizada nesse continente. Com base nas taxas de mutações, o "Adão" africano, ou seja, o último ancestral comum de todos os homens, provavelmente viveu há 200 mil anos.

A "Eva" africana é considerada a mais recente ancestral comum de nossa espécie por herança matrilinear, ou seja, todo DNA mitocondrial de humanos anatomicamente modernos é derivado da "Eva mitocondrial". A maioria das idades atribuídas ao "Adão" são anteriores às idades atribuídas à "Eva", por volta de 30 mil anos de diferença, e não existe razão inerente para que eles tenham sido contemporâneos.

O último ancestral comum entre os neandertais e os humanos, se nos basearmos no DNA mitocondrial, tem por volta de 500 mil anos. Contudo, é estimado um erro por volta de 200 mil anos. E entre a média e o erro temos uma idade aproximada entre 700 e 300 mil anos. Esse é o tempo estimado que nossa espécie, provavelmente, se diferenciou da espécie *Homo heidelbergensis*.

Juntos, o DNA mitocondrial e o cromossomo Y respaldam a ideia de que o ser humano se originou na África e depois se dispersou para os demais continentes. Outras formas de evidência, através do DNA nuclear, têm respaldado a hipótese de hibridização e têm sido menos conclusivas em prol do "Out of Africa", hipóteses que serão tratadas na próxima seção.

Através do DNA nuclear é possível ter uma base bem mais sólida sobre padrões de ancestralidade mundial, regional e até local. O número de regiões variáveis do DNA nuclear é bem maior, e a variabilidade entre as bases nucleotídicas únicas, conhecidas como SNPs[5], é mais numerosa, chegando a 10 milhões de um total de 3,2 bilhões de pares de base. Bem maior que a região hipervariável 1 e 2 (HVR-I, HVR-II) do DNA mitocondrial, que apresenta uma variação de mil pares de base. Tudo isso foi possível após o sequenciamento completo do genoma humano no início do século XXI. As respostas fornecidas por essas análises moleculares baseadas no DNA nuclear são relacionadas aos aspectos de miscigenação de nossa espécie com outras, tema que também será tratado mais à frente.

Outro aspecto fascinante do desenvolvimento das técnicas moleculares tem sido a possibilidade de extração de DNA antigo de ossos e dentes. Boa parte desses estudos tem sido focada no DNA mitocondrial, por ser mil vezes mais abundante que o DNA nuclear, sendo, portanto, mais fácil de ser detectado.

Até chegar a esse patamar de confiabilidade sobre essas técnicas de extração de DNA antigo, muitos alardes sobre contaminação de amostras foram feitos e alguns estudos de fato as exibiram. As contaminações aconteceram onde os controles laboratoriais foram falhos. Um exemplo é o DNA mitocondrial extraído de esqueletos de humanos modernos do Lago Mungo, na Austrália, onde material genético de bactérias pôde ser identificado nas análises moleculares. Entretanto, os laboratórios que apresentam controles mais rigorosos também não estão isentos de tais equívocos – um exemplo é o DNA mitocondrial extraído de dois esqueletos do Paleolítico Superior (Cro-Magnon), datados por volta de 24 mil anos, que foram descobertos na caverna Paglicci, na Itália.

5. ORIGEM DOS HUMANOS ANATOMICAMENTE MODERNOS

Tratar da origem e da dispersão dos humanos modernos é um tema delicado, porque as evidências que possuímos podem ser interpretadas de formas diferentes. Diversas lacunas ainda existem e influenciam as opções por uma ou outra hipótese, já que, por exemplo, as datações muitas vezes apresentam

---

5   SNPs são polimorfismos de base única. Esses nucleotídeos podem ser substituídos, inseridos ou apagados. Geralmente são variações que não afetam o indivíduo.

um intervalo de tempo muito grande. Outro grande problema é a classificação dos fósseis: o que é visto como característica essencial para um pesquisador pode não ser para outro. Logo, diversas disputas acontecem sobre a qual espécie pertence um determinado fóssil. Na genética, diferentes marcadores moleculares apresentam resultados distintos para uma determinada origem ou trajetória. As contribuições da arqueologia, por sua vez, podem levar a explicações completamente diferentes sobre um determinado fenômeno evolutivo e de mudança de comportamento. Tudo isso é encontrado, bem claramente, nos estudos da origem e dispersão do *Homo sapiens*.

Três grandes hipóteses acerca da nossa origem são frequentemente referidas: a hipótese da origem multirregional; a hipótese da saída da África ("Out of Africa"); e a hipótese da hibridização (Figura 6.5).

A primeira dessas hipóteses a ser proposta foi a multirregional, sugerida pelo professor Milford H. Wolpoff, da Universidade de Michigan (Estados Unidos), na década de 1970. Essa hipótese consiste, numa visão geral, em que diferentes populações humanas, em regiões distantes, se conectavam por meio de trocas genéticas frequentes. Dessa forma, diversas populações separadas, conectadas por eventos de migração, formariam um contínuo genético, assim compartilhando conjuntos semelhantes de características morfológicas. Essa conexão entre diferentes populações dificulta a separação de populações distantes em diferentes espécies e faz com que essas populações se modifiquem como uma só espécie ao mesmo tempo.

O multirregional também é conhecido como modelo da treliça (em inglês, "trellis model"), e tem um impacto profundo sobre como é vista a origem da nossa espécie. Segundo essa hipótese, nossa espécie é muito antiga e nosso ancestral direto seria o *H. erectus*. Além disso, todas as outras espécies de hominínios poderiam ser "apenas" variações regionais da mesma espécie e que, por migração, trocavam material genético entre si. Uma das evidências que ajudam a dar suporte a esse modelo é o fato de que algumas características do crânio de populações asiáticas atuais também podem ser encontradas em crânios de *H. erectus* da mesma região. Dessa forma, os *H. erectus* da área poderiam ter contribuído geneticamente para algumas características físicas dos *H. sapiens* asiáticos atuais. Esse modelo, porém, esbarra, entre outras coisas, no próprio conceito de espécie, visto que é normalmente difícil definir espécies muito próximas quando vivas, e se torna especialmente complicado nos fósseis.

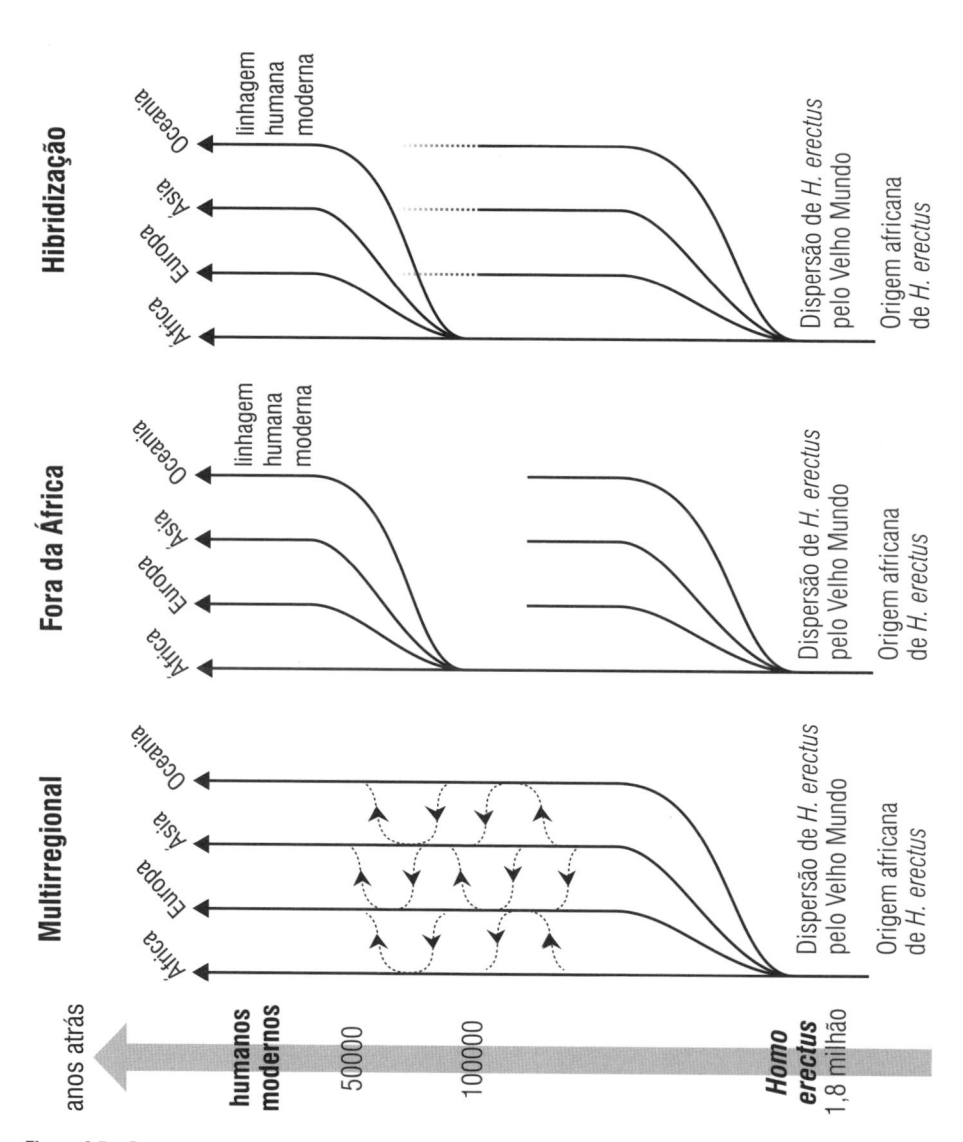

Figura 6.5 - Da esquerda para a direita, temos: modelo multirregional, na qual a espécie humana evoluiu como um contínuo desde seu último ancestral, o *H. Erectus*; saída da África ("Out of Africa"), na qual o ser humano é originado de populações africanas de *Homo heidelbergensis* e, durante sua dispersão para outros continentes, substituiu as populações de outras espécies de hominínios existentes; hipótese da hibridização, segundo a qual o ser humano teve origem a partir do *Homo heidelbergensis* – assume também que o *H. sapiens* surgiu na África, porém, durante sua expansão, o ser humano teve trocas gênicas com outras espécies. **Ilustração:** Ana Carolina Buratto

Nas duas décadas seguintes à postulação da hipótese multirregional, diversos autores começaram a trabalhar no sentido oposto, com o foco na África. A hipótese da saída da África postula que os humanos modernos surgiram apenas naquele continente e posteriormente colonizaram os demais continentes, substituindo as espécies locais durante sua dispersão, sem troca gênica durante o processo. As primeiras populações humanas teriam surgido a partir de populações de *Homo heidelbergensis* africanos. Essa hipótese é reforçada se considerarmos que o fóssil mais antigo da nossa espécie foi encontrado na Etiópia, no sítio Omo, e foi datado em cerca de 200 mil anos. Outro fóssil, no sítio Herto, na Etiópia, foi datado entre 154 e 160 mil anos. Nenhum outro fóssil de humanos modernos foi encontrado em outras partes do mundo com datações tão antigas quanto esses dois achados.

Fora da África, os humanos anatomicamente modernos mais antigos foram encontrados no Oriente Médio e ajudaram a apoiar a hipótese de uma origem africana para nossa espécie e de uma posterior saída para o Levante. Dois sítios arqueológicos, Qafzeh e Skhūl (Figura 6.6), ambos em Israel, produziram fósseis com idades entre 130 mil e 90 mil anos em uma área de transição África-Ásia-Europa. Em conjunto com os fósseis africanos mais antigos, esses fósseis de Israel ajudaram a construir as rotas de dispersão para outros continentes. Dessa forma, os humanos teriam saído da África pelo Oriente Médio, antes de conquistar a Ásia e a Europa.

Os fósseis mais antigos encontrados na Ásia, na Europa e na Oceania têm datações semelhantes. Na Europa, onde fósseis de neandertais foram recuperados com datações entre 150 mil e 30 mil anos, fósseis de humanos anatomicamente modernos não foram encontrados antes de 40 mil anos atrás. Na caverna Oase, na Romênia, vestígios cranianos de três indivíduos e uma mandíbula datados em aproximadamente 35 mil anos foram encontrados. Esses achados estão associados a humanos anatomicamente modernos, porém, apresentam traços robustos. Na República Checa, diversos fósseis anatomicamente modernos foram encontrados com datações estimadas em 31 mil anos. Esses últimos achados apresentam variações anatômicas, porém, mesmo assim, são melhor classificados como modernos. Na porção ocidental da Europa, os humanos modernos mais conhecidos vêm do sítio de Cro-Magnon, na França. Dentre os achados nesse sítio, encontram-se pelo menos quatro indivíduos com crânios e mandíbulas, além de outras partes pós-cranianas.

Esses achados foram datados em aproximadamente 27 mil anos. Assim como na Europa, sinais de humanos modernos na Ásia só aparecem com datações mais recentes que 40 mil anos, como na caverna superior de Zhoukoudien, na China, onde foram encontrados três crânios (Figura 6.4, letra a), datados em aproximadamente 30 mil anos.

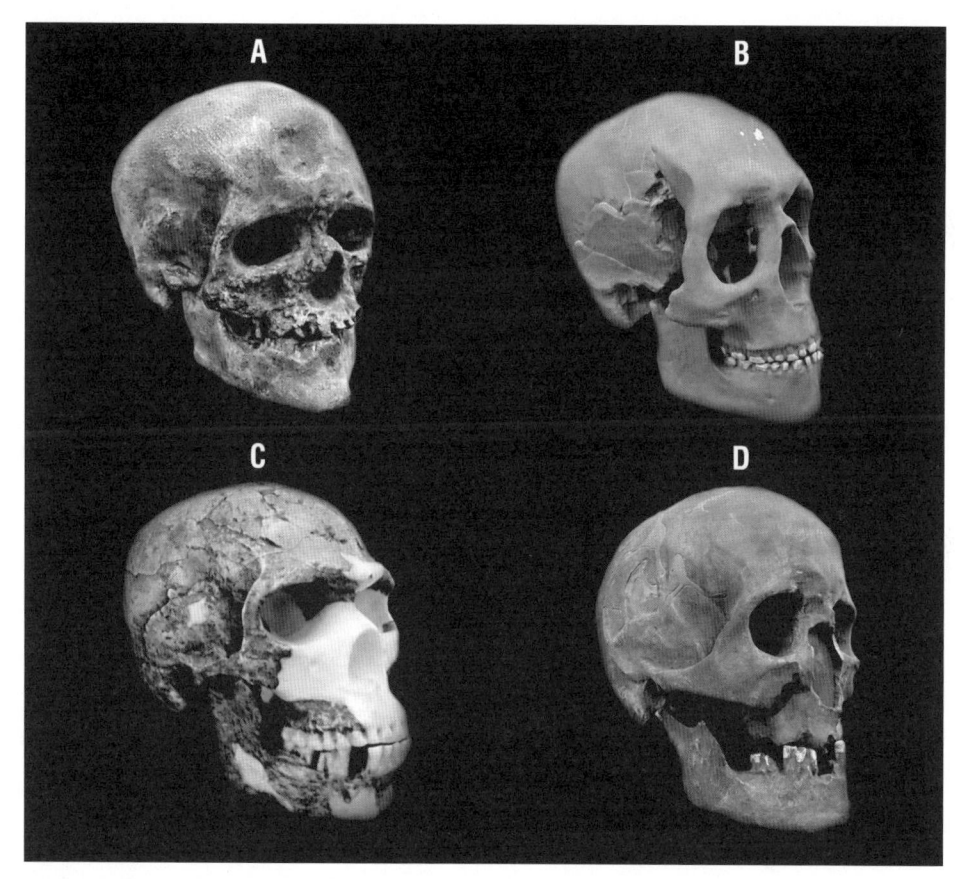

Figura 6.6 - Crânios de *H. sapiens:* a) Cro-Magnon 1, na França; b) Chancelade, na França; c) Skhūl V, em Israel; d) Combe Capelle, na França. **Ilustração:** Miguel José Rangel Junior

Outro sítio que foi seguramente datado em 40 mil anos é o de Tianyuan, também encontrado no país mais populoso do mundo, onde fragmentos de crânios, dentes e partes pós-cranianas apresentam uma mistura entre características modernas e algumas características arcaicas, como um arco supraorbital protuberante. Na China, também foi recuperado o crânio de Liujiang, que tem 68 mil anos e é um marco na dispersão de humanos modernos. Alguns desses fósseis que apresentam características modernas podem ser resultados de cruzamentos entre os humanos anatomicamente modernos e os humanos de outras espécies que ocupavam o local. Um último crânio parcial é o de Niah, encontrado em caverna de mesmo nome na Indonésia. Apesar de apresentar incertezas acerca das datações, esse achado é certamente moderno e datado entre 39 mil e 45 mil anos. O crânio Ngaloba LH 18, encontrado em Laetoli, na Tanzânia, é muito antigo e tem por volta de 120 mil anos. Trata-se de um indivíduo adulto, que durante a vida sofreu uma fratura na parte lateral do crânio. Apresenta traços de povos subsaarianos modernos e também de outros crânios mais antigos como Omo I e Omo II. Outro fóssil que teve datações expressivas foi Singa, encontrado no Sudão, com idade de 120 a 150 mil anos, um dos primeiros humanos modernos a apresentar um quadro de anemia, que muito provavelmente o levou à morte.

Além dos estudos anatômicos dos fósseis, estudos genéticos, ao menos à primeira vista, também apoiam a origem africana de nossa espécie, conforme já mencionado. Um primeiro estudo usando DNA mitocondrial de populações humanas atuais (para mais informações sobre os métodos moleculares, ver Quadro 6.1) ajudou a datar a origem da nossa espécie entre 220 e 120 mil anos atrás e com origem africana. Estimativas usando o cromossomo Y apoiam resultados semelhantes para a idade e o local de origem, ou seja, aproximadamente 200 mil anos atrás com suas raízes na África.

> **QUADRO 6.1** – MÉTODOS MOLECULARES
>
> Com o avanço das tecnologias ligadas à genética e à biologia molecular, um novo corpo de evidências pode ser usado para entender melhor a origem e a dispersão do *H. sapiens*. Dentre esses estudos, podemos citar a importância do DNA mitocondrial, do cromossomo Y e do DNA nuclear. A partir do estudo desses diferentes marcadores moleculares, é possível ter informações sobre fluxo gênico entre as populações humanas, bem como determinar possíveis ancestrais para determinadas populações. Além disso, hipóteses como o cruzamento entre o *H. sapiens* e outras espécies de hominínios podem ser testadas, dada a possibilidade de obtenção de DNA de fósseis.

Cada marcador molecular exige uma técnica diferente. Primeiramente, é extraído o material genético (DNA) dos grupos de interesse. A parte mais difícil, quando se trata de ossos antigos, é que eles apresentam contaminação com DNA de espécies atuais. O material extraído passa por uma série de reações enzimáticas de purificação, até ser amplificado e, finalmente, sequenciado. O material genético é composto por sequências de quatro bases (adenina, citosina, guanina ou timina), e, então, são avaliadas quantas dessas bases são diferentes, quantas faltam, quantas são substituídas e quantas são inseridas. Logo após o sequenciamento, é feita a comparação do fragmento obtido com os fragmentos presentes nos bancos de dados de instituições de pesquisa norte-americanas, como é o caso do banco de dados NCBI ("National Center for Biotechnological Information"). O raciocínio, de uma forma geral, é o seguinte: algumas sequências de DNA sofrem alterações (mutações e recombinações) em uma frequência quase constante no tempo. Dessa forma, sabendo quantas alterações uma sequência acumulou, é possível estimar o tempo de divergência dessa sequência em relação à sequência ancestral. Além disso, é possível, quando existem mais de duas sequências, verificar quais são mais similares entre si.

Essas técnicas de análise de dados genéticos sofrem interferências de algumas características biológicas, e uma delas é a recombinação. Recombinação é a troca de material genético entre dois cromossomos. Isso pode introduzir variabilidade em uma sequência genética, o que pode fazer com que, ao estudar duas sequências, o tempo estimado de divergência entre ambas seja maior do que o tempo real. Para lidar com esse problema, alguns pesquisadores usam principalmente duas técnicas moleculares. Uma delas é o DNA mitocondrial (mtDNA). O mtDNA provém apenas da mãe e tem uma chance muito menor de sofrer recombinação. Logo, é esperado que suas estimativas sejam mais acuradas e menos suscetíveis a erros decorrentes de recombinação. Outra tentativa de estimar as relações entre populações e o tempo de divergência entre elas é o estudo do cromossomo Y, que é basicamente a versão masculina do mtDNA. Como o cromossomo Y é apenas transmitido pelo pai, ele também deve sofrer menos recombinações. Apesar de sofrer com o problema da recombinação, o DNA nuclear também tem sido utilizado em larga escala atualmente em estudos de DNA antigo. Ainda analisando dados de material genético de diferentes populações humanas modernas, é possível estimar o tamanho das populações ancestrais que deram origem à variabilidade encontrada no material genético atual. Isso porque, dado um determinado tempo de divergência entre duas populações, a quantidade de variação acumulada nas sequências de DNA da totalidade das populações varia em função do tamanho da população ancestral. Ou seja, fixando-se uma quantidade de tempo para a divergência entre duas populações, a quantidade de variação dessas duas populações aumenta se a população ancestral era grande e diminui se essa era pequena.

Novas técnicas têm sido utilizadas para auxiliar a antropologia molecular e, através dessa, inferir a história evolutiva humana incluindo relações entre espécies. Não só o DNA mitocondrial e o cromossomo Y têm sido empregados. Outros marcadores nucleares, como pequenas repetições em tandem (STR) podem auxiliar a desvendar eventos demográficos recentes e distinguir populações estritamente relacionadas. Três novidades têm sido utilizadas. A primeira é o "array" de polimorfismos de base única, que permite obter uma resolução da estrutura populacional jamais vista. A segunda é o sequenciamento de nova geração, que pode baratear os custos na obtenção de informações massivas sobre variações em regiões alvo ou genomas inteiros e não requer uma etapa de reação de cadeia da polimerase (PCR) – ou seja, permite sequenciar diretamente o DNA antigo. A terceira, e mais recente, é o sequenciamento de terceira geração, que pode sequenciar DNA de uma única célula de amostras antigas e pode gerar sequências longas maiores que 10 mil pares de base. Com essas novidades técnicas, mais perguntas podem ser respondidas sobre as relações entre as populações ancestrais, entre elas e as atuais, e entre pequenos eventos de dispersão, origem, extinção e doenças que aconteceram, até mesmo historicamente (cinco gerações atrás).

Um terceiro modelo para a origem e dispersão dos *H. sapiens* é a hipótese da hibridização. Essa hipótese aceita a origem africana da nossa espécie e a saída dessa população ancestral da África para colonizar os demais continentes. A diferença entre essa hipótese e a da saída da África é que, de acordo com esse modelo, as populações que saíram da África encontraram e tiveram raras trocas gênicas com outros homínios.

Essa hipótese ganhou muita força recentemente, com o avanço das tecnologias moleculares. Por meio de extração de material genético de fósseis neandertais, foi realizada a comparação do DNA de neandertais com populações humanas atuais, e esse avanço mudou a forma que muitos viam os passos mais recentes da evolução humana. Aproximadamente 4% do DNA das populações não-africanas atuais é compartilhado com neandertais. Em outras palavras, houve cruzamento entre as duas espécies e a provável saída da África teria se dado há 100 mil anos, já que as linhagens humanas africanas não apresentam essa característica. Além disso, os resultados de outras análises mostram que as sequências de DNA mitocondrial de neandertais e a de fósseis humanos formam dois grupos distintos, dando apoio à ideia de que são, sim, duas espécies diferentes e que o ancestral mais recente comum aos *H. sapiens* e aos *H. neanderthalensis* viveu entre 365 mil e 853 mil anos atrás.

Esses resultados demonstram que o modelo "puro" da saída da África não está correto, e, da mesma forma, não apoiam o modelo multirregionalista, já que indicam uma origem africana antes do contato. Os modelos da saída da África e multirregionalista ainda sofreram mais um golpe, com a descoberta de fósseis nas montanhas do Altai, na Rússia. Esses achados também puderam ter seu material genético analisado, e a surpresa foi que essa espécie (*Homo sp.* Altai – "homem de Denisova") apresentava entre 1% e 6% de semelhança com o genoma da população da Melanésia e adjacências. Essas duas evidências de cruzamento da nossa espécie com outros hominínios nos fazem perguntar com quais outros hominínios nossa espécie também trocou material genético, visto que isso aconteceu ao menos duas vezes.

O cenário atual da origem e dispersão da espécie humana é mais complexo do que o proposto inicialmente. Porém, é possível traçar um quadro geral que a maioria dos especialistas concorda: nossa espécie surgiu na África, há cerca de 200 mil anos, derivada de uma população de *H. heidelbergensis*. Após alguns insucessos na saída da África, entre 200 e 100 mil anos atrás, nossa espécie chegou ao Oriente Médio, onde conviveu com neandertais. Essas duas espécies interagiram e trocaram material genético. Após o estabelecimento no Oriente Médio, ocorreram as colonizações da Ásia e da Europa, e, durante essas dispersões, possíveis contatos com outros hominínios também ocorreram.

5.1 ROTAS DE DISPERSÃO

Como vimos na seção anterior, a visão que é amplamente aceita sobre a origem da nossa espécie é que nosso berço foi realmente a África, há aproximadamente 200 mil anos. Contudo, como nossos ancestrais chegaram aos outros continentes? Como se deu a colonização de regiões de difícil acesso, como a América e a Oceania? Para responder essas perguntas, novamente a ideia é ser multidisciplinar, estudando os fósseis encontrados e a população humana atual.

Tendo como base o nordeste africano como região de origem do *H. sapiens*, a dispersão humana começou na própria África, com os nossos ancestrais povoando todo o continente, desde a África do Sul até o Mar Mediterrâneo. Dessa forma, evidências atuais baseadas em simulações bioestatísticas sugerem que, durante a expansão dentro da África, a população humana já sofreu introgressões genéticas, ou seja, recebeu genes de outras populações de hominínios. Porém, essas populações ainda são desconhecidas e não existem evidências morfológicas para apoiar essa visão.

Evidências fósseis mostram que os achados mais antigos de humanos fora da África se encontram no Oriente Médio, com datações entre 90 e 120 mil anos, indicando que essa teria sido a rota utilizada por nossos ancestrais para colonizar outros continentes (Figura 6.7). Estudos moleculares atuais também apoiam essa visão, porém, de forma diferente da que havia sido proposta pela hipótese clássica da saída da África.

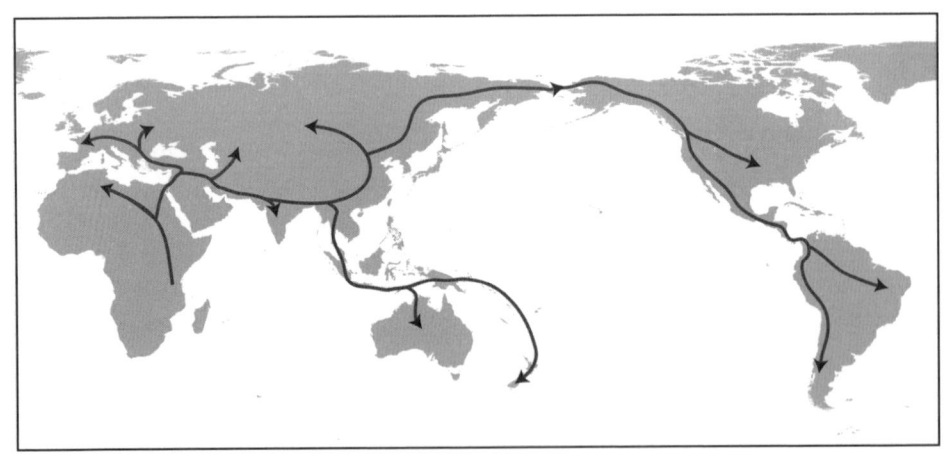

Figura 6.7 - Algumas das rotas de dispersão humana a partir da África. A ponte para a saída dos primeiros seres humanos da África possivelmente foi o Oriente Médio, passando pelo atual Israel. Os sítios com achados humanos mais antigos fora da África são dessa região: Qafzeh e Skhūl. **Ilustração:** Miguel José Rangel Junior

A genética de populações atuais mostra evidências de múltiplas ondas migratórias saindo da África, que teriam ocorrido por volta de 50 mil anos atrás e teriam alcançado o Oriente Médio e, então, sido dispersadas para a Ásia e para a Europa. Nessa época, aproximadamente, aconteceram os primeiros contatos com os neandertais, incluindo trocas de material genético. Especialmente na Europa, estudos indicam ao menos três ondas migratórias. Uma primeira colonização há, no mínimo, 40 mil anos, vinda do Oriente Médio. Um segundo movimento migratório, este ocorrido entre 26 e 15 mil anos atrás, no qual a área ocupada diminuiu drasticamente, provavelmente devido a um período de glaciação, com as populações humanas se concentrando em regiões mais próximas ao sul da Europa, seguido por uma recolonização após o fim desse período de máximo glacial. O terceiro grande movimento migratório também veio do Oriente Médio, já no final do Paleolítico, há cerca de 9 mil anos.

Os estudos dos eventos de dispersão humana para a Ásia também indicam múltiplas dispersões. Uma dessas dispersões pode ter acontecido após o contato da nossa espécie com os neandertais, já que evidências do genoma desses hominínios também são encontradas em populações asiáticas atuais. Além disso, esses eventos de dispersão podem ter encontrado outros três grupos de hominínios, os *H. erectus*, os *H. heidelbergensis* e os homens de Denisova. Já vimos que o contato com o "homem de Denisova" aconteceu devido à evidência molecular de presença de parte do genoma denisovano no genoma de populações humanas atuais. Porém, trocas genéticas com populações de *H. erectus* também podem ter acontecido durante a colonização da Ásia, principalmente.

Assim como na Europa, sinais da nossa espécie na Ásia só aparecem com datações mais recentes que 40 mil anos, como na caverna superior de Zhoukoudien, na China. Outro sítio que foi seguramente datado em 40 mil anos é o de Tianyuan, onde fragmentos de crânios, dentes e partes pós-cranianas apresentam uma mistura entre características modernas e características arcaicas. Alguns desses fósseis que apresentam características modernas e algumas arcaicas podem representar sinais de trocas gênicas entre as populações de *H. sapiens* imigrantes e as populações de *H. erectus* locais. Um último crânio parcial, encontrado na caverna de Niah, na Indonésia, apesar de apresentar incertezas acerca das datações, é certamente moderno e datado entre 35 mil e 45 mil anos.

Uma das hipóteses para a colonização da Oceania é que os contemporâneos dos habitantes de Niah chegaram à Indonésia, que na época, por causa dos períodos de glaciação, formava uma grande massa de terra chamada Sunda, e, então, atravessaram alguns quilômetros de mar para o grande continente Sahul, massa de terra englobando a Austrália e a Nova Guiné. É importante lembrar que, enquanto Sunda foi colonizada por outros hominínios além dos humanos modernos, Sahul não foi habitada por outros hominínios que não o *H. sapiens*. Os fósseis mais antigos da Austrália foram encontrados no lago Mungo e compreendem dois esqueletos incompletos deliberadamente enterrados, o que vem a ser uma característica predominantemente moderna, com datações variando entre 30 mil e 50 mil anos. Outros sítios também da Austrália geraram fósseis significativamente mais novos, datados entre 13 mil e 9,5 mil anos. Entretanto, esses achados, em contraste com o esperado, apresentam características mais robustas que as apresentadas pelos achados do lago Mungo, mais antigos.

A colonização americana é um dos problemas mais intrigantes do estudo da dispersão humana recente. Existem muitas disputas sobre como e quantas foram as ondas migratórias envolvidas, porém alguns pontos parecem ser consensuais entre os pesquisadores da área. O continente americano foi certamente o último a ser colonizado.

E, assim como a Austrália, o único hominínio que ocupou o continente foi o *H. sapiens*. Fato importante para essa colonização é o Estreito de Bering. Em épocas de glaciação, o nível do mar abaixa e, especialmente nesse ponto, se forma uma via de conexão terrestre entre o Alasca e a Sibéria, por onde os hominínios tiveram acesso à América. No período entre 30 mil e 13 mil anos atrás, o nível do mar provavelmente era baixo o suficiente para a formação dessa conexão por terra entre os dois continentes. Esse período também é condizente com achados arqueológicos no continente, dos quais os mais antigos variam entre 13 mil e 15 mil anos.

6. A EXPLOSÃO CRIATIVA DO PALEOLÍTICO SUPERIOR

A característica mais marcante do *H. sapiens* talvez seja a sua capacidade de pensar na forma de símbolos. Ou seja, um objeto pode ter diferentes significados, e esses significados podem não ter relação com a função original do objeto considerado. Roupas, por exemplo, não servem apenas para nos proteger do ambiente. Basta olhar os chapéus e as vestimentas de um sacerdote, qualquer que seja a religião. As roupas usadas por essas pessoas não servem apenas para proteger das intempéries; elas têm um significado, elas passam a ideia da posição hierárquica da pessoa que a usa. No caso dos sacerdotes, elas os diferenciam daqueles que ouvem suas pregações. Esse pensamento simbólico é uma característica que não é encontrada em qualquer outra espécie, incluindo os hominínios mais próximos a nós. Essa característica tão marcante, porém, aparentemente não surgiu com a origem da nossa espécie, há cerca de 200 mil anos.

O comportamento do *H. sapiens* foi basicamente o mesmo dos *H. heildelbergensis* e dos *H. neanderthalensis* durante aproximadamente os primeiros 150 mil anos de história de nossa existência. Esse fato levanta questões intrigantes acerca da evolução do comportamento do *H. sapiens*. Se esse comportamento moderno não surgiu com o início da espécie, quando ele surgiu? E quais fatores podem ter impulsionado o surgimento desse novo tipo de comportamento? Contudo, a partir do Paleolítico Superior, há cerca de 50 mil anos, é possível ver claramente que o registro arqueológico se torna extremamente abundante, diversos novos objetos são encontrados, como ornamentos, adereços, ferramentas complexas, manifestações artísticas e sepultamentos rituais. Tudo isso surge aparentemente na explosão criativa do Paleolítico Superior. A partir dessa revolução, a palavra "cultura" pode ser usada em todo seu potencial.

Dois modelos se propõem a explicar essa diferença comportamental entre humanos modernos antes e depois da explosão cultural do Paleolítico Superior. Porém, considerando-se as dificuldades encontradas para testar as hipóteses de origem e de dispersão dos seres humanos, os modelos propostos aqui para explicar a origem do comportamento moderno são ainda mais delicados e difíceis de serem testados. O primeiro dos modelos, o modelo neuronal, proposto por Richard Klein, da Universidade de Stanford (Estados Unidos), defende que uma mudança cognitiva abrupta ocorrida há 50 mil anos revolucionou o comportamento humano. Então, a população que sofreu essa revolução cognitiva teve vantagem adaptativa sobre as demais populações humanas. Esse primeiro modelo enfatiza o fato de que poucos indícios indisputáveis de comportamento moderno ocorrem antes da revolução criativa do Paleolítico Superior, há cerca de 50 mil anos. Ainda sobre o modelo neuronal, seu maior proponente invoca a evolução abrupta de genes associados ao desenvolvimento cerebral para explicar a revolução cultural.

A principal linha de evidência que apoia esse modelo é a vasta quantidade de achados arqueológicos que aparecem a partir do Paleolítico Superior. A partir da revolução ocorrida há cerca de 50 mil anos, todos os elementos que definem o que hoje é aceito como cultura estão presentes. Pela primeira vez em todo este livro, podemos usar a palavra cultura, sem aspas, sem restrições. Para se ter uma ideia da velocidade com que as variações culturais aconteceram nessa época, em aproximadamente 2,5 milhões de anos de evolução da linhagem hominínia, três foram as grandes indústrias líticas, ao passo que no período de 0,05 milhão de anos (ou seja 50 mil anos, apenas para facilitar a comparação entre essas duas escalas), ao menos seis diferentes culturas apareceram no vale do Nilo, no Egito, e quatro outras culturas foram encontradas na França, tudo isso considerando apenas duas localidades em uma ínfima área comparada à distribuição total da nossa espécie à época. Dessa forma, não só as ferramentas se especializaram em função dos recursos de um determinado local, mas também o estilo, a manufatura dessas ferramentas, mudava de localidade para localidade.

A tecnologia usada pelos primeiros seres humanos com comportamento moderno se mostra diferente das indústrias líticas anteriores. As ferramentas modernas apresentam também uma tendência para a substituição da matéria-prima: ossos e madeira passaram a ser sistematicamente utilizados, substituindo parcialmente o que antes era principalmente feito com pedras lascadas. Mesmo a produção das ferramentas líticas era feita de formas diferentes e com metodologias diferentes. As ferramentas líticas associadas ao Paleolítico Superior são cada vez melhor trabalhadas, como as pontas de lanças (Figura 6.8). Agora, os artefatos são fabricados sobretudo sobre lâminas, e não sobre lascas. Essas lâminas são finas e com o eixo longitudinal muito maior do que o transversal, apresentando uma grande aresta de corte. Além disso, uma grande quantidade de lâminas podia ser removida a partir de um mesmo núcleo. Outra grande alteração no processo de manufatura das ferramentas é que o uso do fogo, de forma a melhorar a qualidade da matéria-prima a ser lascada, passou a ser comum em diversos sítios, por exemplo, nos sítios checos de Dolní Věstonice, Pavlov e Předmostí, datados em 27 mil anos. Nesses sítios, foram encontrados artefatos de argila que foram endurecidos usando fogo, sendo que alguns deles ainda guardam até impressões das mãos e dedos dos seus fabricantes, um dos primeiros momentos de produção de peças de cerâmica na história da humanidade.

As pontas líticas podem ter sido usadas para a manufatura de ferramentas compostas, ou seja, que exigem o uso de dois ou mais materiais diferentes. Uma lança é um exemplo de uma ferramenta composta, já que apresenta uma haste de madeira articulada com uma ponta lítica. Exemplos de ferramentas compostas são difíceis de deixar resquícios, já que a madeira, por exemplo, degrada-se rapidamente, deixando apenas a ponta lítica como evidência. Porém, pontas líticas associadas a artefatos ósseos encontrados no sítio de Dolní Věstonice, na República Checa, indicam que realmente ocorreu produção de ferramentas compostas. Pontas ósseas também foram largamente fabricadas e são especialmente comuns na Sibéria, onde foram encontradas pontas ocas, que provavelmente serviram para fazer o alvo sangrar mais, levando a mortes mais rápidas. Lançadores de dardos também são encontrados no registro arqueológico do Paleolítico Superior. Essas peças eram feitas geralmente de madeira ou de osso e eram desenhadas para fazer com que o alcance do braço do lançador fosse ampliado, fazendo com que a força do lançamento aumentasse e, por consequência, atingisse uma maior distância.

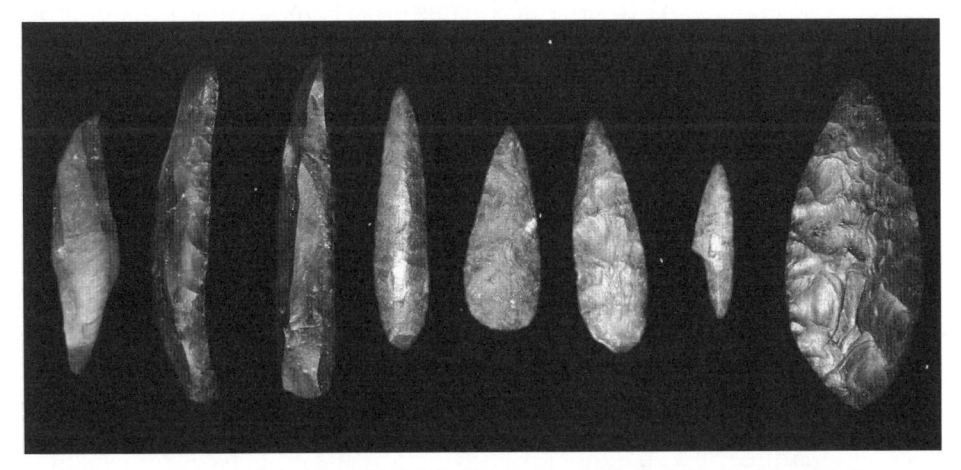

Figura 6.8 - Exemplares de artefatos de pedra do Paleolítico Superior. **Ilustração:** Miguel José Rangel Junior

A população humana do Paleolítico Superior utilizou largamente recursos marinhos quando disponível, tanto para a ornamentação quanto para alimentação. Esse tipo de atividade exige um aparato tecnológico bem específico e diferente daquele utilizado comumente em outras atividades. Arpões serrilhados, anzóis e redes fizeram parte do arsenal desse período. Como visto anteriormente, outras espécies do gênero *Homo* tiveram acesso a embarcações, ainda que muito rudimentares. Nenhuma delas, porém, cruzou grandes distâncias marítimas, como foi realizado por nossa espécie durante a colonização da Oceania. Para chegar à massa de terra chamada Sahul, que conectou por terra o que hoje são a Austrália e a Nova Guiné, foi necessário cruzar dezenas de quilômetros de mar aberto. Não existem evidências concretas de como eram essas embarcações. Porém, é inegável a existência delas, pois, mesmo com o nível do mar mais baixo, quilômetros de água ainda tiveram que ser cruzados.

A arte do Paleolítico Superior também apresenta representações não encontradas antes. Esses primeiros exemplos de manifestações artísticas já demonstram algum grau de simbolismo, porém, assim como a quantidade de eventos artísticos aumenta após a revolução cultural, a complexidade também é significativamente maior. Para exemplificar essa superioridade qualitativa, diversos sítios encontrados entre a França e a Espanha apresentam um novo tipo de arte, com padrões mais complexos. Exemplos exuberantes de pinturas rupestres podem ser encontrados na caverna de Chauvet, na França, onde mais de 400 imagens representam animais como leões, rinocerontes e mamutes – esse sítio é datado em aproximadamente 32 mil anos. Outro exemplo de pintura rupestre extremamente complexa e bem acabada pode ser encontrado na caverna de Lascaux, também na França, onde pinturas de búfalos como se estivessem em movimento decoram um grande salão da caverna. Um grande conjunto de figuras representando outros animais também foi ali encontrado. É possível encontrar também nas pinturas animais desenhados em formas humanas, como em Les Trois Frères, na França. Esse padrão se repete principalmente em esculturas e sugere um possível xamanismo nessa época. Um dos exemplos mais significativos é o "homem-leão", encontrado em Hohlenstein, na Alemanha. Essa pequena escultura mede pouco menos que 10 cm no seu maior eixo e é entalhada em marfim. Nela podemos observar claramente proporções semelhantes às humanas, porém, sua cabeça é semelhante à de um leão.

Um dos temas mais recorrentes nas esculturas são as "Vênus" (Figura 6.9), ou seja, pequenas esculturas simbolizando a figura feminina com traços de fertilidade exagerados que são interpretados como representações da fertilidade. Além das "Vênus", animais são comumente representados nas esculturas. Um sítio riquíssimo em manifestações artísticas é Juno, na Espanha, com idade de 14 mil anos. Juno era um santuário elaborado, com resquícios do primeiro registro de atividade religiosa. O sítio inclui ainda vestígios de banquetes com frutos do mar, carne de veados, bisões e cavalos.

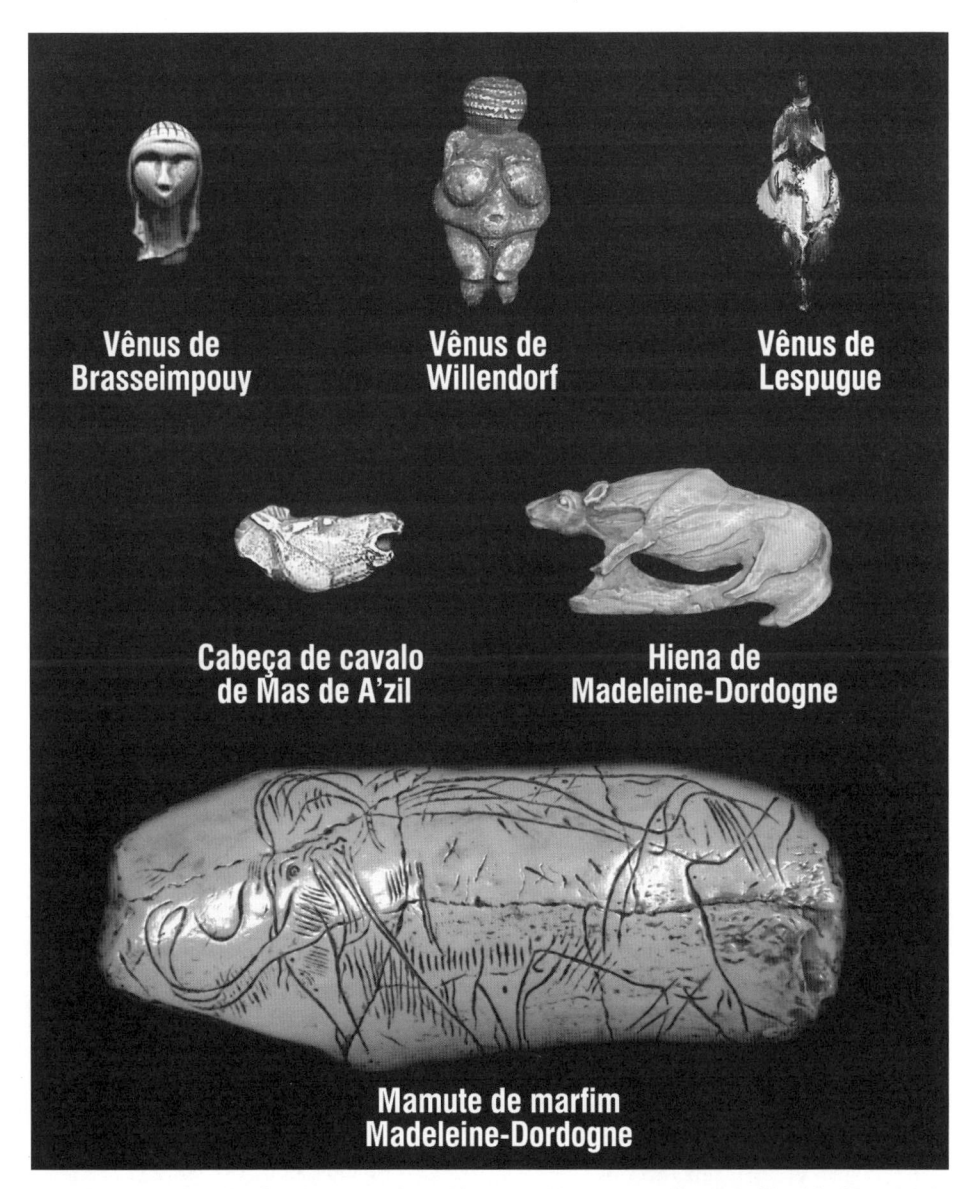

Figura 6.9 - Arte do Paleolítico Superior encontrada em sítios arqueológicos europeus. **Ilustração:** Miguel José Rangel Junior

Outro componente social importante da revolução criativa do Paleolítico Superior é o sepultamento ritualizado. Os sepultamentos não são exclusivos do *H. sapiens* do Paleolítico Superior, mas os sepultamentos ocorrem em muito maior número nesse período, às vezes com vários corpos em uma mesma vala, com adornos e oferendas. Um desses exemplos de enterros fica no famoso abrigo de Cro-Magnon, na França, onde foi possível encontrar conchas e dentes perfurados de animais, como se fossem contas de um colar, além de grandes concentrações de ocre associadas aos sepultamentos. Outro exemplo, no sítio de Krems-Wachtberg, na Áustria, revelou dois recém-nascidos enterrados sobre uma camada de ocre, tendo a vala sido coberta por uma enorme escápula de mamute. Essa escápula era sustentada por uma também enorme presa do mesmo animal.

Um último exemplo de sepultamentos ritualísticos demonstra claramente a diferença qualitativa entre os enterros do Paleolítico Superior e aqueles de épocas mais antigas. Um sítio em Sungir, na Rússia, datado entre 19 mil e 26 mil anos, apresentou duas crianças que foram cobertas por adornos: uma das crianças estava coberta por 4.903 contas (Figura 6.10). Tais contas cobriram grande parte do corpo, o que sugere que esse conjunto de pequenos objetos compunha uma vestimenta. Além disso, foram encontrados 250 caninos perfurados de raposas presos de uma forma que sugere um cinto ao redor da cintura e um pingente de marfim. A outra criança apresentava um padrão similar, coberta por 5.347 contas também como se tivessem sido pregadas em uma vestimenta e um pingente semelhante, também de marfim. Padrões semelhantes a esse descrito são exclusivos da cultura do Paleolítico Superior.

A organização social a partir do Paleolítico Superior também apresenta evidências de uma complexificação. O número de sítios associados a populações do Paleolítico Superior é significativamente maior do que aqueles ligados a seres humanos de períodos anteriores, o que pode evidenciar uma maior densidade populacional e, logo, um provimento de alimentação mais eficiente. Essa maior densidade populacional no Paleolítico Superior pode estar relacionada a um maior planejamento nas atividades econômicas, fato esse evidenciado por comparações dos restos dos acampamentos com aquele de populações caçadoras-coletoras atuais. Dessa forma, é possível estimar que grupos que viviam em regiões com recursos mais escassos apresentavam algo em torno de 30 indivíduos cada, com uma troca intensa entre membros de diferentes bandos. Já quando são considerados grupos presentes em áreas ricas em recursos, o número de indivíduos poderia exceder 200. Com essa grande densidade, havia uma espécie de divisão do trabalho. Mulheres e crianças, em geral, eram responsáveis pela coleta dos vegetais, enquanto homens eram responsáveis pela caça. Além disso, alguns acampamentos mostram que áreas específicas eram reservadas para algumas atividades também específicas, como o lascamento e a manufatura de ferramentas, o processamento dos animais caçados e locais específicos para as fogueiras.

Figura 6.10 - Exemplo de sepultamento ritualizado no sítio de Sungir, na Rússia. É possível observar a quantidade de adornos associados ao corpo sepultado: são tantos os adornos que eles são distribuídos desde a cabeça até os pés.
Ilustração: Clóvis Monteiro

As evidências arqueológicas para a explosão cultural do Paleolítico Superior são avassaladoras. Como visto acima, há uma diferença qualitativa e quantitativa entre o comportamento do Paleolítico Superior e o comportamento não-moderno. Porém, algumas evidências apontam que o comportamento moderno pode não ter se originado durante essa explosão e também levam a questionar se o modelo neuronal é o melhor para explicar a origem do comportamento moderno.

A hipótese neuronal é vítima de algumas falhas significativas que não podem ser desconsideradas. Esses problemas atendem principalmente pelos nomes de Blombos e Pinnacle Point. Esses dois nomes se referem a sítios arqueológicos da África do Sul, que apresentam alguns achados arqueológicos claramente associados ao comportamento simbólico, sendo, pelo menos, 40 mil anos mais antigos do que a explosão criativa do Paleolítico Superior. No sítio de Blombos, com datações de aproximadamente 76 mil anos, foram encontradas conchas perfuradas como se fossem contas de colar, junto com um fragmento de ocre que foi gravado com figuras abstratas. Além disso, foram encontrados artefatos feitos de ossos, tecnologia essa que, em princípio, seria apenas característica da revolução criativa do Paleolítico Superior. Já no sítio de Pinnacle Point existem evidências do uso controlado do fogo na manufatura de ferramentas. Ainda em Pinnacle Point, Curtis Marean, da Universidade do Estado do Arizona (Estados Unidos), e sua equipe elucidaram várias características da sociedade pré-histórica que vivia na caverna. Uma delas é que em uma camada estratigráfica de 164 mil anos encontraram uso extensivo de alimentos de origem marinha, como mariscos, por exemplo. Esses mariscos provavelmente provinham da zona entremarés, e a coleta nessa região exige um planejamento sofisticado, talvez composto por um calendário lunar rústico.

Esses sítios da África do Sul não podem ser caracterizados como "um ponto fora da curva", algo extraordinário que existiu por pouco tempo e depois se perdeu, já que outros sítios fora da África do Sul também são mais antigos que a revolução criativa do Paleolítico Superior e com traços inegáveis de comportamento complexo. O sítio de Katanda, na República Democrática do Congo, também exibe tecnologias consideradas modernas, porém, datadas de antes do início do Paleolítico Superior. Nesse sítio, datado entre 70 mil e 60 mil anos, artefatos e pontas de ossos foram cuidadosamente trabalhados. Um sítio ainda mais antigo, na caverna Pigeon, no Marrocos, com aproximadamente 80 mil anos, produziu pequenos fragmentos de conchas manufaturados como se fossem contas de um colar.

De forma a tentar explicar esses achados que antecedem a revolução do comportamento complexo, uma outra hipótese foi postulada para tentar explicar a origem da expressão simbólica. Um primeiro contraponto feito à hipótese neural diz que o comportamento simbólico foi aparecendo aos poucos, sendo acumulado gradativamente em uma lenta evolução, aproximadamente por 150 mil anos, até culminar na revolução inegável do Paleolítico Superior. Esse modelo pode ser apoiado pelos múltiplos sepultamentos humanos no sítio de Qafzeh, em Israel. Esses sepultamentos datam de aproximadamente 100 mil anos e apresentam corpos cobertos com oferendas, como em um sepultamento de uma criança que contém galhadas de cervos como ornamentos cobrindo o corpo. Oferendas e adornos nos sepultamentos são marcas aceitas como comportamento complexo, simbólico.

O uso de pigmentos também pode ser tratado como um indício de comportamento moderno, e esse comportamento também aparece, ainda que esporadicamente, antes do Paleolítico Superior. No sítio de Pinnacle Point, na África do Sul, foram encontrados em 2007 os indícios mais antigos de um possível uso de pigmentos para fins simbólicos. Esses achados datam de aproximadamente 160 mil anos. Fora da África, as evidências mais antigas para tal comportamento são encontradas nos famosos sítios de Qafzeh e Skhūl, ambos em Israel, com datações de aproximadamente 100 mil anos. As evidências sobre o uso de pigmentos, porém, apresentam uma característica peculiar, já que os neandertais também estão associados a esse uso, ainda que em pequena escala. Isso nos faz questionar se a pigmentação pode ser incluída como evidência segura para o comportamento humano moderno.

Essa provável acumulação lenta de hábitos complexos pode ter sido causada por um adensamento nas populações humanas. Assim, quando um novo hábito ou tecnologia era desenvolvido por uma população, a sua difusão era facilitada, porque mais pessoas tinham acesso à nova informação. Além disso, quanto mais pessoas conhecem uma tecnologia, mais difícil é que essa se perca apenas devido ao acaso. Esse adensamento ainda teria alterado a configuração familiar, criando divisão do trabalho, que, em princípio, são sofisticações culturais do Paleolítico Superior. Nesse contexto, a cooperação entre indivíduos de grupos diferentes deve ter sido intensificada, fator que pode ter impulsionado o comportamento simbólico. O argumento do adensamento populacional, porém, apresenta algumas evidências contrárias, como notado por Richard Klein, da Universidade de Stanford (Estados Unidos) e proponente do modelo neuronal. Segundo ele, a principal linha de evidência contra essa hipótese é que o registro arqueológico da África aponta para uma diminuição da densidade populacional, e não para um aumento. Assim, as populações estavam encolhendo nos anos que precederam a revolução criativa do Paleolítico Superior. Esse argumento, porém, é intensamente debatido, com evidências apontando para diversos cenários.

Assim, o comportamento moderno pode ter surgido diversas vezes sem nunca ter conseguido um cenário demográfico favorável, ou seja, o comportamento surgia sem que aquela população pudesse trocar tecnologias, hábitos e conhecimentos com outras populações, passando o comportamento complexo para outros. A partir do momento em que apareceu em um cenário demográfico favorável, o comportamento complexo conseguiu atingir todo o seu esplendor, a revolução criativa do Paleolítico Superior.

7. CONSIDERAÇÕES FINAIS

A história particular do *Homo sapiens* começou há aproximadamente 200 mil anos, provavelmente em algum lugar do nordeste da África. Nossa espécie, apenas mais uma em meio a diversas espécies de hominínios presentes na África e nos demais continentes nessa época, não era tão diferente das demais. Por cerca de algumas dezenas de milhares de anos, nossos antepassados, apesar de se parecerem fisicamente conosco, permaneceram na África sem exibir qualquer traço comportamental que hoje associamos exclusivamente à nossa espécie. A partir de 100 mil anos atrás, nossa história evolutiva passou a ficar mais complexa. Nossa espécie começou, então, a sua grande dispersão dentro e fora do continente africano. Durante esses primeiros movimentos de dispersão, nossa espécie se encontrou e interagiu com outras espécies de hominínios. Nesse ponto, diversas evidências de uma mudança comportamental começaram a aparecer, mesmo que em pequeno número. Do sul até o norte do continente africano, sítios exibem diversas evidências de um comportamento diferente do que existia até então.

Na primeira saída, já conviveu provavelmente com os neandertais. Não só conviveu, como interagiu e trocou material genético. Essa diáspora, então, se dividiu, uma parte seguindo para a Ásia e outra para a Europa. Na porção europeia, o *Homo sapiens* teve ainda mais contato com os neandertais, enquanto a porção asiática teve contato com outros hominínios, incluindo o *H. erectus* e o "homem de Denisova".

Na mesma época dessas dispersões para a Ásia e para a Europa, algo surpreendente estava acontecendo, uma revolução sem precedentes na história evolutiva do ser humano: a explosão cultural do Paleolítico Superior. A partir desse marco, em todas as regiões habitadas por seres humanos podemos encontrar uma miríade de artefatos das mais diferentes formas e com as mais variadas funções. É possível também encontrar objetos que aparentemente não têm função no mundo real, porém, para aquelas populações que fabricavam e utilizavam esses objetos, eles tinham uma função, eles representavam algo. Essa é uma das características mais belas e importantes da revolução do Paleolítico Superior: a vida e os objetos passaram a ter significados abstratos.

> **QUADRO 6.2** – O QUE HÁ DE NOVO NO FRONT?
>
> ### 1. Um novo caminho de dispersão humana
>
> Apesar de haver um grande consenso entre a comunidade científica sobre o continente de origem da espécie humana, a sua dispersão para os demais continentes ainda é um tema em constante debate. O trabalho de um grupo de pesquisadores da Alemanha, da Itália e da França, publicado em 2014, sugere que houve múltiplas dispersões saindo da África e que essas dispersões são tão antigas quanto 130 mil anos. Esse grupo baseou suas análises em dados genéticos de populações atuais e em achados paleoantropológicos espalhados por diversas regiões e continentes para criar modelos estatísticos de migração. Além de estimar a data de saída, mais antiga do que o aceito até então, uma nova rota de saída da África foi sugerida, a chamada "rota sul". Essa rota seguiu da África para onde hoje se encontra o Iêmen, no Oriente Médio, onde um estreito trecho marítimo separa essas duas regiões. Essa rota, após chegar ao Oriente Médio, seguiu o caminho pelo sudeste asiático, até chegar à Ocea-

nia, há aproximadamente 50 mil anos. As populações que seguiram essa rota de dispersão tiveram grande influência na ocupação da Austrália, da Melanésia e de Papua-Nova Guiné, porém, se mantiveram relativamente isoladas geneticamente das demais rotas asiáticas, bem como de outras espécies de hominínios, como, por exemplo, os neandertais.

2. A contribuição do estudo de "genomas fósseis"

Com os avanços nas tecnologias de biologia molecular, o campo de estudos de genomas antigos tem sido uma área com muitas novidades e informações importantes. Diversos são os estudos usando material genético retirados de fósseis. Em um desses estudos, pesquisadores liderados por Svante Pääbo e Johannes Krause, em 2013, estudaram genomas mitocondriais ancestrais e estimaram a data do último grande fluxo gênico entre humanos africanos e não-africanos em no máximo 95 mil anos. Outro trabalho noticiado em 2014, também encabeçado por Pääbo, é importante para a reconstrução da história dos seres humanos. O sequenciamento do genoma de um fóssil de 45 mil anos, exumado no sítio de Ust-Ishim, na Rússia, representa um dos esqueletos mais antigos de *H. sapiens* na Ásia. Até a data de publicação do trabalho, era o genoma sequenciado mais antigo de um indivíduo da nossa espécie. Além de ser o genoma mais antigo da nossa espécie, esse achado é importante pois pode esclarecer o cenário das introgressões genéticas dos neandertais no nosso genoma. A área de genomas antigos ainda nos traz resultados sobre a domesticação de animais, como, por exemplo, os cães. Em 2013, Olaf Thalmann e colegas estudaram genomas mitocondriais de canídeos fósseis e de populações atuais. Usando os mesmos métodos aplicados aos estudos de genomas antigos humanos, os pesquisadores conseguiram estimar que a origem da domesticação desses animais se deu na Europa entre 19 mil e 32 mil anos atrás. Além disso, sugerem que a domesticação pode ter ocorrido mais de uma vez e em vários lugares diferentes.

3. Um cérebro não é suficiente para ser comportamentalmente moderno

A evolução da capacidade cultural do ser humano é um dos temas mais intrigantes do estudo da história do *H. sapiens*. Uma das tentativas de datar a capacidade cultural humana foi feita por Lind e colegas, em 2013. Integrando resultados da arqueologia, da paleoantropologia, da genética e da linguística, tudo isso em um arcabouço filogenético, os pesquisadores foram capazes de estimar diversas características que, segundo eles, são necessárias à capacidade de gerar cultura, ou seja, a capacidade para se expressar de forma simbólica. Para estimar a data de origem desse comportamento moderno, os pesquisadores utilizaram as datações de achados paleoantropológicos, como fogo, ferramentas complexas, arte e a morfologia de algumas características ligadas à fala. Além dessas características físicas, ainda foram estudados alguns genes ligados à fala e ao funcionamento cerebral. Essas características foram estudadas em diversas populações humanas atuais e fósseis, incluindo os neandertais. Com esses dados sendo observados de um ponto de vista filogenético, e tendo os neandertais como grupo externo, os pesquisadores estimaram que a capacidade para o comportamento moderno estava pronta há cerca de 170 mil anos. Após a proposição dessa data, os pesquisadores argumentam que, mesmo com o aparato cognitivo presente, o comportamento moderno demorou para aparecer, pois a cultura depende de mudanças sobre o material previamente existente. Dessa forma, o comportamento moderno teve uma fase inicial lenta, pois havia pouca "cultura" para ser transformada. Porém, quando esse novo comportamento foi sendo acumulado, as mudanças passaram a acontecer em um ritmo acelerado, culminando na revolução criativa do Paleolítico Superior.

SUGESTÕES PARA LEITURA:

HHammer, M.F. 2013. Human hybrids. Scientific American 308: 66-71.

Hawks, J.; Wang, E.T.; Cochran, G.M.; Harpending, H.C.; Moyzis, R.K. 2007. Recent acceleration of human adaptive evolution. Proceedings of the National Academy of Sciences 104: 20753-20758.

Henshilwood, C.S. & Marean, C.W. 2003. The origin of modern human behavior. Current Anthropology 44: 627-651.

Lewis-Williams, J.D. 2002. The mind in the cave: Consciousness and the origins of art. Thames & Hudson, Londres (Reino Unido).

McBrearty, S. & Brooks, A.S. 2000. The revolution that wasn't: A new interpretation of the origin of modern human behavior. Journal of Human Evolution 39: 453-563.

CAPÍTULO VII

NEOLÍTICO: DOMESTICAÇÃO E ORIGEM DA COMPLEXIDADE SOCIAL

RUI SÉRGIO S. MURRIETA
HELBERT MEDEIROS PRADO
BRUNO TRIPODE BATARQUINI
RENAN TRIPODE BATARQUINI
Laboratório de Estudos Evolutivos Humanos – Departamento de Genética e Biologia Evolutiva – Instituto de Biociências – Universidade de São Paulo.

Como mostrado nos capítulos anteriores, em se tratando da evolução humana, a literatura científica é riquíssima, assim como a quantidade de datações e de modelos que tentam explicar onde, quando e como se deram os principais momentos que pontuaram a história da humanidade ao longo de suas muitas trajetórias. Assim, não se poderia esperar outro cenário que não o de um amplo e dinâmico debate que se alimenta a cada nova descoberta arqueológica. Nesse aspecto, o assunto sobre o qual iremos nos debruçar neste capítulo não é diferente. Aqui, discutiremos o momento em que o *Homo sapiens*, já moderno morfologicamente e dotado de uma capacidade simbólica ímpar, passou a manipular plantas e animais de modo a torná-los fontes cada vez mais eficientes de alimentos e de artefatos para o seu uso. As primeiras domesticações, o surgimento da agricultura e a emergência de sociedades complexas darão o tom principal dessa nossa narrativa, que será tanto histórica quanto arqueológica, sobre este que também poderíamos chamar de "mais um passo sem volta" na história da humanidade.

Entre 12 mil e 9.600 anos antes da era cristã (a.C.), o sudeste asiático foi palco de uma mudança comportamental paradigmática nunca antes testemunhada na história da humanidade. Alguns grupos que viviam da caça e da coleta iniciaram o manejo do ciclo reprodutivo de plantas e de animais de modo a favorecer características que as tornavam mais produtivas aos interesses humanos. Essa transição culminaria na criação de vilas agrícolas, cujo principal meio de sustento não seria mais a caça e a coleta, mas a produção de cereais, leguminosas, frutas e animais de criação. Esse processo define aquilo que viria a ser chamado pelo arqueólogo australiano Gordon Childe de Revolução Neolítica. Essa, porém, não consistiu em uma transição repentina de um modo de vida forrageador para outro baseado na agricultura plena. Foram, entretanto, transformações de centenas e até de milhares de anos. Lento, porém revolucionário, já que nesse processo estavam sendo lançados os fundamentos do que viria a caracterizar o modo de vida da grande maioria da população mundial.

Neste capítulo, buscaremos apresentar algumas das feições principais do Neolítico, como o processo de domesticação de plantas e animais e o surgimento de vilas e cidades. Somado a isto, pretendemos apresentar os desdobramentos sociopolíticos, culturais e ecológicos do que chamamos aqui de emergência da complexidade. Antes, porém, de partirmos para os principais eventos e achados arqueológicos que compõem esse nosso esforço de síntese, apresentaremos, rapidamente, os aspectos centrais dos dois conceitos que permearão a narrativa aqui proposta: domesticação e complexificação social.

1. ASPECTOS ELEMENTARES DA DOMESTICAÇÃO

Se tomarmos como referência o debate arqueológico e antropológico recente, domesticação pode ser definida como um processo pelo qual populações de organismos são alteradas geneticamente, através da manipulação humana. Em regra, tal processo resulta em organismos altamente dependentes da ação humana para a sua sobrevivência e reprodução. A exceção são os organismos em estado feral, os quais, ainda que alterados, têm a habilidade de retornar e adaptar-se ao ambiente natural na ausência do manejo humano. Outro aspecto central da domesticação, e que talvez defina o conceito em sua essência, é a natureza irreversível das mudanças genéticas e fenotípicas provocadas nas populações domesticadas. Mesmo os organismos ferais acima mencionados, ainda que retornem à natureza, não mais voltarão ao seu estado biológico original ou selvagem (pré-domesticação).

Tal irreversibilidade decorre do fato de que a domesticação trata-se, em última análise, de um processo evolutivo, o qual, por sua vez, caracteriza-se pelas contingências biológicas e ambientais (seletivas) que definem as transformações de uma população num dado momento da sua história evolutiva. Não por acaso, a importância da seleção artificial para Charles Darwin foi tanta que a ela dedicou um de seus principais livros, "The variation of animals and plants under domestication", publicado em 1868. Podemos, então, sintetizar este esforço de definição em alguns aspectos centrais da domesticação: a unidade de manipulação são os indivíduos; a unidade modificada são as populações; o mecanismo é a seleção artificial, que pode ser casual ou intencional; o processo biológico subjacente é a evolução; em geral, a domesticação resulta na dependência dos organismos ao manejo e meio ambiente humanos; e, finalmente, conforme já mencionado, trata-se de um processo irreversível do ponto de vista biológico.

Ainda que presente nas plantas assim como nos animais, a domesticação destes últimos nos mostra certas particularidades que são de interesse. Por exemplo, no caso dos animais, parecem mais nítidas as características que fazem com que algumas espécies sejam mais propensas à domesticação em detrimento de outras mais (ou completamente) resistentes a esse processo. Tolerar a presença humana, possuir um sistema hierárquico e ser capaz de adaptar-se a uma dieta frequentemente mais pobre são alguns dos atributos que tendem a favorecer a domesticação dos animais. Algumas características também são mais almejadas pelos humanos como, por exemplo, a prolificidade. Desse modo, animais com ciclos reprodutivos curtos e não sazonais tendem a ser preferidos para a domesticação.

É importante lembrar que também há o processo de amansamento de animais sem que haja domesticação. Alguns tigres, por exemplo, podem tornar-se relativamente dóceis e aprender a responder a comandos com certa facilidade. Porém, esses mesmos animais ainda devem ser considerados selvagens, uma vez que tais mudanças comportamentais se dão apenas no nível do adestramento, sendo sempre reversíveis. Tampouco se observam nesses casos mudanças genéticas irreversíveis, as quais poderiam implicar num processo de domesticação propriamente dito. Um exemplo de animal que é amansado, porém, não é domesticado, são os elefantes. Apesar de suportarem a presença humana, os elefantes apresentam um tempo de gestação muito longo (aproximadamente dois anos) e sua manutenção, devido ao seu tamanho e consumo excessivo de alimento, é muito custosa, além de somente serem úteis aos humanos a partir de 15 anos de idade, aproximadamente. Essas características, no entanto, não impediram que elefantes fossem utilizados como força de trabalho e armas de guerra muito poderosas na Ásia, África e Europa.

Convém também destacar o fato de que nem toda domesticação está ligada à Revolução Neolítica ou a eventos que se seguiram a ela. Esse é o caso, por exemplo, do mais antigo vertebrado domesticado pelo homem: o cão. Originário de populações de lobos cinzentos (*Canis lupus*) da Eurásia e, possivelmente, de dois processos independentes de domesticação, os cães parecem ser um produto típico do modo de vida caçador-coletor. O fato de os cães já aparecerem no registro arqueológico há pelo menos 15 mil anos antes da era cristã dá a dimensão da antiguidade dessa proximidade entre homem e lobos selvagens, a qual culminaria na domesticação dos últimos. Assim, é possível que o início da incorporação desses animais ao ambiente doméstico humano tenha se dado muitos milênios antes da emergência de sociedades agrícolas no mundo.

Esse processo também parece estar relacionado à atração dos lobos por restos de alimentos acumulados em pequenas aldeias de caçadores, associada à adoção de seus filhotes e sua fácil incorporação ao ambiente humano, dada sua inteligência e alta aptidão à socialização. Uma vez incorporados ao contexto doméstico, os lobos selvagens, e posteriormente os cães, passaram a auxiliar cada vez mais os humanos em suas atividades de caça, bem como a atuar como sentinelas no contexto ainda dos acampamentos e pequenas vilas de povos forrageadores por toda a Eurásia.

Entre lobos e gatos, trigo e milho, a manipulação e a domesticação de plantas e animais tiveram desdobramentos muito mais amplos do que a simples diversificação na dieta humana. Essa forma de interação com o mundo possibilitou o acúmulo de recursos e o surgimento de instituições sociais inéditas na história da humanidade até então. Nesse processo, estavam sendo lançadas as bases do que viríamos chamar de Revolução (ou revoluções) do Neolítico. Uma das características principais desse momento na história da humanidade foi a emergência de complexidade social nas formas mais contrastantes e singulares, em quase todos os continentes. Entretanto, em meio a tantas diferenças e particularidades presentes nas inúmeras histórias culturais, elementos comuns também podem ser observados.

2. CARACTERÍSTICAS CENTRAIS DA COMPLEXIDADE SOCIAL

Nas ciências sociais do século XX, forjaram-se algumas tipologias para abrigar e classificar a grande variedade de formas socioculturais e políticas presentes tanto no registro etnográfico quanto no arqueológico. O esforço de Elman R. Service se destaca nesse processo ao propor, em 1962, quatro grandes estágios que caracterizariam as sociedades humanas: bandos, tribos, chefias e estados. No modelo de Service, bandos e tribos tendem a ser sociedades mais igualitárias, cujas poucas fontes de desigualdade são idade, sexo, iniciação ritual e destaque individual. Nos bandos, as relações são mediadas principalmente pelo parentesco, enquanto que nas tribos já se observam instituições baseadas na linhagem, convencionalmente chamadas de clãs.

Já as chefias e estados caracterizam-se, segundo Service, por serem sociedades inerentemente desiguais, com uma clara hierarquização de autoridade e acesso diferencial aos recursos. Nessas estruturas, as elites emergem muitas vezes centralizadas em torno de um governante que toma decisões com poder coercitivo sobre os comuns. No caso dos estados, a pirâmide hierárquica estende-se por divisões sociais entre classes econômicas, funções burocráticas, famílias da elite e governo. Convém mencionar que o modelo de Service foi extensamente criticado nas últimas décadas. Isto se deu muito em função da sua premissa segundo a qual as sociedades humanas evoluem de forma linear e unidirecional apenas, sempre seguindo a sequência bando-tribo-chefias-estados, e galgando continuamente maior complexidade social ao longo de suas histórias. Mesmo com suas limitações, entretanto, sua tipologia pode ser útil no âmbito de análises comparativas, desde que se evite a reificação e a simplificação dos fenômenos observados.

Mesmo assim, arqueólogos, antropólogos e historiadores ainda buscam por modelos que possam ajudar no entendimento da emergência de complexidade social na história da humanidade. Por exemplo, mais recentemente, o arqueólogo norte-americano Gary M. Feinman, do Field Museum of Natural History, tem definido sociedades complexas como aquelas que apresentam subgrupos (ou elites) não efêmeros com a capacidade de concentrar as tomadas de decisão de todo o grupo. Tais elites, portanto, agem num nível acima das unidades domésticas e de afiliações familiares, as quais representam os núcleos independentes de liderança nas sociedades consideradas não complexas por esse critério. Segundo essa definição, numa sociedade complexa é necessário que haja uma estrutura hierárquica estável que sirva de nexo pelo qual o coletivo se organiza e se estrutura.

Sociedades caçadoras-coletoras (que também chamaremos ao longo do texto de forrageadoras), principalmente as desprovidas de clãs, podem ser consideradas não complexas por apresentarem poucas divisões de papéis sociais dentro do grupo. Esses grupos têm uma distribuição de tarefas "generalista", e, por isso, também são chamadas de igualitárias. O surgimento de sociedades complexas implica uma mudança radical no modus operandi social em relação às sociedades forrageadoras. No extremo dessas transformações, observamos o mundo moderno, hoje habitado por cerca de 7 bilhões de pessoas que se encontram submetidas, em quase sua totalidade, a estados nacionais com milhares de compartimentalizações e especializações que compõem a sua estrutura.

A extensão da diferenciação funcional entre as unidades sociais define, de forma mais refinada, a complexidade social. Essa diferenciação pode ser vertical ou horizontal. Complexidade vertical define-se pela presença de diferentes graus hierárquicos de governança (e concentração de poder) no interior de uma sociedade. Já a complexificação horizontal (ou estrutura heterárquica) é a diversificação de uma população em vários papéis dentro de um mesmo grau hierárquico.

Nos registros arqueológicos do Paleolítico, período entre 2,6 milhões e 20 mil anos a.C., e do Mesolítico, período entre 20 mil e 9.600 anos a.C., aproximadamente, já se observa, entre caçadores-coletores, uma segmentação social expressa pela divisão desigual ao acesso a bens de prestígio. Segundo o arqueólogo norte-americano Kent V. Flannery, da Universidade de Michigan (Estados Unidos), a criação de clãs pode ter sido um importante fomentador tanto das desigualdades entre grupos quanto da complexificação simbólica observada na cultura material de diversas ocupações humanas a partir de 50.000 a.C. Os diversos ritos de pertencimento exigidos pelos clãs podem ter estimulado a criação de divisões internas pouco observadas em bandos nômades. Nesses, a reciprocidade parece ser o elemento mais central que organiza as atividades cotidianas do grupo.

Já no Neolítico, a partir de 9.600 a.C., observa-se o desenvolvimento do comércio de longa distância, e é possível que alguns indivíduos tenham vivido exclusivamente dessas rotas. O cultivo intensivo demanda uma série de tarefas cada vez mais especializadas envolvendo a produção de ferramentas, além de técnicas mais elaboradas de plantio, aragem e irrigação. Essa expansão do número de tarefas e de especialistas certamente culminou numa maior produção de excedentes agrícolas, especialmente após o desenvolvimento de técnicas como o arado de tração animal e a irrigação controlada. Posteriormente, entre populações do Neolítico Tardio, a partir de 7.000 a.C., a necessidade de distribuição dos excedentes cada vez mais crescentes pode ter sido a fagulha que faltava para a emergência de autoridades centralizadoras e, finalmente, dos estados que vieram a se desenvolver nos quatro cantos do planeta.

A seguir, iniciaremos o caminho pelos grandes tópicos que estruturarão nossa narrativa, que será tanto arqueológica quanto histórica. Falaremos sobre o que chamamos de "revoluções neolíticas", sobre os processos de domesticação de plantas e de animais e seus principais centros mundiais, bem como da complexidade social que emerge ao longo desse processo.

3. NEOLÍTICO: AS REVOLUÇÕES DE MILÊNIOS

Embora ainda com algumas lacunas, o registro arqueológico nos mostra com relativa precisão quando e onde ocorreu o que aqui chamamos de Revolução Neolítica (Figura 7.1). O sudoeste asiático foi o palco mais precoce do processo de domesticação de plantas e animais, que se deu de forma independente em ao menos sete regiões do planeta. Em algumas delas, das quais trataremos mais adiante, a transição ocorreu bastante cedo, entre 9.600 e 5.000 a.C. Em outros lugares, algumas espécies de plantas seriam domesticadas sem que necessariamente fossem a base alimentar da população, servindo apenas de complemento dietético (como no caso das pimentas) ou como parte de um pacote tecnológico voltado ao armazenamento e processamento de alimentos (como no caso do algodão e da cabaça). O fato é que em torno de 2 mil a.C., vilas e aldeias neolíticas pululavam pelo mundo, e todos os continentes habitados já possuíam populações cuja fonte principal de nutrição provinha da agricultura e/ou criação de animais. A humanidade vinha paulatinamente mudando sua forma de viver e, com isso, sua tecnologia, cosmologia e formas de organização sociopolítica.

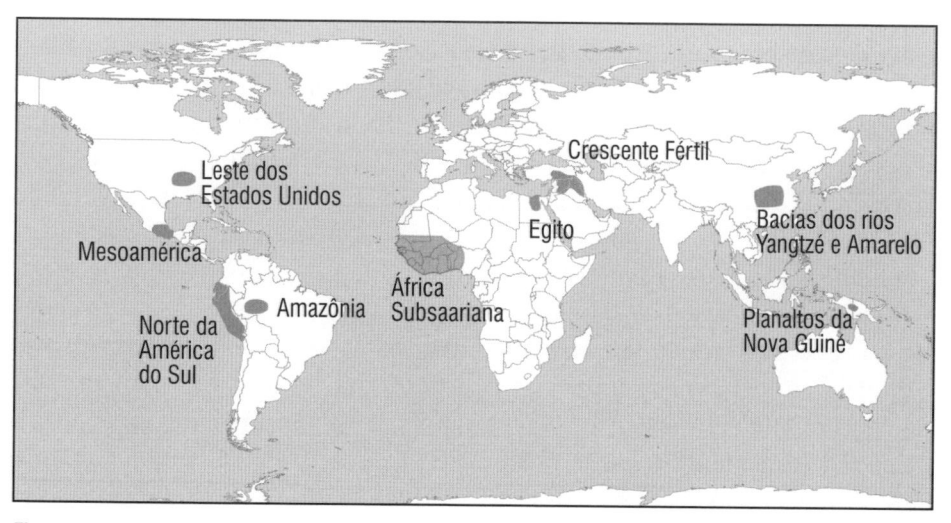

Figura 7.1 - Mapa dos principais locais em que ocorreram o surgimento da agricultura, caracterizando a Revolução Neolítica. **Ilustração:** Miguel José Rangel Junior

Boa parte dos debates acadêmicos sobre a Revolução Neolítica ocorreu em torno do como e do porque ela aconteceu. Até os anos 1960, a corrente principal no pensamento antropológico era a de que caçadores-coletores viviam em pobreza extrema, sempre próximos de uma situação de fome. Assim, o modo de vida agrícola, que trazia certa previsibilidade no acesso a recursos e excedentes de produção, era visto como um sistema econômico e modo de vida superiores, bem como um passo evolutivo "natural" nas sociedades humanas. Indo na contramão dessa visão, em 1966, o antropólogo Marshall D. Sahlins, da Universidade de Chicago (Estados Unidos), apresentou sua teoria sobre a "sociedade afluente original", baseada em uma série de etnografias influentes à época, dentre elas a do povo !Kung, de Richard B. Lee, da Universidade Harvard (Estados Unidos). Sahlins defendeu que, em geral, grupos caçadores-coletores contemporâneos necessitavam de menos horas de trabalho diário para suprir suas necessidades em relação às sociedades de base agrícola. Essas sociedades produtoras, por outro lado, tinham jornadas extenuantes na agricultura, eram sujeitas a episódios esporádicos de escassez de alimento e também passaram a ter um repertório dietético mais empobrecido em relação a povos forrageadores. Os achados no sítio arqueológico Abu Hureyra, na atual Síria, onde grupos de forrageadores exploravam cerca de 120 espécies vegetais, contra apenas oito de seus sucessores neolíticos, é apenas um dos exemplos do empobrecimento dietético associado ao modo de vida agrícola.

A pergunta então se invertia: qual teria sido a razão de caçadores-coletores adotarem a (aparentemente desvantajosa) agricultura? Com o passar dos anos e o acúmulo de conhecimento na área, este debate tornou-se relativamente mais equilibrado. Por exemplo, o arqueólogo Peter Bellwood, da Australian National University, tem proposto que os primeiros agricultores, antes de esgotarem os recursos regionais, parecem ter tido dietas razoavelmente variadas, complementando a colheita com a coleta e a caça. Assim, as jornadas de trabalho podem não ter sido tão exaustivas no início como se imaginava. Ademais, as doenças que surgiriam a partir do convívio próximo com animais de criação, intensificadas pelo sedentarismo crescente, ainda demorariam alguns séculos e até milênios para alcançar as dimensões epidemiológicas observadas nos períodos históricos mais recentes.

Com relação aos fatores principais ligados à adoção da agricultura, o arqueólogo norte-americano Lewis R. Binford, inspirado por Childe, propôs que o estresse ambiental criado pelo resfriamento repentino no fim do Pleistoceno (chamado Dryas Recente[1]) teria obrigado as populações humanas, já pressionadas pelo aumento demográfico experimentado após o último máximo glacial (em torno de 20.000 a.C.), a explorarem de forma mais intensiva seus recursos vegetais e animais, buscando, assim, alternativas antes desprezadas. Este novo modus operandi culminaria, eventualmente, na domesticação de vários cultivares e nos sistemas agrícolas observados em várias sociedades neolíticas. A hipótese de Childe supõe o surgimento de diversos oásis na região do sudoeste asiático, ressecado durante o Dryas Recente. Tais oásis, ao impossibilitarem grandes migrações, teriam levado humanos, animais e plantas a conviverem em maior proximidade. Ademais, em algumas regiões do Levante (área que abarca Israel, Síria, Líbano e Palestina atuais) a domesticação (ou proto-domesticação) pode ter sido ainda mais precoce. Nessas regiões, o sedentarismo parece ter sido o principal fator de estruturação das sociedades neolíticas.

Outro modelo bastante difundido, e diametralmente oposto ao de Childe-Binford, é aquele do arqueólogo canadense Brian D. Hayden, da Simon Fraser University (Canadá), para o qual os exemplos etnográficos de rituais de oferta e abundância de alimentos, associados à obtenção de prestígio, seriam uma peça importante para o entendimento do que pode ter deflagrado o processo de aumento crescente da produção de alimentos por parte de muitas sociedades ao longo de sua história. Nesse sentido, para Hayden, as primeiras domesticações não teriam se dado em ambientes sob estresse ecológico, mas principalmente naqueles plenos em recursos naturais.

Hayden fundamentou-se especialmente nas grandes etnografias do século XX e em registros históricos dos séculos XVIII e XIX sobre sociedades indígenas de várias regiões, mas principalmente aquelas da costa noroeste dos Estados Unidos, da Melanésia e da Polinésia. Tais etnografias narram o engajamento das últimas em grandes rituais de "display", troca, distribuição e até destruição de alimentos e bens de prestígio. Quando projetado para a pré-história, esse modelo propõe que grupos humanos encontravam-se periodicamente para produzir grandes banquetes. A abundância e o luxo presentes nesses rituais traziam prestígio e poder para os líderes locais, e também podem ter estimulado a produção e o acúmulo cada vez maior de excedentes.

---

1 Do inglês, "Younger Dryas".

De fato, registros arqueológicos de banquetes não são incomuns, tendo sido encontrados em Ur, na Suméria (3.000 a.C.), no Peru (2.200 a.C.) e em Creta (1.900 a.C.), entre outros. O sítio natufiano de Hilazon Tachtit, datado de cerca de 11.000 a.C., é um dos mais antigos a apresentar indícios dessa prática. Entretanto, para Hayden, ela pode ter se iniciado já no Paleolítico Superior, a partir de 50.000 a.C.

Muitos indicadores também apontam para uma saturação demográfica em regiões de agricultura incipiente, mas problemas semelhantes foram respondidos de formas diversas por diferentes povos ao redor do mundo sem que resultassem, necessariamente, na adoção do cultivo ou da criação de animais. O que se pode afirmar é que, entre 10.000 e 2.000 a.C., em diferentes lugares do globo, houve um rompimento com o modo de vida nômade/caçador-coletor, dando lugar a populações agricultoras em crescente expansão. Os animais e as plantas cativos "cativaram seus conquistadores", como diria o poeta romano Horácio. O novo estilo de vida tornava possível uma concentração populacional mais densa, porém, às custas de um maior esforço de trabalho por unidade de energia presente nos alimentos produzidos. Delineamos assim alguns aspectos do processo que lançou as bases para o modelo atual e hegemônico de ocupação humana no planeta, caracterizado pela alta concentração demográfica em grandes centros urbanos espalhados por todo o globo. A seguir, propomos um olhar mais focado – e mais embasado empiricamente – na direção dos principais centros mundiais de domesticação e de emergência da complexidade social.

4. OS GRANDES CENTROS DE DOMESTICAÇÃO

4.1 O DRYAS RECENTE E O CRESCENTE FÉRTIL

Como mencionado acima, há cerca de 12.800 anos o planeta passou por um resfriamento repentino, o Dryas Recente, que trouxe uma variação de até 15 graus Celsius em algumas regiões, afetando o clima por todo o globo ao longo de seus 1.300 anos de duração, entre 10.800 e 9.600 a.C. No norte, florestas deram lugar a tundras; no sul, desertos foram formados; e o clima tornou-se mais seco no planeta todo devido à contenção de água na forma de gelo glacial. Assim, as revoluções neolíticas que temos discutido também podem ter sido impulsionadas pelo Dryas Recente (o qual chamaremos daqui em diante apenas de Dryas), no início do Holoceno, período que vai de 9.600 a.C. até o presente.

Sabe-se que já no fim do Pleistoceno, período entre 2,6 milhões e 9.600 anos antes da era cristã, por volta de 12 mil a.C., no milênio imediatamente anterior ao resfriamento, um povo sedentário que vivia no Levante, os Natufianos, já explorava amplamente espécies de gramíneas selvagens na região. Assim como muitos outros caçadores-coletores do final do Paleolítico Superior, os Natufianos passaram a diversificar sua dieta e explorar nichos ecológicos secundários antes ignorados. Além de vestígios vegetais e animais eventualmente encontrados no registro arqueológico, essa mudança de estratégia alimentar é também perceptível pelas ferramentas utilizadas por essas populações. As pequenas lascas de pedra, conhecidas como microlíticos, eram muito mais especializadas do que as utilizadas anteriormente, servindo de pontas de lanças, anzóis, raspadores, furadores, entre outros. O estilo de vida sedentário dos Natufianos também proporcionou uma sofisticação cultural incomum. Rituais de resgate e decoração de crânios previamente enterrados (sepultamentos secundários) também demonstram o culto aos ancestrais e uma diferenciação de status entre indivíduos.

O exemplo dos Natufianos também nos sugere que o sedentarismo adotado por alguns povos caçadores-coletores pode ter sido, em si, um fator importante na adoção da agricultura. Nesses casos, o sedentarismo ocorre geralmente em regiões de recursos naturais abundantes e não possui as limitações implícitas ao nomadismo, como baixa taxa de fertilidade e a dificuldade de explorar intensamente os recursos naturais. De fato, já é possível notar nos sítios natufianos um incremento populacional considerável antes da chegada do Dryas. Posteriormente, já durante o Dryas, com o resfriamento, houve a retração de florestas na região do Levante, com o consequente aumento do espaço ecológico das gramíneas. Um aumento da dependência dessas gramíneas até a tentativa de domesticação das mesmas em tempos de escassez de recursos parece um passo lógico. Os primeiros natufianos, de fato, haviam iniciado a domesticação do centeio (*Secale cereale*) e, possivelmente, do trigo (*Triticum* spp.), em torno de 11.000 a.C., porém, sem sucesso a longo prazo devido às repentinas variações climáticas desse período.

Com o fim do Dryas, por volta de 9.500 a.C., o planeta entrou no que chamamos de *optimum* climático, caracterizado pelo aquecimento gradual e grande estabilidade climática, prolongando-se até 5.000 a.C. Seria uma coincidência extraordinária se o cultivo não estivesse ligado ao clima favorável, já que a partir de 8.500 a.C. aparecem evidências de domesticação da cevada (*Hordeum vulgare* L.), do trigo, do grão-de-bico (*Cicer arietinum*), da fava (*Vicia faba*) e do linho (*Linum usitatissimum*) por todo o Crescente Fértil, região que vai do Egito à Mesopotâmia, passando, inclusive, pelo Levante. Assim, há um aparente hiato de cerca de mil anos entre o fim do Dryas e as primeiras evidências sólidas de domesticação de plantas. O arqueólogo australiano Peter Bellwood, em seu livro "First Farmers", resumiu o paradoxo na seguinte frase: "Se o Dryas Recente foi o gatilho, a arma levou um bom tempo para disparar". Deve-se, entretanto, levar em conta que mudanças morfológicas nas plantas domesticadas podem levar centenas ou até milhares de anos para se desenvolver e, eventualmente, aparecer no registro arqueológico.

O sudoeste asiático, mais especificamente o Oriente Médio, era de fato um dos ambientes mais propícios da Terra para o início do processo de domesticação. Lá, nasciam as versões selvagens de muitas plantas e animais propensas à domesticação, como o trigo (*Triticum dicoccoides* e *Triticum Boeticum*), a cevada, o centeio, as lentilhas, as ervilhas, as favas e o linho. Populações selvagens de cabras (*Capra aegagrus*) e o muflão asiático (*Ovis orientalis*), ancestral da ovelha doméstica, também eram endêmicos dessa região e vieram a ser domesticados posteriormente. Para o arqueólogo Robert Braidwood, eram as colinas do Crescente Fértil, e não os vales fluviais, como antes se pensava, os locais onde os povos locais passaram inicialmente a coletar e processar os cereais nativos. No início do Holoceno, a alta pluviosidade na região parecem ter favorecido o cultivo de cereais nas montanhas, as quais recebiam maior incidência de luz em comparação com os vales.

Entre 9.000 e 5.000 a.C., sabemos que grupos de plantas previamente cultivadas no sudoeste asiático começaram a ser também utilizadas em outras regiões. Desse modo, o trigo, a lentilha, a fava e a cevada, bem como criações de caprinos e ovinos, foram "adotados" no Egito, na Índia, na Europa e no extremo leste asiático. No sentido oposto, o sudoeste asiático também recebia "exportações" de milhete, arroz, porcos, cavalos e bois de outras regiões da Ásia. Nessa mesma época, mais especificamente por volta de 7.000 a.C., surgiram as primeiras cerâmicas na região do Crescente Fértil. A cerâmica foi um importante adendo à cultura neolítica, podendo ser utilizada para armazenar e processar alimentos, bem como para fins estéticos e de constituição de identidade cultural. Com o desenvolvimento da "roda de oleiro", por volta de 6.000 a.C., a quantidade e a qualidade desses utensílios aumentou significativamente, e a cerâmica tornou-se cada vez mais um importante vetor da expressão cultural em diferentes sociedades.

Apesar de a grande maioria dos assentamentos neolíticos iniciais (pré-cerâmicos) serem formados por pequenos assentamentos com não mais do que algumas centenas de habitantes, surgiam já a partir de 8.000 a.C. alguns lugares notáveis como Jericó, no Levante, que apresentava estratificação social e estruturas incomuns à época, como sua grande muralha de quatro metros de altura. Jericó também é tida como um dos primeiros grandes centros de domesticação animal. Há aproximadamente 7.000 a.C., cabras e ovelhas de Jericó ainda não haviam sido completamente domesticadas, mas já diferiam de suas populações selvagens correlatas, especialmente em seus formatos de crânio e cornos. Posteriormente, em aproximadamente 3.000 a.C., as ovelhas e cabras já correspondiam a mais de 75% da carne consumida na região. Aqui convém salientar que, através do pastoreio, esses animais convertem a celulose – presente nas folhas e brotos dos arbustos e gramíneas –, a qual os humanos não podem digerir, em carne e leite, que são altamente calóricos e ricos em proteínas. Assim, podemos afirmar que o controle do pastoreio via domesticação e confinamento desses animais (bem como dos gados bovinos e dos camelídeos andinos) representou um salto qualitativo de eficiência na produção de alimentos, que foi singular na história da humanidade. Mais tardiamente, as ovelhas também passaram a ser extremamente valorizadas por sua lã.

Ainda com relação ao padrão de assentamento humano relacionado com a domesticação de plantas e animais, talvez o melhor exemplo de salto populacional no Neolítico é o sítio de ÇatalHoyuk, na Anatólia, atual Turquia (Figura 7.2). A localidade, cujos primeiros vestígios de habitação datam de 7.500 a.C., era tão densamente povoada que pode ter tido mais de cinco mil habitantes e chegou a ser chamada de "a primeira cidade do mundo". Porém, ÇatalHoyuk funcionava mais como uma grande vila do que efetivamente uma cidade. Isto porque, faltava-lhe a estratificação social, o controle centralizado e a especialização laboral típicos das sociedades complexas urbanas. ÇatalHoyuk também concentra os registros mais antigos de domesticação do gado taurino (*Bos taurus taurus*) a partir do *Bos primigenius* (um processo que parece também ter ocorrido no norte da África).

Figura 7.2 - Réplica de mulher sentada com leopardos de ÇatalHoyuk, cujo original encontra-se no Museu de Civilizações da Anatólia. A peça, produzida por volta de 6.000 a.C., demonstra a importância religiosa do leopardo, um motivo recorrente no sítio neolítico. **Ilustração**: Miguel José Rangel Junior

A antiga Anatólia também foi palco de um dos processos mais antigos de domesticação animal, a dos suínos, estimada entre 6.000 e 4.000 a.C. Seus hábitos onívoros fazem com que esses sejam animais comensais, os quais adaptaram-se muito bem ao contexto de vilas e cidades, alimentando-se de toda sorte de rejeitos produzidos nesses aglomerados humanos, inclusive de fezes. O fato da onivoria suína estender-se aos excrementos humanos fez com que eles tivessem um importante papel de limpeza dos crescentes centros urbanos do Neolítico. Ao mesmo tempo, no entanto, passaram também a ser hospedeiros e transmissores de muitas doenças que viriam a nos acompanhar pelos últimos cinco mil anos de nossa história. Por certo, em função destes hábitos, os suínos passaram também a ser considerados impróprios em muitas sociedades. Os antigos hebreus, por exemplo, os consideravam impuros, assim como a população do antigo Egito, onde seus cuidadores ocupavam uma das mais baixas classes sociais naquela sociedade.

Quanto ao surgimento de sociedades complexas no sudoeste asiático, para além dos grandes assentamentos humanos presentes em Jericó e na região da Anatólia, as primeiras aparições de cidades e estados propriamente ditos na ampla região do Crescente Fértil ocorreram somente a partir do terceiro milênio antes da era cristã. Podemos citar, por exemplo, o estado de Uruk (atual Iraque), que por volta de 4.000 a.C. já vivenciava um período de urbanização crescente. De fato, hoje sabemos que em 3.200 a.C. Uruk já comportava cerca de 30 mil pessoas, bem como as classes burocrática, sacerdotal, camponesa e de artesãos já bem estabelecidas. Essa também é a época do surgimento do Estado Egípcio, quando o primeiro faraó, Menés, por volta de 3.200 a.C., unificou os reinos do alto e baixo Egito. Porém, esse é apenas um evento pontual de um processo de formação de vilas, reinos e cidades que já ocorria há séculos na região.

Entre os povos do Egito antigo, o vínculo cultural e religioso com alguns animais, fossem eles domésticos ou selvagens, atingiu um patamar jamais visto em outras civilizações. Muitos eram considerados sagrados, alguns podiam ser mortos e ter sua carne consumida, enquanto outros chegavam a ser considerados até intocáveis. Animais como os gatos, mangustos, íbis e falcão eram muito cultuados, dada sua utilidade no controle de pestes como cobras e roedores. Muitos desses animais eram até mumificados, sendo que sua morte, mesmo que acidental, era passível de penas severas e até de execução de seus causadores. O gato, em especial, tornou-se um forte símbolo na cultura egípcia. O caso da deusa Bast, que deixou de ser representada pela figura de uma leoa para ser representada por uma gata, nos diz muito a esse respeito (Figura 7.3).

Aliás, por muito tempo achava-se que o Egito teria sido o centro da domesticação desse felino. Hoje, no entanto, sabe-se que sua associação aos humanos é anterior e começou provavelmente no Oriente Médio, fato confirmado pela sua proximidade genética à subespécie selvagem do *Felis silvestris* da região. Na Europa, o registro mais antigo dessa associação advém do sítio Shillourokambos, em Chipre, datado em 9.600 a.C., onde um esqueleto de gato (aparentemente apenas amansado) foi encontrado. O aparecimento do gato na história humana parece estar diretamente relacionado ao cultivo de cerais e ao sedentarismo. Esse parece ser um dos poucos casos em que a domesticação se deu após um longo processo de coevolução, muito provavelmente protagonizado pelos próprios felinos. De fato, eles se aproveitaram muito das paisagens domésticas, plenas de roedores e pequenas aves, e da disposição de seus "anfitriões" humanos em acolhê-los.

Figura 7.3 - Estatueta de gato, reprodução do original da coleção do Museu do Louvre. Adorada na forma de uma leoa no período dinástico inicial do Egito (3.100 a.C. – 2.686 a.C.), a deusa Bast começou a ser associada a uma gata em períodos mais tardios (do Novo Império até o período de dominação grega), possivelmente como resultado da importância crescente desses animais na vida dos egípcios. **Ilustração**: Miguel José Rangel Junior

4.2 ÁSIA ORIENTAL E CENTRAL

O processo de neolitização da Ásia Oriental que ocorreu dentro do território da atual China é quase tão antigo quanto do sudoeste asiático. Já a partir de 13.000 a.C., inicia-se a domesticação de três tipos de cereais: dois milhetes (Stearica itálica e *Panicum miliaceum*), por volta de 7.000 a.C., e o arroz *Oryza sativa*, há cerca de 8.000 a.C. Existe a possibilidade de que raízes e tubérculos, incluindo o taro (caules comumente subterrâneos e globulares da família Araceae), tenham sido domesticados bastante cedo no extremo sul chinês, mas a ausência de técnicas efetivas de reconhecimento impede uma datação mais precisa a esse respeito.

Na China, há uma importante variação climática e ecológica latitudinal que se reflete nos grãos que foram domesticados. Nas planícies do rio Amarelo (o terceiro maior em extensão na Ásia), os milhetes nasciam sob um clima seco do norte, de grande variabilidade continental, sendo grãos excelentes para o cultivo nessas condições. Os vales dos rios Yangtze e Ghandsong, além de Zhu Jiang, mais ao sul, abrigavam o arroz, cultivado em regiões extremamente úmidas.

Essa divisão climática levou os arqueólogos a acreditarem ter havido uma divisão cultural marcada entre o norte (cultivadores de milhete) e o sul (produtores de arroz). Entretanto, a afiliação cultural entre vilas que cultivavam arroz e milhete tem indicado um aparente contato contínuo entre essas culturas neolíticas da China. Deve ser lembrado também que a importância dietética dos grãos nos períodos iniciais foi pequena, tornando-se paulatinamente mais significativa até a adoção do estilo de vida totalmente baseado no cultivo e na criação de animais (nesse caso, principalmente porcos e galinhas).

A dispersão dos grãos do leste asiático se deu em todas as direções. O arroz apareceu no sudeste asiático e na Coreia em datas muito próximas da sua domesticação, por volta de 7.000 e 6.000 a.C. Em 5.000 a.C., já se cultivava arroz no Ganges, no subcontinente indiano. Em 3.000 a.C., o grão já havia se espalhado pela Indonésia. Por outro lado, a expansão dos milhetes foi um processo mais longo, já que sua adoção no oeste asiático surgiu somente a partir do primeiro milênio antes da era cristã. A importância da domesticação desses grãos é inquestionável quando se considera a centralidade dietética dos milhetes no leste asiático e a do arroz no âmbito mundial. Quanto à domesticação animal, vale mencionar que a China também contribuiu para o complexo processo de domesticação dos porcos pelo mundo, assim como a região da Anatólia, aqui já mencionada. Na China, a separação genética dos porcos domesticados em relação ao porco selvagem (*Sus scrofa*) é estimada em 12.000 a.C. aproximadamente.

Outra região de destaque é a Índia, onde o gado zebuíno (*Bos taurus indicus*) foi domesticado a partir do *Bos namadicus*. As principais evidências da domesticação do gado zebuíno advêm de Mehrgarh, no Baluquistão. O zebuíno tem como característica mais marcante uma corcova de tecido adiposo e muscular acima dos membros torácicos. Tanto na Ásia Oriental como Central, é interessante observar que não apenas o gado zebuíno foi muito importante, como também houve a manipulação de diversos outros bovídeos, os quais, no entanto, não foram plenamente domesticados. O iaque (*Bos grunniens*), por exemplo, sempre foi muito apreciado no Tibete, principalmente por seu leite e utilidade como animal de carga. Os búfalos (*Bubalus bubalis*) também são do leste asiático, sendo o búfalo do pântano de origem chinesa e o búfalo do rio, de origem indiana. Como exemplos de outros bovinos não plenamente domesticados na Ásia Oriental podemos citar o gaial (*Bos frontalis*) e o banteng (*Bos javanicus*).

A Ásia Central, por sua vez, aparece como o principal centro de domesticação do cavalo, a partir da sua variação selvagem *Equus ferus*. A antiguidade desse evento ainda é incerta, porém, já sabemos que o cavalo domesticado já havia migrado para o Levante desde pelo menos 4.000 a.C. No início de sua domesticação, o cavalo parece ter representado principalmente uma fonte de proteína, ao passo que, após sua chegada no Levante e no norte da África, passou a ser mais utilizado como transporte, montaria e tração. Entretanto, sua utilização para tração não foi implementada rapidamente. Bois e jumentos desempenhavam tais funções de forma mais eficiente, pelo menos no norte da África e no sudeste asiático. As primeiras evidências do uso de bigas (carros de combate muito utilizados durante a Antiguidade) ocorrem no segundo milênio antes da era cristã, e o eficiente uso do cavalo, por sua velocidade, força e obediência, possibilitou à arte da guerra alçar um novo patamar tecnológico. Assim, a invenção da biga e a sua rápida expansão pelo mundo antigo trouxe consigo uma nova dimensão ao cavalo, que o acompanharia até o início do século XX.

Com relação à demografia e complexificação social na Ásia Oriental, já em 13.500 a.C. surgem evidências de assentamentos sedentários que aparecem mais frequentemente a partir de 10.500 a.C. nas planícies do norte da China e às margens dos rios Zhu Jiang e Yangtze, no sudeste. Como no caso dos natufianos, essas vilas de caçadores-coletores exploravam uma vasta gama de recursos animais e vegetais, como cereais, tubérculos, peixes, porcos selvagens, entre outros. Ao contrário das culturas do sudoeste asiático, entretanto, a cerâmica no leste asiático é anterior até mesmo à formação dos assentamentos sedentários de povos forrageadores, com início estimado em 17.000 a.C. Ainda que precoce no que se refere ao sedentarismo e à produção cerâmica, a emergência de estados na China segue um padrão semelhante ao que temos observado para outras regiões do mundo. Somente a partir do segundo milênio antes da era cristã é que emergem os primeiros estados já registrados na região, dentre os quais a dinastia Xia, estabelecida no norte da China, é uma das mais antigas presentes na historiografia local.

4.3 A DOMESTICAÇÃO NOS NEOTRÓPICOS

4.3.1 O CONTEXTO AMBIENTAL E SOCIAL

Assim como em outras regiões do planeta, a grande diversidade de ecossistemas nos Neotrópicos por milênios tem exigido das suas populações humanas, além de um conhecimento detalhado do ambiente, o domínio de uma ampla gama de técnicas e tecnologias utilizadas na obtenção de recursos do ambiente. No extremo dessas estratégias, destacam-se a manipulação e a domesticação de plantas cultivadas e, em menor escala, a domesticação de animais. Na região neotropical, a Mesoamérica, os Andes e a Amazônia Ocidental figuram como os mais importantes polos de domesticação e de diversificação de cultivares no Novo Mundo.

Também, a exemplo do contexto global, nos Neotrópicos a domesticação e o aparecimento de sociedades sedentárias do tipo agrícola são fenômenos distintos no registro arqueológico. Em geral, uma sociedade agrícola se estabelece muitos séculos ou mesmo milênios após a domesticação das espécies que eventualmente a sustentarão. O caso do milho (*Zea mays*) é emblemático a esse respeito, servindo de base para as primeiras vilas de agricultores no México somente a partir de 2.000 a.C., isto é, cinco mil anos após a sua domesticação, estimada em 7.000 a.C.

Adicionalmente, evidências arqueológicas recolhidas principalmente no sudoeste do México (Bacia do Balsas), no Panamá, no sudoeste do Equador, nas regiões de Cauca e Porces, na Colômbia, e no Peru Setentrional mostram que os momentos incipientes da domesticação e do cultivo nos Neotrópicos estiveram associados a contextos de pequenos agrupamentos humanos. Esses grupos, que viviam tanto em abrigos rochosos quanto em sítios a céu aberto, em geral ocupavam as margens de cursos de água secundários e submetidos a inundações sazonais. Aventa-se, também, que tais populações já desenvolviam uma horticultura incipiente nos solos aluviais formados nesse tipo de ambiente. Convém aqui lembrar que esse padrão se distingue claramente daquele observado no sudoeste asiático (região do Oriente Médio) e da China, onde a produção de alimentos teria surgido em vilas nucleares relativamente permanentes e localizadas nos vales dos principais rios dessas regiões (ou no alto de colinas, como defendia Robert Braidwood).

Em seus esforços de síntese sobre essa temática, pesquisadores como Dolores R. Piperno, do Smithsonian Institution, e Deborah M. Pearsall, da

Universidade do Missouri (Estados Unidos), têm mostrado que as variedades selvagens de muitas das espécies que vieram a ser domesticadas nos Neotrópicos são, em geral, típicas de regiões de floresta tropical estacional (ou decídua), as quais são marcadas por duas estações bem definidas ao longo do ano, uma chuvosa e outra seca. Pelo menos dois aspectos relacionados com o período de seca podem ter favorecido sobremaneira as primeiras experiências em cultivo nesse tipo de ecossistema. Com alguns meses mais secos ao longo do ano, muitos dos nutrientes do solo são preservados, tornando-o mais propício ao cultivo em relação ao contexto de floresta tropical úmida. Já nas florestas úmidas, os altos índices pluviométricos ao longo de todo o ano fazem com que as chuvas transportem grande parte dos nutrientes do solo para os rios, através do processo de lixiviação. Outra vantagem advém da inegável importância dos períodos de seca para o sucesso de práticas tradicionais de cultivo, como é o caso da agricultura de corte e queima (ou coivara). Nessa atividade, praticada há milênios nos trópicos, o período de seca facilita tanto o corte das árvores quanto a secagem da madeira acumulada após a derrubada da mata. Assim, o período seco também garante o sucesso da queima da matéria orgânica, transformando-a em cinzas, que, por sua vez, enriquece o solo para o cultivo, especialmente em potássio, cálcio e magnésio.

4.3.2 MESOAMÉRICA

Quanto à geografia, sabe-se que nos Neotrópicos não houve um centro único de domesticação. Tampouco houve uma difusão "em pacotes" de diferentes cultivares, associada a grandes movimentos populacionais e expansões culturais na região – diferentemente do observado em outras regiões do Velho Mundo, como na Eurásia e na Polinésia. De fato, os alimentos que viriam a formar a base da dieta de muitas sociedades no registro arqueológico mais recente (*i.e.* o milho, a batata e a mandioca) foram, no entanto, domesticadas e dispersas de forma independente, e a partir de regiões tão distantes quanto o México e o sudoeste amazônico. Mesmo assim, a Mesoamérica, em especial o México, ainda configura-se como a região na qual muitas populações de espécies selvagens foram domesticadas. Não significa, no entanto, que lá tenha havido um centro de domesticação específico e circunscrito. Ao contrário, diferentes regiões no México, com condições ambientais e ecológicas por vezes bastante distintas uma das outras, foram palco de processos independentes de domesticação.

Dentre os registros mais antigos de cultivares na Mesoamérica estão a abóbora (*Curcubita pepo*) e a cabaça (*Lagenaria siceraria*), ambas oriundas da caverna de Guilá Naquitz (em Oaxaca, no México), com datações chegando a 8.000 a.C. A mais antiga datação direta para o milho, também proveniente de Guilá Naquitz, é de 4.300 a.C. Entretanto, evidências a partir de microfósseis botânicos (grãos de pólen, grãos de amido e fitólitos), presentes em artefatos líticos e sedimentos associados à ocupação humana no abrigo rochoso Xihuatoxtla (em Guerrero, no México), sugerem uma antiguidade em torno de 7.000 a.C. para o milho. Por outro lado, o feijão comum (*Phaseolus vulgaris*) parece ter sido domesticado apenas após o aparecimento de grupos ceramistas mais recentes. Vasos cerâmicos teriam possibilitado o cozimento dessa semente, tornando-a comestível para os humanos. De fato, as sementes mais antigas de feijão domesticado, oriundas de abrigos rochosos do Vale de Tehuacán e Tamaulipas (ambos no México), não ultrapassam os mil anos antes da era cristã de antiguidade.

Ainda no México, é curioso o fato de que, na natureza, os feijões selvagens cresçam no mesmo ambiente do "teosinto" – por muitos considerada a espécie selvagem a partir da qual o milho foi domesticado. A planta selvagem do feijão, que é uma trepadeira, apóia-se no "teosinto" para crescer verticalmente e receber maior quantidade de luz solar. O "teosinto", por sua vez, também é beneficiado com essa proximidade, já que o solo sobre o qual se desenvolve é enriquecido com a presença das raízes fixadoras de nitrogênio do feijoeiro. Ainda mais interessante é observar que as populações indígenas pretéritas e atuais no México têm cultivado muitos dos seus alimentos em terrenos conhecidos como "milpas". Esses são campos onde se cultiva ao mesmo tempo uma ampla variedade de plantas, as quais apresentam características ecológicas que se complementam entre si – como o milho, os feijões, as abóboras, o abacate, entre outras. Assim, as práticas tradicionais de cultivo no México parecem mimetizar as relações ecológicas que se observa entre as populações selvagens das espécies que lá foram domesticadas. De certa forma, essa mimetização é a pedra angular da agricultura de selva nos Neotrópicos.

Vale também destacar que, a partir de 2.000 a.C., o milho alcançou um tamanho (em torno de 6 cm) e uma produtividade compatíveis com a sustentação de populações humanas cada vez maiores. Ademais, com algumas de suas características principais, como a rápida maturação e a facilidade no armazenamento, o cultivo do milho passou a compor um cenário propício à intensificação agrícola e à complexificação social na Mesoamérica. Não por acaso, entre 2.000 a.C. e 1.500 a.C., surgem as primeiras evidências do cultivo em "milpas", seguido pelo aparecimento da primeira grande civilização na região, a cultura Olmeca, com sua proto-escrita, arquitetura e escultura monumentais. A monumentalidade, observada nos grandes centros rituais, cujo nexo cosmológico era representado por grandes e oponentes pirâmides, torna-se a marca paisagística mais característica das sociedades mesoamericanas. Nos séculos seguintes, uma constelação de chefaturas e cidades-estado surgiu por toda a Mesoamérica, criando um dos mais sofisticados centros civilizacionais do planeta. Entre as mais célebres culturas estudadas na região, estão os Zapotecas, os Maias, os Toltecas, os Ñudzahui (ou Mixtecas) e os Mexica (ou Astecas).

4.3.3 AMÉRICA DO SUL

Voltando agora o olhar para os processos de domesticação nas Terras Altas e Baixas da América do Sul, percebemos que a noção de múltiplos polos de domesticação nos Neotrópicos é reforçada. Os registros arqueológicos mais antigos de domesticação na região dão conta da presença sistemática, já entre 10.200 a.C. e 5.600 a.C., dos tubérculos arirá (*Calathea allouia*) e araruta (*Maranta arundinacea*) e das curcubitáceas abóbora (*Curcubita moschata*) e cabaça (*Lagenaria siceraria*), numa ampla região de Terras Baixas que abrange a porção setentrional da América do Sul e o Panamá. De modo semelhante, entre 4.000 a.C. e 3.000 a.C., as pimentas do gênero *Capsicum* aparecem já bem dispersas ao longo do sul da América Central e da América do Sul. Já a costa peruana, mais especificamente o sítio Nanhoc, no Vale Zaña, contém os registros mais antigos de domesticação da coca (*Erythroxylum sp.*), 6.000 a.C. e do algodão (*Gossypium sp.*), 4.000 a.C.

Nos Andes, evidências oriundas do sítio arqueológico San Isidro (na Colômbia) apontam o cultivo de araruta e de abacate por volta de 8.000 a.C. A região que abrange as Terras Altas do Peru Central em direção à Bolívia foi também um outro importante centro de domesticação para um conjunto de plantas e animais. Nessa grande área, desde pelo menos 6.000 a.C., já havia sido domesticada a batata (*Solanum tuberosum*) e a quinoa (*Chenopodium quinoa*). Durante esse mesmo período, os camelídeos alpaca (*Vicugna paco*) e lhama (*Lama glama*) também já haviam sido domesticados a partir, respectivamente, da vicunha (*Vicugna vicugna*) e do guanaco (*Lama guanicoe*) na região. As lhamas são usadas como animais de corte, carga e, às vezes, podem ter sua lã retirada. As alpacas são menores e mais destinadas ao fornecimento de lã. A região central dos Andes também parece ter sido o contexto da domesticação do porquinho-da-índia (*Cavia porcellus*), outra importante fonte proteica para os povos da região. As evidências mais antigas da domesticação desse roedor advêm da região de Ayacucho, no Peru, sugerindo uma antiguidade desde pelo menos 8.000 a.C. para esse evento.

Na costa do Peru, mais especificamente nos sítios de Caral, Norte Chico e Ventarrón, a partir do período entre 2.600 a.C. e 2.000 a.C., surgem as primeiras evidências claras do uso sistemático de um sistema de irrigação na agricultura, e de uma sociedade estruturalmente complexa no Novo Mundo. Curiosa e diferentemente do que ocorreu na Eurásia, nessa região a cerâmica surgiu pelo menos mil anos após consolidadas as primeiras sociedades complexas. Ao que tudo indica, a cabaça (utilizada como recipiente de água e alimentos) e o algodão (matéria-prima de redes de pesca e de vestimenta) foram tecnologias centrais para os primeiros povos complexos das Américas, suprindo em parte a ausência de cerâmica nessas sociedades.

Posteriormente, os altiplanos andinos e sua costa desértica viriam a abrigar algumas das mais avançadas civilizações do continente americano. Num contínuo de transformação e persistência, sob a égide da guerra ou de grandes cataclismas, as sociedades andinas criaram formas extremamente complexas de relação com o meio ambiente, bem como entre si e os povos vizinhos das Terras Baixas. Destacam-se nessa longa evolução sociopolítica as culturas Chavin, Wari, Tiwanaku, Chimor, Nazca e Moche, além daquela que viria a ser a síntese do mundo andino: a cultura Inca (figuras 7.4, 7.5 e 7.6). Quando da chegada dos espanhóis, o grande império Inca vivia o seu apogeu, dominando quase por completo todas as sociedades andinas existentes à época de sua ascensão. Com uma população multiétnica estimada em milhões de pessoas, o controle político do império sobre suas províncias e vilas – conectadas por uma rede de estradas e pontes por mais de quatro mil quilômetros de extensão, de norte a sul das cordilheiras – ainda hoje impressiona.

Figura 7.4 - Reprodução da Baleia-Quimera (orca), cerâmica da cultura Nazca, acervo do Museu Larco. A cultura Nazca prosperou na costa sul do Peru, entre os séculos I a.C. e VIII d.C., e produziu as famosas Linhas Nazca, geoglifos monumentais localizados no deserto central do Peru. **Ilustração**: Miguel José Rangel Junior

Figura 7.5 - Guerreiro-raposa, reprodução de cerâmica Moche, acervo do Museu Larco. Os Moche floresceram no norte do Peru, entre o século I a.C. e o século VIII d.C., e podem ter constituído os primeiros estados andinos. **Ilustração**: Miguel José Rangel Junior

Figura 7.6 - Reprodução de tableta de aspiração de alucinógeno de Tihuanacu, império cujo centro localizava-se próximo ao lago Titicaca, na parte ocidental da Bolívia atual. Entre 300 d.C. e 1.000 d.C., essa civilização urbanizada estendeu-se por partes da Bolívia, Chile e Peru atuais, tendo sido superada em extensão, nas Américas, apenas pelo Império Inca. **Ilustração**: Miguel José Rangel Junior

Mas qual o papel da domesticação e do cultivo no aparecimento e sustentação material de tais civilizações? Em linhas gerais, é inequívoca a centralidade das batatas e da quinoa como base da dieta das populações do Altiplano em crescimento no Peru a partir de 2.000 a.C. Convém também mencionar que, apesar de o milho já estar presente nessa região nessa mesma época, ele apenas atingiu o status de alimento base nos Andes por volta do primeiro milênio da era cristã. Sua utilização principal ao longo de quase dois milênios na região, no entanto, parece ter sido voltada principalmente à produção da cerveja de milho, bebida mais conhecida como "chicha".

O algodão também teve papel de destaque na grande rede de trocas existente entre as populações que viviam nas montanhas e aquelas do litoral. Dominando técnicas avançadas de irrigação, os povos das baixas altitudes puderam criar condições ambientais adequadas ao cultivo em larga escala desse produto. No litoral árido peruano, outra atividade econômica central era a pesca, principalmente de anchovas e sardinhas, bastante favorecida pela corrente fria de Humboldt que por lá passa. A confecção de redes de pesca a partir do algodão impulsionaria de forma relevante a produção de pescado tanto para uso local quanto para troca. Assim, o algodão e o milho (*chicha*) produzidos nas baixas altitudes e na costa pacífica eram trocados por batatas, quinoa e lã das altas altitudes (altiplano). Esses produtos, por sua vez, também eram trocados por frutas e animais exóticos oriundos da selva amazônica. Dessa forma, configuravam-se as redes de troca que interligavam os diversos ambientes e economias andinas.

É importante ressaltar que essa paisagem ambientalmente diversificada, porém integrada economicamente, parece dar o tom da economia andina pelos cinco milênios de seu desenvolvimento. Com o surgimento de elites consumidoras, esse amplo repertório agrícola logo estende-se a artefatos de prestígio e de grande sofisticação artística. Estamos nos referindo principalmente aos objetos decorativos/ritualísticos de ouro, prata e pedras semipreciosas, de tradições cerâmicas de grande refinamento, além de artefatos de tecelagem e plumária de singular beleza. De fato, a indústria têxtil nos Andes teve grande importância no sentido de delimitar, simbolicamente, as diferenças sociais entre a população comum de agricultores, que vivia em pequenas aldeias, e seus governantes e líderes religiosos, para os quais as cidades e os centros cerimoniais eram construídos.

3.4 AMAZÔNIA

A Amazônia, por muito tempo, foi tida como uma região apenas periférica e receptora de inovações oriundas da Mesoamérica e dos Andes. Isto decorreu principalmente da descrição algo simplista das sociedades amazônicas contida no célebre "Handbook of South American Indian", de Julian Steward, que sintetizou os esforços iniciais no sentido de se entender a ecologia e a ocupação humana pretérita na região. Um exemplo marcante de sua influência foram os trabalhos liderados pelo casal de arqueólogos norte-americanos Betty Meggers e Clifford Evans, fortemente orientados por uma visão de que o ambiente amazônico, principalmente o solo, seria impróprio para sustentar o desenvolvimento de populações humanas sedentárias e socialmente complexas. Um exemplo clássico desse paradigma foi o modelo de Meggers e Evans (de 1957), para o qual a complexidade da cerâmica policrômica[2] da Ilha

---

2 Cerâmica pré-histórica pintada em várias cores, principalmente em preto e vermelho, podendo apresentar uso de outras técnicas decorativas como incisão e pequenas esculturas em aplique. Ela é comumente associada à ocupação de grupos Tupi-Guarani.

de Marajó (Pará) era apenas o resquício de uma cultura exógena (com suposta origem nos Andes ou no Caribe), a qual teria passado por um processo de involução cultural ao se estabelecer no ambiente "empobrecido" de floresta tropical amazônica.

No rastro dessa mesma lógica, Meggers também defendia que a porção noroeste da América do Sul, com cerâmicas datadas em 4.000 a.C., seria o único grande centro de origem para duas das principais inovações no continente: a agricultura e a cerâmica. Entretanto, o cenário tornou-se mais complexo quando a arqueóloga norte-americana Anna C. Roosevelt, da Universidade de Illinois (Estados Unidos), apresentou aquelas que viriam a ser as cerâmicas mais antigas do continente, datadas em 5.000 a.C. (sambaqui fluvial[3] de Taperinha) e 7.000 a.C. (caverna da Pedra Pintada), ambas no baixo rio Amazonas (Pará). Além da sua antiguidade e localização, o que também intrigou os arqueólogos foi o fato dessas cerâmicas não terem sido produzidas por povos essencialmente agricultores. Vale lembrar que, durante grande parte do século XX, achava-se que a produção cerâmica estaria necessariamente atrelada ao desenvolvimento de sociedades predominantemente agricultoras. No entanto, a partir das descobertas de Roosevelt, ganhou força a noção de que foram as populações de economia mista (baseada na pesca, na coleta, no cultivo de baixa intensidade e na caça) as que produziram as primeiras cerâmicas na região, para armazenar e cozer seus alimentos.

De fato, esse tipo de economia foi a que prevaleceu ao longo de grande parte da pré-história amazônica e do período pós-colapso demográfico nos séculos XVII e XVIII. Além disso, hoje é sabido que a Amazônia é um centro independente de domesticação no Novo Mundo. Em artigo publicado em 2010, Charles R. Clement, do Instituto Nacional de Pesquisas Amazônicas, estimou em 138 o número de espécies botânicas sob algum grau de domesticação na região à época da chegada dos colonizadores europeus no Novo Mundo. Nesse cenário, a planta de maior importância dietética para as populações pretéritas parece ter sido a mandioca (*Manihot esculenta*). Entre as palmeiras, a pupunha (*Bactris gasipaes*) é que se destaca em importância à época. Enquanto a seleção sobre a mandioca visou o desenvolvimento de raízes cada vez maiores (com

---

3   Aterros formados pelo acúmulo de conchas, sedimentos e matéria orgânica encontrados nas bacias fluviais. Normalmente, estão associados a material arqueológico, uma vez que são, provavelmente, produtos de atividades humanas pré-colombianas.

maior quantidade de carboidrato) e folhas com maior toxicidade (o que parece garantir maior proteção contra herbívoros nas roças), os frutos domesticados da pupunha experimentaram um aumento de tamanho na ordem de 2.000% em relação às suas populações selvagens.

Os estudos arqueológicos e botânicos também mostram que tanto a mandioca quanto a pupunha, assim como o amendoim (*Arachis hypogaea*) e a pimenta *Capsicum chinense*, devem ter sido domesticadas no sudoeste da Amazônia, na região do alto rio Madeira, onde hoje localiza-se o Estado de Rondônia. Interessantemente, essa também é a região da provável origem da tronco linguístico Tupi, além de ser uma das poucas áreas na Amazônia com evidências claras de ocupação humana contínua ao longo de todo o Holoceno. Assim, observa-se na Amazônia um padrão geral de periferização das domesticações que, assim como na Mesoamérica e nos Andes, se deram preferencialmente em ambientes de floresta estacional, sob um clima marcadamente sazonal, com alguns meses de seca ao longo do ano.

Quanto à antiguidade da domesticação, tanto a mandioca (*Manihot esculenta*) quanto o amendoim (*Arachis hypogaea*) e a pimenta *Capsicum chinense* datam desde pelo menos 6.500 a.C. Já no caso da pupunha (*Bactris gasipaes*), as evidências genéticas e morfológicas sugerem que suas populações já estavam passando por algum tipo de manipulação humana há pelo menos 10 mil anos. Porém, a antiguidade de seu cultivo é estimada entre 1.000 a.C. e 2.000 a.C. O abacaxi (*Ananas comosus*), que também é de origem amazônica, tem sua domesticação estimada desde pelo menos 4.000 a.C.

Outro produto de origem amazônica é o guaraná (*Paullinia cupana*), domesticado entre o baixo rio Tapajós e o baixo rio Madeira pelos índios Sateré-Maué. Ainda não existem datas estimadas para esse evento, mas evidências genéticas e históricas sugerem que talvez tenha sido uma das domesticações mais recentes na Amazônia, dentre aquelas conhecidas no momento. As pesquisas também se encontram em fase ainda muito incipiente no que se refere à antiguidade e à origem do que talvez seja o único animal domesticado na Amazônia, o pato do mato, ou almiscarado (*Cairina moschata*). As revisões sobre o tema do zooarqueólogo Peter W. Sthal, da Binghamton University-SUNY (Estados Unidos), sugerem uma origem que pode se estender desde o médio e o alto rio Amazonas até a costa meridional do Caribe (sem falar numa também possível origem no sul da América do Sul, mais especificamente no Paraguai).

O fato das maiores populações pré-colombianas já registradas na Amazônia terem surgido bem depois, e em regiões distantes dos seus principais centros de domesticação, é também um dado interessante no contexto da arqueologia da região. Entretanto, a história das sociedades amazônicas antigas parece não ter sido linear, mas cíclica, muitas vezes pendendo entre estruturas sociais mais ou menos complexas ao longo de suas trajetórias. Por exemplo, o arqueólogo Eduardo G. Neves, da Universidade de São Paulo (USP), tem demonstrado em suas pesquisas que, a partir do último milênio antes da era cristã, muitas sociedades amazônicas passaram a vivenciar transformações repentinas em sua estrutura. Adensamento populacional e maior complexidade social são algumas dessas mudanças, observadas em várias regiões da Amazônia. Uma das hipóteses é de que o aumento significativo da pluviosidade durante esse período – em contraste com um Holoceno médio muito mais árido – teria favorecido o investimento na agricultura intensiva por parte das populações humanas.

Em síntese, podemos constatar que desde aproximadamente 1.000 a.C. surgem as primeiras sociedades a desenvolverem sistemas agrícolas de natureza intensiva na região. Nesse processo, a entrada do milho, importado da Mesoamérica (ou dos Andes), pode ter representado um complemento importante no repertório dietético da região. Tanto a sua exigência por solos ricos em nutrientes quanto o seu ciclo rápido (aproximadamente de três meses do plantio até a colheita) parecem ter favorecido o cultivo intensivo do milho em algumas grandes áreas de várzea na Amazônia a partir desse período. Aparentemente, até o primeiro milênio a.C. os grandes ecossistemas de várzea eram um tanto quanto subaproveitados, possivelmente em função da alta vulnerabilidade da mandioca aos alagamentos frequentes nesse contexto.

Ainda nesse momento, quando as aldeias se tornaram cada vez maiores e sedentárias, a caça também perdeu um pouco da sua centralidade, em detrimento da grande produtividade da pesca nos grandes rios amazônicos. Ademais, tal produtividade criou uma demanda crescente de controle dos recursos aquáticos, podendo, como argumenta a arqueóloga Denise P. Schann, da Universidade Federal do Pará, ter fomentado o desenvolvimento de sistemas econômicos cada vez mais especializados na pesca por toda a Amazônia.

Já no início da era cristã, apareceram as primeiras aldeias notadamente duradouras, ocupando territórios relativamente grandes e densamente povoados:

são os famosos cacicados amazônicos. As evidências arqueológicas da formação dessas sociedades advêm da construção de aterros monumentais, dentre os quais os mais conhecidos são aqueles das regiões de llano de Mojos, na Bolívia, do alto rio Xingu e da Ilha de Marajó, ambos no Brasil. É também notável a presença de grandes estruturas defensivas em antigas aldeias já estudadas na Amazônia Central, no alto rio Negro e no alto rio Xingu. Interessantemente, os primeiros exploradores amazônicos a descerem os principais rios da região, ainda nos séculos XVI e XVII, relataram a presença de grandes aldeias da ordem de milhares de pessoas. Foi o que descreveu, por exemplo, o cronista espanhol Gaspar de Carvajal, quando da descida pela calha principal do rio Amazonas durante a expedição de Francisco de Orellana, em 1542.

Até aqui, sintetizamos os aspectos principais da domesticação nos Neotrópicos, bem como seus desdobramentos em práticas agrícolas que viriam a permitir a formação tanto de estados mesoamericanos e andinos quanto de grandes cacicados amazônicos. Entretanto, além da manipulação de plantas através da domesticação e diversificação de variedades, na Amazônia – assim como em outros biomas do planeta – populações humanas têm também alterado de forma significativa as condições ambientais em que vivem. Tais processos, em geral, resultam em uma maior produtividade dos ecossistemas para essas populações, bem como em novas feições geográficas na paisagem, muitas vezes bastante distintas daquelas tidas como naturais. De fato, para muitos autores, dentre eles Clark L. Erickson, da Universidade da Pennsylvania (Estados Unidos), tais alterações ambientais configurar-se-iam como uma outra forma de domesticação, a da paisagem. Esta, que é sem dúvida uma hipótese bastante ousada, é apresentada e problematizada no Quadro 7.1.

5. CENTROS PERIFÉRICOS DE DOMESTICAÇÃO E COMPLEXIDADE SOCIAL

Antes de finalizarmos, é importante mencionar centros menores de domesticação que foram, de certa forma, isolados ou incorporados pelos processos acima descritos na Eurásia e nas Américas. Entre os mais antigos está a Nova Guiné, onde encontramos evidências da domesticação de vários tipos de taro, inhame (ou cará, *Dioscorea* sp.), banana (*Musa* sp.) e cana-de-açúcar (*Saccharum* sp.). Vale notar que a Nova Guiné encontra-se circunscrita nas Terras Altas, entre 1.500 e 1.700 metros acima do nível do mar, o que a tornou um obstáculo natural aos avanços subsequentes da grande diáspora austronésia.

A região mediterrânea do Mar Egeu foi uma intermediadora importante na passagem das culturas neolíticas asiáticas para a Europa, com vilas baseadas no cultivo de cereais e leguminosas, além da criação de animais de pastoreio, já no sexto milênio a.C. No fim do quarto milênio a.C., início da Era do Bronze, inicia-se o cultivo intensivo da chamada "tríade mediterrânea": trigo (*Triticum* sp.), uvas (*Vitis vinifera*) e azeitonas (*Olea europaea*). Segundo o arqueólogo britânico Andrew C. Renfrew, da Universidade de Cambridge (Inglaterra), a adoção e comercialização desses cultivares teria impulsionado a ascensão de várias civilizações egeias a partir do segundo milênio a.C., como os minoicos, micênicos e gregos da era clássica. Embora seja crítica para difusão e diversificação de vários domesticares, há pouca evidência de processos de domesticação independentes locais na Europa mediterrânea.

A África subsaariana também tem se mostrado um provável foco de domesticação e, principalmente, diversificação de vários cultivares e animais. Essa grande região foi cenário para o desenvolvimento independente do milhete pérola (*Pennisetum glaucum*), do inhame da Guiné (*Dioscorea rotundata*), do arroz africano (*Oryza glaberrima*) e do sorgo (*Sorghun bicolor*). É também a origem da famosa galinha d'angola (*Numida meleagris*). Embora as trocas com o Egito e sua área de influência sejam esperadas, principalmente no que se refere ao pastoreio, as Terras Altas da África setentrional, regiões costeiras e bacia do Niger foram cenário do desenvolvimento de várias sociedades complexas que tiveram, provavelmente, estrutura de estado. O exemplo mais célebre é o Grande Zimbábue, um império comercial que controlou as rotas terrestres de trocas entre o Índico e o Atlântico, bem como o interior centro-sul do continente negro entre os séculos XI e XIV. Monumentalidade e rica cultura material, representada principalmente pela metalurgia em ferro, foram as marcas dessa grande civilização.

Por último, vale mencionar a região das florestas centro-leste da América do Norte e a bacia do Mississipi como outros polos menores de domesticação e complexidade social. Além de uma importante região de dispersão e aclimatação do milho, é um provável centro de domesticação indígena de muitos tipos de abóboras. Grandes centros políticos formaram-se no Vale do Mississipi, espalhando sua área de influência por uma vasta região que se estende do Vale Médio do rio Ohio à costa do Golfo do México. Seu mais famoso centro, Cahokia, é parte de um grande debate sobre a estabilidade e a duração de um possível estado arcaico no território norte-americano.

6. CONSIDERAÇÕES FINAIS

Atualmente, não resta dúvida quanto à centralidade da domesticação e da maior oferta de alimentos, proporcionada por sistemas agrícolas cada vez mais eficientes, na emergência da complexidade social durante o Neolítico. Sabemos também que formas cada vez mais elaboradas de organização política e social, e aumento crescente do controle tecnológico sobre a natureza, definiriam o tom desse período da história da humanidade. Vimos também neste capítulo que, no auge do processo de complexificação social, a teia relacional entre povos torna-se mais diversificada e abre caminho para articulações sociopolíticas e ecológicas de sociedades que um dia tornar-se-iam impérios.

No entanto, talvez não fosse possível o surgimento de estados e impérios na ausência de dimensões ideológicas, nas suas mais diversas manifestações culturais, que dessem corpo e legitimidade ao contrato social necessário entre elites e classes subalternas no interior de sociedades que vivenciariam tal desenvolvimento. A religião, com sua inequívoca capacidade de agregação, teve papel de destaque nesse contexto. Não por acaso, obras com propósito religioso (ou templos) são os primeiros tipos de construção monumental encontradas na história. As pirâmides egípcias e mesoamericanas, as Huacas do Peru e os grandes templos da Mesopotâmia e do Vale do Indus (cidades de Harappan) são algumas das manifestações concretas da sua importância.

Por outro lado, a expansão e a intensificação do modo de vida agrícola também tiveram efeitos colaterais ambientais extremos. O aumento populacional e o crescente consumo de recursos naturais parecem ter sido desastrosos para muitas sociedades complexas que vieram a experimentar o colapso. O fim do antigo império egípcio (a partir de 2.160 a.C.), o colapso da cultura Moche no Peru (800 d.C.) e o declínio das cidades-estado dos Maias na Mesoamérica (900 d.C.) estão entre alguns dos casos mais conhecidos. Para algumas sociedades, como aquelas da Eurásia, diásporas e grandes movimentos populacionais, em busca de terras férteis e controle supralocal de recursos, parecem ter sido reações diretas a essa situação de crise populacional e ambiental no Neolítico.

De fato, a partir de 7.000 a.C. observa-se uma crescente onda de colonização neolítica partindo do Oriente Médio para a Europa e a Ásia Central, um processo também mapeado geneticamente por Luigi Luca Cavalli-Sforza, da Universidade de Stanford (Estados Unidos), ao longo das décadas de 1980 e 1990, principalmente. Por volta de 6.000 a.C., agricultores de arroz partindo da China Central rumaram para o sudeste da Ásia e Oceania, processo que o arqueólogo Peter Bellwood tem associado à expansão do grupo linguístico austronésio – a qual chegaria ao seu clímax com a formação dos estados havaianos e a subsequente unificação desses sob o reinado de Kamehameha, em 1.810. De forma semelhante, a partir de 2.000 a.C. observamos a expansão dos assentamentos de agricultores de milho na América Central, enquanto que nos Andes formam-se agrupamentos cada vez maiores a partir do cultivo de seus dois principais produtos, as batatas e a quinoa.

Ademais, evidências arqueológicas, linguísticas e genéticas também sugerem que, no Neolítico, povos forrageadores foram, via de regra, sendo substituídos por grupos de agricultores, ao invés de simplesmente assimilarem seu modo de vida por meio de difusão cultural. Curiosamente, o crescente adensamento das primeiras cidades e estados também trouxe consigo o surgimento de novas epidemias, as quais, por sua vez, viriam a ser poderosas armas na colonização moderna das Américas e da Oceania pelos europeus. Assim, não é difícil chegarmos à conclusão que, não obstante a persistência de povos forrageadores após as Revoluções Neolíticas, o avanço que o historiador Alfred W. Crosby, da Universidade do Texas (Estados Unidos), chamaria de "imperialismo ecológico", mostrou-se altamente eficaz no seu projeto de estender o "kit básico" e o modus operandi elementar da vida neolítica para os quatro cantos do mundo.

> **QUADRO 7.1** – O QUE HÁ DE NOVO NO FRONT?
>
> Na Amazônia, evidências de transformações antrópicas na paisagem remetem aos primórdios da ocupação ameríndia estendendo-se até o período histórico mais recente na região. Adicionalmente, a partir de estudos recentes, está cada vez mais claro que a Amazônia, há muito retratada como um "mar" de florestas prístinas ou intocadas, seria, em parte, resultado da manipulação humana ao longo de milênios. Paralelamente, também tem se considerado a hipótese de que antigas populações humanas na região teriam investido tanto ou mais na modificação de paisagens do que na própria manipulação de plantas e animais em particular. A "terra preta de índio" seria, para muitos, um exemplo típico desse processo de incremento do ambiente. Trata-se de um solo formado a

partir do acúmulo de restos orgânicos de ocupações humanas pretéritas (como ossos de vertebrados, conchas de moluscos, fragmentos cerâmicos, carvões vegetais, entre outros). Como tem mostrado o arqueólogo Eduardo G. Neves, da Universidade de São Paulo, dada sua alta fertilidade, esses solos podem ter sustentado práticas agrícolas permanentes no contexto de grandes assentamentos humanos na região. Outros exemplos mais visíveis de modificação ou criação de paisagens na pré-história amazônica são os aterros (ou tesos) da Ilha de Marajó – muito estudados pela arqueóloga norte-americana Anna C. Roosevelt, da Universidade de Illinois (Estados Unidos) –, os canais artificiais de drenagem e represamento no Alto Xingu – evidenciados pelo arqueólogo Michael J. Heckenberger, da Universidade da Flórida (Estados Unidos) –, os terraços e canais de drenagem na região pantanosa de llanos de Mojos, na Bolívia, estudados principalmente por Clarck L. Erickson, da Universidade da Pennsylvania (Estados Unidos), além dos muito outros exemplos compilados por William M. Denevan, da Universidade de Wisconsin-Madison (Estados Unidos), para várias regiões amazônicas. Além disso, formas mais sutis de alteração humana do ambiente também estão presentes, como é o caso da formação das matas secundárias, as chamadas "florestas culturais", termo cunhado pelo antropólogo William L. Balée, da Tulane University (Estados Unidos). Essas matas são resultado principalmente de formas tradicionais de agricultura praticadas nos trópicos, como a de corte-e-queima (ou coivara), amplamente praticada na América Latina. O processo de ocupação humana na Amazônia também legou ao seu ambiente alterações na distribuição natural de muitas espécies vegetais não domesticadas. Tais evidências surgiram com os trabalhos do etnobiólogo Darrell A. Posey, e mais recentemente podem ser observadas naqueles liderados por pesquisadores tais como Eduardo S. Brondízio, da Indiana University (Estados Unidos), Glenn H. Shepard, do Museu Paraense Emílio Goeldi, e Carolina Levis, do Instituto Nacional de Pesquisas Amazônicas, por exemplo. Esses, entre outros pesquisadores, têm evidenciado cada vez mais verdadeiras "ilhas de recursos" em paisagens amazônicas associadas à ocupação humana histórica e pré-histórica na região. A castanha do Pará (*Bertholettia excelsa*) e algumas palmeiras como o babaçu (*Orbignya phalerata*), a pupunha (*Bactris gasipae*), o tucumã (*Astrocaryum aculeatum*) e o açaí (*Euterpe oleracea*) ilustram bem esse adensamento artificial de espécies conduzido pela mão humana.

Assim, utilizando o caso amazônico como exemplo, fica evidente que populações humanas do passado têm transformado parte do que hoje por vezes identificamos como "natural" na região. Porém, podemos conceber tais modificações como formas de "domesticação de paisagem"? É justamente isso o que alguns pesquisadores têm proposto atualmente. O conceito de "domesticação de paisagem" passou a ser mais conhecido na literatura antropológica a partir de 1982, com os trabalhos de R.A. Hynes e A.K. Chase sobre a influência dos aborígenes australianos na comunidade de plantas da península Cape York. Na Amazônia, talvez seu principal proponente seja o antropólogo Clarck Erickson, com base em seus estudos na Bolívia principalmente. Na nossa visão, entretanto, ao considerarmos os elementos essenciais que compõem o conceito de domesticação – como dependência mútua e irreversibilidade do processo –, a sua projeção para uma unidade de análise mais abrangente, como é o caso da paisagem, cria alguns problemas de ordem heurística que ainda merecem maior investigação. Desse modo, o uso do termo "domesticação de paisagem" demanda alguma reflexão à luz do conceito original de domesticação. Isso se torna ainda mais relevante quando se reconhece não se tratar apenas de um uso simplesmente metafórico do termo. Nas próprias palavras de Erickson aqui traduzidas, "Os conceitos de paisagem domesticada, ambiente domesticado, ambiente humanizado, ou 'domiculture' são mais que simples metáforas". Nesse sentido, ao se tentar expandir o conceito de domesticação à paisagem, parece razoável esperar que haja algum grau de coerência entre essa noção e os aspectos centrais que definem o conceito original de domesticação. Os mecanismos pelos quais os humanos "domesticam" os organismos e a paisagem são semelhantes? As unidades manipuladas e modificadas passam por processos biológicos de transformação que são análogos? A dependência do manejo humano está presente nos dois casos? As transformações ambientais são de fato irreversíveis em relação à sua estrutura e funcionalidade ancestrais? Ou ainda, dependência e irreversibilidade são parâmetros passíveis de serem abordados empiricamente na escala da paisagem? Essas são questões que ainda não têm sido colocadas no debate, mas que certamente podem contribuir na identificação de semelhanças e de diferenças importantes entre esses dois processos – o que consideramos condição *sine qua non* para fundamentar uma análise crítica sobre a validade desse conceito. Assim, nos parece que sua aplicação ao contexto amazônico, bem como a outros biomas mundiais, ainda pede por uma profunda reflexão acadêmica. Também entendemos que somente a partir de uma fundamentação teórica mais sólida é que a pesquisa empírica sobre o tema poderá investigar com maior rigor os desdobramentos ecológicos que advêm de ocupações humanas arqueológicas ou históricas, em quaisquer que sejam os biomas a serem considerados.

SUGESTÕES PARA LEITURA:

Scarre, C. (Ed.). 2013. The Human Past: World Prehistory & the Development of Human Societies. Thames & Hudson Ltd, Londres (Reino Unido).

Bellwood, P. 2005. First Farmers: The Origins of Agricultural Societies. Blackwell Publishing, Oxford (Reino Unido).

Clutton-Brock, J. 2012. Animals as Domesticates: A World View trough History. Michigan State University Press, Ann Arbor (EUA).

Mithen, S. 2006. After the Ice: a Global Human History 20.000-5.000 a.C. Harvard University Press, Cambridge (EUA).

Silverman, H. & Isbell, W.H. (Eds.). 2008. Handbook of South American Archaeology. Springer Media, Nova York (EUA).

Texto composto na fonte Scala, 11/14 e Swiss 721.
Impresso em papel Offset, 90 g/m² pela Paym gráfica.